東アジア出土資料と情報伝達

藤田勝久
松原弘宣 編

汲古書院刊

はしがき

古代東アジアの歴史は、中国各地を最初に統合した秦・漢王朝（中国古代文明の成立）が起点となる。この古代国家と地方統治システムは、三国時代から隋・唐の時代をへて伝統中国の原型となっている。一方で、中国の制度や文書・書物の普及は、東アジアの諸国にも漢字文化として深い影響を及ぼしている。この歴史学の基本となるのは文献史料であるが、近年では中国の簡牘《かんとく》・帛書《はくしょ》と石刻や、日本古代の木簡、墨書土器、漆紙文書、石刻などのように、出土文字資料と文物が欠かせないものとなっている。その数量は、二十一世紀に入ってますます増えており、画像テキストと釈文、注釈の考証や、各分野の関心による多くの研究がある。しかし東アジア出土資料の共同研究からみれば、まだ十分な成果をあげるには至っていない。

東アジアの資料学は、漢字文化の問題とも関連しているため対象とする範囲は多く、出土資料に限っても、これらを総合化することは容易ではない。その理由は、つぎのように指摘されている。

一に、中国の出土資料、韓国と日本古代の木簡は、年代と地域に大きな開きをもつことである。たとえば中国古代の文字は、殷代の甲骨文や、青銅器に鋳込まれた金文に始まり、これらは固有の意義をもっている。しかし素材に書かれた文字が、文章によるメッセージとして広く人びとに伝えられるのは、戦国時代に簡牘の記録や書籍が出現し、秦漢時代の国家と行政機構による文書行政と、社会の情報伝達が進むようになってからである。いま戦国時代の簡牘を基準とすれば、これは紀元前五世紀より以降のことである。これに対して古代日本では、七～八世紀に行政システムにともなう木簡が出土するといわれている。また韓国でも木簡が増えつつあり、日本木簡との比較が注目されているが、その年代は六～八世紀といわれる。

二に、中国では、漢代までに紙が書写材料として普及しておらず、文書や書籍は、簡牘（竹簡、木簡、木牘《もくとく》）と帛書を中心としているが、韓国や日本古代では、すでに紙と木簡の併用時代になっている。また中国では、年代の早い出土資料は長江流域に多く、漢代西北の簡牘は武帝期以降の資料という違いがあり、いずれも地方出土の資料群である。しかし日本では、都城から出土する木簡が約九〇％であり、その残りが地方の出土資料といわれる。さらに中国の出土資料が、各時代に満遍なく分布していないことも、東アジア交流史の共同研究を困難にしている。

三に、中国と日本の各分野では、それぞれの関心によって主題が異なり、その成果も精緻で蓄積が多いために、全体的な展望がみえにくいことである。たとえば中国の歴史学では、西北の漢簡と、古墓から出土した律令による法制史と文書行政が主流であるが、思想史・出土文献学の分野では、古墓の書籍が中心となっている。これらは日本古代の木簡とは接点が少なく、むしろ紙の文書や古典と関連する内容をもっている。反対に、木簡学会編『日本古代木簡集成』総説（東京大学出版会、二〇〇三年）では、文書木簡と、荷札（付札）、その他に分類した研究が進められており、今後の課題として、機能を重視した分類や、中国・朝鮮半島の木簡との比較検討、国語学との共同研究の必要性をあげている。

このように東アジア出土資料の研究には、①年代と地域に大きな開きがあること、②簡牘・帛書と紙木併用のように、内容と形態が違うこと、③各分野の関心によって主題が異なるという制約がある。そこで私たちの研究プロジェクトは、リアルタイムの東アジア交流史を対象とするのではなく、「古代東アジア」をフィールドとして設定した。そして中国古代の国家と社会を原型として、文字資料の形態と機能を分析し、その情報伝達の原理を比較するという方法を用いることにした。そのキーワードは「情報の伝達—発信と受容」である。これは文字資料が作成されたあと、発信して伝達され、さらに受容、廃棄という過程にいたる機能に注目して、出土資料のもつ意義を明らかにし、情報伝達のあり方を比較しようとした。これは言い換えれば、歴史学の法制史というハード面や、文書行政の方面にくわえて、広く文書伝達と文字資料の情報処理や、人びとの往来による情報伝達というソフト面に拡大して、出土資料の共同研究を試みるものである。

この着想は、二〇〇一年から始めた愛媛大学「資料学」研究会（代表、松原弘宣）の活動からスタートしている。この研究会は、ささやかながら毎年の公開シンポジウムと例会を重ねて、これまで『資料学の方法を探る』（一～一〇号）の冊子を刊行した。平成十七年度～十九年度には、東アジアを専門分野とする研究者が集まって、愛媛大学研究開発支援経費・特別推進研究「古代東アジアの出土資料と情報伝達」の共同研究を進め、その成果の一部は、藤田勝久・松原弘宣編『古代東アジアの情報伝達』（汲古書院、二〇〇八年）として刊行した。平成二十年度～二十二年度には、研究プロジェクト「東アジアの出土資料と情報伝達の研究」を継続して、古代国家の歴史的な特質を明らかにしようとしてきた。本書は、こうした国際共同研究の成果を、前著につづく第二冊として刊行するものである。

前著『古代東アジアの情報伝達』は、第一部「古代中国の情報伝達」の論文六篇と、第二部「古代日本の情報伝達」の論文六篇で構成されている。この研究を比べてみると、日本では交通と情報伝達や、文書行政と口頭伝達、告知・禁令札、牓示木簡、書信、召喚木簡などの考察を広く進めているのに対して、中国の分野では、文書行政を情報伝達の視点から位置づけようとする論文と、碑や墓誌を中心としており、まだ地域社会の情報伝達に関して解明すべき課題が残されていた。ただし少なくとも、つぎのような点を示したと考えている。

その一は、秦漢時代の制度と情報伝達を中国社会の原型と想定したが、その出土資料の機能と原理を具体的に論じたことである。たとえば里耶秦簡にみられるように、これまで想定していたよりも早く、秦代の郡県制では文書行政の基礎が成立しており、つづく漢王朝以降の文書行政と情報伝達は、その展開として位置づけることができる。その二は、とくに古代日本の情報伝達において、文書と口頭伝達、交通と人の移動という点に注目し、より広く情報伝達の実態を理解する事例を示したことである。このような出土資料の分析を通じて、情報伝達という視点の有効性と歴史的意義がみえてくると思われる。

以上の項目について、従来の主要テーマである出土資料の集成と考証や、法制史と文書行政、書籍と思想史などの成果を吸収し、資料のもつ意義を分析することは、もちろん継承すべき課題である。しかし第二期の共同研究では、とくに二つの問題に重点を置くことにした。（1）は、文書などの情報処理と、中国簡牘と日本古代木簡の接点となる記録、付札、字書・習書などの機能を明らかにすることである。（2）は、交通システムと人びとの往来による情報伝達の実態を比較することである。これらを中国と日本古代の分野で整理し、さらに相違点を意識することによって、古代国家と社会の特質がみえてくるとおもう。

このような趣旨にもとづいて、中国、韓国、日本の研究者による編著を企画したが、その内容はさらに多くの討論を重ねてゆく必要があろう。しかし「東アジアの出土資料と情報伝達」というテーマで、海外と日本の研究者が一緒に議論をするのは、とても刺激的で楽しい機会であった。本書によって、その雰囲気の一部が伝わり、少しでも私たちの視点と方法を理解していただければ幸いである。

藤田　勝久

目　次

第二部　古代日本、韓国の情報伝達

東アジア出土資料と情報伝達

第一部　古代中国の情報伝達

中国古代の文書伝達と情報処理

藤田勝久

はじめに

中国の出土資料（簡牘《かんとく》、帛書《はくしょ》）は、大きく南方の長江流域と、西北のシルクロード方面に分布している。この意味で、秦漢時代の出土資料は、都城の資料ではなく、基本的に地方出土の資料群ということになる。その簡牘（竹簡、木簡、木牘《もくとく》）、帛書（絹布）は、対象となる年代と地域が広く、形態と内容が豊富であるため、それを総合化することは容易ではない。(1)また歴史学と思想史では、主要な関心が違うことも共通の理解を困難にしている。(2)このような状況に対して、拙稿『中国古代国家と社会システム』（汲古書院、二〇〇九年）では、生活の基礎単位となる県レベルの社会をモデルとして、長江流域の出土文字資料を総合的に理解しようと試みた。(3)それは情報伝達（発信と受容）という視点によって、遺跡と古墓の簡牘が相互に補完する資料とみなしている。

しかし戦国時代から秦漢王朝の展開のなかでみれば、出土資料は、図1のように連続して位置づけることができる。その接点となるのは、戦国時代の睡虎地秦簡と、秦代の里耶《りや》秦簡、漢代の張家山漢簡、居延漢簡、敦煌懸泉置《けんせんち》の漢簡である。

たとえば戦国秦、秦代の睡虎地秦簡と里耶秦簡は、統一秦の本拠地となる関中を拡大した西方の郡県制を示してい

図１　戦国、秦漢時代の制度と簡牘

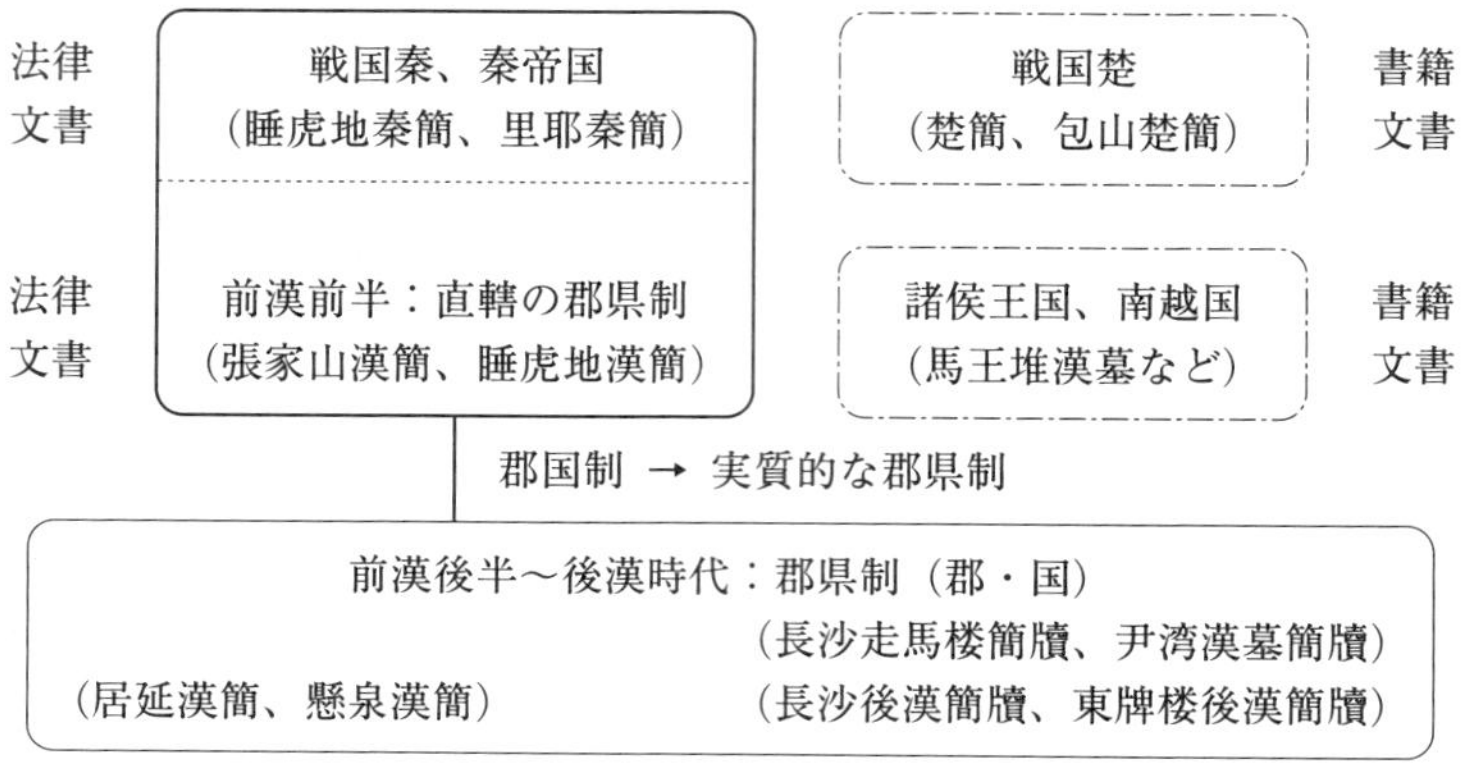

る。漢王朝は、この同じ地域を直轄の郡県制として継承し、東方には諸侯王の王国を置いた。したがって張家山漢簡は、秦王朝の制度を継承するだけではなく、それが適用される地域も基本的に同じである[4]。このとき長江流域の戦国楚の資料は、戦国秦とは異なる楚文化と楚の社会システムを反映しているが、その特徴は、秦末と楚漢戦争期の東方社会を理解する手がかりとなる。また前漢前期の東方と南方には、諸侯王国（長沙国、徐州の楚王陵）と南越国に属する出土資料があり、これは漢王朝とは異なる地域の制度を反映している。

武帝期になると、漢王朝の制度は全国と辺郡にも拡大するようになる。そのため文書行政の運営は、長江流域の出土資料のほかに、東方の尹湾漢墓簡牘、平壌の楽浪木簡などにみえている。そして西北方面でも、居延漢簡や懸泉漢簡は、武帝期に開通したシルクロードと郡県制の維持にかかわることから、その文書伝達と情報処理、交通の実態は、前漢後期と後漢時代の漢王朝に共通する情報を示している[5]。

このように中国の出土資料は、戦国秦と統一秦、前漢時代と後漢時代の地方統治を展開するなかで、共通する情報伝達の原理として理解できると考えている。本稿では、中国出土資料を総合化するために、（一）地方官府の文書行政、（二）文書伝達と情報処理、（三）簡牘の機能について、その特徴を整理してみよう。

一　秦漢時代の文書行政

漢代の簡牘研究には、これまで西北の居延漢簡を中心として、前漢時代の後半から王莽期、後漢時代の行政文書と、法令、裁判にかかわる研究がある。[6]また文書行政では、詔書をふくむ下行文書（下達文書）や、同級の官庁の文書、報告や上計などの上行文書（上申文書）が知られている。[7]そのとき文書は、一定の書式で作成され、①郵や置、駅と、中継となる施設によって順次に逓伝する場合と、②官府と下部の施設に伝達される場合がある。漢王朝は、このような文書行政を通じて、中央集権的な体制を維持したとみなされている。その典型として、A大庭脩氏の居延漢簡「元康五年詔書冊」の復元、B永田英正氏による簿籍の集成と「古文書学」という二つの方面がある。[8]

A：中央から地方官府に文書が伝達される状況は、「元康五年詔書冊」（木簡八枚）による伝達ルートがよく知られている。この詔書冊は、前半の三枚（a、b、c）が詔書の部分であり、皇帝の詔書が作成される過程を示している。後半の五枚（d、e、f、g、h）は、これを全国に送付する文書である。dでは、元康五年（前六一）二月癸亥（十一日）に、御史大夫が丞相に下し、e中央（長安）の丞相は、二月丁卯（十五日）に、車騎将軍と将軍、中二千石、二千石の官、地方の郡太守、諸侯王国の相に文書を発信している。fでは張掖郡の太守が、三月丙午（二十四日）に、属国都尉、農都尉、部都尉、小府、県官に発信している。このとき丞相府の発信から、張掖太守府が発信するまでの日数は三十九日である。この文書は肩水都尉に届き、g肩水都尉は閏月丁巳に、候官の候・城尉に向けて発信した。そして受け取った肩水候官は、h閏月庚申に下部の尉・候長に送付するが、冊書の文面はここで終わっている。この肩水候官が出土した地点である。これによって、中央が全国に発信した文書が張掖郡に届き、そのあと軍事系統の肩水都尉に属する肩水候官まで到達し、さらに下部に伝達されるルートが明らかになった（図2）。

これに対して、B：地方から上級官府に送付される文書は、簿籍や爰書が多いといわれる。永田英正氏は、簿籍の集成を、つぎのように説明している。まず簿籍を復元するには、その標題簡（タイトル簡）を集め、その内容に関する木簡を集成することによって、多くの木簡と断簡を位置づけることができる。さらに永田氏は、この簿籍に送り状（簿籍送達文書簡）を付けることによって、これが上級官府への上行文書となると指摘された。つまり簿籍は、ただ控えや記録としてではなく、宛名をもつ送り状を付けることで、文書《もんじょ》として理解する「古文書学」を提唱された。これで多くの簿籍は、文書行政のなかに組み込まれる。

このとき上下に伝達される文書は、詔書や命令などの行政文書のほか、会計を報告する上計は財務に関係し、爰書などは中央の廷尉に関する裁判関係の文書となる。このように居延漢簡の分析によって、すでに文書伝達のルートとその書式が明らかにされている。しかし秦漢時代の文書行政については、里耶秦簡と懸泉漢簡によって、新しい理解が追加されることになった⑼。

その一は、秦帝国は短期間で滅んだため、文書行政の実態は十分ではなく、漢代の武帝期以降に整えられるとみなされていたが、里耶秦簡によって、秦代に文書行政と情報処理の原理が成立していることが明らかになった。これは文書行政の成立を、一〇〇年以上も早く遡らせることになる。その二は、漢代の文書行政は、軍事系統の居延漢簡を中心に考察したものであり、内郡の行政制度と同じであるかは、なお推測による部分があった。しかし里耶秦簡は、洞庭郡に所属する遷陵県の資料であり、懸泉漢簡は、敦煌郡の效穀県に所属する民政系統であるため、その共通する原理を知る手がかりが得られるようになった。とくに懸泉漢簡では、居延漢簡にくらべて冊書の数が多く、そのなかに中央から敦煌郡に伝達された文書がある。その代表的な例は、「失亡伝信冊」と「康居《こうきょ》王使者冊」である。これによって「元康五年詔書冊」よりも詳しい伝達と、冊書を保存するファイルの形式が理解できる。(10)

「失亡伝信冊」と「康居王使者冊」は、元帝の永光五年（前三九）七月庚申（十八日）という同日に、敦煌太守府の同じ官吏が処理している。また二つの冊書は、中央から全国に放射状に発信した「失亡伝信冊」と、敦煌郡を指定した「康居王使者冊」という違いはあるが、これらの文書は一度は効穀県を西に通過して、ふたたび太守府から東にもどって懸泉置に到達している。これは郵便物を受け渡す文書伝達とは違って、実際に送られてきた受信の文書である。この二つの冊書には、敦煌郡と効穀県、懸泉置をめぐる複数の伝達ルートと方法がみえている。

「失亡伝信冊」（Ⅱ0216②：866〜876）は、前半（簡1〜5）と後半（簡6〜11）で構成されている。

1永光五年五月庚申　　御史大夫弘謂長安長。以次
守御史李忠監嘗麥祠孝文廟。守御史任昌年　　爲駕、當舍傳舍、如律令。
爲駕一封軺傳。　外百冊二　　②：866

2永光五年六月癸酉朔乙亥、御史大夫弘移丞相・車騎將〃軍〃・中二〃千〃石〃・郡太守、諸侯相。五月庚申、丞相少
史李忠」守御史假一封傳信、監嘗麥祠　　②：867

3孝文廟事。己巳、以傳信予御史屬澤欽〃受忠傳信、置車笭中、道隨亡。今寫所亡傳信副、移如牒。書到、二千石
各明白布」告属官縣吏民、有得亡傳信者、予購如律。諸乘傳・驛駕、廄令・長・丞亟案莫傳、有與諸亡傳信同封
弟者、輒捕　　②：868

4轂(繫)、上傳信御史府、如律令。
七月庚申、敦煌太守弘・長史章・守部候脩仁行丞事、敢告部都尉卒人。謂縣官〃寫移書到、如律令。／掾登、属

建、佐政・光　②：869
5七月辛酉、效穀守長合宗・守丞敦煌左尉忠告尉。謂郷・置、寫移、書到、如律令。」掾禹、佐尊　②：870
6敦煌守長聖　守丞福　②：871
7淵泉守長長　丞馴　②：872
8效穀守長合宗　丞敞　②：873
9廣至守長光遂事　守丞賞　②：874
10冥安長遂昌　丞光　②：875
11七月庚申、敦煌大守弘・長史章・守部候脩仁行丞事、謂縣。寫移使者〔備〕、縣・置謹敬
莊(従?)事、甚有意、毋以謁勞。書到、務〔備〕、毋解(懈)隨(惰)、如律令。／掾登、屬建、書佐政　②：876

前半の簡2～4は、永光五年の六月乙亥(三日)に、御史大夫の鄭弘が、車騎将軍と将軍、中二千石と二千石の官、地方の郡太守、諸侯王国の相に出した全国の命令である。その内容は、これに先だつ五月庚申(十七日)に御史大夫が、丞相少史の李忠に伝信を発給したが、その伝信を車に置き、道中で紛失してしまった。そこで伝信の副本(簡1)を写して牒として伝達するので、それを各々が県の吏民に布告して通達せよというものである。

簡4の続きには、敦煌太守などが七月庚申(十八日)に、部都尉卒人に告げ、県官に伝達することを命じている。簡5は、これを受け取った效穀県が、七月辛酉(十九日)に、尉に告げ、下部の郷(B)・置(A)に伝達している。このような方法は「別書」と呼ばれている。(11)この文書は懸泉置に届いたあと、冊書として保管されていたことになる。このように全国に発信された文書が、地方の郡県に伝達される形式とルートは「元康五年詔書冊」とよく似ている。

御史大夫の発信から敦煌太守府の発信までは、四十五日が経過している。

しかし注意されるのは、後半の文書である。簡6～10は、敦煌郡に所属する五県の長吏を記し、簡11は、前半と同じ敦煌郡のスタッフが、同一の月日に文書を発信した記録である。

この後半の部分は、1敦煌郡の龍勒県をのぞく各県の長・丞などの名籍が、事務の便宜上、一緒の冊書にしたとする説や、2敦煌太守などが処理をした月日が同じであることから、後半も前半に関連するという説がある。[12]これについて後半部分は、前半とは別系統の伝達ルートを示すのではないかと推測している。[13]つまり簡11は、前半の敦煌郡―部都尉―県官―尉―置のルートとは違って、敦煌郡―県―懸泉置に伝達されている（C）。しかも五県は、すべて敦煌郡より東方の県に限られている。このとき各県が互いに文書を回覧するケースは、懸泉漢簡（ⅡT0216②：650）に例がある。ここでは敦煌太守などが、敦煌県と効穀県、広至県の三県に下した命令に、文書が到達したあと「同月に相い付受」し、互いに受け渡しをして相違がないようにせよという記載がある。[14]そこで同じように、敦煌郡の東方にある各県に「付受」を命じていたとすれば、後半の部分は、各県からの文書が効穀県に到達し、その複数の文書が懸泉置に伝達された可能性がある（D）。これを後半の文書と推測している。

このように想定すれば、懸泉置には前半の文書一通のほかに、各県を通じて伝達された計五通の文書が到達したことになる。しかし懸泉置では、その重複する文書の部分（簡1～4）を省略して、敦煌郡からの別の送り状（簡11）と、各県からの署名（簡6～11）だけを記録して残したのではないだろうか。もしそうであれば「失亡伝信冊」は、敦煌郡が都尉府、効穀県を通じて懸泉置に到達した伝達ルート（A、B）のほかに、後半は各県で回覧した複数の伝達ルート（C、D）が復元できる。そしてこの冊書は、敦煌郡から都尉の軍事系統と、民政系統の各県の複数の文書から必要な部分を編集して、ファイルの形式で保存していたことになる。これを「元康五年詔書冊」とくらべれば、軍事系統と民政系統は共通する文書伝達の方法であることがわかる。

つぎに「康居王使者冊」（Ⅱ0216②：877～883）は、康居王の使者などが献上した駱駝の不正をめぐる案件を送付して、その回答を求める文書である。[15] 冒頭の簡1～4は、康居王の使者などが敦煌の関所をこえて、酒泉郡に駱駝を献上したが、酒泉太守は一人で官吏と家畜を評価し、それが不正であると訴えている。簡5～7は、これを調査させる命令文書である。その伝達ルートの部分は、つぎの通りである。

5永光五年六月癸酉朔癸酉、使主客部大夫謂侍郎、當移敦煌太守、書到、驗問言狀。事當奏聞、毋留、如律令。　②：881

6七月庚申、敦煌太守弘・長史章・守部候脩仁行丞事、謂縣、寫移、書到、具移康居蘇韰王使者楊伯刀等獻橐佗食用穀數、會月廿五日、如律令。／掾登・屬建・書佐政光。　②：882

7七月壬戌、效穀守長合宗、守丞敦煌左尉忠謂置、寫移、書到、具寫傳馬止不食穀、詔書報、會月廿三日、如律令。／掾宗・嗇夫輔。　②：883

簡5では、永光五年の六月癸酉（一日）に、使主客部大夫が侍郎に発信し、敦煌太守に文書を下して実情を報告させようとしている。これは全国に発信された文書ではなく、敦煌太守に直接に出された文書である。簡6は、七月庚申（十八日）に、敦煌太守などが県に下した文書で、ここでは通過した駱駝の食用した穀物の数量を伝達させ、「会月」二十五日という表記がある。この「会月」とは、期限は二十五日までという意味である。[16] このとき中央の発信（六月一日）から、敦煌太守府の発信（七月十八日）までは四十八日が経過している。

簡7は、七月壬戌（二十日）に、效穀県から下部の置に調査を通達しており、それが懸泉置に届いたことになる。ここでは返答の期日を二十三日までとしている。これによれば懸泉置は、二十一日から二十三日までに效穀県に回答

図2　漢簡の文書伝達ルート

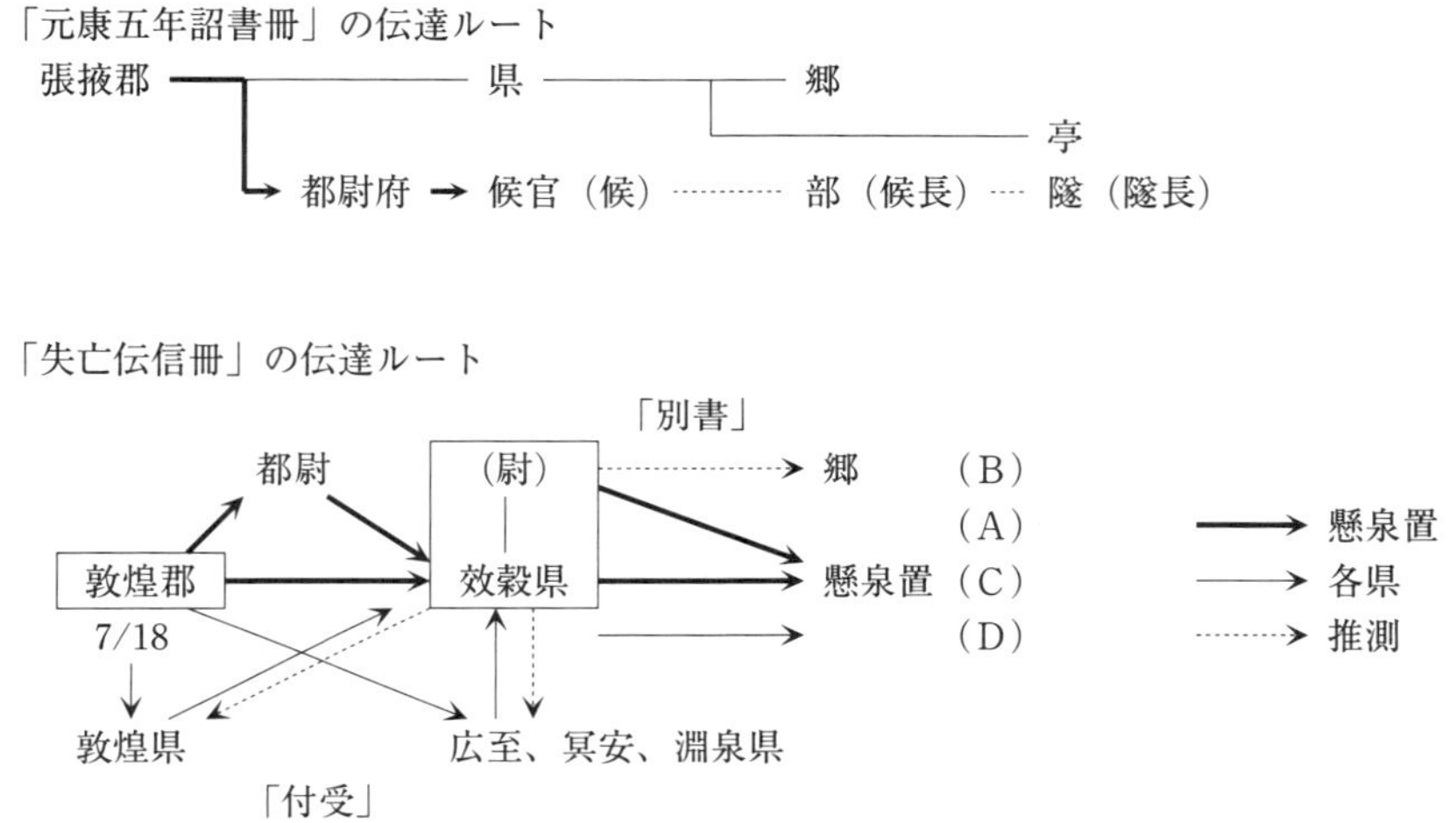

し、效穀県は二十五日までに敦煌郡に回答することになる。

このように「康居王使者冊」では、「元康五年詔書冊」「失亡伝信冊」にみえる上級機関からの伝達に加えて、さらに郡県の返信の方法がうかがえる。図2は、漢簡にみえる冊書の伝達ルートを示したものであり、ここには「別書」「付受」「会月」などによる文書のネットワーク（回覧、返信）がある。これは伝達される内容が違っても、軍事系統と民政系統で伝達方法が共通することを示している。そして全国に発信された文書が、張掖郡や敦煌郡に伝達されていることから、これは漢代の文書行政に共通する方法とみなせよう。

二　文書伝達と情報処理

これまで秦漢時代の文書が、地方に伝達される方法をみてきた。しかし漢簡にみえる文書や簿籍の大半は、送付された正本（原本）そのものよりも、むしろそれを処理し、保存、廃棄した記録といわれている。そこで問題となるのは、抄本（写し）や副本・底本（控え、本文のコピー）を、どのように作成したかということである。これについては、すでに書写の形式や、筆跡、人名部分の空白などによって、正本とそれ以外の文書を区別しようとする研究がある。[17]そこでは、草稿（下書き）や定稿、正式文書（正本、原本）と抄本（写し）、副本・底本、附件（添付ファイル）の形態が考察されている。このような視点を継承して先の冊書をみれば、これらは出土地に送られてきた直前の官府の正本か、あるいは出土地で作成した抄本ということになる。

たとえば「元康五年詔書冊」は、肩水候官で出土し、その下部にある尉・候長に送付する文面で終わっていた。とすれば、この冊書は少なくとも下部に発信された原本ではない。また中央から肩水都尉を経て送られてきた文面の書写と、肩水候官が発信する書写が同筆とみなされ、これらは肩水候官で一緒に書写したといわれている。[18]これはこの冊書が、受信や発信された原本ではなく、下部に伝達した内容を記録した抄本（写し）であることを示している。また上級官府に送付される簿籍の場合も、送られた原本は発送先にあるはずであり、出土した冊書は、発送の内容を記した抄本ということになる。

「失亡伝信冊」の前半は、懸泉置に送られてきた文書であるが、これも同じ筆跡である。したがって敦煌郡、效穀県という別の官府の原本をあわせた冊書ではなく、效穀県が発送した原本か、あるいは懸泉置で書写した抄本である。後半の文書は、前半とは異なる筆跡で、各県の長吏の名を記していることから、各県が送付した原本の一部を集めたものではない。すでにみたように、これは複数の文書を編集してファイルした抄本と推測される。

「康居王使者冊」は、敦煌郡、效穀県から懸泉置に送られてきた冊書である。この場合も、中央と敦煌郡、效穀県が発信する文章の書体は、同筆である。したがってこの冊書は、效穀県が発信した原本か、懸泉置で書写した抄本ということになる。このような問題は、文書伝達と情報処理の方法からも考える必要がある。

地方官府への文書伝達の手順は、つぎのようにいわれている[19]。まず官府に文書が到達するとき、袋や個別の文書の状態で届けられる。このとき文書の宛名は、検（付札）や封泥匣のある封検に記されている。この検・封検には、宛名だけのものや、「以郵行」「以亭行」「馬馳行」「行者走」という伝達方法を指定するものがある。受信した官府では、その検や封検に受信側の付記を記す場合がある。その典型的な例は、木簡の右側に封泥の印文を記録し、左側に「月日、～以来」と記している。こうして郡県や候官などに到達した文書は、受信の確認をして、その後に郵書の記録が作成され、担当の部署で開封されることになる。

文書は開封されると、それは検・封検と、文書の本体に分けられる。そして担当部署は、文書の指示にしたがって用務の処理をして、さらに別の部署に転送したり、あるいは返信する必要がある。そのとき到達した原本は、そのまま保存されるか、受信や発信などの付記をして保管することになる。これが後に紙に替わる文書の本体である。また発信・返信する原本とは別に、控えとなる文書の抄本を作成する場合がある。

それでは、これらの文書の情報処理は、どのような方法によるのだろうか。これについては里耶秦簡の木牘と、居延漢簡の木簡に、共通の書式（フォーマット）がみえることを指摘しておきたい[20]。

卅二年正月戊寅朔甲午、啓陵郷夫敢言之。成里典・啓陵 郵人缺、除士五成里匄・成、〔成〕爲典、匄爲郵人。謁令 ・尉以從事、敢言之。

里耶秦簡（⑧157正面）

右

正月戊寅朔丁酉、遷陵丞昌郄之。啓陵廿七戸已有一典。今有除成爲典、何律令。
應尉已除成・匄爲啓陵郵人。其以律令。／気手／正月戊戌日中、守府快行。

左

正月丁酉旦食時、隷妾冉以來。／欣發　壬手

（⑧157背面）

里耶秦簡の⑧157は、正面が啓陵郷の嗇夫から、遷陵県の県廷に出されたもので、里典と郵人の任命に対する許可を求める文書である。ここに「敢言之」という用語がある。背面は、左側の下に「壬手」という署名があり、これは正面の筆跡と似ているため、正面を書写した人物の可能性がある。とすれば⑧157は、啓陵郷で作成した原本ということになる。遷陵県では、この背面の左上に別筆で「月日、時刻、～以来／某発」と記しており、これは受信した記録である。そして背面の右側には、ふたたび啓陵郷に宛てて出した命令と、発信の記録がある。しかし発信した側からみれば、これは啓陵郷に出された原本ではなく、遷陵県に残された抄本となる。したがって正面の文章が、啓陵郷で作成した原本としても、全体としては、正面に、1啓陵郷の発信文書、背面に、2受信記録、3遷陵県の発信文書、発信記録を記した抄本ということになる。

これと同じように、居延漢簡の506.9AB（長さ二一・八、幅二・四センチ、A35大湾）も、里耶秦簡の⑧157とよく似た書式である。

元延元年十月甲午朔戊午橐佗守候護移肩水城官吏自言責嗇夫犖晏如牒書到
驗問收責報如律令

（506.9正面）

右

	（上）	（中）	（下）
	水肩塞尉印	即日嗇夫□發	
	十月壬戌卒周平以來	尉前	佐相

左（上）　（中）　（下）

（506.9背面）

この文書は、債務の取り立てに関する内容で、正面は両行で書かれ、文意は一枚で完結している。背面は、下段に「佐の相」と記しており、正面の書写をした書記とおもわれる。また背面の右上には印文を記し、左上に「月日、～以来」という受信の記録がある。中段には「即日嗇夫□発尉前」とあり、「～以来」の文とは区別されている。このように正面の文書に対して、背面に受信の記録と、左側下段に書写の人物を記す点は、里耶秦簡の木牘にみえる表記とよく似ている。ただし漢簡では、返信の控えは同じ木簡ではなく、別の木簡に記している。これらは一例であるが、秦漢時代の文書伝達と処理が、共通の書式をもつことが理解できよう。そして秦代の里耶秦簡では、その処理を木牘で行っているのに対して、漢簡では紐を編綴した冊書の表裏で処理をしており、しかも上・中・下の規格をもつという変化がある。これらは内郡と辺境の地域差というよりも、むしろ時代による変遷ではないかと推測している。

このとき文書伝達の手順に即していえば、「～以来」という表現は、受信した地だけで使用されるようである。たとえば「元康五年詔書冊」など三つの冊書では、郡が受信と発信をしたときに、その記録を残しているはずである。しかし県レベルに伝達された文書をみると、郡の担当スタッフと、末尾に書記とおもわれる人物を記すだけで、「～以来」「某行」のような表現はみえない。したがって郡県レベルとその下部に文書が伝達されるとき、重要なことは発信したスタッフと、それを書写した（文責にあたる）書記の表記である。これは反対に、下級官府から上級に送付される場合も、同じように理解することができよう。これもまた送付された文書が、原本か抄本であるかを知る手がかりとなる。

地方官府では、このような文書伝達と処理のほかに、吏民に文書を布告して内容を周知させる掲示がある。[21] たとえば懸泉置では、F二六の部屋から壁に書かれた「月令詔條」（四時月令、高さ四八、幅二二二センチ）が発見されている。その内容は、Ⅰに「太皇太后の詔」を郡太守に下す命令があり、Ⅱに主要部分となる月令本文と注釈がある。そしてⅢに、ふたたび中央から全国に伝達し、それを敦煌郡から各県に伝達する送り状がある。壁書には、上部の枠と一行ごとの縦線に朱の顔料が残っており、あたかも木簡で伝達された冊書を、そのまま壁に書写して官吏に掲示したことがわかる。この意味で、壁書は官吏に知らせる掲示とみなすことができよう。

また居延漢簡や懸泉漢簡には、県の郷・亭・市・里の高くてよく見える場所に明白に「扁書」して、対象となる人々に周知させよという文書がある。扁書の形態は、冊書の両端に四ヶ所の小さな輪を作り、これで固定して掲示するという説があり、後漢時代の末期には木板で掲示をする例がある。[22] このような壁書や扁書の形態は、掲示される内容や場所は異なるが、日本古代の告知札、牓示札（お触れ書き）と関連する資料になろう。

以上のように中国の簡牘は、文書行政の原本を復元するほかに、具体的な文書伝達と情報処理を示す資料が多くみえている。それは木簡の冊書や、やや幅の広い木牘に近い形態の文書であった。また県レベルなどに到達した文書は、さらに吏民に広く周知させるため、扁書という掲示の方法がとられている。したがって伝達される文書の原本は、後世では紙の文書に替わるものであるが、ここでみた抄本などの記録は、いわば日本古代の文書木簡に対応する機能といえよう。[23]

三　簡牘の機能——冊書と単独簡

中国の簡牘では、その形態と書式の多様性が指摘されている[24]。しかし情報処理の機能に注目すると、冊書だけではなく、冊書の文書に付随する簡牘や、単独で使用する簡牘が問題となる。このような簡牘の形態は、内容によって区別されているのではなく、それぞれの機能によって変化することが予想される。その例として、木簡の側面に刻みをもつ簡牘がある。籾山明氏は、この刻歯簡牘には、（一）符、刻券、（二）出入銭穀衣物簡、（三）契約文書簡という性格と、刻みの形が文面の数字に対応することを明らかにしている[25]。これは同じような形態をもちながら、機能では、1交通の割り符、2物品の出し入れを確認する割り符、3契約の文書の用途となる。そのほかに幅の広い木牘や、長い木簡に記した檄《げき》がある。また文書に付随して、宛名を記す検・封検があり、これには印章と封泥が関連する。さらに文書や物品に付ける楬《けつ》（付札）と、習書（習字簡）や字書、觚（多面体）の文章などの簡牘がある。こうした中国簡牘は、形態や書式、内容のほかに、機能に注目すれば、韓国や日本古代の木簡と比較できる視点が見いだせるのではないだろうか。

ここでは木牘について、その特徴を整理してみよう。木簡や竹簡の冊書に対して、木牘という形態は早くから知られていた。たとえば居延漢簡のほかに、一九七三年には江陵鳳凰山九号で木牘三枚、一〇号漢墓で木牘六枚が出土している[26]。しかしその木牘は、郷里の税役に関する内容に関心が集まり、形態はあまり注目されなかった。ほかにも古墓では、遣策や、冥土の官吏に送る擬制文書である告地策などに木牘が使われていたが、その例は少なかった。木牘の形態が増えたのは、里耶秦簡や尹湾漢墓簡牘、安徽省天長漢墓、松柏漢墓などの出土による。里耶秦簡は、約三万六千点が出土しており、まだ百点以内が紹介されているにすぎないが、その大半が木牘といわれている。その長さは、約二三センチ（秦代の一尺）が多く、幅は二センチ以上で、二・二、二・五～四・八、五センチまでの木牘があるという。[27] 尹湾六号漢墓の木牘は二三枚で、長さが完全なものは約二三センチ、幅は約六～九センチである。また天長漢墓の木牘三四枚は、長さが二二～二三センチ、幅は四・八～六・七センチである。[28] 松柏一号漢墓の木牘は、片面のものが三一枚、両面の書写が二六枚で、その内容は、各種の簿冊と、牒書、律令の抄写といわれている。つまり木牘は、幅の広い木札を単独で使用し、片面あるいは両面に文字を記して完結する形態となっている。その例は、近年に豊富になっている。

表1は、木牘、竹で作った竹牘、木札の用途を一覧したものである。これによると木牘に代表される簡牘は、単独簡の片面、あるいは表裏の両面を使って、一枚の暦とする例や、文書の処理・保存、さまざまなリストを一覧する用途が多い。そのほかは通行証としての伝や、冥土への告地策、書信と名謁などがある。

たとえば暦譜では、周家台三〇号秦墓の木牘に、秦二世元年の一年の暦と、背面に十二月の暦がある。尹湾漢墓簡牘には、木牘の周辺に月名と干支を記して、元延元年の暦早見表としている例や、元延三年五月の暦がある。しかし暦譜は、居延漢簡などの木簡にもあり、また古墓の資料では竹簡に書かれた暦譜がある。尹湾漢墓の竹簡には、元延二年の暦に勤務や出張、個人的な情報を記した日記があり、あたかも今日の手帳のように使用している。したがって暦では、その内容や形式によって木簡や竹簡、木牘を分けているのではなく、その用途によって使い分けていることが明らかである。

つぎに文書の処理と保存の用途では、里耶秦簡の木牘が注目される。これについては、先に文書伝達と情報処理で述べた。ここでは文書の処理にあたって、受信・発信の記録をふくむ本文を控えとし、また本文の写しとするケース

表１　木牘・竹牘の用途と内容

用途	木牘の内容	出土資料と古墓
暦譜	１ヶ年、１ヶ月の暦譜 周囲を回転する１年の早見表	周家台30号秦墓、尹湾漢墓 尹湾漢墓
文書処理	受信・発信の控え	里耶秦簡
保存文書	戦国秦の法令 債務労役の文書、司法文書	青川県50号戦国秦墓 里耶秦簡、睡虎地77号漢墓
資料一覧 （簿籍）	出銭人名、服約、記算、芻藁 戸口簿、算簿、簿籍 戸口名籍、免老簿、新傅簿など 集簿、吏員簿、下轄長吏名籍 武庫兵車器集簿、贈銭名簿など	江陵鳳凰山10号漢墓 天長19号漢墓、睡虎地77号漢墓 松柏１号漢墓 尹湾漢墓
地名里程	交通の地名と距離を記すもの	里耶秦簡、居延漢簡、懸泉漢簡
地図	木板に書かれた地図	天水放馬灘秦墓
伝、伝信	交通に必要な通行証の記録	懸泉漢簡、居延漢簡
告地策 司法文書	地下の官吏に知らせる文書 墓主の身分を証明する文書	謝家橋１号漢墓、江陵鳳凰山168号漢墓 高台18号漢墓、馬王堆３号漢墓 龍崗６号秦墓
遣策 衣物疏	陪葬物の一覧	江陵鳳凰山10号漢墓、馬王堆３号漢墓 尹湾漢墓
書籍篇題	書物の題目を記す（目次）	銀雀山１号漢墓、阜陽双古堆漢墓
占いなど	日書、神亀占、博局図など	江陵岳山秦簡、尹湾漢墓
書信	尺牘（１尺の木牘）の書信	睡虎地４号秦墓、天長19号漢墓 居延漢簡、長沙東牌楼後漢簡牘
名謁	面会に差し出す木札	天長19号漢墓、尹湾漢墓
その他	九九、習書など	里耶秦簡

がある。これには青川県戦国秦墓の田律も、同じような保存の資料とおもわれる。これらは一枚の表裏で、一件の情報処理の記録とする利点がある。

木牘で、もっとも豊富な用途は、さまざまなリストを一覧する形式である。これには松柏漢墓と尹湾漢墓簡牘が代表となる。松柏漢墓の簿籍には、江陵県西郷などの戸口名籍、正里簿、免老簿、新傅簿、罷癃簿、帰義簿、復事算簿、見卒簿、置吏卒簿などがあるという。これは南郡の具体的な情勢を示すものである。尹湾漢墓の木牘では、集簿のほか、東海郡の吏員簿、下轄長吏名籍（吏員除官昇遷簿、二枚）、下轄長吏不在署・未到官者名籍（吏員考績簿、正面）、属吏設置簿（背面）、武庫永始四年兵車器集簿、贈銭名簿があり、また暦譜や、神亀占・博局占、衣物疏、名謁なども木牘に記している。これらはリストや、必要な情報を一覧する形式である。これに対して、刑徳行時と行道吉凶、神烏賦という書籍は、竹簡に書写されている。また睡虎地秦墓の『日書』では、図形や一覧も竹簡に書いている。これはその用途によって、木牘に書く簿籍やリストの形式と、竹簡に書く書籍などを区別していることを示している。[29]

交通の地名と距離を記した地名里程簡は、里耶秦簡と居延漢簡、懸泉漢簡にみえている。交通に関しては、通行証となる伝、伝信が幅の広い木簡に書かれている。これは肩水金関や懸泉置で控えた記録とおもわれるが、その形式は、中央の御史大夫が発給する伝と、地方官府が発給する伝は、いずれも上下二段に書写するか、二行にわたって書写している。これも一枚の木簡・木牘で、その用務と必要な情報を記していると推測される。これに関連するのが告地策である。ここでは木牘や竹牘に、墓主の通行というよりも、随行する人々や物品を証明する情報を記している。[30]馬王堆三号漢墓の木牘は、地下の官吏に「蔵物一編」を送る形式であり、これは竹簡の遣策に対する送り状となっている。交通の往来では、尹湾漢墓簡牘に、人と面会するときに差し出す名謁がある。また睡虎地秦墓や天長漢墓の私信など、人びとの書信も木牘に書かれている。これは一枚の表裏で完結する形式が多い。

書籍の篇題では、銀雀山漢墓の例がある。ここでは木牘に「守法守令等十三篇」という題目と篇名があり、これが竹簡の各篇に対応して復元されている。[31] また阜陽双古堆漢墓では、木牘三枚がある。一号木牘（長さ二三、幅五・四センチ）は「《儒家者言》章題」とし、上中下の三段に四十七の章題を記している。これは『孔子家語』や『説苑』『新序』と関連するという。二号木牘は「《春秋事語》章題」とし、上中下の三段に記した章題の内容は、『説苑』『新序』と関連している。このように木牘には、リストの一つとして書籍の目録を書く場合があり、銀雀山漢墓では竹簡の書物と分けている。そのほかには里耶秦簡の九九表も木牘に書かれており、その背面は習書である。

このように木牘は、ほぼ同じ大きさの一枚でありながら、暦譜や、文書の処理、保存する文書、さまざまなリストの一覧、地名里程簡、交通の証明となる伝、告地策、遣策・衣物疏、書物の篇題、占い、書信、名謁（名刺）など、豊富な内容に使用されている。その特徴は、木牘二枚にわたる内容もあるが、ほとんどが一枚で完結しており、単独の記録になることである。この機能は、1冊書の変形とみなすか、2将来の紙に替わる機能、3文書木簡と同じように表裏で処理をする利点などが想定できる。[32] 1に冊書の変形であれば、居延漢簡などで同じような処理の文書やリストが木簡の冊書となっていることが理解できる。しかし里耶秦簡では、書写したあとに二条の紐で編まれたものもあるが、木牘一枚に一つの内容をもつ形態が多いといわれている。また冊書の簿籍のように、送り状となる簡牘を付けて送付文書とする形態はみえていない。2に紙に替わる機能をもつのであれば、幅の広い木牘の利点が生かされたことになる。しかし木牘には書籍の篇題を書き、書物は竹簡に書写している場合があり、これは少なくとも書籍としての認識ではない。3に文書木簡のように表裏で処理をする利点は、単独簡の特徴である。したがって木牘の機能は、同じ内容が木簡や竹簡にみられたとしても、それを基本的に一枚の表裏に書写できるケースに広く使われていることになろう。これまでのところ、送り状と一緒に送付する文書の形式はなく、書籍の形態とも区別されている。とすれば木牘の用途は、情報処理や控えの記録という機能が多いことになる。ただし名謁や書信は、それ自体が相手に渡すものであり、ここでは木牘一枚で完結する利便が用いられたのであろう。

このほか単独簡には、長い木簡に記した檄がある。檄の特徴は、長い多面体（觚）の形態で、その文章は密封していない露布の形態が多く、封泥は証明の印とみなされている[33]。文書や物品に付随しては、検・封検や、付札にあたる楬がある[34]。中国の検や封検は、冊書の文書の外側に宛名として付けるとみなされている。しかし日本古代のように、紙の文書に封緘木簡を付けて送れば、それは封検とは形態は異なるが、同じ機能をもつことになる。また竹簡や木簡の文書に付ける楬は、日本古代のように紙に付ける場合は、題籤軸の形態となっている。これも簡牘と紙の文書に付随する用途によって、その形態は違っているが、機能は共通していることになる[35]。また習字簡の木簡や、字書となる簡牘、觚の形態をもつ典籍の一部などは、文書の本体や書籍とは違う用途をもっている[36]。

したがって中国の簡牘と、日本古代や韓国の木簡と比較するには、文書行政にみえる文書や、竹簡・帛書に書かれた書籍よりは、むしろ単独の木牘や木簡と、検・封検、文書・物品の楬、習字簡、字書、觚などの簡牘のほうが対応することになる。このように中国の出土資料は、文書行政や書籍の普及だけではなく、木牘にみえる情報処理や、単独簡の機能に注目するとき、古代東アジア出土資料の共通点や相違点がみえてくるのではないかと考えている。

おわりに——東アジア資料学の基礎として

古代東アジアの韓国や日本の木簡と比較するために、情報伝達という視点からみると、さまざまな形態をもつ中国古代の簡牘は、そこに共通する情報技術が注目される。中国出土資料の研究は、歴史学では法制史と文書行政の考察や、思想史にみられる竹簡・帛書の典籍の分析が主流であった。しかしこれらは後に紙の書写に替わる冊書の文書・法律・書籍であり、紙と木簡の併用時代における木簡の機能と同じではない。これらの文書と書籍は、むしろ日本古代の紙の文書と典籍にあたるものであろう。そこで秦漢時代の簡牘をみると、文書行政をこえた新しい問題が提起されている。また里耶秦簡や懸泉漢簡などには、日本古代木簡の接点となる情報技術がうかがえる。それは、1に文書伝達と情報処理、2に簡牘の機能にみえる書式（Format、フォーマット）の展開である。ここで述べてきた要点は、つぎの通りである。

一、歴史に関する文書行政では、これまで軍事系統の居延漢簡を中心として、中央からの下行文書（下達文書）と、簿籍の報告をふくむ上行文書（上申文書）がよく知られている。これらは行政、財政、裁判に関する文書であり、紐で結ばれた冊書を復元したものである。これに加えて懸泉漢簡「失亡伝信冊」と「康居王使者冊」は、県レベル以下に文書伝達のネットワークがあり、それをファイルの形式で残したことを示している。しかも懸泉置は、敦煌郡に所属する県の下部組織であるため、漢王朝の文書伝達の方法は、軍事系統と民政系統に共通することが明らかになった。

二、ただし文書行政にみえる文書や簿籍の大半は、送付された原本そのものよりも、むしろそれを処理し、保存、廃棄した記録である。そこで近年では、書写の形式や、筆跡の区別、人名部分の空白などによって、草稿（下書き）や定稿、正式文書（正本、原本）と抄本（写し）、副本・底本（控え、本文のコピー）、附件（添付ファイル）の形態が考察されている。このとき大切なのは、これらの抄本や副本などを通じて、地方官府の文書処理と共通書式（フォーマット）を理解することである。そのなかには、下部の吏民に文書を掲示する扁書などがある。これは送付される正本に対して、木牘や木簡による文書処理と公布を示しており、日本古代の文書木簡に対応する機能といえよう。この意味で中国簡牘の文書と記録は、大半が文書木簡である。また県レベルの社会でいえば、文書の保存と廃棄をするときの写しが、古墓に副葬された文書の形式と共通するものがある。

三、これまで簡牘については、その形態と書式の多様性が指摘されている。しかし文書伝達と情報処理に注目すると、さまざまな簡牘の形態は、内容によって区別されているのではなく、それぞれの機能によって変化することが予想される。その例として、木牘はほぼ同じ大きさの一枚でありながら、文書の処理や、暦・リストの一覧、書信、名謁（名刺）、書物の題目など、豊富な内容に使用されている。また単独簡には、長い木簡に記した檄や、符券などがある。文書に付随しては、検・封検や、印章と封泥、文書・物品の楬（付札）があり、さらに習書（習字簡）や字書、觚（多面体）の文章など、多くの簡牘がある。これらは日本古代の荷札、付札、その他の木簡に対応している。したがって日本古代の木簡と比較するには、中国の情報処理にみえる木牘や木簡と、検・封検、文書・物品の楬、習字簡、字書、觚などの簡牘のほうがふさわしいことになる。

以上のように中国の出土資料は、戦国時代から秦漢時代を通じて、文書伝達と情報処理の展開をたどることができる。つまり戦国秦と秦帝国の西方における情報技術は、前漢王朝に直接的に受け継がれ、武帝期より以降には漢王朝の全国に対する共通の書式（フォーマット）となっている。しかも居延漢簡は軍事系統で、必ずしも内郡の例にはならないという想定も、今日では里耶秦簡と懸泉漢簡のように、秦漢時代の地方官府の民政系統で基本的に共通した方法となることが明らかになった。したがって秦漢時代の簡牘にみえる文書処理や、人びとの往来にみえる情報伝達の原理は、中国古代国家と社会システムの原型とみなすことができる。ただし秦漢時代では、中央と地方の文書行政で完結するのではなく、その背後には多くの情報処理があり、さらに労働編成や穀物・物資の管理、裁判の取り調べ、交通と治安維持など、膨大な実務の運用をふくむ点が重要である。こうした古代国家と情報技術の展望が、三国時代より以後の中国社会の特質を比較するうえで参考になればとおもう。

注

（1）駢宇騫・段書安編著『二十世紀出土簡帛概述』（文物出版社、二〇〇六年）、李均明『古代簡牘』（文物出版社、二〇〇三年）、李均明『秦漢簡牘文書分類輯解』（文物出版社、二〇〇九年）、胡平生・李天虹『長江流域出土簡牘与研究』（湖北教育出版社、二〇〇四年）など。

（2）思想史の分野では、長江流域の典籍（郭店楚簡、上海博物館蔵楚簡、馬王堆漢墓帛書など）を対象として、思想の成立や、古文字、『漢書』芸文志の目録とくらべた書誌学の考察が多い。浅野裕一・湯浅邦弘編『諸子百家〈再発見〉』（岩波書店、二〇〇四年）、朱淵清著、高木智見訳『中国出土文献の世界』（創文社、二〇〇六年）、廣瀬薫雄「荊州地区出土戦国楚簡」（『木簡研究』二七、二〇〇五年）など。これに対して歴史学の分野では、古墓に副葬された秦律と漢律（睡虎地秦簡、張家山漢簡）や、西域の漢簡（居延漢簡、敦煌漢簡など）を対象として、法制史と行政文書に関心が集まっている。

（3）拙著『中国古代国家と社会システム――長江流域出土資料の研究』（汲古書院、二〇〇九年）では、戦国時代の秦と楚、秦漢時代の漢簡を中心として、簡牘の機能と情報伝達を考察している。

（4）拙著『中国古代国家と郡県社会』第一編第六章「秦漢帝国の成立と秦・楚の社会」（汲古書院、二〇〇五年）。これを反映するのが、張家山漢簡「秩律」にみえる県の分布である。

（5）拙著『中国古代国家と社会システム』序章「中国出土資料と古代社会」、終章「中国古代の社会と情報伝達」。

（6）大庭脩『秦漢法制史の研究』（創文社、一九八二年）、同『漢簡研究』（同朋舎出版、一九九二年）、永田英正『居延漢簡の研究』（同朋舎出版、一九八九、張学鋒訳、広西師範大学出版社、二〇〇七年）、李均明・劉軍『簡牘文書学』（広西教育出版社、一九九九年）、汪桂海『漢代官文書制度』（広西教育出版社、一九九九年）、李均明『秦漢簡牘文書分類輯解』（文物出版社、二〇〇九年）、籾山明『中国古代訴訟制度の研究』（京都大学学術出版会、二〇〇六年）、冨谷至『文書行政の漢帝国――木簡・竹簡の時代』（名古屋大学出版会、二〇一〇年）、廣瀬薫雄『秦漢律令研究』（汲古書院、二〇一〇年）など。

（7）永田英正「文書行政」（『殷周秦漢時代史の基本問題』汲古書院、二〇〇一年）、籾山明「中国の文書行政」（『文字と古代日本』二、吉川弘文館、二〇〇五年）、冨谷至『文書行政の漢帝国』第Ⅱ編第三章「行政文書の書式・常套句」（名古屋大学出版会、二〇一〇年）など。

（8）大庭前掲『秦漢法制史の研究』第三編第一章「漢代制詔の形態」、第二章「居延出土の詔書冊」、永田英正『居延漢簡の研究』第Ⅰ部第三章「簿籍簡牘の諸様式の分析」、同「簡牘の古文書学」（『近江歴史・考古論集』滋賀大学教育学部歴史学研究室、一九九六年）、邁克爾・魯惟一『漢代行政記録』（広西師範大学出版社、二〇〇七年）。

（9）拙著『中国古代国家と社会システム』序章「中国出土資料と古代社会」。

（10）甘粛省文物考古研究所「敦煌懸泉漢簡内容概述」「敦煌懸泉漢簡釈文選」（『文物』二〇〇〇年五期）、胡平生・張徳芳編撰『敦煌懸泉漢簡釈粋』（上海古籍出版社、二〇〇一年）、郝樹聲・張徳芳『懸泉漢簡研究』（甘粛文化出版社、二〇〇九年）。

（11）このように尉に告げ、その後に下部に分割して伝達する方法は、漢簡に「別書」と表記している。鷹取祐司「秦漢時代公文書の下達形態」（『立命館東洋史学』三一、二〇〇八年）。

（12）1は張徳芳「懸泉漢簡中的〝伝信簡〟考述」（『出土文獻研究』第七輯、上海古籍出版社、二〇〇五年）、2は馬怡「懸泉漢簡〝失亡伝信冊〟補考」（『出土文献研究』第八輯、上海古籍出版社、二〇〇七年）の説。

（13）拙稿「漢代の交通と伝信の機能――敦煌懸泉漢簡を中心として」（『愛媛大学法文学部論集』人文学科編二六、二〇〇九年）。

（14）懸泉漢簡（ⅡT0216②：650）に、

建昭三年五月丙辰朔癸未、敦煌大守彊長史淵丞敞謂敦煌・效穀・廣至、今調私財物馬官馬補騎馬傳馬、如牒、書到、同月相付受、毋令繆、如律令。

（15）前掲『敦煌懸泉漢簡釈粋』、前掲『懸泉漢簡研究』。

（16）居延新簡EPT17・6に、つぎのような例がある。

鄣卒蘇寄　九月三日封符、休居家十日、往來二日、會月十五日。

ここでは鄣卒が、休暇のために符を発給されている。その発給は九月四日で、休暇は十日、往来に二日かかるという。これによれば勤務を離れる期間は、休暇と往来をあわせて十二日である。したがって文面にみえる「會月十五日」とは、休暇の期間ではなく、九月十五日まで符が有効であるという期限を示している。

（17）角谷常子「秦漢時代の簡牘研究」（『東洋史研究』五五―一、一九九六年）は、F二二に注目して簡牘の形態と書法を考察している。大庭脩「文書簡の署名と副署試論」（『漢簡研究』同朋舎出版、一九九二年）、李均明「秦漢文書制度考察――簡牘文書的起草、審批与收発」（韓国成均館大学校東ＡＳＩＡ学術院国際学術会議『東アジアの資料学の可能性模索』二〇〇八年）、邢義田「試論秦漢公文書的正本・副本・草稿和簽署問題」（香港中文大学「漢帝国的制度與社会秩序」国際学術会議提出論文、二〇一〇年）など。

（18）大庭前掲「漢代制詔の形態」、永田前掲「文書行政」。

（19）拙稿「居延漢簡の調査と考察ノート――文書処理と『発』」（『資料学の方法を探る』九、二〇一〇年）。

（20）拙著『中国古代国家と社会システム』第六章「里耶秦簡の文書と情報システム」。

（21）馬怡「扁書試探」（武漢大学簡帛研究中心主辨『簡帛』第一輯、上海古籍出版社、二〇〇六年）、拙著『中国古代国家と社会システム』第九章「張家山漢簡『津関令』と詔書の伝達」。

（22）馬怡前掲「扁書試探」。『三国志』巻一一、田疇伝に、

太祖曰、善。乃引軍還、而署大木表于水側路傍曰、方今署夏、道路不通、且俟秋冬、乃復進軍。虜候騎見之、誠以爲大軍去也。

（23）木簡学会編『日本古代木簡集成』（東京大学出版会、二〇〇三年）。

（24）王国維原著、胡平生・馬月華校注『簡牘検署考校注』（一九一四、上海古籍出版社、二〇〇四年）。大庭脩『木簡』（学生社、一九七九年）、同『木簡学入門』（講談社学術文庫、一九八四年）、大庭脩編著『木簡――古代からのメッセージ』（大修館書店、一九九八年）、大庭脩『大英図書館蔵敦煌漢簡』概説（同朋舎出版、一九九〇年）、大庭脩『木片に残った文字――中国木簡の世界』（二〇〇三、『木片に残った文字――大庭脩遺稿集』桐原出版、二〇〇七年）。西林昭一、陳松長『新中国出土書蹟』（文物出版社、二〇〇九年）は、書を中心に編集したものであるが、簡牘の形態などを知るうえで便利である。

（25）籾山明「刻歯簡牘初探」（『木簡研究』一七、一九九五年）、拙稿前掲「里耶秦簡の文書と情報システム」。

(26) 湖北省文物考古研究所「江陵鳳凰山一六八号漢墓」(『考古学報』一九九三年四期)。
(27) 前掲『里耶発掘報告』一七九～一八〇頁。
(28) 連雲港市博物館・中国社会科学院簡帛研究中心・東海県博物館・中国文物研究所編『尹湾漢墓簡牘』(中華書局、一九九七年)。
(29) 王国維『簡牘検署考』、冨谷至『木簡・竹簡の語る中国古代』第三章(岩波書店、二〇〇三年)。
(30) 大庭脩「漢代の関所とパスポート」(一九五四、前掲『秦漢法制史の研究』)、拙著『中国古代国家と社会システム』第十章「張家山漢簡『津関令』と漢墓簡牘」。
(31) 銀雀山漢墓竹簡整理小組編『銀雀山漢墓竹簡〔壹〕』(文物出版社、一九七五年)。
(32) 籾山明「解題にかえて」(里耶秦簡講読会「里耶秦簡訳註」『中国出土資料研究』八、二〇〇四年)では、里耶秦簡の記載原則は、木牘文書の原型が冊書にあることを示唆し、木牘という文書形態は冊書の一変形として位置づけられ、編綴の手間がいらない冊書とみなしている。
(33) 大庭脩氏は「檄書の復原」(前掲『漢簡研究』)では、露布の文書で長い簡に檄をふくむとし、その封泥は命令を保証する印信とする。角谷常子「簡牘の形状における意味」(冨谷至編『辺境出土木簡の研究』朋友書店、二〇〇三年)は、檄が特定の大きさをもつ多面体で、有事における情報伝達の意義をもつとしている。冨谷至『文書行政の漢帝国』第Ⅰ編第三章「檄書攷」は、檄の重要な特徴を露布簡であるとする。
(34) 大庭脩「『検』の再検討」(『漢簡研究』同朋舎出版、一九九二年)、籾山明「魏晋楼蘭簡の形態――封検を中心として」(冨谷至編『流沙出土の文字資料』京都大学学術出版会、二〇〇一年)、拙稿「里耶秦簡の記録簡と実務」(二〇〇八年、『中国古代国家と社会システム』)など。
(35) 拙稿「中国古代の簡牘と記録」(『資料学の方法を探る』八、二〇〇九年)。
(36) 邢義田「漢代の『蒼頡篇』、『急就篇』、八体と「史書」の問題」(本書に収録論文)。

里耶秦簡からみる秦朝行政文書の製作と伝達

胡　平　生
（佐々木正治訳）

里耶秦簡における行政文書の占める割合は大きい。その製作と伝達過程に対する検討を通じて文書の処理方式を理解していく方法により、秦王朝の郡県級、主に遷陵県の統治管理体系およびその運営状況を見ていきたい。これらの行政文書の製作、発行、伝達の処理方式から、秦の政権、特に基層政権の行政能力と効率性、統治管理の方式、官民関係などを明らかにすることができるであろう。現在の里耶古城遺跡は、秦の遷陵県の治所であり、ここで議論する行政文書の処理とは、主に秦の遷陵県と関わる文書で、（1）洞庭郡やその他の上級機構に報告された遷陵県上行文書、（2）遷陵県と同級の上級機構とを往来した遷陵県平行文書、（3）遷陵県が所属の郷里等の下級機構に下達した遷陵県下行文書、というようにおおよそ三つに分けられる。以下、二章にわたって論じていく。

一

まず上・下行文書伝達の方式に関してである。下記の前二簡は遷陵、酉陽からの上行文書の伝達方式である。第三簡は、洞庭郡太守府と尉曹に向けて発したものである。第四簡は、河内郡の属県の軹より河内に伝達されたものである。

§1、遷陵以郵行　6—2
洞庭。

§2、酉陽洞庭　9—983

§3、洞庭泰守府、尉曹発、以郵行　7—5

§4、軹以郵行河内　J1—169

これらはみな「以郵行」形式の文書である。遷陵県の重要な公文書は、主に「郵」を通じて洞庭郡に伝達し報告されたもので、逆に洞庭郡の重要文書も一般には「郵」を通じて遷陵に伝達された。また、酉陽も同じく洞庭郡に属し、その文書を伝達する郵路は遷陵を中継したのであろう。第四簡の軹は河内郡の属県で、河内に送られたのはおそらく上行文書であるが、本来この路線を通るはずはなく、なぜこの地に残されたかは不明である。

郵置制度の起源は早い。『孟子』巻三公孫丑上に、「孔子曰、徳之流行、速於置郵而伝命。」とあり、古注に、「置」は驛であり、「郵」は「駟」である、という。つまり駅伝のことである。これについて明楊慎『置郵伝命』に考證があり[1]、秦漢の郵置制度の規定によれば、郵便物を送るには一昼夜で二百里進まねばならなかった（地域や交通条件などの違いで、所定の里程には差があったであろう）。「以郵行」以外に、「以次行」、「以亭次行」という文書もあり、これも行政の管轄に基づいて、行政単位ごとに伝達されたものであろう。「以郵行」の場合は一般に郵人が徒歩で伝達するものであるが、騎馬による伝達も想定される。

ところで、日々郵便物を送るには作業量を統計し、送付時間を計算する必要があり、そのため里程表が存在する。

§5、（第一欄欠、略）

鄢到銷百八十四里　（以下第二欄）
銷到江陵二百卌里
江陵到孱陵百一十里
孱陵到索二百九十五里
索到臨沅六十里
臨沅到遷陵九百一十里
凡四千四百卌里　16—52

§6、□陽到敦丘百八十四里　（第一欄）
頓丘到虛百卌六里
虛到衍氏百九十里
衍氏到啓封三百五里
啓封到長武九十三里
長武到傿陵八十七里
傿陵到許九十八里
（第二欄欠、略）　17—14A
●泰凡七千七百廿二里　17—14B

16—52、17—14はいずれも残牘で、現存する内容としては、前者が鄢から遷陵に至る郵程距離を記録し、後者が□陽から許に至る郵程距離を記録する。この種の里程表は、過去に西北長城沿線で出土した簡牘の中で発見されたことがある[2]。秦漢の郵置伝達文書に、『行書律』があり、「郵人行書、一日一夜行二百里」とある（『張家山漢墓竹簡』二年律令）。里程表は郵人が文書を届ける際の道程を統計したものである。前者の簡牘は直接遷陵について言及したもので、その中の鄢陵は現在の湖北宜城東南に位置する。銷については、地理は明らかでない。江陵は現在の湖北荊州であり、孱陵は現在の湖北公安の西南に位置する。索は現在の湖南常徳の東北に位置し、臨沅は湖南常徳の西である。後者の簡牘路線から考えると、この表は北から南へ向かい、再度西へ向かい、最後に遷陵を終点とするものである。後者の簡牘では一貫して北へ向かう。遷陵から咸陽へ行くとすると、まず先に南郡へ向かってから北へ向かい、その後また西へと向かい、カーブして咸陽に至る郵路へ達するルートを通るようである。上行と下行は、正反対になるだけである。

出土した居延漢簡および敦煌漢簡の中でも、敦煌懸泉置のように、郵置の設置について見られるものがある。置の規模は郵よりさらに大きいようで、郵便物の伝達のほか、往来する使節や官員のために宿と食事、車馬等の交通手段を提供した。里耶簡では、今のところ遷陵県における「置」に相当する機構は見られないが、ただし「伝馬」の死亡診断書の籤牌があり、それに注目するならば、遷陵県には「伝馬」ないし「伝車」が備わっていたと考えられる。

次の簡牘は、遷陵県府の文書で、遷陵守丞が規章制度にのっとり、上級機構へ自県の状況を報告した文書である。

§7、卅三年二月壬寅朔［朔］日、遷陵守丞都敢言之。令曰、恒以朔日上所買徒隷数。●問之毋当令者。敢言之。

8―154A

二月壬寅水十一刻刻下二、郵人得行。　圂手。　8―154B

この公文書は上級の質疑に回答をした文書ではなく、行政命令の規定にのっとり、購買した徒隷の数を毎月朔日に報告したものであり、秦始皇三十二年二月初一のこの日に、遷陵守丞が「毋当令者」と報告し、この月には徒隷を買うことがなかったのである。この文書は「圂」の手になるもので、ここで遷陵の地方官員について言及されていることは、張春龍氏らの研究ですでに指摘されており、里耶簡は秦代地方行政官吏の設置の問題を理解するのに有益な資料を提供する。目下のところ、すでに公表された簡牘資料に見える遷陵の官吏は十数人いるが、出土簡牘からみて、秦代における官吏の設置は文献に記載される状況よりもさらに複雑である。

次の二つの簡牘は、洞庭郡太守が遷陵県官員に下達した文書である。

§8、廿七年二月丙子朔庚寅、洞庭守礼謂県嗇夫・卒史嘉、仮卒史穀、属尉、令曰、「伝達委輸、必先悉行城旦春・隷臣妾・居貲贖責(債)。急事不可留、乃興徭。」今洞庭兵輸内史及巴・南郡・蒼梧、輸甲兵当伝者多。節(即)伝之、必先悉行乗城卒・隷臣妾・城旦春・鬼薪・白粲・居貲贖責(債)・司寇・隠官・践更県者。田時也、不欲興黔首。嘉・穀・尉各謹案所部県卒・徒隷・居貲贖責(債)・司寇・隠官・践更県者簿、有可令伝甲兵、県弗令伝之而興黔首、興黔首可省少弗省少而多興者、輒劾移県、県亟以律令具論、当坐者言名夬(決)泰守府、嘉・穀・尉在所県上書。嘉・谷・尉令人日夜端行。它如律令。　16—5A

[二] 月癸卯水十一刻刻下九、求盗簪裹〈褭〉陽成辰以來。／羽手。　【如手。】

三月癸丑水下盡□陽陵士□匄以來。／邪手。

三月丙辰遷陵丞欧敢告尉、告郷司空・倉主、前書已下、重、聴書従事。尉別都郷・司空、司空伝倉、都郷別啓陵・貳春、皆勿留脱。它如律令。／釦手。丙辰水下四刻、隷臣尚行。　16—5B

§9、[廿七]年二月丙子朔庚寅、洞庭守礼謂県嗇夫・卒史嘉、仮卒史穀、属尉、令曰、「伝達委輸、必先悉行城旦春・隷臣妾・居貲贖責(債)、急事不可留、乃興徭。」今洞庭兵輸内史及巴・南郡・蒼梧、輸甲兵当伝者多。節(即)伝之、必先悉行乗城卒・隷臣妾・城旦春・鬼薪・白粲・居貲贖責(債)・司寇・隠官・踐更県者。

田時也、不欲興黔首、嘉・穀・尉各謹案所部県卒・徒隷・居貲贖責(債)・司寇・隠官・践更県者簿、有可令伝甲兵、県弗令伝之而興黔首、興黔首可省少弗省少而多興者、輒劾移県、県亟以律令具論、当坐者言名夬(決)泰守府・嘉・穀・尉在所県上書。嘉・谷・尉令人日夜端行。它如律令。

16―6 A

【如手。】

[三] 月戊申夕、士五(伍)巫下里聞令以來。／慶手。

三月庚戌、遷陵守丞敦狐敢告尉、告□告郷司空・倉主、聴書従事、尉別書都郷司空、司空伝倉都郷別啓陵・貳春、皆勿留□。它如律令。／釦手。庚戌水下□刻、走袑行尉。

三月戊午、遷陵丞欧敢言之、写上。敢言之。／釦手。己未旦令史犯行。

16―6 B

これは洞庭郡守の礼が県嗇夫・卒史の嘉、仮卒史の穀、属尉などの人物に下した公文書であり、なぜ二度にわたり発布したかは分からない。この文書は釈読の上でいくつか問題がある。一つは、「県嗇夫・卒史嘉」であり、張春龍氏はこの六字を続けて読み一人の人物とみなしている。これに対し、馬怡氏は分けるべきであるとする。筆者の当初の研究では標点を施してはいたものの、この問題は保留していた。しかしここで詳しく見ていく以上、言及しておかねばならない。その下文にある「嘉・穀・尉各謹案所部」や「嘉・穀・尉在所県上書」などから見ると、「県嗇夫・卒史」はやはり一個人、すなわち嘉のようである。ただし、なぜ県嗇夫であり、かつ卒史であるのかは不明である。「卒史」の身分で県嗇夫を兼任させられたものか、あるいは「卒史」に他の意味があるのか不明とせざるを得ない。

二つ目は、「当坐者言名史泰守府」の「史」であり、これは「夬」字の誤釈で、「夬」は「決」、すなわち訴訟を裁き、判決を下すこととすべきである。龍崗秦簡における「夬」字もこのように書写される。『龍崗秦簡』二〇二簡の「未夬(決)而言」、二〇四簡の「獄未夬(決)」などがそうである(3)。いまひとつ議論すべきは「端行」である。李学勤氏は、「端」を「媟」と改め、「牒」と読んでいる。しかし図版を子細に見れば、やはり「端」字である。張春龍氏らの研究では、「端」を「遄」と読み、「速」と解釈し、「令人日夜端行」とは、人を派遣して日夜急いで文書を奉呈することとし、意味は確かに通っている。しかし、文書は「……輒劾移県、県亟以律令具論、当坐者言名夬(決)泰守府、嘉・穀・尉在所県上書」の後に、また「嘉・穀・尉令人日夜端行」と言っているのであり、「端行」は急いで送ることを意味してはいないようである。睡虎地秦簡の『為吏之道』に「正行修身、過(禍)去福存」とあり、「正行」はすなわち「端行」のことで、『語書』には「聖王作法度、以矯端民心」、「故有公心、有(又)能自端也」とあり、秦人は法律に基づき規範を監察し行いを正すことをこのように言っている。よって「端行」はおそらく行いを監督・監察して正すといった意味であり、「日夜端行」は秦代の熟語であろう。実際のところ、最も大きな問題は、洞庭郡太守の礼が県嗇夫卒史嘉、仮卒史穀、属尉らに下したこの公文書が、なぜ嘉、穀、尉が受領せず、受取人が遷陵守丞の敦狐と遷陵丞の欧であるのか。そして嘉らは一体どこの県の嗇夫、卒史、仮卒史ならびに属尉であるのか。これは今後さらなる研究が必要である。

三つめは、B面の釈読順序の問題である。里耶秦簡の釈読に関する重要な発見の一つは、牘文の閲読順序を調整していることである。木牘の書写の格式と牘文の時間に基づいて排列しているならば、この種の木牘公文はA面を読み終わった後に、まずB面左側の第一行を読まなければならない。写し取られた釈文は閲読の先後に応じて配列したものである。16—5では、秦始皇二十七年二月十五日に、洞庭郡守礼が県嗇夫卒史嘉らに公文書を発しており、整理者は、B面左側の一行目を「七月癸卯水十一刻刻下九、求盗簪裒〈裊〉陽成辰以來」と釈読している。しかし、張培瑜『中国先秦史暦表』によると秦始皇二十七年七月は甲辰朔であり、七月に癸卯はない。李学勤氏もこの問題に注目するものの、氏の研究ではこの日時については保留している。実際には、細かく図版を見てみると、整理者は木目の縦線を「七」字の縦一画と誤解していることが分かる。この字は横一画のみが残っており、本来上にもう一つ横一画があったものが、すでに磨滅しているのである。暦日に基づいて配列するならば、二月癸卯が二十八日となる。次に、左側第二行の、「三月癸丑水下盡□陽陵士［五(伍)］勾以來。／邪手。」を配列しなければならない。三月癸丑は初八日であり、この行に書かれた字はやや雑である。同一文件が別の一個人から再度送られているのであり、これについては今後の研究が必要である。三月丙辰（十一日）に遷陵丞は再度この文書を下行している。

16―6では、B面左側がちょうど月の部分を欠いており、「月」字は下部が残存し、「戊申夕」と続く。ここでかけていた月数は「三」であろう。秦始皇二十七年三月は丙午朔であり、戊申は初三となる。A面がおわり、つづいてこの「三月戊申夕、士五(伍)、巫下里聞令以來。／慶手。」の句を読むこととなる。また、ここに見える「巫」は巫県を指し、『漢書』地理志によると南郡に「巫」がある。

次いで「三月庚戌（初五）」の一節であるが、この文件は遷陵守丞敦狐により下部機構へ転送されたもので、庚戌（初五）当日に送り出されている。

次に、「三月戊午（十三日）」であるが、この文件もまた遷陵丞欧の手に届いたもので、上級にすでに文書を受け取った由の手紙を書き、己未（十四日）に令史の犯より送出されている。「写上」は、研究者によっては下達の指示を抄写し上報したものととらえるが、上級が下達した指示がなぜまた抄写し上報されるのか。秦漢文書の文例では、比較的重要な文件の中には、下級が受け取ったのちに、文書形式で受け取りを報告することがある。ここでいう「写上」は、文件を受け取ったことを報告する手紙であろう。正本はすでに伝達され、ここにはその経緯と担当者、送り主、送出時間のみを記している。

もうひとつ説明しておきたいのは、我々の釈文では、この二つの文件B面の左下隅にある「如手」の二字を、直接

A面の下に置いていることであり、A面を読み終わってすぐに「如手」を読むこととなり、そのため【 】記号を加えている。「如」は正面の文件の担当者と考えられる。文書末尾の署名の問題については、すでに多くの議論がある。(4)劉瑞氏は『里耶古城J1和秦簡木牘零拾』において、『独断』を参照し、「木牘そのものからみて、各文書の左下角には一般に単独で書き手のサインがある。文献と照らし合わせるならば、それらはその文書の書き手である。」としている。(5)ただし、『独断』の格式規範は啓発的であるものの、すべて応用できるとは限らない。劉瑞氏の提示する、某手は「当時の政府が何らかの目的のために派遣した専門の抄手である」という説には賛成できない。出土の両漢三国簡牘では、専門職である「書史」、「書佐」はみな職務を明記しているのであり、劉氏のいう形態のものは見られず、そしてこれらの文書も、氏の言う「特に関連の内容の、異なる文件を整理して同一木牘上に書き写した、文件集成本」ではないのである。一方邢義田氏が筆跡を弁別する方法により、各「某手」について分析しているが、ただし氏のいうように全ての文書を遷陵県官署の書手が書き写した副本とすべきではないであろう。西北地域で大量に出土した簡牘文書の中には、多くの中央から地方へ送られた各種の文件の正本と副本が保存されており、伝達された文書のうち、いずれが正本で、いずれが副本か、当時の制度について、なお完全に明らかにされたわけではない。その点、里耶秦簡は多くの事例を提供しており、文書の体裁や形式および筆跡を元に、ある文書が正本なのか副本なのかを具体的に分析し、誰が担当しどの部分の文字を書写したのか、そして彼らは一体どこの人なのか、どの官府に属していたのか、といったことを判断しなければならない。

16—5と16—6中では、「如手」は正面の文件の経手人であり、正面の文件は洞庭郡が下達した文件の正本と考えられ、また「如」はおそらく洞庭郡太守府の吏員である。次の「[二] 月癸卯（二十八）日水十一刻刻下九、求盗簪裛〈裊〉陽成辰以來。／羽手」では、「羽」はおそらく遷陵の属員であろうが、どういった身分かは知り得ない。

その次の、「三月癸丑（初八日）水下盡□陽陵士□匄以來。／邪手」では、「邪」は遷陵丞の属員と考えられる。木牘背面の右側に主要な位置を占める三行は、「三月丙辰（十一日）遷陵丞欧敢告尉、告郷司空・倉主、前書已下、重聽書從事。尉別都郷・司空、司空伝倉、都郷別啓陵・貳春、皆勿留脫。它如律令。／釦手。丙辰水下四刻、隷臣尚行。」でありこの「釦」は遷陵丞の属員である。

１６—６は１６—５と比べて、最後の一句「三月戊午（十三日）、遷陵丞欧敢言之、写上。敢言之。／釦手。己未旦令史犯行。」が多く、これは遷陵丞が洞庭郡に返答した文書の写しである。「己未旦令史犯行」の一句は最後に書かれており、「丙辰水下四刻、隷臣尚行」の形式と同じで、やはり「釦手」によるものであろう。

この二つの内容は基本的に同じもので、１６—５では、二月二十八日と三月八日の二回に分けて遷陵丞欧に送付されている。また１６—６では、三月三日に異なるルートを通じて遷陵守丞の敦狐に送られ、そして敦狐は一方で転送し、遷陵丞の欧に批准している。あるいは、張春龍氏らの研究で指摘されるように、欧と敦狐は同時に遷陵におり、丞と守丞の職をそれぞれ分けて受け持っていたのかもしれない。現在のところ公表されている資料から推測するならば、秦始皇二十六年から遷陵守丞を担当した敦狐は、おそらく離職するところで、遷陵丞の欧は新らしく着任したところなのであろう。別の面からみると、同一文件が数次にわたり送達されるのは、仮に文書が下級に伝達されなかった場合、厳罰を受ける心配があった。そのため一度に何度か送ることはあっても、遺漏は許されなかったのであろう。

これらの文件により、秦代の上級から下級への文書の収発、抄録、伝達制度がより明らかに理解できるが、李学勤氏の言うように、秦王朝の政令通達はその制度が厳格かつ煩雑であったことが分かる。

次の文件は、秦王朝官僚体制における上級機構の下級に対する管理督察機能について理解するのに資する点がある。

§10、廿六年八月庚戌朔丙子、司空守樛敢言、前日言競(竟)陵蘯(蕩)陰狼仮遷陵公船一、袤三丈三尺、名曰棹(?・)

以求故荊積瓦、未帰船。狼属司馬昌官、謁告昌官令狼帰船、報曰、狼有逮(?)在覆獄、已卒史衰・義所。今写校券一牒上謁、言之卒史衰・義所、問狼船存所、其亡之、為責(債)券移遷陵、弗□□属謁報、敢言之。／九月庚辰、遷陵守丞敦狐郤之司空、自以二月仮狼船、何故□□辟□、今而[甫]曰謁問覆獄卒史衰・義、衰・義事已、不智(知)所居、其聴書従事。／慶手。即令□□行司空。　8―134A

八月戊寅□己巳以來。／慶手。　B

これは、まず遷陵県司空から県守丞に呈報され、再度県守丞より批覆され司空に渡された上級・下級で往復された公文書の副本であり、遷陵県内で上行されまた下行した公文書である。この文件の主役が遷陵守丞敦狐であるのか司空であるのか、検討が必要である。もし「即令□□行司空」から推測するならば、遷陵守丞敦狐が主で、「慶」は文件の担当者で、遷陵守丞敦狐の属員であろう。文字内容にもいくつか問題がある。一つは「名曰棹(?)以求故荊積瓦」で、原整理者は「名曰栫(?)、以求故荊積瓦」と釈読し船の名前を「栫」と呼んでいるようである。図版からみると、この字は「棹」であり、動詞として船をこぐという意味と考えられる。江陵鳳凰山漢墓で出土した遣冊に副葬俑人の労働役職が記されており、「棹(棹)」というものがある。「名曰棹以求故荊積瓦」は、船を借りる理由となり、こう解釈するならば比較的意味が通る。狼は司馬昌官の属員であり、過去に筆者は「属」を「囑」と釈読したが、ここに訂正しておく。

二つめは、「狼有逮(?)在覆獄」の一句で、整理者はもともと「狼有律在覆獄、已」と釈読する。「律」と釈した文字は、図版からみて、左の偏は明らかに走(そうにょう)であり、右の旁は不鮮明で、とりあえず「逮」と釈読でき、逮捕の意である。『漢書』酷吏伝に「於是聞有逮皆亡匿。」とあり、狼がすでに逮捕されているため、卒史の衰と義のところに投獄されていることを言っている。

三つめは、「今而誧曰謁問覆獄卒史衰・義」の「誧」であり、整理者は「補」とするが、この字の偏は言であり、睡虎地秦簡にもこの字がある。『説文』言部では、「誧、大言。」とある。ここでは、司空守樛を嘲る意味のようである。

この文書後面の二つの月に関して、整理者の釈読には問題があるようである。文書の始まりは「廿六年八月庚戌朔丙子」で、この暦朔記録は張培瑜『中国先秦史暦表』と合致し、李学勤氏は、徐錫琪『西周(共和)至西漢暦譜』の暦朔と符合することも指摘する。しかし整理者は、遷陵守丞敦狐が司空に詰問する時間を「六月」と解釈し、かえって司空守樛の報告よりも二カ月早くなってしまっており、これはあり得ないことである。時間の順序から配列すると、二十六年八月庚戌朔丙子は二十七日、九月己卯朔庚辰は初二であり、遷陵守丞敦狐の「詰問」は司空守樛が報告した後の四日目であるとすると、非常に合理的である。では、再度B面の時間を見てみると、8―157の牘文について論じた際に述べたように、当時の公文書の体裁からみて、B面左側の文字はA面の報告を受領した記録である。よって、ここでの「戊寅」は、八月しかなく、八月二十九日となる。このように、牘文中のいくつかの時間の順序が正しくなったであろう。

では、木牘正面の文件は一体誰の担当したものであるのか。この文書の背面左下隅に、二つの不明な字があり、整理者は釈読せず何の説明もない。これが遷陵司空の件の文書を担当した人物の署名であると考えられる。

この文書は遷陵県内の上級・下級の間における、ある訴訟事件の往来文書であるが、当時の担当者である官吏は非常に責任を持って取り扱っており、またその直接の上司である遷陵守丞も厳格に追求していることが看て取れるであろう。

二

平行伝達の行政文書に関して、すでに発表された里耶簡では十二枚の木牘が注目される。これらの木牘に記されているのは、陽陵の地方官が、遷陵に服役する陽陵の戍卒に貲銭・贖銭の債務を回収する文書である。この文書は洞庭郡の吏を通じて遷陵へ転送されたもので、文字は大同小異である。まず指摘すべきは、陽陵県が債務を回収する行為には法的根拠があることである。睡虎地秦簡『秦律十八種』「金布律」に、「有責(債)於公及子・贖者居它県、輒移居県責之。公有責(債)百姓未賞(償)、亦移其県、県賞(償)。」とある。陽陵が一体どこにあったのかについては諸説ある。晏昌貴・鐘煒『里耶秦簡牘所見陽陵考』では三つの説が挙げられる。一つは洞庭郡属県説で、陽陵は湘西北にあり、秦の洞庭郡の属県とするものである。二つ目は関中秦人故地説で、李学勤氏は「文書の内容から、陽陵は疑いなく秦人の故地であり、過去に秦陽陵虎符が発見されており、王国維氏が考証しているが、その地が漢景帝陵により改名された漢の陽陵県（今陝西咸陽東北）かどうか、検討を要する」とする。三つ目は楚地説で、晏昌貴氏らは、包山簡文中に見える楚の「昜(陽)陵」県が、秦陽陵県の前身であるとし、その地は湘西北でも関中でもなく、中原ないし淮北の楚国の故地で、その中でも鄭の地である陽陵の可能性が比較的高いとする。筆者個人は洞庭郡属県説は支持できないが、他二説はさらなる資料による証明が俟たれる。「陽陵虎符」から、秦人故地説がやや有力であろうか。関連の文書は以下である。

§11、卅三年四月辛丑朔丙午、司空騰敢言之、陽陵宜居士五(伍)毋死、有貲餘銭八千六十四。毋死戍洞庭郡、不智(知)何県署。●今為銭校券一、上謁言洞庭尉、令毋死署所県責以受陽陵司空。司空不名計、問何県官計

年為報。已訾其家、家貧弗能入、乃移戍所。報署主責発、敢言之。【敬手。】
四月己酉、陽陵守丞廚敢言之、写上謁報、報署金布発、敢言之。／儋手。　9─1 A
卅四年六月甲午朔戊午、陽陵守慶敢言之、［至今］未報謁追、敢言之。／堪手。
卅五年四月己未朔乙丑、洞庭叚(仮)尉觿謂遷陵丞、陽陵卒署遷陵、其以律令従事報之、当騰騰。／嘉手。
●以洞庭司馬印行事。　B

類似の文書が十二例あり、互いに比較できることから、この文書にいくつか文字の脱漏のあることが分かる。一つは「司空不名計問何県官」で、他の類例では「司空不名計問何県官計付署」となっている。「名計」とは、計算、統計の意味である。『史記』司馬相如列伝に、「禹不能名、契不能計。」とあり、『正義』に「契為司徒、敷五教、主四方会計。言二人猶不能名計其数。」とある。「問何県官計付署」の句は、確かな意味はやや不明であるが、陽陵司空が戍卒の未払い銭の額を上報せず、どの県に統計を上報する責任があるのかを問うもののようである。

いま一つは、B面の「未報謁追」で、「至今未報謁追」と読まれている。文書中にはもう一か所、「其以律令従事報之当騰騰」の部分が、睡虎地秦簡『封診式』「有鞫」に見える「遺識者以律封守当騰騰皆為報敢告主」と比較できるが、意味はやはり不明である。張春龍氏らの研究では、「過去には二番目の「騰」字を下に続けて読んでいたが、間違いである。一番目の「騰」は「謄」と思われ、書写の意味であり、二つ目の「騰」は本字であり、伝達の意味である。」とされる。「当騰騰」は、『封診式』「覆」にも見え、「遺識者当騰騰皆為報敢告主」とある。この二つの「当騰騰」が「皆為報敢告主」と関連していることに注意すると、張氏が睡虎地秦簡整理組の句読を間違いと指摘していることは非常に正確であるが、ただし二つ目の「騰」を本字とし「伝達」の意味とるのは妥当ではない。「当騰騰」

の二つの「縢」字はいずれも「謄」と読むべきではないかと考えられる。睡虎地秦簡整理組の注では、「当」は『呂氏春秋』義賞注に、「正也」とし、謄は『説文』に「迻書也」とあり、『繫伝』に「謂移写之也」としており、よって当謄とは、正確に写録することである、とする。よって、ここでいう「当」は「應当」の意味であり、「当謄謄」は書写する部門が書き写し送るべきことであり、これは漢代の公文書によく見られる「承書従事下当用者」と同様の意味に捉えられる。文件の謄本を関連部門に転送するので、「皆為報」といっているのであり、文件を受領した部門はすべて受領の由を返答する必要があったことを示している。

この文書の最初の発送人は陽陵県司空の騰であり、陽陵守丞の廚を経由して、罰金を追求する公文書を発したのである。そして、最初の受領者は洞庭郡仮尉の觿で、再度彼から遷陵丞に批准し送られた。この伝達方式は注目に値する。陽陵県側の公文書は洞庭郡に発送されたもので、まずこれは、戍卒が洞庭郡のいずこの県に至ったのか不明であったために、洞庭郡の追求を経由する必要があったのである。もうひとつの可能性として一種の行政方式の規範であったということで、異なる郡に属する県の間における公文書の往来は、直接に伝達することはできず、かならず所属の郡を経由して転送されたのである。秦王朝による地方の統治管理を強化するための措置であったのだろう。

秦王朝は行政効率の高さで知られているが、この文書の時間はあしかけ三年を超えている。秦始皇三十三年四月に債務を追求する公文書を発送してから、陽陵側が再度追求したのを経て、三十五年四月に至り、ようやく洞庭郡より遷陵県へ転送され、律令に従い処理することになるのである。おそらくは、すでに無一文のものに対して借金返済を要求するのは頭の痛い事柄であり、無駄なことは承知ながら、何もしないわけにもいかず、ずるずる引き延ばしつつ、いやいや処理したといった状況であろう（時間が長く引き延ばされていることからみると、地理的に陽陵が遷陵からかなり遠いことも一つの原因かもしれない）。以上のほか、性質の似た十二例の文書もみな数年におよび、また、陽陵戍卒の滞納した銭は二つの性質におよぶ。一つは「貲銭」で、罰金の形式で過失・罪行に処罰を科す刑種である。いま一つは「贖銭」で、銭財を納めて肉刑や死刑を減刑ないし免刑するものである。睡虎地秦墓出土の法律文書とこれらの文書を結び付けて見ると、秦代の庶民はともすればすぐに咎められ、刑罰を受けることが非常に多かった。この十二例の戍卒が収めていない貲銭ないし贖銭の額はそれぞれ異なり、最も多くて一万一千銭ほど、最も少なくて三百銭ほどである。これらの債務を追求するために動員する人力・物力も相当なものであり、最終的にどうなったかのみ我々には知るすべがない。これら十二例の貲銭追及の文書から、秦王朝の人民に対する管理の厳格さが分かるであろう。

また、ここで「某手」の問題について検討しておきたい。

これについて邢義田氏は、筆跡の分析から一定の見解を示している。要点は、第一に、この十二牘の正・背面は同一人物により書写されたものではない。第二に、三十三年と三十四年に儋と堪により署名された部分は、筆跡が同じであり、「儋手」と署名された部分は別のところで異なる筆跡で現れており、儋はこの部分を書写した人物ではないと推定できるが、ただしだからといってこの部分が一方の堪により書かれたどうかは、第三者の書写である可能性もあるため断言できない。第三に、三十五年の部分の筆跡は、署名の「嘉手」と同じであり、儋、堪および最後に署された敬手の二字の部分とは異なっており、よってこの部分は嘉の手筆になるものと確定することができる。第四に、牘背左下角の敬手二字の書法・風格は、三十三年、三十四年の文書の内容が書写された部分と一致し、墨色も一致するので、敬が牘文三十三年と三十四年の部分の書写人であると推測できる。ただし1、10号牘の正面にある筆跡はいまのところ確定していない。

これに対し、この十二枚の木牘の文字と筆跡を子細に分析したが、必ずしも見解は邢氏と全く同じというわけではない。以下に見ていく。

一つは、この十二枚の木牘正・背両面の文字に精緻で整ったものとぞんざいで大雑把なものとあるが、あくまで一人の手になるもので、邢氏が同一人物により書写されたものではないとする見解とは異なる。邢氏は1、10号牘正面の文字が他の各牘と差異があることに注目したが、実は同一人物の異なる書体なのである。現代人においても、異なる書体で字を書くことは常にあるのであり、時間や情緒、働いている時と休息の時、さらには毛筆の新旧、墨水の濃淡など、様々な情況が書法・書体に影響するのであり、こういった理由で生じた書風の差異により複数人の書写であると誤解してはならない。

二つ目に、背面左下角の「敬手」は、正面三十三年の文件の担当者であり、その他の文件の担当者ではないということである。9—6、9—8の二つの牘では、背面の「敬手」が漏れているが、ここから、「敬」が同時に牘文の三十三年と三十四年の文件の抄写者であることはあり得ないと考えられる。邢氏はこの二牘に敬の署名が見えないことを、「おそらく墨が退色したためである」と疑うが、字跡が退色した状況と木牘上にもとより墨蹟がないのとは全く異なる。

三つ目は、「卅三年四月丙午」の陽陵司空の文件は敬の手になるもので、敬は陽陵司空の属員であろう。同年「四月乙酉」の陽陵守丞の文件は儋の手になるものであり、儋は陽陵守丞の属員である。「卅四年八月朔日」の陽陵負責人遬の文件は堪の手になり、堪は陽陵負責人の属員である。「卅五年四月」の洞庭尉觽の文件は嘉の手になり、嘉はおそらく洞庭尉の属員である（邢氏も三十五年の文件は嘉の手筆とする）。牘文の三十三年と三十四年の部分の書写人については、先にいくつかの文書について論じた際にすでに言及しているが、最後の「某手」の後にある一句も、この「某手」の書写であると考えられる。よって、この十二枚の牘の最後の一句である「●以洞庭司馬印行事」は、嘉の書写であると考えられる（ここで挙げた属員の関係は一例であり、十二牘中の時間と担当者は必ずしも全てが同じではない）。

四つ目は、この十二枚の木牘は遷陵丞に転送されたもので、牘文に記された各文書はすべて遷陵県官署が抄録した副本であったことである。これらの木牘の文書を書いた人については、二つの可能性がある。一つは、ある署名をしていない書手により書き写されたことで、文件が遷陵に到着してのちの遷陵丞の処理意見が見えないことから、この可能性が高い。もう一つは、これらの文件はすべて嘉の書写によるものであるということである。彼は一牘の数件の文書における最後の一件の文書の担当者であり、彼が全ての文件を抄録しているのである。そうだとすると、かれはおそらく洞庭郡尉の属員ではなく、遷陵丞の属員であり、洞庭郡が下達した文件を受領した後、文件の全文ないし原文ではなく、要旨である「洞庭尉謂遷陵丞」云々を書き写し、責任者として、「嘉手」の署名を書いたのである。

邢氏の研究についてはここまでとする。

§12、廿六年五月辛巳朔庚子、啓陵郷應敢言之。都郷守嘉言渚里□▨劾等十七戶徙都郷皆不移年籍。令曰：移言。今問之劾等徙▨書、告都郷曰啓陵郷未有枼(牒)、毋以智(知)劾等初產至今年數▨▨□□謁令都郷具問劾等年数、敢言之。　16―9A

甲辰水十一刻[刻]下者十刻、不更成里午以來。／貄手。

遷陵守丞敦狐告都郷主、以律令從事。／建手□　16―9B

この牘の下部は二センチほど欠けているため、背面左下角にある正面文件の担当者署名が欠けてしまっている。この文書は前の文書と比較してみることができ、遷陵県域内での、郷と郷の間における文書の往来であり、直接に伝達されたものではなく、上級機関（遷陵県守丞の敦狐）の介入を経て往来したものである。これは啓陵郷の負責人の應が、都郷負責人の嘉の問い合わせに答えた文書であり、都郷負責人は県守丞を通じて説明したのであろう。啓陵郷の渚里から都郷へ移り住んできた某効ら十七戸の居民はみな戸籍を移しておらず、言い換えると、みな引っ越してきたものの関連の手続きは処理されていなかった。そこで、遷陵県は啓陵郷の負責人にこれについて答えさせたのである。そして、啓陵郷負責人の應が調査したところ、この十七戸の居民は実はもともと戸籍がなく、そのため彼らの生年月日（正確な年齢）を知るすべもなく、それは規定に基づき賦税を徴収し、徭役の任に就かせることができないことを意味する。これは当時としては重大な失策であったろう。

一つ前の文書について論じた際に見たように、陽陵県が遷陵県に向けて発した文書は、戍卒が洞庭郡のいずこの県に至ったのかは不明であるが、一種の行政規格に基づくもので、異なる郡に属する県の間における公文書の往来は、直接伝達することはできず、必ず所属の郡を通じて転送しなければならず、秦王朝の地方統治管理の強化を示すものである。同様に、この遷陵県内における二つの郷の間における交渉も、やはり上級機関の介入を経由するならば、秦王朝の基層管理に対する厳格さと見ることができよう。

一方で、史書の記載によると、秦王朝の人民に対する統治は非常に厳格であったが、啓陵郷で発生した十七戸の居民に戸籍がなかった事件などは、意外に感じられる。これについては、当時は戦争が続き、多くの地で秦楚が対峙して戦線は入り組み、また当地の山林が広大で交通も不便であったことなど、理由を挙げることはできる。ただそれにしても、秦の厳格な統治のイメージとは食い違いが大きい。しかし、この木牘に見られた「錯誤」はすでに是正され、十七戸は間もなく戸籍を得て、賦税を納入し徭役の序列に組み入れられたであろう。かえって秦王朝の基層政権の機能性と効率性を証明しているとも言える。

総じて里耶秦簡のうち現在公表されている資料は、いまだごく一部であるものの、秦史研究に対して大きな意味を持つことが分かるであろう。前世紀七十年代の雲夢睡虎地秦簡の発見以来、出土簡牘は歴史研究に画期的な変化をもたらした。賈誼『過秦論』に「振長策而御宇内、呑二周而亡諸侯、履至尊而制六合、執棰柎以鞭笞天下」、「禁暴誅乱而天下服」、「繁法厳刑而天下震」、「廃王道、立私権、禁文書而酷刑法、先詐力而後仁義、以暴虐為天下始」、「繁刑厳誅、吏治刻深、賞罰不当、賦斂無度、天下多事、吏弗能紀、百姓困窮而主弗收恤。然後姦偽並起、而上下相遁、蒙罪者衆、刑戮相望於道、而天下苦之。」などとある。多くはやや抽象的な批判であるが、出土の簡牘資料は最も具体的で仔細な点から、これまで知られていなかった秦王朝の政治の実態や、官僚制度および基層小吏と一般民衆の生活を浮き彫りにしてくれる。このように確実さと具体性をもって、その時代の生き生きとした有様を描き出してくれることは、現代の研究者にとって幸運なことであろう。

注

（1）楊慎『升庵経截』一四置郵伝命。
（2）胡平生・張徳芳『敦煌懸泉漢簡釈粹』六〇、上海古籍出版社二〇〇一年。
（3）中国文物研究所・湖北文物考古研究所『龍崗秦簡』一三三～一三四頁、中華書局二〇〇一年。
（4）『里耶発掘報告』（二一五頁）で、「某手」は、「文例から見て、請け負った人の署名、または文書を発行した機関の署名である」、「すなわち某人の署名」は、「具体的に文書を書写し発行した人、または副本を抄録した人である」といった見解を指摘している。ただしここでは、文件の書写・収集発送をしたものであるのか、それとも文件の起草者であるか、なお限定できないので、「経手」は担当者としておく。
（5）『中国文物報』二〇〇三年五月三十日。劉文氏は里耶簡の問題の中で、邢義田氏の指摘した「集成本」説は妥当でないとするが、ここでは議論は控える。『里耶発掘報告』（二一五頁）では文書の性質について言及し、劉説を引き「政府部門が何らかの目的のために専門の抄手を派遣し、特別に書写し編集した集成本」であるとしており、これも一つの可能性である。

漢・魏晋時代の謁と刺

角谷常子

はじめに

文献史料に登場するさまざまなモノは、名称はわかっても、その姿はわからない。それを教えてくれるのが出土物である。本稿で取り上げる謁もそうした例の一つである。

謁とは人に面会を求め、取り次いでもらうために差し出すものである。文献史料には見えていたが、その実物が尹湾から出土した。7センチ弱の幅広簡に、大きくかつ非常に謹直な字で表裏に各々2～3行ずつ書かれており、儀礼的な印象の強いものである。その後、安徽省天長の前漢墓からも出土するなど、その点数は増えている。謁の研究はこの尹湾の謁を中心に行なわれており、書式や用語、謁と刺の関係、及び両者の展開過程などが論じられている。特に蔡萬進氏は[1]、謁だけでなく刺の出土例も整理し、その両者の関係と発展過程について述べている。それによると、1、両漢時代の簡牘及び墓葬からはいわゆる名刺は出土していないこと。2、居延漢簡には「～刺」と称するさまざまな文書が存在すること。3、孫呉時代の墓から名刺と名謁が同時に出土していること。4、名刺の内容や用語は、みな名謁にも見られること。などから、刺は謁の影響を受けて、後漢末から三国初に名謁の機能をもつに至ったという。さらにその後の出土例も含めて検討した藤田勝久氏は[2]、名謁には書信を一緒に記す場合があること、表裏を読む順序は、従来説のように「進……」を表とするのではなく、その逆がよい、との指摘をしている。

このように、新たな出土資料の出現によって、謁の研究は盛んになってきている。謁は、用語や書式上、書信との類似点が指摘されているが、官文書的内容をもつ書信形式の文書も多い(3)。また、取り次ぎという点からすれば、長官と属吏との間でかわされる簡牘の存在も意識されてよいかもしれない(4)。つまり謁は、単に「名刺」というに留まらない。刺や書信、さらにどこでどのような取次ぎ文書が必要とされるのかなど、いわば文書行政に関わる問題をはらんでいるといえる。

本稿ではこうした現状認識に基き、尹湾や天長以外に、辺境出土簡牘にも目を向けて、謁や刺を集成し、若干の考察を加えてみたい(5)。

一　謁の集成と分類

謁の書式や用語については、蔡萬進氏のほか高村氏(6)も検討を加えているので、詳細はそちらに譲るが、大きく宛名面(7)と要件面に分かれることは間違いない。尹湾出土の謁を基準としてまとめると、基本形は以下のようになる。

宛名面　進・奏　相手の肩書きなど
　　　　相手の姓

用件面　差出人の肩書きや名　再拝
　　　　請・謁・問
　　　　相手の字あるいは起居・疾　差出人の姓と字

これを一応の基準として、天長出土簡、及び居延・敦煌出土簡牘から類例を集成してみたい。なお、簡の両面を便宜上ABとしたが、表裏あるいは読む順序を意識したものではない。

数字の単位はミリ、Zは断簡

【1】宛名面と用件面をもつもの

1、尹湾D14（前漢成帝　幅68×長227）

A　進卒史
　　師卿

B　東海太守級謹遣功曹史奉謁爲侍謁者徐中孫中郎王
　　中實丞相史后中子再拜
　　請
　　君兄馬足下

2、尹湾D15（同右）

A　進　東海太守功曹
　　師卿

B　沛郡太守長憙謹遣吏奉謁再拜
　　問
　　君兄起居　　　　南陽謝長平

3、尹湾D16（同右）

A　奏　東海太守功曹
　　師　卿

B　琅邪太守賢迫秉職不得離國謹遣吏奉謁再拜
　　請
　　君兄馬足下　　　　南陽揚平卿

4、尹湾D17（同右）

A　進　東海太守功曹
　　師　卿

B　楚相延謹遣吏奉謁再拜
　　請
　　君兄足下　　　　鄭長伯

5、尹湾D18（同右）

A　奏　主吏師卿
　　親

B　五官掾副謹遣書吏奉謁再拝

謁　　　　　　　　　趙君孫

6、尹湾D19（同右）

A　進　主吏

師　卿

B　弟子遣迫疾謹遣吏奉謁再拝

問

君兄起居　　　　　　卒史憲丘驕孺

7、尹湾D20（同右）

A　進

師　君兄

B　容丘侯謹使吏奉謁再拝

問

疾

8、尹湾D21（同右）

A　進
師君兄
B　良成侯願謹使吏奉謁再拜
問
疾

9、尹湾D23（同右）
A　進　長安令
兒　君
B　東海太守功曹史饒謹請吏奉謁再拜
請
威卿足下　師君兄

10、居延560・5A、560・10A　図36・37（残幅は20、本来は50〜60程度か。長232）
A　進居延掾
B　□伏地再拜
請
□□足下　彭□

11、居延74・2AB　図35・甲編48（残幅27、本来は30以上か。長102）

A　奉
　　尹掾夫人

B　具麗郎少平
　平謹使奉謁Z
　請願
　夫人華□今平叩頭幸甚道遠不宜Z
　□

12、敦煌馬圏湾　D999AB（残幅25×残長100）

A　進　Z

B　辭
　卿足下●發病不敢辨樻薄惠幸Z

13、天長40—15（前漢中期　幅57×長224）

A　進
　謝　卿

B　卿體不便前日幸爲書屬奏宋掾使横請

東陽丞莞横宜身至□下敢不給謹請司空伏司空罪幸謁伏地
再拜謝因伏地再拜請病
Z馬□足下

【2】用件面一面のみ

14、尹湾D22（前漢成帝　幅68×長227）

東海太守功曹師饒再拜
謁　●奉府君記一封饒叩頭叩頭

15、陶湾村西郭宝墓（前漢中晩期　水縮後の尺寸：幅65×長215×厚8）

東海太守寶再拜
謁
西郭子筆

16、陶湾村西郭宝墓（同右）

東海太守寶再拜
請
足下　西郭子筆

17、安徽省朱然墓（孫呉　幅95×長248×厚34）

□節右軍師左大司馬當陽侯丹楊朱然再拜

謁

18、居延214・27　図357（元帝～成帝[8]）幅32×長227）

□　□□□□再拜

白

君夫人御者

19、東牌楼（後漢霊帝J7―1051　整理番号95　幅81×長245）

正月

故吏鄧邳再拜

賀

【3】両面とも用件面

20、天長40―12（前漢中期　幅48×長222　A面一行目「數在牀」は筆者が釈文を改めた）

A　孟體不安善少諭被宜身數在牀視病不宵伏病幸毋重罪幸甚幸甚

賤弟方被宜身至前不宵伏病謹使使者幸□伏地再拜

請

孟馬足下寒時少進酒食近衣炭□病自愈以□□幸甚幸甚

B

米一石鷄一只

賤弟方被謹使使者伏地再拜

進

孟外廚　野物辛卯被幸甚幸甚

【4】宛名面と書信

21、居延157・10ＡＢ（幅27×長228）

A

奏

甲渠主□

范掾　第卅五隊長周仁

B

給使隊長仁叩頭言

掾毋恙幸得畜見掾數哀憐爲移自言書居延不宜以納前事欲願案下使仁叩頭死〻罪〻

仁數詣前少吏多所迫叩頭死〻罪〻居延卽報仁書唯掾言候以時下部令仁蚤

知其曉欲自言事謹請書□□吏□叩□仁再拜白

22、居延311・17AB（残幅18、本来は30弱×222）

A　奏？

皇卿　□□

B　宣伏地再拜言

少卿足下良勞官事因言宣宜□以月晦受官物來□請□□

23、居延甲附12（幅24×長185）

A　奏　伏地再拜

皇掾　次君足下□

B　第卅一隊長誼報皇掾前部遣第卅二隊長賢

迎四月奉不得誼奉錢賢言掾□誼家誼家不取錢今不

迎奉到在張掖□誼要所在

24、居延193・11A　図302・303（幅43×残長73）

A　奏

淳于　Z

卿足下

B　竝伏地言

子勢夫□□□甚苦
願列前迫□吏謹因Z
第來子勢功爲居延

【5】その他

25、天長40—14（前漢中期　幅53×残長206）

Z伏地再拜　□□孟
進　書　謝漢
孟　馬足下　進
東陽
謝孟

26、居延408・2AB　図55（幅25×残長162）

A　廣意伏地再拜　廣意丈人卽　Z
進　書　孝君衣不行
覆長實足下

B　長實孝君使長卿來取孝君衣至長實孝君所幸賜廣意記言孝君衣Z
□廣意丈人毋恙也多問長實足下長實丈人毋恙也廣意在此拜Z

伏地再拜多請長實孝君等足下

27、居延ＥＰＴ51：153（幅32×長175）

馮恩君

徐威仲山伏地奏書

書奏

甲渠侯

28、居延ＥＰＴ56：70（幅60×長190）

清今

張季功

書奏

居延

尉

楊卿

29、居延126・28　図74（幅23・5×残長41・5）

張中孫

Ｚ

書進

30、居延349・23　図52（幅21・5×残長41・5）

Z　趙長卿
　書進

31、敦煌酥油土81・D38：62　D1416（残幅10×残長170）

Z　□
書進□

二　漢代の謁

では前章の集成にもとづいて若干の考察を加えておきたい。

【1】は典型的な謁で、全て前漢中後期のものである（尹湾は前漢成帝期、天長は前漢中期、10と11はいずれも宣帝期(9)）。そのうち10は「進」のあとで改行していない点がやや異例。また13は要件面に長い文章が記されている点が異例である。文意は正確にはとらえ難いが、横なる人物が謝卿の病気見舞いに訪れたのであろうが、要件面には、見舞に至った経緯が説明されているようである。書式としては最終行にあるように、相手の名の部分で改行しているものの、再拝のあとで改行していない点は異例である。ただ、10の宛名面にも改行がないことから、経緯の説明を除けば基本的構造は1〜9と同じとみなして、【1】に入れておきたい。

【2】は要件面が一面あるのみで、その書式は14（成帝期）から17（孫呉）まで同じである。これらが宛名面をもたない理由として、まず未使用ということが考えられる。14〜17は全て墓中出土簡であるから、あの世で用いるために副葬されたのであり、宛名面は実際に用いる際に書く、ということである。18と19は副葬品ではないが、これも未使用簡だと考えれば説明はつく。しかし、そもそも謁には必ず宛名面があるのかというと、そうともいえない。それは【3】による。これは「伏地再拝」の後と、相手の名の前で改行するなど、その書式は【1】の要件面と同じである。尹湾とは違って、差出人の自称に官職名がなく「賤弟方被」とあるのは、私的な関係だからであろう。また尹湾出土の謁には見られなかった要素として、訪問に至る経緯あるいは理由と、[10]持参物があげられる。一面に「賤弟方被」が使者をたてて病気見舞いに行かせた事情を、もう一面には米と鶏が書かれているのがそれである。持参物を記す例としては、劉邦の例がすぐに思い浮かぶ。

沛中豪桀吏聞令有重客、皆往賀。蕭何爲主吏、主進、令諸大夫曰、進不滿千錢、坐之堂下。高祖爲亭長、素易諸吏、乃紿爲謁曰賀錢萬、實不持一錢。謁入、呂公大驚、起、迎之門。（『漢書』高祖本紀）

千銭以下のものは堂下に坐せられると知った劉邦は、その場で「賀銭万」と書きこんだのであろう。

ともあれ、いくつか異なる点があるものの、【3】は、構成要素も書式も、【1】の用件面と基本的に同じと考えてよいと思う。ならば今のところ、宛名面をもつ【1】を謁とし、宛名面のない【3】を謁でない、と断定する積極的根拠が見出せないので、【3】も謁だと考えておきたい。このように宛名面を持たない謁があるとすれば、先に「未使用」という理由を想定した【2】の諸簡のうち、特に18の如く、「君夫人御者」と宛名が書かれたものまで「未使用」と想定しなくてもすむと思う。

次に【4】は、【1】のような宛名面をもつものの、もう一面が書信形式になっているものである。これは謁なのだろうか。即ち、謁の用件面に、用件の内容そのものが書かれたと理解するのか、それとも書信に、謁の宛名面と同じ書式の部分がついた、と考えるのかである。

24の内容は不明であるが、それ以外（21～23）は高村氏が考察しているように公務に関わる内容をもつ。[11]そもそも謁における宛名面は、単に「～様へ」といった儀礼的な表紙のようなものであろう。なぜなら謁は、逓送システムに乗って送られるのではなく、本人ないしは使者自身が持参してくるものであり、従って宛名面には封検のような実質的意味はないと考えるからである。[12]ならばこうした宛名面の書式は、謁に限定的なものではないかもしれない。また謁とは、『釋名』釋書契に「詣也。詣、告也。書其姓名於上、以告所至詣者也。」というように、姓名を書いて相手に告げるためのものである。そうした謁の機能からすれば、【4】の如く、書信そのものを記したものは、謁とは言い難いと思う。では書信になぜ宛名面があるのかというと、それは21～23のような公務に関わる内容であることと関係があると考えておきたい。ちなみに多数知られている書信形式の文書の中で、私信であることが明らかで、かつこうした宛名面をもつものは今のところ知られていない。

結局【4】の諸簡は、公務関連の書信形式の文書に、謁にも用いられる宛名面がついたもの、と想定しておく。

最後に【5】は、謁かどうかの判断を保留せざるを得ない簡である。25は、簡の上部だけを見ると【1】の用件面と同じなので【2】に入るのであるが、簡の最下部に遠慮がちにというか、へばりつくように文章が書かれているのが異なる。こうした文章があるのは27～31も同じで、いずれも「書奏」「書進」という文字が共通する。最下部の文章は「某の書、某に奏す」あるいは「某の書、某に進む」ということであろう。実はこれが何のために書かれたものかがわからない。これとよく似た書き方をするのが以下にあげる居延出土の検である。例えば、

肩水候官　　　　　　　　　　　　稟名籍
穀簿
歳留□　（5・16　幅20×長183）

城倉　趙廣之印　　　　　　　　　第八
卒稟致　（88・14　残幅10×長162）

肩水候官　　　　　　　　　　　　隧長收
病書　（274・36　幅20×残長216）

肩水都尉府　　　　　　　　　　　迹候簿　（280・25　残幅17×長201）

甲渠候官　　　　　　　　　　　　卒不貰
賣爰書　（EPT56：82　幅31×長225）

といったものがある。最下部に書かれているのは、この検が付けられていた帳簿の名称であろう。そしてこの記載は、受信側ではなく発信者が書いたようである。それは城倉宛の検（88・14）の場合、「城倉」と「第八卒稟致」の書き方及び墨色が、検の真ん中に大きく書かれた「趙廣之印」のそれと全く異なることや、274・36簡の「肩水候官」と「隧長收病書」の筆跡が同じと思われることからである。ただ、こうした帳簿名の注記は全て検の最下部に書かれているわけではなく、中央部の左右いずれかに寄せて書かれる場合もある。いずれにしても最下部ないしは左右側にへばりつくように書かれるのである。こうしたまるで何かを避けるかのような書き方からすると、封泥がおかれていたのではないかと考えたくなる。さらに検との共通性ということでいえば、29が長さ175ミリ、28が190ミリと、釈文通りこれが完形だとすれば、検の長さとしてもおかしくない。ただし、28だけは幅が60と、検にしては広い。このように、25及び27～31は、検と共通点をもつ。しかしこれらの検における封泥の有無については今のところ確証がないし、まして謁の用件面と同じ書式をもつ23に、封泥があったことを証明することはできない。ここでは共通点を指摘するに留め、今後の課題としておくこととする。

残る26であるが、一面は25と同じく典型的な要件面をもつが、もう一面は、【3】の如きそうした要件面でもなく、かといって【4】の如き典型的な書信形式でもない。内容は長實孝君に挨拶に来た経緯を説明しているようで、最後は「伏地再拝多請某足下」と、書信の定型句で締めくくられてはいるが、【3】【4】でみられるような改行はない。「進書」とあるので、B面がその「書」かもしれないが、よくわからない。とりあえず【5】にいれておきたい。

以上、謁及びそれに類似するものを集成し、尹湾のまとまった書式を基準に、謁の役割を考慮して分類してみた。不明な点も多いが、およそ以下のようにまとめられよう。出土資料から確認できる謁は、前漢中期のものが最古である。またその形状は、長さはほぼ1尺で一定だが、幅には多少の幅がある。天長の謁は50ミリ～60ミリ、尹湾のは約70ミリ弱であるが、居延出土の中には約30ミリと、半分程度のものもある。一般に簡牘の長さや幅には意味があり、大きいほど権威をもつと考えられるが、謁も、相手や内容などによって幅を変えていたのか、今後の資料の増加を待って考察したい。また幅ということでいえば、とりわけ広いのが17と19である。ただ19は一般的な挨拶とは違って年賀であるし、17は時代がやや下るもので、この朱然墓からは刺も出土しており、刺と謁が同時に用いられていたことがわかった例である。今後は時期と用途という要素も考慮しなければならない。では次に刺についても簡単にみておこう。

二　刺

文献史料では、刺は謁より遅れ、後漢になって見られるようになるが、出土資料ではさらに遅れて魏晋期のものが

中心である。以下に、關尾氏が集成した出土名刺簡の中から、典型的なものをいくつか示す。(13)

弟子黄朝再拜　問起居　長沙益陽字元寶　（長沙呉簡　幅32×長242）

廣陵史綽再拜　問起居　廣陵高郵字澆瑜　（湖北省　孫呉　幅33×長240～250）

弟子呉應再拜　問起居　南昌字子遠　（江西　晋　幅30×253）

弟子高榮再拜　問起居　沛國相字萬綬　（江西　孫呉　幅35×長245）

丹陽朱然再拜　問起居　故障字義封　（安徽省　孫呉　幅34×長248×厚6）

この他、魏晋時代の名刺簡には名籍型（官職・本貫（郡県郷里）・姓名・年齢・字）と呼ばれるものも少数ながら存在するが、この両者の関係はよくわからない。ともあれ、關尾氏も指摘するように、刺が走馬楼の井戸から発見され、しかもそれが従来の墓中出土の刺と同じ書式や形態をもっていたことは、墓中出土の刺も、実際に用いられていた刺と同等に扱うことができることを証明したという点で重要である。

これらの書式を見ると、謁【1】の諸簡、とりわけ6のBの文章を一行に書いたもの、即ち「弟子遣迫疾謹遣吏奉謁再拜問君兄起居　卒史憲丘驕孺」とほぼ同じであることに気づく。つまり魏晋時代の刺は、謁の用件面を一行で書いたものといえる。刺が謁と同じ機能をもつことが確認できよう。

こうした魏晋時代の刺の他に、最近東牌楼から、後漢時代の刺とされる簡が発見された。

a　Z弟子長沙張竟□再拜□□Z　（J7-1110、1122　整理番号96、97　簡左側欠）

別々に掲載されているが、關尾氏は書風・書体を同じくするため上下に並べる。

b　……□□□□□再拜　問起居　（J7-1207　整理番号99）

報告書ではこれらを刺として紹介している。aは、左側と上下を欠いた断簡で、かつ文字もかなり稚拙であるなど、これを実際に使われた刺とするには躊躇を覚える。ただし、書かれている内容は刺とみても齟齬はない。一方bは、写真によると5つの木片を接合したもので、文字も釈読されている部分がかろうじて見える程度である。しかし接合の結果完形になっているし、文字も謹直である。ちなみにb簡の幅は23ミリで、魏晋の刺の幅がいずれも30ミリ～35ミリ程度であるのに対して、2割程度狭い。このように東牌楼出土の刺とされる簡は、若干問題はあるものの、内容や形状、文字などから判断して、刺と認めてよいと思う。これらが刺だとすると、東牌楼簡は後漢霊帝期頃とされるので、後漢末年には刺が用いられていたことになる。従来文献史料から、前漢時代には刺は見られず、後漢になってからとされていたが、それを裏付けるかのようである。しかし、刺はもう少し遡れる可能性がある。次に示す居延及び敦煌出土漢簡である。

c　賤子壽宗叩頭再拜問　(居延　宣帝～成帝　EPT53：110　残幅16（本来は20程度）×残長164)

d　居延倉宰張立侯　謹遣戌曹左史尋詣門下問起居叩頭叩頭　(居延　哀帝頃?　505・4、505・1、幅14×長231)

e　都護令史公乘審叩頭叩頭　字子春　(敦煌馬圏湾　王莽　D198　幅16×長246)

これらの簡はdが14ミリ、eが16ミリと、東牌楼よりさらに幅が狭い。大きさからいえば、まるで冊書を構成する札のようである。内容は東牌楼や魏晋の刺と基本的に大きな違いはなく、特にdは、やはり【1】の用件面の記載を一行に書いたような書式になっている。ただしc、dには差出人の字がないし、字が記されたeにも出身地は記されていない。またeには問起居などの記述もない。このように書式は、後漢や魏晋の刺とは異なる。しかし3簡とも極めて謹直な文字で書かれていることや、内容の点で謁の用件面と大差ないことから、刺とみなしてよいのではないかと考えている。年代は、c、dは、同じ上番号をもつ簡の中に、宣帝～成帝、哀帝の年号が見えるし、eは、馬圏湾から建平五年（前二年）の紀年をもつ簡があることや、「倉宰」という官名から、王莽期あたりのものとみてよいだろう。そうすると、これらが刺であるとすれば、刺は少なくとも前漢末期には使用されていたことになる。蔡萬進氏は、後漢末になって刺が謁と同じような機能をもつようになったとするが、両者は案外早くから共存していたようである。

おわりに

以上、謁と刺それぞれに居延・敦煌出土簡の中から、若干の用例を見出し、考察を加えてきた。刺と謁は前漢末には並存していたようであるが、ならばますますその使い分けが問題となろう。文献史料における刺の用例が後漢末に偏るという事実が、社会的状況やそれに伴う人的流動性を背景とするであろうことは想像に難くない。刺は後漢末という時代背景において活躍した、といえよう。しかしこうした謁の機能をもった刺はもっと早くから存在していた。両者の使い分けや機能の違いはよくわからないが、1、時代の下るものや、年賀の謁が大型であること、2、前漢中後期の謁は簡の幅や字体にも幅があり、かつ訪問の理由や持参物も記載されるなど、単なる「名刺」以上の要素があったことなどから、謁は後漢末頃には儀礼的色彩を強めて大型化する一方、ごく一般的な訪問時に差し出す使い勝手の良いものとして刺が好まれるようになった、と想像する。

刺という語は辺境出土漢簡にもしばしば見え、李均明氏がそれらを分析しているが、今ひとつ明確でない[14]。ただ、謁と同じような機能をもつ刺についていえば、一行書きの簡の片面に、自分の名字・肩書き・出身と問起居など、ごく簡単な来訪目的のみを書いたものであり、謁に比べてシンプルで、作りおきもできる。また受け取った側も、コンパクトなため編綴も可能で、保存にも便利であろう。こうした簡便さが求められたのではないだろうか。しかしながら、謁は刺に全くとってかわられたわけではない。謁と刺の両者は来訪の目的や相手との関係など、さまざまな理由によって使い分けられていたのかもしれないが、それについては今後の出土例の増加とともに明らかにしてゆきたい。

注

（1）蔡萬進「尹湾名謁木牘研究」（同氏著『尹湾漢墓簡牘論考』台湾古籍出版、二〇〇二年）。

（2）藤田勝久「漢代の書信と名謁」（同氏著『中国古代国家と社会システム』汲古書院、二〇〇九年）。

（3）書信については、鵜飼昌男「漢簡に見られる書信様式簡の検討」（漢簡研究国際シンポジウム92報告書『漢簡研究の現状と展望』関西大学出版部、一九九三年）、馬怡「読東牌楼漢簡《侈与督郵書》――漢代書信格式与形制的研究」（『簡帛研究』2005、二〇〇八年）がある。また、官文書的内容をもつ書信形式の文書の位置づけを論じたものとして、高村武幸「漢代文書行政における書信の位置付け」（『東洋学報』第九一巻第一号、二〇〇九年）がある。

（4）仲山茂「漢代における長吏と属吏のあいだ」（『日本秦漢史学会会報』第三号、二〇〇二年）は、長官と属吏との間で用いられる文書を「白字簡」「奏字簡」として考察している。

（5）以下本稿で用いた出土簡牘の釈文や図版は次の通り。安徽省文物考古研究所・馬鞍山市文物局「安徽馬鞍山東呉朱然墓発掘簡報」（『文物』一九八六年第三期）、紀達凱「連雲港市陶湾村西郭宝墓」（『東南文化』第2輯）、長沙東牌楼東漢簡牘研読班『長沙東牌楼東漢簡牘』釈文校訂稿（『簡帛研究』2005）、『長沙東牌楼東漢簡牘』（長沙市文物考古研究所・中国文物研究所、文物出版社、二〇〇六年）、「安徽天長西漢墓発掘簡報」（『文物』二〇〇六年第一一期）、連雲港市博物館・中国社会科学院簡帛研究中心・東海県博物館・中国文物研究所共編『尹湾漢墓簡牘』（中華書局、一九九七年）、魏賢主編『額済納漢簡』（広西師範大学出版社、二〇〇五年）、労榦『居延漢簡　図版之部』中央研究院歴史語言研究所専刊之二十一、一九五七年初版、一九七七年再版）、謝桂華・李均明・朱国炤『居延漢簡釈文合校』（文物出版社、一九八七年）、甘粛省文物考古研究所・甘粛省博物館・文化部古文献研究室・中国社会科学院歴史研究所『居延新簡　甲渠候官与第四隧』（中華書局、一九九四年）、甘粛省文物考古研究所編『敦煌漢簡』（中華書局、一九九一年）、甘粛省文物考古研究所編　呉礽驤・李永良・馬建華釈校『敦煌漢簡釈文』（甘粛人民出版社、一九九一年）。

（6）高村武幸『漢代の地方官吏と地域社会』第二章第三節「名謁からみた漢代官吏の社会と生活」（汲古書院、二〇〇八年）。

（7）宛名面とは、差出人の自称がなく、相手の呼称だけがみえる面、という意味で用いる。

（8）18と同じ上番号（214）をもつ簡の中に、元帝（建昭、初元、竟寧）成帝（元延）の年号がみえる。

（9）10・11と同じ上番号（560及び74）をもつ簡の中に、宣帝期の年号をもつ簡が複数みえる。

（10）『史記』巻97に、「酈生踵軍門上謁曰、高陽賤民酈食其、竊聞沛公暴露、将兵助楚討不義。敬勞從者、願得望見、口畫天下便事。使者入通、沛公方洗、問使者曰、何如人也。使者對曰、狀貌類大儒、衣儒衣、冠側注。沛公曰、爲我謝之、言我方以天下爲事、未暇見儒人也。使者出謝曰、……。酈生瞋目案劍叱使者曰、走。復入言沛公、吾高陽酒徒也。非儒人也。使者懼而失謁、跪拾謁、還走、復入報曰……。」というエピソードがある。これは後人による補入部分で、類似の話が『太平御覧』巻366に引く「楚漢春秋」にも見える。ただしそこには謁字は出てこないし、「上謁曰」以下の文章もない。しかしこの「高陽賤民……天下便事」は、謁に書かれていた可能性があるのではと思う。「賤民」に類する謙称は、例えば出土簡牘では、「賤弟」（19（天長12））、「賤子」（東牌楼35ＡＢ、居延11・5など）など、書信の中にしばしば見えるし、文献にも「賤子爽哀惶恐怖……」（『三国志』魏書　曹爽傳所引「魏末傳」）と見える。また、『荘子』盗跖に「孔子……往見盗跖。……下車而前、見謁者曰、魯人孔丘、聞將軍高義、敬再拜謁者。謁者入通。盗跖聞之大怒……」とあり、「魯人孔丘」以下の文章は、「高陽賤民」以下の文章と基本構造が似ている。つまり自称、聞～、敬～、願～という構成である。もちろん誰かを訪問した際には、同じようなことを言うであろうから、似ていて当然かもしれない。しかし、【3】の事例からすれば、こうした訪問の理由が謁に書かれていたと考えることもできるであろう。

（11）高村氏注（3）論文。

（12）鵜飼氏は注（3）論文において、22の宛名面を「封検の機能をもって」いるという。確かにそのようにも解釈できるが、氏も推測するように、私信は公的な逓送ルートには乗らず、相手がいる場所に赴く人にことづけるのが一般であろうと思う。

『後漢書』列伝17　王良伝に「（建武）六年、代宣秉爲大司徒司直。……時司徒史鮑恢以事到東海、過候其家、而良妻布裙曳柴、從田中歸。恢告曰、我司徒史也。故來受書、欲見夫人。妻曰、妾是也。苦掾、無書。」と、王良の故郷である東海郡に赴く王良の部下が、ことづかってゆく書状がないか、王良夫人のもとに立ち寄っている。

（13）關尾史郎「魏晋「名刺簡」ノート——長沙呉簡研究のために——」（『新潟史学』第六〇号、二〇〇八年）。

（14）李均明「簡牘文書「刺」考述」（『文物』一九九二年第九期）。辺境簡には「郵書刺」「過書刺」「出奉刺」「入関刺」「食月別刺」「吏対会入官刺」など、「～刺」と称する文書がある。李氏はそれらの内容を検討した結果、「刺の応用範囲はかなり広く、個人の姓名身分以外に、その他の事柄（事類）にも刺という文書形式が用いられる」という。

走馬楼呉簡中所見「戸品出銭」簡の基礎的考察

安部聡一郎

一　長沙走馬楼呉簡とは

一九九六年、中国湖南省の省都・長沙市の中心部、五一広場前のデパート建設現場で発見された井戸址（J二二）から、総数十四万枚弱の竹簡・木簡類（以下簡牘《かんとく》と総称）が発見された。長沙走馬楼三国呉簡《ちょうさそうばろうさんごくごかん》（以下走馬楼呉簡と略称）と呼ばれるこの出土資料は、出土状況や簡に記された紀年から、三国呉の黄竜・嘉禾《かか》年間（二二九～二三七年）ごろ、当時この地域にあった臨湘侯国《りんしょうこうこく》（県）で作成されたものと考えられている。[1]

現在、走馬楼呉簡は竹簡と大木簡を中心におよそ三万点が公開されている。これをその形態・内容により分類すると、(Ⅰ)賦税関係、(Ⅱ)名籍・身分関係、(Ⅲ)その他、の三種に大別でき、中でも(Ⅰ)に属する賦税納入竹簡、(Ⅱ)に属する年紀簿竹簡が大多数を占めることが知られている。[2] 文書の一部と思われる簡も含まれるが、大半は簿籍の類といえる。

二　本稿の目的と先行研究

本稿は、走馬楼呉簡中の「戸品出銭」簡に注目し、特にこれの竹簡としての形態に着目しつつ書式等を詳細に整理することで、その特徴・簿の編成過程を明らかにし、併せて背景に存在する郷の行政のあり方、および戸調制との関わりを考えることを目的とする。(3)

前述の分類によれば、「戸品出銭」簡は(Ⅱ)名籍・身分関係の「戸等戸税簡」（竹簡）に該当する。具体的には、以下のような簡である。なお、以下で引用する釈文は、［長沙市文物考古研究所・中国文物研究所・北京大学歴史学系走馬楼呉簡整理組編著二〇〇三］［同二〇〇七］［同二〇〇八］（以下それぞれ『竹簡』〔壹〕、同〔貳〕、同〔參〕と簡称）所掲のものを基本とし、一部に後述の実見結果を反映したものである。

［簡1］　都郷大男鄭□新戸中品出錢九千侯相　□　嘉禾六年正月十二日典田……　（貳—二九一一正）
入錢畢民自送牒還縣不得持還郷典田吏及帥　（貳—二九一一背）

［簡2］　□□　嘉禾六年正月十二日都郷典田掾蔡忠白　（貳—四三〇九正）
□及仲(帥)　（貳—四三〇九背）

［簡3］　模郷大男胡車故戸上品出錢一萬二千臨湘侯相　見　嘉禾五年十二月十八日模郷典田掾烝若白　（貳—八二六〇正）

本形式竹簡の専論は［王素・汪力工二〇〇七］がほぼ唯一であり、かつ書式に注目する場合、形式の判断上鍵となる表現が「戸」「品」「出銭」であることを重視して、本稿でも王氏・汪氏が使用した「戸品出銭」簡の称を用いる。

王・汪両氏の所説は、①書式・形態の分析と②内容の分析（先行研究の整理）からなる。要点に絞りまとめれば、①では書式整理と各項目の記載内容のまとめのほか、竹の内側を正面とし、書写は背面を先に行い後で正面に記入したこと、背面の文の「牒《ちょう》」はこの簡自身を指し、銭を納めた吏民に対しこの文書を直接県へ送還するよう注意を促したものであることを指摘している。本稿の検討との関係では、背面の記載がない簡が存在することについて、記入済みの簡を使い切ったためと解釈していることを押さえておきたい。

②では、従来の研究が「戸品」とその税目に関心を寄せており、戸税説・戸賦説・非戸税非戸賦説があること、またその他の論点として戸の新故の別・三品制の起源・戸品の決定者・根拠となる家産の種類などがあることを指摘する。その上で戸品について、決定の権限は県令が持つが実務は「戸品出銭」簡を作成した郷嗇夫が行っており、また彼らが典田掾であることからその根拠を田産とする。続いて銭額について、吏民が自己申告した家産総額を示し、吏民簿の「右某家」型に見える「訾《し》」の記載に通ずるとしている。

王氏・汪氏も述べるように、従来の研究は主として税制との関係から「戸品出銭」簡に注目してきた。しかし［于振波二〇〇四］［于振波二〇〇七］［高敏二〇〇八］［張栄強二〇一〇］等に代表されるこれらの先行研究は、戸等制の検討に主な関心があるため、当該簡の戸品に関係する部分のみ抜き出して扱っているに過ぎず、簡そのものの性格を明らかにした上で論じてはいない。しかし出土資料は、まず簡そのものの性格を、釈文全般のみならず、簡の状態にも即して明らかにした上で議論する必要があろう。その点王氏・汪氏の所説は拠るべきものであるが、書式整理は必ずしも個々の事例を網羅したものとは言えず、また形態面についても竹の表裏以外の部分（編綴痕《へんてつこん》など）には注目しておらず、充分とは言えない。

簡そのものに着目した場合、「戸品出銭」簡には注目すべき特徴がある。まず「白」、すなわち官吏の何某が白《もう》す、という形の文言が用いられており、上級機関へ提出される文書として単独で通行し得る機能を有していること、[4] 次にこの形式に属するとみられる簡の大多数に編綴痕が残されており、「爲簿」と明記された標題簡も存在していることから、最終的には帳簿として機能したとみられること、[5] そして走馬楼呉簡で背面が明示的に利用されているほぼ唯一の事例である（正面とは別に背面に吏民に対する指示がある）こと、以上の三点である。つまり、簡そのもののあり方に注目した場合、「戸品出銭」簡は、複数回の移動に加え文書から帳簿への機能変化が伴うという特徴を持っており、その検討によって、臨湘県での行政実務のあり方、帳簿としての保存の過程について検討を深める手がかりとなり得る特徴を持つ、興味深い簡と言うことができる。同時に、表裏を共に使う簡の比較という観点からだけではなく、三国呉の県・郷における「実務から記録へ」の変化を体現しているという意味で、本論集の関心とも通じる要素を持つと言えよう[6]。

本稿では、以上の観点から、まず「戸品出銭」簡そのものの性格を簡に即して明らかにする。その上で、この結果を踏まえ、郷の行政との関わりや戸調制との関係を論ずることとする。そのため、まず個々の事例を網羅した上で改めて書式の整理を行い、さらに実見調査の成果を受けつつ、形態面の特徴を併せて考察してゆく。

三　「戸品出銭」簡の整理と分析

（一）　一覧の作成と簡の実見・計測

筆者は上述の観点により『竹簡』〔壹〕、同〔貳〕、同〔參〕より書式上「戸品出銭」簡に属すると思われる簡三百二十七点を抽出し（『竹簡』〔壹〕七十二点、同〔貳〕百七十六点、同〔參〕七十九点）、郷名・人名・銭額など各項目の記載状況を整理した。

また報告者はこれまで、長沙呉簡研究会での活動を通し、走馬楼呉簡を実見する機会を与えられてきた[7]。実見から得られる成果の一つとして、写真版との比較から編綴痕がどのように写るのかといった知見が得られることが挙げられる。今回は実見の経験を踏まえつつ、「戸品出銭」簡と判断される簡全てについて、写真版を用いて観察と計測を行った。

(二)　正面書式の分類：都郷型と模郷型

(一)の作業を踏まえ、一覧表化したうちでまず正面に郷名が明記されているものをグループ分けし、書式を整理・比較した。内訳は、都郷百二十五点、模郷三十四点であり、[8] 現時点で「戸品出銭」簡に登場する郷はこの二郷のみである。以下、都郷と模郷に分けて代表的な事例を挙げる。なお、前後と簡番号が連続している［簡15］を除き、排列は戸・品の種別による。

【都郷】

［簡4］　都郷男子朱敬故戸上品出銭一萬二千侯相 ⧄　（壹—一七二正）
　入銭畢民自送牒還縣不得持還□⧄　（壹—一七二背）

［簡5］　都郷州卒周碩故戸中品出銭八千侯□⧄　（貳—七一二七正）
　入銭畢民自送牒還縣不得⧄　（貳—七一二七背）

［簡6］　都郷男子呉夏故戸中品出銭八千侯相　⧄　（參—七一二正）
　入銭畢民自送牒還縣不⧄　（參—七一二背）

［簡7］　都郷男子馬米(?)故戸下品出銭四千四百侯相⧄　（貳—六七六四正）
　入銭畢民自送牒還縣不得持□⧄　（貳—六七六四背）

［簡8］　都郷大男鄭□新戸中品出銭九千侯相　□　嘉禾六年正月十二日典田……　（貳—二九一一正）
　入銭畢民自送牒還郷典田吏及帥　（貳—二九一一背）

［簡9］都郷男子許靖新戸中品出錢九千侯相……年五月十二日典田□□（貳—二九四三正）
入錢畢民自送牒還縣不得持還郷典田吏及帥（貳—二九四三背）

［簡10］⧄都郷男□□□新戸下品出錢五千五百九十四……（貳—二九三八正）
⧄入錢畢民自送牒還縣不得持還郷典田吏及帥（貳—二九三八背）

［簡11］都郷大男區通（?）新戸下品出錢五千五百九十四侯相……（貳—二九四一正）
入錢畢民自送牒還縣不得持還郷典田吏及帥（貳—二九四一背）

［簡12］⧄嘉禾六年正月十二日都郷典田掾蔡忠⧄（貳—四二〇一正）
⧄還郷典田吏及仲⧄（貳—四二〇一背）

［簡13］⧄嘉禾六年正月十二日都郷典田掾爰史白（參—六二二三正）
⧄及帥（參—六二二三背）

【模郷】

［簡14］模郷郡吏陳埤（?）故戸上品出錢一萬二千臨湘侯相　見　嘉禾五年十二月十八日模郷典田掾烝若白（貳—八二五七）

［簡15］⧄□□□相　見　嘉禾五年十二月十八日模郷典田掾烝若白（貳—八二五八）

［簡16］模郷郡吏何奇故戸上品出錢一萬二千臨湘侯相　見　嘉禾五年十二月十八日模郷典田掾烝若白（貳—八二五九）

［簡17］模郷大男胡車故戸上品出錢一萬二千臨湘侯相　見　嘉禾五年十二月十八日模郷典田掾烝若白（貳—八二六〇）

［簡18］　模郷縣吏蔡忠故戸上品出銭一萬二千臨湘侯相　□　嘉禾五年十二月十八日模郷典田掾蒸若白
（貳—八三七八）

［簡19］　模郷大男盖轉故戸中品出銭八千臨湘侯相　□　〼　（壹—一五一八）

［簡20］　〼□□□相　見　嘉禾五年十二月十八日模郷典田掾烝若白　（貳—八二五八）

［簡21］　〼一萬二千臨湘侯相　已　嘉禾五年十二月十八日模郷典田掾烝若白　（參—三一八一）

［簡22］　〼臨湘侯相　嘉禾五年十二月日模郷典田掾烝若白　（參—七九九二）

模郷として列した簡は、いずれも背面の記載がない。これは［簡14］［簡15］［簡16］［簡17］では実見で確認している。また［簡19］についても、壹—一二六二の注によれば文字がないと判断される。これ以外は背面の釈文・写真版が掲載されていないだけで、報告書中に特に注記などはみられない。

都郷グループと模郷グループの間には書式上以下の相違がみられる。①正面「臨湘侯相」の部分、都郷は「侯相」とするが模郷は「臨湘侯相」とする。②正面後半部分、年月日の下の郷名の記載は、都郷では記載の有無にバラツキがあるが、模郷では確認できる全てで一律に「模郷」と明記している。③正面後半部分の年月日は、都郷は嘉禾六年正月十二日、模郷は嘉禾五年十二月十八日でほぼ揃っている。④登場する典田掾は、都郷は蔡忠《さいちゅう》、監□、爰史《えんし》の三名が登場するが、模郷は烝若《じょうじゃく》ひとりである。

以上をもとに、王・汪両氏の示す書式も踏まえ、再度書式（正面）を整理すると以下のようになる。なお、書式中の［ ］は任意の内容、【 】はカッコ内の選択を示す。

都郷型

都郷［身分］［姓］［名］【新／故】戸【上／中／下】品出銭［銭額］侯相　＝

＝（確認符号）　嘉禾六年正月十二日（都郷）典田掾［姓］［名］白

模郷型

模郷［身分］［姓］［名］【新／故】戸【上／中／下】品出銭［銭額］臨湘侯相　＝

＝（確認符号）　嘉禾五年十二月十八日模郷典田掾烝若白

この新たな書式、および先述の相違点①～④を判断の基準とすれば、郷名が明記されていない断簡についても、暫定的に都郷型・模郷型を分類することが可能となる。例えば次に挙げるような断簡は、前述の相違点①より、［簡23］は都郷、［簡24］～［簡26］はいずれも模郷と推測される。なお背面について、［簡24］は実見にて文字がないことを確認、［簡25］は壹―一二六二の注によれば文字がないと判断される。［簡26］は報告書に背面の釈文・写真版が掲載されていない。

［簡23］▨戸上品出銭一萬三千侯相　……　（貳―三三九九正）
　▨民自送牒還縣不得持還郷典田吏　（貳―三三九九背）
［簡24］▨下品出銭二千四百臨湘侯相　……▨　（壹―一四〇〇）
［簡25］▨吏黄況故戸中品出銭八千臨湘侯相　□□　▨　（壹―一五一九）
［簡26］▨臨湘侯相　□　嘉禾▨　（貳―七九〇四）

これにより断簡の分類を行うと、都郷型と判断できるもの四十六点、模郷型と判断できるもの三十一点の抽出が可能であり、郷名が明記されているものと合わせると、都郷型百七十一点、模郷型六十五点となる。では次に、本形式の簡を特徴付ける背面の記述の検討に移ろう。

（三）背面書式の整理

本形式を特徴付ける背面の書式は、実際には全てに存在するわけではない。この記入の有無の意味については、前述の［王素・汪力工二〇〇七］が背面記入済のものを使い切った場合と解釈したのを除けば指摘は少なく、十分明確とはなっていなかった。

しかし、前項で提示した都郷型・模郷型の各簡でも明らかなとおり、都郷型に分類されるものは、冒頭・末尾のみの断簡や状態の悪い一部の簡を除きほぼ全てに背面記載が伴っているのに対し、模郷型に分類されるものは背面記載が存在しない。実見調査においても、これまで見た模郷型に分類される簡は全て背面に記述がない。つまり背面記載の有無は、背面記入済みの簡を使い切ったためではなく、郷によって記載の有無が異なっていたと考えるべきである。

これに基づき、郷ごとに書式を示すと以下のようになる。

都郷型　入銭畢民自送牒還縣不得持還郷典田吏及帥

模郷型　（背面に記載無し）

ただし二〇〇九年十二月調査にて検証した結果、貳―八七九〇のみ、例外であることが確定的となった。[9]

［簡27］　▨四千四百臨湘▨　（貳―八七九〇正）

▨□還縣□▨　（貳―八七九〇背）

背面に記載を持ちつつ、正面に模郷型に特徴的な「臨湘（侯相）」が確認できる。これについてはむしろ正面の「臨湘」が模郷に限定されない可能性を考えるべきと思われるが、この点については今後の史料の公刊をまって更に検討したい。

以上を踏まえれば、例外の存在に留意する必要はあるものの、背面に記述が存在する簡は暫定的に都郷型へ分類が可能となろう。この基準によって、新たに都郷型に八十五点、模郷型に五点を追加でき、全体では都郷型二百五十六点、模郷型七十点となった。前述の例外［簡27］一点を除き、これで「戸品出銭」簡に属すると思われる全ての簡が都郷型・模郷型のいずれかに分類された。

（四）「戸品出銭」簡の記載の詳細

以上の分類、および実見と写真版の観察・計測結果を踏まえ、身分・戸品、簡の形態観察、他の竹簡・大木簡との比較によって、従来戸調制との関係から注目されることの多かった「戸品出銭」簡の性質について、簡そのものに依拠して検討する手がかりを得たい。

①戸品の分布

書式正面の整理で示したとおり、戸には新戸・故戸の別、品には上・中・下の別がある。またこの戸品によって銭額も一定しており、故戸であれば上品一万二千、中品八千、下品四千四百、新戸であれば上品一万三千[10]、中品九千、下品五千五百九十四でほぼ揃っている[11]。なおこの戸品・銭額は都郷・模郷とも共通である。

この戸品の郷ごとの分布状況を整理したのが【表1】である。都郷はやや中品・下品が厚く、模郷は上品・中品が多く分布するように見えるが、しかしこの分布状況を「戸品内訳簡」と比較すると、都郷にしても上品・中品の比率

【表１】戸品の分布（郷別）

	故戸				新戸				不明				合計
	上品	中品	下品	不明	上品	中品	下品	不明	上品	中品	下品	不明	
都郷	22	43(6)	42(5)	14	1(1)	4(1)	6(1)	0	1	1	2	120	256(14)
模郷	13(5)	15(3)	3(1)	2	0	0	0	0	0	0	1	36	70(9)
合計	35(5)	58(9)	45(6)	16	1(1)	4(1)	6(1)	0	1	1	3	156	326(23)

*カッコ内は、左記数値のうち、出銭数等から戸・品を推測したものの数。
**都郷型と模郷型の特徴を兼ね備える2-8790は例外として除いた。

が非常に高いと言わざるを得ない。[12]「戸品内訳簡」では、左のように「下品之下」・下品などが数十戸単位で登場するのに対し、上品・中品は多くても十戸止まり、少ない場合は数戸に過ぎないのである。

〔簡28〕　其八十四戸下品之下　（壹―五三一九）
〔簡29〕　其六十四戸下品　（貳―三一八）
〔簡30〕　其十戸中品　（貳―六二四）
〔簡31〕　其七戸上品　☐　（貳―八一一）

全体の半数とはいえ、都郷型で戸品の判明する事例が百三十六例も存在することを考えれば、この上品・中品の比率の高さは、「戸品出銭」簡が上品・中品を中心とする一部の戸だけを対象としている可能性が高いことを示していると理解できる。「戸品出銭」簡の背景にある制度について考える際、注目すべきことであろう。

②身分の分布

書式正面に登場する身分について、郷ごとにこれを整理したものが**【表２】**である。一覧して言えるのは、まず吏の数がごく限られることだろう。『竹簡』〔貳〕公刊以前には、都郷に関係する「戸品出銭」簡では吏が多く見られると指摘されたことがあるが、むしろ表から窺えるように比率が高いのは模郷の方である。さらにこれらの吏の品等の分布は、上位の品等に偏っているとは必ずしも言えず、さらに上品全体でも吏が占める割合は

【表２】郷別・身分の分布

	州吏	郡吏	県吏	軍吏	州卒	郡卒	大男	男子	不明	合計
都郷	2	2	2	1	2	1	15	86	145	256
模郷	0	4	1	0	0	0	11	0	54	70
合計	2	6	3	1	2	1	26	86	199	326

*都郷型と模郷型の特徴を兼ね備える2-8790は例外として除いた。

決して高くない。

また男子という身分呼称が都郷にしか出現しないことも注目される。別種の簡でも名簿簡や貸食簡、地僦銭《ちしゅうせん》関係簡では男子が使用されず、吏民田家莂《りみんでんかべつ》では原則大男が使用されないといった偏りは認められるものの、一方で大量に存在する賦税納入簡では男子と大男は基本的に互用されているようであり、これらの意味するところはまだ明らかではない[13]。後考を俟ちたい。

③書式の簡上配置

まず正面について見ると、簡の書き出し（郷名）は常に簡頭に置かれ、「侯相」までがひとまとまりに書かれる。年月日は常に下三分の一、下側の編綴の直下あたりから書き出され、やや窮屈ながら以下「白」までがひとまとまりに書かれる。そして年月日と編綴を挟んで上側に確認符号と思われる記号が入る、というのが基本的な配置である。この配置は、都郷・模郷の別なく全てに共通している。名簿簡の場合も、吏民簿・師佐簿等の種別と関係なく書式の簡上配置に共通の規則性が見られたが[14]、「戸品出銭」簡にも同様の性質が見られるといえよう。

背面は上述の通り、都郷型にのみ見られる特徴であったが、こちらの書き出しは簡頭にくることはなく、常に数文字分字下げした形で書き出されている。このような状況は、例えば名簿簡や督軍糧都尉《とくぐんりようとい》に関係する簡でもみられる[15]。いずれも一本目に当たる簡は常に簡頭から書き出されるのに対し、付随する二本目の簡では数文字分字下げが施されている。ここからみて、背面の記述は正面に付随する性格を持つものであると考えることができ、背面の書式中に現れる「牒」が

【表３】都郷型・編綴部分の空格幅

幅(cm)	正面	背面	
	上部(点数)	上部(点数)	下部(点数)
0	13	2	1
0.1	0	0	0
0.2	0	0	1
0.3	2	1	1
0.4	3	9	1
0.5	10	7	5
0.6	20	18	4
0.7	12	13	5
0.8	9	26	2
0.9	6	12	7
1	10	17	13
1.1	2	10	3
1.2	0	1	4
1.3	0	2	2
1.4	0	0	2
1.5	0	0	1
1.6	0	0	0
1.7	0	0	0
1.8	0	0	1
不明	43	4	14
平均(cm)	0.7	0.77	0.89

【表４】模郷型・編綴部分の空格幅

幅(cm)	正面
	上部(点数)
0	17
0.1	0
0.2	0
0.3	0
0.4	2
0.5	0
0.6	0
0.7	1
0.8	1
0.9	0
1	0
1.1	0
1.2	1
1.3	0
1.4	0
1.5	0
1.6	0
1.7	0
1.8	0
不明	13
平均(cm)	0.16

正面の内容を指すことを傍証するものと言えよう[16]。

なお書式の配置に関連して、［拙稿二〇〇九ａ］にて疑問を呈した編綴予定部分の空格について付言しておく。この点に関し、写真版を元に空格の計測・整理を行った結果が【表３】・【表４】である。図版と現状の実物では数ミリ程度の差異が生じている場合があることを実見にて確認しており、写真版を使用しての計測は目安程度の意義に止まるが、意識的に空格を設けているか否かの判断基準とはなろう。

【表３】から明らかなとおり、都郷型は特に背面において空格を設ける傾向が顕著に認められる。文字の大きさ・詰め方にもよるが、一～二文字分程度の空格を設けるのが標準的であると言えよう。これに対し、模郷型は一般に空格を設けていない。後述する模郷型の標題簡［簡32］も、編綴予定部分に空格はない。

実際多くの簡に編綴痕が残ることも考え合わせれば、後述するように実際に簿として編綴されていたことが明らかな模郷型だけでなく、標題簡が確認できない都郷型についても、作成当初から簿として編綴されることが前提だったのは間違いない。

④竹簡中での分布状況

現在公表されている竹簡の配列上では、「戸品出銭」簡は概ね都郷型と模郷型が交互にまとまって出現している。中でも最大のグループは壹—五七四六から貳—八〇四〇にかけ断続的に出現する都郷型（百六点）である。しかしここで注目されるのは、続く貳—八一五七から參—二五九にかけて出現する模郷型（十五点）の中に、「戸品出銭」簡に関係すると思われる唯一の標題簡［簡32］が存在することであろう。

［簡32］　▨□□謹以所領戸出錢上中下品人名爲簿　（貳—八二五六）

この簡の後ろには、模郷型の［簡14］～［簡17］が連続しており、分布状況および標題簡に記された内容（出銭額、品第の別、人名）が「戸品出銭」簡の記載内容と一致する点から見て、「戸品出銭」簡は最終的にまとめて編綴された上、標題簡を附されて「簿」とされ、保存されたと考えられる。

この点については、二〇〇九年十二月の調査の際、［簡14］～［簡17］および［簡32］の五点を一括請求し並べて検討を行った結果、編綴痕が無理なく繋がること、また正面冒頭の「模郷」の筆跡が共通し、特に該当部分の右下のみわずかに残す［簡32］を［簡17］に重ねてみると、前者が後者の「模郷」の右下部分とほぼ一致することを確認した。従って、前者の「謹」の上の二文字は「模郷」であり、当初の想定通り標題簡の［簡32］から［簡17］までが一連の簿であったのはほぼ確実と考えられる(17)。

なお、標題簡に続く五つの簡は全て上品であることからみて、「戸品出銭」簡は上品から順に編綴されていたと考えられることも併せて指摘しておこう。

⑤吏民田家莂・他の竹簡との関連

「戸品出銭」簡に対象者として登場する人物は、姓名共に判明している者で七十六人（同姓同名二組を含む）、名前の一部が分かる者も含めれば九十八人に達する。しかし吏民田家莂や「戸品出銭」簡以外の竹簡中にこれらの人名が現れることは少なく、前者で七名、後者でも十四名に過ぎない。このうち、身分や居住地が一致することから同一人物と判断可能なのは、壹―一三〇三と嘉禾吏民田家莂四・一一〇に登場する模郷郡吏潘真《はんしん》、貳―六九一一と壹―五三三八に登場する都郷男子楊樊《ようはん》、壹―六四九と叁―一八一五に登場する都郷州吏樊嵩《はんすう》である。また都郷典田吏として登場する県吏蔡忠は、自身が貳―八三七八に模郷の所属として出現する。

ここでは、「戸品出銭」簡の対象となった戸の性格を考える上でも最も興味深い、楊樊の事例を検討する。先述のものに加え、名前のみ登場する［簡34］も併せて挙げる。

［簡33］　都郷男子楊樊故戸下品出銭▨　（貳―六九一一正）
　入銭畢民自送牒還縣不得▨　（貳―六九一一背）

［簡34］　大男趙□僦銭月五百　大男楊樊僦銭月五百　大男王而僦銭月五百　（壹―四三六二）

［簡35］　入邑下復民楊樊租銭四千　（壹―五三二八）

［簡34］は地僦銭関係簡のひとつであり、その標題簡と見られる壹―四三五七には「臨湘謹列邑下居民收地僦銭人

名為簿」とある。従って［簡34］と［簡35］の楊樊は都郷邑下《ゆうか》に居住する同一人物であり、「戸品出銭」簡の楊樊も同じ者と考えられよう。

注目すべきは、この地僦銭が商業活動に関わる借地税とみなされる点である。(18) 戸品の分布状況から見て、「戸品出銭」簡の対象とされた戸は上品・中品を中心とする特定の戸に偏っている可能性があったことは先述したが、この中には、楊樊のように商業活動に従事する者も含まれていた点は留意しておく必要があろう。

四　結

以上、［王素・汪力工二〇〇七］を参照しつつ、特に郷による書式の差異に注目して整理を行い、さらに書式・形態の詳細を検討した。「戸品出銭」簡の作成の手順については、以上検討した正面・背面の状況及び［王素・汪力工二〇〇七］を参照すれば、①典田掾による田産の査定、②典田掾及び下僚による（簿への編綴を前提とした）文書作成、③当該の吏民による銭納入と④文書の県への提出、⑤侯相による確認、⑥簿への編綴と⑦保存、の各段階を経たと考えられるが、この一連の流れを前提としたとき、まず郷による書式の差異の意義はどのように位置付けることができるだろうか。

背面記載のない簡が模郷型に集中することからすれば、事前用意していた簡が不足したからとする［王素・汪力工二〇〇七］説は成り立ちにくい。むしろ、都郷の吏民にだけ「自ら県に提出しに行け」という注意を与える意味があり、模郷にはそれがなかったと捉えるべきだろう。つまり、模郷では「戸品出銭」簡が取りまとめられ、簿の形に編綴されて郷から県の田戸曹へ送られたと考えられる。先に触れた模郷型の標題簡貳―八二五六の書式は、田家莂などにみられる標題簡と同一であり、これには郷からの上行文書としての性格が含まれることが想定されている。[19]都郷型の背面の記載で「郷の典田吏や師に戻してはならない」と明記されていることを念頭に置けば、模郷で各簡を一旦集約し簿に編成するとき、その取りまとめを行ったのは典田掾およびその下僚と考えることができよう。

従って、都郷の場合の手続は①→②→③→④→⑤→⑥→⑦の順で行われるが、模郷の場合は①→②→③→⑥→④→⑤→⑦であったと考えられ、これに対応する形で、郷によって文書の書式に大きな差が存在したことになる。典田掾は、都郷型・模郷型を通じて侯相に対し「白」しているから、本来この簡は単行する文書であり、その機能が必要だったと見なさざるを得ない。侯相に対する「白」が機能するのは上述の流れで言えば③④⑤の段階であろうが、しかし模郷の場合はこの段階で既に編綴されてしまっており単行していない。この点からみると、本来の「戸品出銭」簡の姿と手続は都郷型であったように思われる。つまり対象となった個々の吏民が県に「戸品出銭」簡を直接提出し、おそらくは県で簿へと編綴され保存されるやり方が本来だったのに対し、模郷では典田掾らが取り纏めを行うようになっており、それに併せて本来記載する原則だったはずの背面書式が削除されたことになる。なお［侯旭東二〇〇四］によれば、模郷は臨湘県の東端の郷のひとつとされており、県廷のある都郷からは離れている。

このように考えて良いのであれば、走馬楼呉簡の時代の三国呉では、郷による事務作業にそれぞれの都合に応じた裁量がみとめられており、その結果県レベルでの行政実務に影響が及ぶことも容認されていたことになる。かつて［高村武幸二〇〇四］は走馬楼呉簡にみえる郷について論じ、郷の独立性も念頭に置きつつ県の郷に対する規制力強化の可能性を指摘していたが、「戸品出銭」簡の例はその前者の傾向が強く表れたものとして理解することができるのではなかろうか。

しかしこのような運用の揺らぎは、同時にこの「戸品出銭」簡の背景にある制度が、少なくとも形式上臨時の制度として行われていたことを示唆しているように取れる。そもそも、銭の納入にいちいち「白」を用いていること、また吏民が県に対し直接文書を送ったと想定せざるを得ないことなど、「戸品出銭」簡は賦税納入簡などと比べ特異な性格をもつと言わざるを得ない。

この点に関して第三節の（四）で論じた諸点を振り返ってみると、戸品の分布状況からみて全ての戸が「戸品出銭」簡の対象となったとは見なせないこと、また商業活動に携わる人物が課税対象とされていることには留意する必要があろう。つまり、この「戸品出銭」簡で実施されている制度は、形式上は臨時の制度としての体裁を保ち、全ての戸を対象とせず、かつ田産以外も対象とした可能性があったことになる。

このような状況からみると、この「戸品出銭」簡にみえる銭の徴収は、［小嶋茂稔二〇〇二］や［張栄強二〇一〇］が指摘したように、三国魏の戸調制よりも、後漢代に郷を単位として行われていた戸等に基づく階層的な賦税徴収を引き継ぐ性格のものと考えることができよう。[20] 同時に、「戸品出銭」簡の担当官吏である典田掾は、名前から予想される田産の管理のみならず、[21] 郷嗇夫《きょうしょくふ》が担当していた各戸の資産の把握も担当していたことになろう。以上より「戸品出銭」簡の背景にある制度は後漢代以来の遺制と考えられるが、これらの問題は呉簡中に見える種々の税目とも比較しつつ検討を深める必要があろう。

竹簡の公開は依然途上にあるが、今回立てた見通しをもとに、公刊が予定される『竹簡』〔肆〕以降の史料に取り組んでいきたいと考えている。大方のご批正を乞う次第である。

〔附記〕本稿は、二〇〇八～二〇一一年度科学研究費補助金（基盤研究（A））「出土資料群のデータベース化とそれを用いた中国古代史上の基層社会に関する多面的分析」（研究代表者：關尾史郎）の分担研究の成果の一部である。

【釈文・図版】　※以下、配列は筆画順

・長沙市文物考古研究所・中国文物研究所・北京大学歴史学系走馬楼簡牘整理組編著　一九九九『長沙走馬楼三国呉簡　嘉禾吏民田家莂』、文物出版社
・長沙市文物考古研究所・中国文物研究所・北京大学歴史学系走馬楼簡牘整理組編著　二〇〇三『長沙走馬楼三国呉簡・竹簡〔壹〕』、文物出版社（『竹簡』〔壹〕と略称）
・長沙簡牘博物館・中国文物研究所・北京大学歴史学系走馬楼簡牘整理組編著　二〇〇七『長沙走馬楼三国呉簡・竹簡〔貳〕』、文物出版社（『竹簡』〔貳〕と略称）
・長沙簡牘博物館・中国文物研究所・北京大学歴史学系走馬楼簡牘整理組編著　二〇〇八『長沙走馬楼三国呉簡・竹簡〔參〕』、文物出版社（『竹簡』〔參〕と略称）

【主要参考文献】

〔日文〕

・山田勝芳　一九九三『秦漢財政収入の研究』（汲古書院）第三章第四節「算賦をめぐる諸問題」
・小林洋介　二〇〇五「正倉院籍帳と長沙走馬楼三国呉簡」（『史観』一五三）
・小嶋茂稔　二〇〇一「「丘」についての一試論」（『嘉禾吏民田家莂研究――長沙呉簡研究報告・第一集』）
・王素（市来弘志訳）　二〇〇七「中日における長沙呉簡研究の現段階」（『長沙呉簡研究報告』三）
・仲山茂　二〇〇二「漢代における長吏と属吏のあいだ――文書制度の観点から――」（『日本秦漢史学会会報』三）
・平中苓次　一九六七「居延漢簡と漢代の財産税」（同氏『中国古代の田制と税法』、東洋史研究会所収、原著一九五三）
・好並隆司　一九七八「四川郫県犀浦出土の東漢残碑をめぐって」（『史学研究』一四二、一九七八）
・伊藤敏雄　二〇〇四「三国呉の地方行政をめぐる膨大な新資料」（『東方』二〇〇四年一〇月号）

・伊藤敏雄　二〇〇七「新発見三国呉簡に見る三国時代」（『アジア遊学』九六号）
・谷口建速　二〇〇六ａ「長沙走馬楼呉簡よりみる孫呉政権の穀物搬出システム」（『中国出土資料研究』一〇）
・谷口建速　二〇〇六ｂ「長沙走馬楼呉簡における穀倉関係簿初探」（『民衆史研究』七二）
・谷口建速　二〇〇八「長沙走馬楼呉簡にみえる「限米」——孫呉政権の財政に関する一考察」（『三国志研究』三）
・谷口建速編二〇〇九「調査簡牘一覧表」（『長沙呉簡研究報告』二〇〇八年度特刊）
・重近啓樹　一九九九『秦漢税役体系の研究』（汲古書院）第三章「算賦制の起源と展開」、原著一九八四
・高村武幸　二〇〇四「長沙走馬楼呉簡にみえる郷」（『長沙呉簡研究報告』第二集）
・高村武幸　二〇〇九「漢代文書行政における書信の位置付け」（『東洋学報』九一—一）
・關尾史郎　二〇〇五「史料群としての長沙呉簡・試論」（『木簡研究』二七）
・關尾史郎　二〇〇六「長沙呉簡中の名籍について・補論——内訳簡の問題を中心として」（『人文科学研究』一一九）
・拙稿　二〇〇四「長沙呉簡にみえる名籍の初歩的検討」（『長沙呉簡研究報告』第二集）
・拙稿　二〇〇九ａ「長沙呉簡における記載面裏側の状況——名簿簡・「戸品出銭」簡における——」（『長沙呉簡研究報告』二〇〇八年度特刊）
・拙稿　二〇〇九ｂ「『三国志』の時代から来た書類」（『歴史と地理　世界史の研究』二二九）
・拙稿　二〇一〇「実見報告：書式と形態からみた「戸品出銭」簡」（『長沙呉簡研究報告』二〇〇九年度特刊）

〔中文〕
・于振波　二〇〇四「漢調与呉調」（同氏『走馬楼呉簡初探』、文津出版、所収）
・于振波　二〇〇七「略論走馬楼呉簡中的戸品」（同氏『走馬楼呉簡続探』、文津出版、所収）
・王子今　二〇〇六「長沙走馬楼竹簡〝地僦銭〞的市場史考察」（『呉簡研究』第二輯、所収）
・王素・宋少華・羅新　一九九九「長沙走馬楼簡牘整理的新収穫」（『文物』一九九九—五）

・王素　二〇〇四「長沙走馬楼三国呉簡研究的回顧与展望」（『呉簡研究』第一輯、所収）
・王素・汪力工
　二〇〇七「長沙呉簡〝戸品出銭〟簡新探」（『中国文物報』二〇〇七年四月二十日）
・宋超　二〇〇四「呉簡所見〝何黒銭〟、〝僦銭〟与〝地僦銭〟考」（『呉簡研究』第一輯、所収）
・侯旭東　二〇〇四「長沙走馬楼三国呉簡所見〝郷〟與〝郷吏〟」（『呉簡研究』第一輯、所収）
・高敏　二〇〇八「呉簡中所見孫権時期戸等制度的探討——読《長沙走馬楼三国呉簡・竹簡〔壹〕》札記之三」
　（同氏『長沙走馬楼簡牘研究』、広西師範大学出版社所収）
・張栄強　二〇一〇「呉簡中的〝戸品〟問題」（同氏『漢唐籍帳制度研究』、商務印書館、所収、原著二〇〇四）
・張旭華　二〇〇二「呉簡〝戸調分爲九品収物〟的借鑒与創新」（『許昌師専学報』二〇〇二—四）
・陳爽　二〇〇六「走馬楼呉簡所見〝吏帥客〟試解」（『呉簡研究』第二輯、所収）
・拙稿　二〇〇六「試論走馬楼呉簡中所見名籍之体式」（『呉簡研究』第二輯、所収）

注

（1）〔長沙市文物考古研究所等編著一九九九〕〔伊藤敏雄二〇〇四〕〔伊藤敏雄二〇〇七〕〔拙稿二〇〇九ｂ〕等を参照。

（2）走馬楼呉簡の分類は〔關尾史郎二〇〇五〕を参照。

（3）なお、本稿は二〇〇九年九月の愛媛大学「資料学」研究会公開シンポジウムにおける発表、および同研究会編『資料学の方法を探る』（九）掲載の報告稿を元とし、改稿を加えたものである。

（4）「白事簡」の「文書的書信」としての性格については、〔仲山茂二〇〇二〕〔高村武幸二〇〇九〕参照。

（5）賦税納入簡も最終的に簿にまとめられたことが知られている。〔谷口建速二〇〇六〕参照。

（6）この点に関し、里耶秦簡との比較の可能性等について、台湾大學歴史学系古代史読書会のメンバー各位から多くのご教示をいただいた。本稿は基礎的な整理に終始し、他の出土資料・文献史料との比較は充分に行えなかった。今後の課題としたい。

（7）この活動は、二〇〇五年以来、長沙呉簡研究会（代表：窪添慶文）ならびに科学研究費補助金によるプロジェクト（代表：關尾史郎）として行われてきたものである。現地調査で実見・実測を行った簡の詳細については、［谷口建速編二〇〇九］［拙稿二〇〇九ａ］［拙稿二〇一〇］を参照。

（8）なお、貳―四三六、貳―六五八二など、形式のよく似た別種の簡については［拙稿二〇一〇］参照。

（9）詳細は［拙稿二〇一〇］参照。

（10）新戸上品と明記されている簡は現状では存在しないが、実見によって［簡23］正面の銭額は「一萬三千」と読み得ることを確認した。［拙稿二〇一〇］参照。中品の新戸と故戸の差が一千であることも鑑みれば、これを新戸上品と見なして良いであろう。

（11）例外として二千四百（壹―一四〇〇）、四千八（叄―六二二二）、四千八百（叄―六九六九）、八千五□（貳―六五二〇）とするものがあり、従来銭額の異なる事例と捉えられてきたが、いずれも写真版によれば簡の状態が悪く、釈読が困難なものである。

（12）［于振波二〇〇四］［小林洋介二〇〇五］［關尾史郎二〇〇六］［于振波二〇〇七］参照。なお簿としての「戸品内訳簡」の標題簡としては「☑上中下品戸數簿」（貳―二二六）があるが、この簡の後ろには多くの「戸品内訳簡」が出現するものの、その中には下品之下が現れない。下品之下については今後の検討課題としたい。

（13）都郷で大男を使用するものについては、例えば特定の書き手による等の可能性も考えられるが、現時点では特に共通する傾向を見いだすことはできていない。

（14）詳細は［拙稿二〇〇四］［拙稿二〇〇六］参照。

（15）名籍については［拙稿二〇〇四］［拙稿二〇〇六］を、督軍糧都尉関係簡と書式については［谷口建速二〇〇六ａ］参照。

（16）但し、字下げの位置にはあまり明瞭なルールがみられない。例えば叄―一二一二背面と同一二一三背面を比較すると、両者とも「入」字に共通の癖があり同筆のように思われるものの、後者の方が二文字分程度高い位置から書き始めている。また參―七六六〇、同七八一一、同七九〇九のように、背面の文末が簡末近くまで下がるような書き方をしているものも見られる。

(17) 詳細は［拙稿二〇一〇］参照。

(18) ［王子今二〇〇六］。また［宋超二〇〇四］も参照。

(19) ［關尾史郎二〇〇五］、また［拙稿二〇〇六］。

(20) 後漢代の賦の徴収が各戸の財産に基づく戸等的支配に傾きつつあったことについては、［好並隆司一九七八］［山田勝芳一九九三］［重近啓樹一九九九］等参照。なおこれが臨時税であったか否かの問題は、元々恒常的なものとしての貲算の存在を主張した［平中苓次一九五三］に対し、好並・山田・重近各氏が批判を加えたものである。この視点から見たとき、「戸品出銭」簡にみえる銭の徴収が、依然として臨時の制度としての体裁を強く留めていると考えられる点は注意が必要であろう。

(21) ［侯旭東二〇〇四］は、典田掾の職掌を田地の管理とする。

漢代の『蒼頡篇』、『急就篇』、八体と「史書」の問題

――秦漢時代の官吏はいかにして文字を学んだか――

邢義田
（廣瀬薫雄訳）

十五年前、私はかつて一文を撰して漢代の辺塞の吏卒がいかにして文字を学んだかについて論及したことがあるが、その所論は非常に簡略なものであった[1]。近年新たに公開された資料が大いに増加し、この問題についてさらに詳細に論ずるのにすこぶる有用である。新資料には湖北省江陵県張家山漢簡『二年律令』中の「史律」、湖南省龍山市里耶県の秦代遷陵県城遺址より出土した習字簡、湖南省長沙市東牌楼より出土した後漢時代の習字簡、さらには今年（二〇〇八年）上海辞書出版社より出版されたばかりの『英国国家図書館蔵斯坦因所獲未刊漢文簡牘』（以下英蔵と略称）があり、その中には少なくとも一千余件におよぶ『蒼頡篇』の習字の削衣（柿《こけら》）がある。

英蔵『蒼頡篇』の削衣についてはすでに裘錫圭氏と胡平生氏がそれぞれ意見を発表しており[2]、また籾山明教授がこの削衣を対象として、なぜ習字に觚を用いたのか、なぜ『蒼頡篇』を学ばなければならなかったのか、などの問題について論じている[3]。以上の諸氏や張徳芳・郝樹声氏はみなこの習字削衣に記された字形が篆書の風格の濃厚な篆隷体であることに注目しており、張氏・郝氏はなぜ篆隷体なのかについて解釈している[4]。「史律」についてはすでに少なからぬ研究者が議論を行っている[5]。里耶習字簡牘は一枚ある。この木牘は両面に文字が記されているが、そのうちの

一面には九九乗法表が記されており、みな九九乗法表にひきつけられ、もう一面と東牌楼の十九枚の習字簡については注目している研究者はまだいないようである。本稿は諸氏の議論をもとに、いささか補充を行おうとするものであり、とりわけいわゆる六体あるいは八体の問題と「史書」の問題について集中的に論ずるものである。

一　六体あるいは八体の問題と「史書」の問題

裘、胡、籾山の三氏は、この英蔵の字書削衣が『蒼頡』あるいは『三蒼』――おそらく『蒼頡』と同時代の形式の近い字書も含む――にもとづいて習字の練習をして削り落とした残片であると一致して認めている。裘氏は字体からこの削衣がおおよそ前漢時代のものであると判断している。(6) 籾山教授は、一部の残片には突起した棱角があり、このことからそれらが削り取るのに便利な、習字用に供された多面体の木觚から削り落としたものであることが証明できると指摘している。胡氏はこの削衣を利用して、さらにこれまで知られていなかった『蒼頡篇』の多くの内容を復原、推定しており、その中には書人名姓、『世本』と類似する内容、干支表などが含まれている。このほか、池田雄一教授は秦漢時代の簡牘や碑に使用されている文字の統計をとり、その数がおおよそ三、四千の間にあることを指摘し、さらに白川静と吉川幸次郎の中国先秦典籍の用字数についての統計結果がおよそ一千余から三千余字の間にあることを引用して、一般の小吏は三、四千字を識別する能力を身につけていればじゅうぶんに日常政務の需要にこたえられたことを証明している。池田氏はこれらの文字を「有用文字」と称する。秦漢時代の官吏の習字は実務の必要から出ているので、彼等を対象として作られた字書は三、四千の有用文字の範囲を超えないはずである。そこで池田氏は、文献に史が諷書しなければならないと記されている「九千字」の「九」は三、四あるいは五字の誤りではないかという。(7)

以上の議論はいずれも六体あるいは八体の問題には言及していない。許慎『説文解字』の序では試験は八体（大篆、小篆、刻符、蟲書、摹印、署書、殳書、隷書）をもってすると言及されているが、『漢書』芸文志では六体（古文、奇字、篆書、隷書、繆篆、蟲書）であるとする。八体か六体かという論争は千年におよぶ。張家山漢簡『二年律令』が出土し、その中の「史律」には八体とはっきり記されている。八体あるいは六体の問題については、八体説が一時優位に立ったようである。(8) さらに「史律」には「史の学童を試みるに十五篇を以てし、能く五千字以上を諷書すれば乃ち史為るを得、又た八体を以て之を試みる」（史の学童の試験は十五篇によって行い、五千字以上を諷書することができてはじめて史となることができ、さらに八体によって試験を行う）、「卜の学童能く史書三千字を諷書すれば」（卜の学童が史書三千字を諷書することができれば）、「祝十四章を以て祝の学童を試み、能く七千言以上を誦する者は」（祝十四章によって祝の学童を試験し、七千言以上を誦することができれば）云々と明確に述べられおり、史について言えば、試験しなければならないという九千字の「九」もまた「五」に改めるべきであろうことが知られる。(9)

漢初以降、閭里の書師以外に、司馬相如や史游・李長・揚雄・班固が、ある者は『蒼頡』の重複字を削り、ある者はあらためて排列しなおし、ある者は字の「有用なる者」を選び取り、ある者は前人の作を続補し、字書はこれによって『凡将』、『急就』、『元尚』、『訓纂』等の様々な新編ができた。『漢書』芸文志はあわせて小学十家、四十五篇を列挙している。注目すべき現象は、芸文志に揚雄がかつて「其の有用なる者を取りて以て『訓纂篇』を作り、『蒼頡』に順続す」（そのうちの有用なものをとって『訓纂篇』を作り、『蒼頡』に続けた）といい、また「『蒼頡』は古字多く、俗師其の読みを失う。宣帝の時、斉人の能く読みを正す者を徴し、張敞従いて之を受け、伝えて外孫の子杜林に至り、為に訓故を作る」（『蒼頡』には古字が多く、俗師はその読みが分からなくなっていた。宣帝の時、斉人で正しく読める者を召しだし、張敞がその者に従ってそれを伝授され、外孫の子杜林にまで伝えられ、杜林は『蒼頡』の訓故を作った）と言っているこどである。漢初以来、用字と字体は不断に変化し、ある文字はすでにあまり使われなくなり、その文字の分かる者はほとんどおらず、あるいは誤解され、専門家が読みを正すか訓詁が必要になっていたことが分かる。また、新しい字書は重複字を削ったにもかかわらず、字書の章数は不断に増加した。たとえば漢初の閭里の書師が編んだ『蒼頡篇』は五十五章あり、揚雄は重複字を削ったが、その『訓纂』は八十九章の多きに達し、班固の続作も重複字はなかったが、さらに百二章に増加した。これらの新たに追加された文字はすでに読み方の失われた古字であったはずがない。

したがって、秦漢時代の人々が学んだ文字の字体や、官吏になったばかりの者が受けなければならない文字の試験は、いずれも時とともに変わりうると考えざるをえない。「史律」の八体の説は、許慎の序にもとづくところがあったことを証明することができ、また漢初には秦代と同じく確かに八体によって試験を行っていたことも証明することができるが、これによって『漢書』芸文志の六体の説が必ず誤りであると認定できるわけではない。なぜならば許慎は「尉律」によって立論したのであり、他はまたはっきりと「今「尉律」有りと雖も、課されず。小学修められず、其の説に達する莫きこと久し」（今は「尉律」があるけれども、試験が課されていない。小学は学ばれず、その説に達する者がいないこと久しい）と述べているからである。つまり、「尉律」は存在するとはいえ、すでに空文と化しており、八体の試験は久しく施行されていない時代遅れの方法であると許慎ははっきりと述べているのである。秦や漢初には官吏となるためには五千字を知っていなければならなかったが、前漢中晩期以降は九千字に増加し、試験はもともと八体であったが、一度（王莽の摂政および改号称帝の時代）六体に改められたということもありえないわけではない。[10]しかし、漢初にはもともと「史律」に属していた関連規定を許慎はなぜ「尉律」から引用したのか。「史律」と「尉律」はいかなる関係にあるのか。五千字がいかにして九千字に変化したのか。残念ながら、これらの問題はみなさらに多くの証拠がなければ明らかにすることができない[11]。

二　秦漢時代の簡牘に記された字体

本稿が関心を抱いているのは、前漢中晩期から後漢時代までの現在考察可能な習字簡牘をもとに、当時の常用字体を帰納的に導き出すことができないか、また一般の小吏は官吏人生の中で何種類の字体と向き合わなければならないか、ということである。もし出土簡牘から漢代に実際に存在した字体を検証し、その類別を分けることができれば、いわゆる「史書」と「又た八体或いは六体を以って之を試みる」の問題について改めて考えるのに有益なはずである。

まず確認しなければならないと思われるのは、漢代には、正式な官府の文字使用において、簡牘やその他の媒体の性質あるいは功能にもとづいて、異なる字体を用いるという規定があったのかどうか、ということである。もしあったとすれば、そこから官吏はどの字体についての知識と能力を身につけている必要があったかを推論することができるはずである。残念ながら、伝世文献にはわずかに皇帝の策書が異なる場合に応じて隷書と篆書を使い分けるということを記しているのみである。蔡邕の『独断』には次のようにある。

策書、策者簡也。礼曰不満百文、不書於策。其制、長二尺、短者半之。其次一長一短、両編、下付篆書。起年月日、称皇帝曰、以命諸侯王三公。其諸侯王三公之薨於位者、亦以策書誄謚其行而賜之、如諸侯之策。三公以罪免、亦賜策、文体如上策而隷書、以尺一木両行、唯此為異者也。

策書、策とは簡である。礼に「百字未満は策には書かない」とある。その形状は、長さが二尺、短いものはその半分である。その排列は、長い簡と短い簡を交互にならべ、二本の縄で編み、下に篆書を付す。年月日から始まり、「皇帝曰わく」と称し、この文書をもって諸侯王・三公に命ずる。諸侯王・三公が在位中に薨じた場合も、策書をもってその行為をたたえ諡号を与えて賜うこと、諸侯の策と同様にする。三公が罪をもって免ぜられる場合にも策を賜い、文体は上の策と同じようにするが、隷書を用い、一尺一寸で両行の木牘をもってする。ただこの点だけが異なる。

今本『独断』のこの一節には文字の伝写に誤りがあると思われる箇所がいくつかあり、理解しがたい。[12]『太平御覧』巻五九三・文部九・「詔」条に引く胡広『漢制度』の文意は比較的よく通じる。

策書者、編簡也。其制、書二尺、短者半之。篆書、起年月、称皇帝、以命諸侯王。三公以罪免、亦賜策、而以隷書、用尺一木両行、惟此為異也。

策書とは、簡を編んだものである。その形状は、書二尺、短いものはその半分である。篆書で記し、年月から始まり、皇帝と称し、この文書をもって諸侯王に命ずる。三公が罪をもって免ぜられる場合にも策を賜いるが、隷書を用い、一尺一寸で両行の木牘をもってする。ただこの点だけが異なる。

策書以外には、『独断』やその他の考察可能な漢代の制度の書はみなその他の字体に関する規定について触れていない。しかし、秦代の簡牘・碑石やその他の器物に記された字体からすれば、このような規定がかつて存在し、かつそれは皇帝の詔策に限られなかったであろうことが推測される。伝世の、あるいは出土物の、秦代の銅虎符・戈・権（おもり）・量（ます）・貨幣・印章および始皇帝や二世皇帝の石刻などは基本的に篆書体を使用し、湖北省雲夢睡虎地・荊州周家台・安徽省阜陽双古堆・四川省郝家坪青川・湖南省龍山里耶などの墓葬あるいは遺址から出土した竹木簡牘文書や、漢初の馬王堆三号墓から出土した秦代の写本と思われる帛書は、みな篆書の風格を帯びた早期の隷書を使用している。以上は大体について述べたにすぎず、仔細に区分すれば、異なる媒体ごとにさらに細かな差異がある。これらの大なり小なりの区分と差異は、当時の関連規定に従った結果にちがいない。おおまかに言えば、漢制は秦を承けており、篆書や隷書（早期の篆書の風格を帯びた隷書と後期の八分体の漢隷を包む）も漢代の公文書やその他の文字媒体（たとえば金、石、印、漆器、信幡など）に記される最も基本的な字体となった。[13]

もし行政にかかわるところでは隷書・篆書を主としたのであれば、実務の需要にあわせるために、字書や習書簡牘も隷書・篆書を主としたことは、想像のつくところである。しかし習字簡にはくずれ度合いが様々に異なる草書も頻繁に見えており、草書は前漢中晩期以後の簡牘文書に次第に多く使用されるようになり、その考察可能な数量は篆書で記されているものよりもはるかに多い。草書は隷書から生まれた迅速かつ簡便な書法と見なすべきであり、起草や書写保存の簡便さ、迅速さを求めて出現したもので、正式かつ荘重な金石媒体にはまったく見えない。草書の字形は簡略化がはげしく、筆運びが異なり、少なからぬ字が正規の隷書との違いが甚だ大きいため、官吏になったばかりの者はあるいは草書を別種の字体として学ばざるをえなかったかもしれない。こうして篆・隷・草の三体ができたのである。[14]

三　文書実務と課試

籾山明教授は、英蔵『蒼頡』等の字書削衣を閲読した結果、これらの習字簡の書写者を下級官吏とする私の推測に基本的に同意したが、疑問も提示している。

第一に、籾山教授は池田雄一教授と似た印象を抱いており、『蒼頡篇』の中には非実用的な文字が多すぎると感じている。なぜ小吏は実用価値のない文字や篆書のようなほとんど用いられない字体を学ばなければならなかったのだろうか。『漢書』芸文志には「『蒼頡』は古字多く、俗師其の読みを失う」（『蒼頡』には古字が多く、俗師はその読みが分からなくなっていた）とある。英蔵『蒼頡』削衣や玉門花海七棱觚（七角柱の觚）に記された字体はみな篆書の風格のある隷書であり、籾山氏は、この種の字体は「非常に親しみにく」く、あるいはこれが『漢書』芸文志にいう「古字」ではないかと指摘している。[15]もし実務に役立てるのであれば、もっと実用的な文字を選んで練習すべきだろう。『急就篇』の文字はほとんど実用的なものだ、と。

第二に、籾山教授は、英蔵『蒼頡篇』の削衣に見えるそのような古雅な字体は日常の庶務のために練習したのではなく、下級官吏が「史書」を読み書きする能力を身につけ、「史」という評価を得て、はじめて上級の官吏に昇進することができたためではないかとする。換言すれば、籾山教授は、いわゆる「史書」とはおそらく于豪亮などの学者が説くような当時流行していた普通の隷書ではなく、「皇族の素養」を示すための（たとえば史書に元帝、和帝陰皇后、楽成靖王劉党などが「史書を善くす」（史書に巧みであった）という記載がある）、「もう少し特殊な文字ないし書体」であると指摘したのである。[16]

籾山教授の論評と意見は、この問題についてさらに考察を深めることを私に迫った。基本的には、習書や試験が実務の需要から出たものであるとする池田氏や籾山氏の意見に私は同意する。多くの関連問題についての議論もこれを出発点とすべきである。そこで私は、許慎『説文解字』序、『漢書』芸文志、『二年律令』中の「史律」を改めて読みなおした。そのささやかな収穫は、これによって許慎序・芸文志が九千字か五千字か、八体か六体かという違いがあるとはいえ、「史律」と対照すれば、三者は二つの重要なキー・ポイントにおいては完全に一致しているということに気づいたことである。まず三者の関連する原文を見てみよう。

1．史律：「試史学童以十五篇、能風(諷)書五千字以上、乃得為史。有(又)以八体試之、郡移其八体課大史、大史誦課、取最一人以為其県令史、殿者勿以為史。三歳壹幷課、取最一人以為尚書卒史。」
史の学童の試験は十五篇によって行い、五千字以上を諷書することができて、はじめて史となることができる。さらに八体によって試験を行い、郡はその八体の課を大史に送り、大史が課を読む。成績最優秀者一人をその県の令史とし、成績最低者は史としてはならない。三年間に一度課をあわせ、成績最優秀者一人を尚書卒史とせよ。

2．芸文志：「太史試学童、能諷書九千字以上、乃得為史。又以六体試之、課最者以為尚書御史史書令史。」
太史が学童を試験し、九千字以上を諷書することができて、はじめて史となることができる。さらに六体によって試験を行い、課が最も優秀な者は尚書御史史書令史とせよ。

3．『説文解字』許慎序：「「尉律」：学僮十七以上始試、諷籀書九千字、乃得為吏。又以八体試之、郡移太史幷課最者以為尚書史書。」
「尉律」：学童は十七歳以上になってはじめて試験に参加し、九千字以上を諷籀書して、はじめて吏となることができる。さらに八体によって試験を行い、郡は太史に移して課をあわせ、最優秀者は尚書史書とせよ。

第一の鍵となる一致点は、三者がみな学童が五千あるいは九千字以上を諷書してはじめて史となることができると述べていることである。許慎序の「吏」が「史」の誤りであることは疑いない。三者のいう「諷書」は、一般に暗誦と書写を指すとされ、許慎のいう「諷籀書」の「籀」は衍字であろうとされている[17]。いわゆる「乃ち史為るを得」とは、「史」に就任する資格を取得することを指す。いわゆる「史」とは、于豪亮氏の説くごとく、吏となったばかりの者が「史書」の読み書きの能力を身につけていることを指すにちがいない。

しかし、本稿が強調したいのは、史と史書は時によって変わるということである。秦や漢初に様々な場面で篆書の正体と篆書の俗体あるいは隷書（正・俗体は裘錫圭氏の説による。裘氏は隷書を篆書の俗体とする）を多く使用していた時には、この二種の書体を理解していることが史あるいは吏となる基本的な条件であったろう。この時期の史書も篆書と篆書体に近い秦隷あるいは古隷を指していただろう。「史律」に史の学童を試みるに「十五篇」をもってするとあり、李学勤氏はこれを『史籀』十五篇のことであるとする。[18]そうであれば、学童が最初に学ぶのは漢初の隷書よりも古い、はなはだしきにいたっては李斯の小篆よりもさらに古い書体であったはずである。これは当時の人々にとってすれば、我々が今日想像するほど困難なことではなかったのかもしれない。なぜならば字体はしだいに変化していくものであって、大篆・小篆・隷書はみな同じ系統に属し、漢代人のいわゆる大篆はこの系統の源であり、『史籀』が読めれば、小篆と隷書の変化の規則性を容易に把握することができたからである。

字書の手本は長期的に存在する規範的性格を持つ権威を象徴するものであり、たとえ通行する常用字体がすでに変化を起こしていたとしても、初習者と教師はそれでも常に伝統的権威である規範に従うものである。時間がたち、もし規範と実際の状況との落差が大きくなれば、規範はそれにしたがってある程度の調整を行わざるをえないが、その歩みは常に流行よりも遅れる。これが、李斯が『蒼頡』を作り、趙高が『爰歴』を作り、胡毋敬が『博学』を作った際に、流行していた隷書を全面的には採用せず、「文字は多く『史籀篇』より取る」、「篆体復た頗る異なる」（『漢書』芸文志）という状況が生じた理由である。これは、『蒼頡』・『爰歴』そして『博学』の収録した字が多く『史籀』から取っていて、ただ字形がすでに『史籀』の篆体とすこぶる異なるところがあったということである。字形がどうであれ、「史律」は法律の文章であり、字の使い方や言葉遣いは精確でなければならないのに、「十五篇」としか言わずに『史籀』の名を出さないことからすれば、『史籀』の権威としての地位がすでに篇名を示さず篇数を言うだけで誤解を生じない程度にまで達していたことが分かる。しかも、『史籀』十五篇が「史律」に記載され、法律となったため、その権威性はさらに強まり揺るぎないものとなった。しかし、民間では国家の法律のようには保守的ではなかったようで、芸文志には「漢興り、閭里の書師『蒼頡』・『爰歴』・『博学』三篇を合」し、「幷せて『蒼頡篇』と為す」といっている。閭里の書師は一般庶民に近いところにおり、民間の一般的な需要に応じるために、はやくに字書の再編を行った。法律や行政官僚の動きは一般的にずっと保守的である。漢初の中央と地方の試験が、閭里の書師の『蒼頡篇』ではなく、『史籀』十五篇を基準としたのは、彼等が保守的であることの一つの証左である。

同じ論理で、前漢中期以後、八分体の隷書が大いに通行したが、政府の官僚が作った字書は依然として篆書を正字としないものはなかった。芸文志に「武帝の時司馬相如『凡将篇』を作り、復字無し。元帝の時黄門令史游『急就篇』を作り、成帝の時将作大匠李長『元尚篇』を作る。皆な『蒼頡』中の正字なり」（武帝の時、司馬相如が『凡将篇』を作り、それには重複字がなかった。元帝の時黄門令の史游が『急就篇』を作り、成帝の時将作大匠の李長が『元尚篇』を作ったが、それらはみな『蒼頡』中の正字であった）とある。司馬相如・史游らも、李斯・胡毋敬らと同じように、伝統的な字書の権威の束縛から完全には脱却できず、篆書を正字として奉じたことが分かる。ここで言う篆書とは漢代人のいう小篆であろう。後漢の許慎が『説文』を作った際も依然としてこのような篆書を正字とし、字書はずっと「尊古」の状態にあったと言うことができる。尊古の度が過ぎて時代とともに進むことができなくなると、ついには淘汰されることになる。古い『史籀』十五篇は後漢の建武年間にいたって「其の六篇を亡」い、その後完全に散佚した。しかしそれはすでに隷書が出現し通行するようになってから二、三百年以後のことである。[19]

次に、前稿において、李斯らが秦篆によって『蒼頡』等の字書を作った時、隷書はすでに存在しており、秦篆と隷書は並存し、相互に影響を及ぼしあい、二者は本当に完全に固定化したことはなかったと述べた。阜陽双古堆の前漢初期の墓葬から出土した『蒼頡』の残文は内容的には秦の版本を踏襲しているが、明らかに改めているところがある。

その用字には通仮字があり、字体の構造は一様ではなく、少なからぬ字体が篆・隷の中間にある。裘錫圭氏は馬王堆一号漢墓の遣冊に代表される漢初の古隷を分析して、文字の字形が統一されていないこと、篆書に近いこと、構造が斜めにゆがんでいることなどの特色があり、それらの特色は「この種の隷書の未成熟さと不安定さを反映している。明らかにそれは相当に激しい変化の過程のさなかにある」と指摘している。[20] また林素清氏は、「実際には、秦の統一後、秦刻石や秦詔版に用いられている文字にも多くの通仮字と異体字が存在している。これらはみな、秦代のいわゆる文字統一の重点が『其の秦文と合せざる者を罷む』という主旨のもと、当時の新興の六国古文体を排除することにかたよっていて、西周から脈々と伝えられてきた史籀大篆を採用し、いささか『或いは頗る省改す』ることを経たに過ぎないということを示しているように思われる。字体の構造および字義の確認などの問題については、両漢時代に何度も文字を議定し、専門的に字形と字義を説解した『説文解字』が出現するのをまって、はじめてようやくしだいに固定してきたのである」と指摘している。[21] 彼女は字体が固定する時期を後漢時代にまでひきのばしている。

秦から漢初に至るまでは、篆書と隷書が兼用されたが、一般事務においては隷書が優勢に立っていたことは疑いなく、[22] その他の字体はあまり使用されないためか、しだいに伝習されなくなっていった。前漢中期、「史」の資格はある状況下（たとえば辺塞地区）ではすでに八分体の漢隷を基準とするようになっていた可能性がある。漢隷よりも古い「古文」や「奇字」は少数の専門家のみが有する文化的素養となった。例えば宣帝は、『蒼頡篇』には俗師の読めなくなっていた古字が多かったことから、特に「斉人の能く読みを正す者」を召し出した。張敞は「古文字を好」み、斉人から『蒼頡篇』を授かっただけでなく、専門家の態度で美陽出土の周代の鼎の銘文を鑑定したこともある（『漢書』郊祀志、一二五一頁）。籾山氏の説は、もし前漢中期以後の一般人には分からない文字を通読することができることについて言うのであれば成立しうるが、もし史書について言うのであれば、なお検討の余地があろう。

伝世文献では、前漢中期以後、ある人が「史書を能く」したと称したり（『漢書』王尊伝、『漢書』西域伝・烏孫国条、『後漢書』皇后紀・和熹鄧皇后条）、またある人が「史書を善く」したと称したりしている（『漢書』元帝紀、『漢書』厳延年伝、『後漢書』章帝八王伝・清河孝王慶条など）。能・善の意味は通じ、これはその人の身分あるいは「皇族の素養」とはまったく必然的な関係がない。皇帝・皇后あるいは諸侯王はもとより史書を「善」くする、あるいは「能」くするが、これは皇族特有の素養を意味するわけではない。史書を能くする、あるいは善くする者の中には、王尊のような孤児で貧困な者や、あるいは侍者の馮嫽や罪人の家族として掖庭に入れられた小娥のような身分の低い者も含まれている。当時の「史書」は漢隷を指すはずであり、特殊な文字ないし書体ではありえない。居延漢簡にいう隧長の張宣が「不史」から「史」になるというのは（簡 129.22＋190.30、労図版 429）、こういうことであったろう。張宣の時代がいつなのか確かなことは分からないけれども、居延漢簡の多くは武帝以降から後漢初のものであるから、張宣の身分と環境からして、彼が「史」と評価されたのは単に当時の辺塞の文書で常用されていた隷書が分かるというに過ぎない可能性が高い。

ここから当然次のような問題が出てくる。すなわち、辺塞と内郡の「史」という資格には異なる基準があったのか。あるいは、内郡と辺塞では、官吏が「史」あるいは「不史」と評価されるのに異なる待遇があったのか。一見すると、基準あるいは待遇は一致していたはずのように思われる。しかし、漢代は後世の各朝各代と同じように、帝国の辺縁と内地の人材・財政・政治・教育など各方面における均衡を維持するために、常に辺縁地区に特殊な待遇を与えていた。例えば漢代の「北辺挈令」によると、北疆辺塞の候長・候史などの官吏は二日の積労を三日に当てる（居延漢簡 10.28、562.19）、つまり労働実績を計算する際に二日間の労働を三日として計算すると規定している。これは「北辺」の吏を対象とする優待である。後漢の孝廉の察挙は、各郡の人口の多寡の比例にもとづいて定員を決めたが、辺郡の人口基準は内郡よりもずっと低いため、人口の少ない辺郡では孝廉に挙げられる機会が多かった（『後漢書』孝和孝殤帝紀、丁鴻伝）。これより、辺塞の吏卒が「史」と評価される基準が内郡よりも低いことは少しも不思議なことではないことが想像できる。

第二の鍵となる一致点は、許慎『説文解字』序・『漢書』芸文志と『二年律令』「史律」にはみな「又以六体或八体試之」のような「又以……試之」という表現があることである。「又」字は非常に重要である[23]。これは、史の学童が五千字あるいは九千字を暗誦し書写する試験を通過し、史の資格を取得してから、そのうえで史の身分でさらに八種あるいは六種の字体の勤務評定に参加することを示している。「史律」の記述はじゅうぶんに明確であり、史の学童がうける試験は五千字の暗誦と書写のみであり、八体を課されなければならないとは言っていない。八体を課すのは史となってからのことであり、これはさらに一段高い勤務評定である。これに通過することができて、はじめてさらに高い官職に就く資格を有する。「史律」の「又以……試之」という表現は、明らかに「史学童」と「史」が直面しなければならない試験あるいは審査を二つの段階に区分している。六体あるいは八体の勤務評定は「史」を対象として設けられたものであり、「史学童」を対象としたものではない[24]。『漢書』芸文志は「太史試学童」（太史が学童を試みる）と言っているが、これは漢律の原文を過度に濃縮して、「試史学童」（史の学童を試みる）と「課史」（史を課す）の二つの段階のことをつづめて言って、一つのこととしてごちゃ混ぜにしており、これが後世の誤解と果てしない論争を生み出すこととなった。

さらに、昇進試験は「課」の形式で出現している。課とは考課（勤務評定）のことで、考課には殿（成績が最も悪いこと）・最（成績が最も優秀なこと）の賞罰がある。これは秦漢時代の官吏だけが直面しなければならない審査である。史の学童が試験を受けなければならないのは史の資格を取得する以前のことであるから、課を受けるはずがない。史

段階	試験地点と主宰者	試験内容と方式	対　象	結　　果
1	郡	諷、書五千字	史学童	乃得為史
2	郡移八体課大史	八体試之	史	最一人為県令史、殿者勿得為史
3	大史？	三歳壹幷課	史	最一人以為尚書卒史

が直面しなければならないのは勤務評定であり、「八体課」という。[25]八体課は郡で行われるけれども、その評価は中央の大史が担当するので、「郡は其の八体課を大史に移す」という。最優秀者に評せられたものは県の令史に就任することができ、最も成績の悪い者は二度と史になることはできない（「殿者は以て史と為す勿かれ」）。「以て史と為す勿かれ」からもこの昇進試験が史を対象とするものであって史の学童を対象とするものではないことが分かる。そうでなければ「以て史の学童と為す勿かれ」と言うはずである。すべてのこれらの史あるいは文書の吏は、さらに三年に一度の総合審査を経て（「三歳に壹たび課を幷す」）、最優秀者はさらに中央に抜擢されて、尚書卒史に就任する。以上の分析を簡単な表にまとめると、上のようになる。

このように底辺から上に、また地方から中央に、段階を分けて抜擢昇進する方式については、「史律」の記述が最も明確である。しかし、「郡の史の学童」は当然郡守が毎年八月一日に試験を主宰するわけだが、中央の各機関にも史の学童がいたはずであり、「史律」には誰がその試験を担当するのかについて述べられていないが、おそらく中央の各機関の首長あるいは文書をつかさどる者が担当したのであろう。また「三歳に壹たび課を幷す」の試験官は誰か。これについても「史律」には見えないが、それはおそらく中央の大史であろう。勤務評定の最優秀成績者は尚書で卒史に就任することができ、これより朝廷で文書を管理する最も重要な機関に出入りするのであるから、試験を主宰するのは中央最高の大史である可能性が高い。「史律」と比較して、芸文志や許慎序はいずれもわずかに大要を述べるにすぎず、その文章も曖昧の嫌いがあるため、後世に少なからず誤解と論争を引き起こすことになった。[26]

篆書あるいは隷書以外に、普通の史や文書の吏となったばかりの者は、就任以後もさらに草書を学ばなければならなかったことは疑いない。なぜなら、里耶秦簡や漢代の辺塞から出土した簡牘文書から見ると、最下層の官吏は簡単な公文書を書き写し起草することができなければならなかったからである。これらの公文書を書き写すには、隷書よりもくずれた簡便な書体が常に用いられた。(27) また、最下層の文書の封検には押印された封泥がつけられ、下層の官吏は印章の文字を読むことができて、はじめて文書発信者の官職名と名前を書き写すことができる。これらの印章にはすべて篆書が用いられた。(28) 印章のほか、兵器・虎符・信幡など公的器物に用いられる銘記文字は、字体にみないささか相違があり、吏となったばかりの者は避けて通ることができないので、個人の能力の及ぶところにしたがって、一歩一歩「八体」、「六体」あるいはそのうちのいくつかの字体を識別する能力をつちかっていかざるをえない。「古文」、「奇字」の試験を課すというのは明らかに王莽の好古政策のうちの一部であるが、いかにして試験を課したのか、実情に合っていたのか、後漢にも踏襲されたのか、といった問題は、資料がないため、しばらく論じない。

四　辺塞の吏卒はいかにして文字を練習したか

敦煌、居延およびその他の地区から出土した習字簡牘から見ると、漢代の地方小吏の文字学習はおおよそ五つの状況の痕跡を残した。

1．運筆と筆画の練習

習字はおおよそまず手で毛筆をコントロールし、横、縦、点、はらい、折れなどの筆画あるいは簡単な字をぶれずに書くことから始まる。習字簡の中にはなんらかの筆画しかなく文字をなしていないものが少なからずあり、それらはあるいは筆のコントロールを練習し、繰り返し同じ筆画を書写した結果かもしれない。たとえば居 126.22 中の横筆、縦筆はいずれも明らかにふるえており、運筆を練習したもので、まだじゅうぶんにぶれずに書くことができていない（図1）。居 139.4AB は廃棄された文書簡の両面を利用して、繰り返し横筆を書写したものであり、いくつかは筆画上の折れを練習したもののようである。居 217.25AB、323.4AB も気ままに運筆を練習したもののようであり、その目的はいずれも意味のある何らかの文字を書くことにはない。居284.10AB と新居 EPT49.88 は筆でいくつか図形を描いたものであり、円もあれば、長方形、横筆・縦筆および斜筆もあり、いくつかは字に見えるし、またいくつかはむしろ運筆を練習したもののように見える。新居 EPT58.117AB は字らしくみえるが、意味あるいは前後の字の相互関係を見いだすことができず、なんらかの方式による運筆の練習とみなした方が適当なようである。

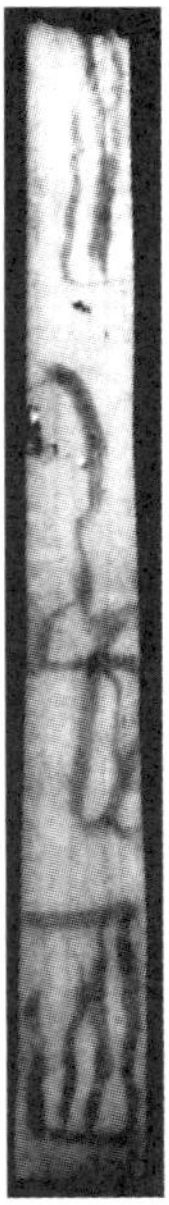

図1　居126.22

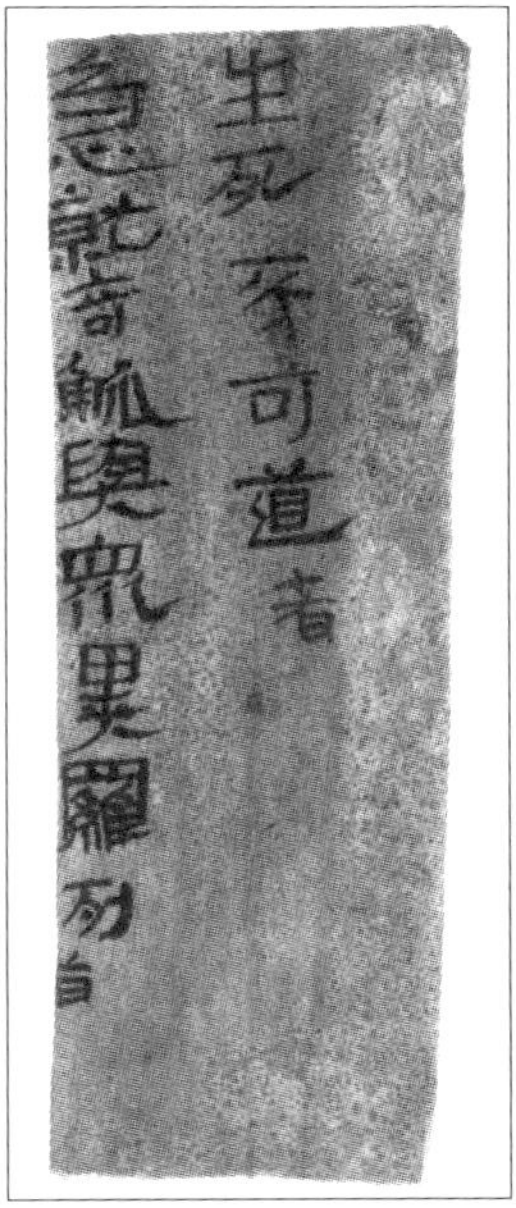

図2　英敦 778

2. 字書の臨模

英蔵削衣のほか、居延漢簡や敦煌漢簡の中にもみな明らかに字書『蒼頡篇』あるいは『急就篇』にもとづいて行った練習簡が少なからずある。図版がややはっきりしている例は二十五例見つけ出すことができる。[29] それらはみな明らかに『蒼頡篇』あるいは『急就篇』の教本あるいは手本ではなく、字書の文句の一節を練習したものである。英敦778の字は非常に稚拙で、初学者の手になるものであろう（図2）。英敦444ABは「蒼頡作」などの字が書写されているが、もう一面に記されているものは関係がなく、公文書にもとづいて気のむくままに繰り返し書き写したに過ぎない。居125.38ABの両面には「幼子承詔」や「□昼夜勿」置、苟務成史」という句があり、「勿」などの字を反復して書き写したものもある。居 283.8 に「作書以」とあるのは「蒼頡作書、以［教後嗣］」の一部分であるが、これを書き写した者は特に意図的に「以」字を反復練習したようである。新居 EPT50.1AB は少し特殊で、竹簡の両面に『蒼頡篇』の最初の数句を書き写している。張徳芳と郝樹声氏は、居延地区は竹を産せず、日常の書吏が木材の上に削っては字を練習する削衣とは異なるとし、これは練字簡ではないのではないかとする。[30] なぜ竹簡なのか、確かに疑問を抱かせる。[31] 新居 EPT50.1 の竹簡に記されている文字は下文で述べる字書の手本のようには整ってはおらず、B面末尾には「言言賞賞」という反復書写の現象も見えている。手本のようには見えず、習字の結果であろう。そのほか居 31.6＋31.9、59.38、85.21、185.20、260.9AB、167.4、169.1＋561.26、260.18、336.14AB、336.34AB、新居 EPT48.49、EPT48.54、EPT48.78、EPT48.115、EPT49.39、EPT49.49、EPT50.134A、EPT51.654、EPT56.27AB、EPT56.40 はすべて単純に字書を書写したものである。そのうち EPT50.134A だけが「□甲渠河北塞挙二逢燔蒼頡作書」と書いており、まず辺塞の公文書に最も常見する字句を書き写し、そこから転じてさらに『蒼頡』の第一句を書いたことが明らかである。前後の文脈がつながっていないのは、習字という角度から解釈するほかない。これらのおおよそ字書にもとづいて行った練習は基本的にすべて隷書を用いている。ゆえに、たとえ当時の字書の手本が篆書を用いていたとしても、おそらく実務の必要から、やはり隷書の学習を主としていたということは認めざるをえない。

『蒼頡篇』の字句を書き写した比較的長い例は、敦煌馬圏湾と玉門花海で出土した簡と觚に見える。これらの簡あるいは觚に記された文字は篆書と隷書の中間あるいは隷書であり、筆画は稚拙で、字句には書き漏らしがあり、いくつかの字形は正しくなく、いくつかは同一人物が何度も繰り返し書写したもので（敦639、1459～1463）、またあるものは筆画は整っているがまとまった句を書き写してはいない（敦844）。これらは練習で書いたものであって字書の手本ではないように思われる。

以上のこれらの習字簡は、『蒼頡』と『急就』が確かに辺塞吏卒の文字学習の重要な教本であったことを証明することができる。では、もし隷書が実務に必要とされていたのなら、『蒼頡』と『急就』の教本がもとから隷書体であった可能性はあるだろうか。あるいはこう問うべきだろう。現在考察可能な字書簡の中に手本として用いられていたと証明できるものはあるか、と。英敦441、869ABや居9.1AB、307.3ABCといった觚に記された『急就』や『蒼頡』はおそらく手本の残存部分であろうと私は推測する。英敦441、869ABは『急就』で、敦煌から出土したもの、居9.1AB、307.3ABCは『蒼頡』で、居延から出土したものである。これらが字書の手本であると推測する理由は四つある。

第一、これらがすべて三面の觚であり、『急就』冒頭に述べる「急就奇觚」というみずからの形状についての描写に合致していること。出土している觚は三面から八面まであるが、文献では觚は六面から八面まであると記載されている。羅振玉は字書觚の実物をもとに詳しい考証を行い、方形の木の棒を対角線上に割ると、一面は広く二面は狭い三面の觚が二つでき、三面の觚が二つ合わさったものを「並」と称すると指摘している。[32]「急就奇觚」の「奇」とは奇偶の奇の意で、つまり三面あるいは奇数面の觚のことである。

第二、これらはみな上端に穴があけられており、上端に「第一」、「第五」、「第十四」等の分章の編号がある。第一例は長さ約三六センチ、第二例は三つに折られていて全長約五二センチ、第三例も折れていて残長は約五四センチ、第四例も残簡で残長は約四〇センチである。以上は長短が様々だが、およそ秦漢時代の尺で一尺半から二尺余にあたり、普通の気ままに手習いをした簡牘よりも長い。胡平生氏は英蔵『蒼頡』削衣に並べられた残字、一行の字数や字間の距離を利用して、『蒼頡』木觚のもとの長さは秦漢時代の尺で約二尺であろうと計算したが、これは当時の簡牘制度に合致している[33]。いわゆる「急就奇觚」とは、設計上もともとおそらく長さ二尺の三面あるいは奇数面の觚に記された字書のことだったのだろう。練習者は觚を用いることもできるし、入手可能な普通の簡牘を用いることもできる。これがなぜ觚から削り落としたものではない習字削衣も見かけることができるのかということの理由である。

第三、さらに重要な証拠はこれらの觚に記された文字である。字間は普通の公文書よりも大きく、書法はみな普通の文書簡よりも整っていて熟練しており、こなれた隷書の典型である。これらの文字は初学者の書いたものではなく、書吏のベテランの手になるもののように思われる。辺塞の書吏は文字を知らない者を教育するために、その地で材料を用意し、削って木觚を作り、手本を書いた。觚はもとは長さ二尺であったはずだが、入手可能な材料に制限されて、尺寸がことごとくは基準に合することができない時がある。それぞれの觚は章にもとづいて編号をつけ、穴をあけ、さらに縄を使ってつなげる。手本は字書の字句の形式にもとづいて、四字あるいは七字で一句で、きっちりと書き、習字者はこれによって臨模したり調べたりする。『蒼頡』と『急就』の手本はもと篆書で書かれていただろうが、辺塞の書吏は「俗師」のたぐいに過ぎず、また隷書は最も日常で必要なものである。あるいはこのためにこれまで隷書の手本しか出土していないのかもしれない。我々はだからといって前漢中期以後の字書の手本が辺塞・内郡の別なくすでにすべて隷書を用いるようになっていたと考えることはできない。

第四、字書の手本と普通の習字簡が残す痕跡は同じではない。籾山教授は、字書が多面体の觚に書かれている理由

図3　英蔵1791ABCDEF、1796AB、1797ABC

は、一つには一本の觚により多くの文字を書くことができるからであり、もう一つには習字者が字を削りたい時に普通の簡牘よりも便利だからだと指摘している。[34]これはそれなりに理にかなっている。しかし、大庭脩教授が発表した英敦441、869ABの原觚の写真を私が観察したところでは、觚面は非常になめらかで平らで、幅は均一であり、削って再度字を書くことによって牘の面がくぼんだり、幅が均等でなくなったり、あるいは凹凸を生じたりした痕跡はないようである。居9.1ABと居307.3ABCの字書觚は、破損の程度が甚だしいが、それにも表面を削ることによって生じる凹凸や幅の不均等はない。

本当に習字用に供された觚は英蔵簡牘の中に見いだすことができる（図3）。英蔵1791は六角柱の残觚であり、そのうち四面には字があり、二面には字がない。字のある四面は、釈読できる字からすると、同じ字句を反復して書き写したものである。觚は多くの面が隣り合っているから、そのうちの一面についてもし削衣ほどの大きさの一片を削り落としたならば、必ずその面はでこぼこになるはずで、隣り合う両側の面の幅にも影響を及ぼすはずである。英蔵1791の觚面はすでに削られて幅が不均一で、でこぼこになっている。各面の削った後に書いた字は觚面の幅に合わせ、あるものはおそらくこのために字の大小が不均一にならざるをえず（たとえば上表1796A面上の「隣」、「国」等の字は、觚面の幅によって大きかったり小さかったりしている）、あるものは隣の面が削られたために一部分の筆画が欠けている。字のない二面（E、F面）は、おそらくもとの字が削られ、觚面がはなはだ平らでなかったり、あるいは非常に深い木目があったりして、これ以上用いるには不便なために、新たに書かれた字がないのだろう。似た状況は英蔵 1796、1797 号残觚にも見られる。この二つの觚は二面あるいは三面に字があり、一面を削ることによって、隣の二面の字の筆画が一部分削り取られている。これと対照してみれば、手本ではないかと考えている觚にはこれらの現象がまったくない。これより私はますますこれらが手本であって繰り返し削るのに供された習字觚ではないとの信を深める。

もし以上に述べた英敦 441、869AB や居 9.1AB、307.3ABC などの觚が字書の手本であるとするなら、必然的に避けられない結論として、前漢中期以後に現れた『蒼頡篇』は、篆字本以外に、当時優位を占めていた隷書を正字とする版本がすでにほかにあり、それまでの『史籀』あるいは『蒼頡』等のようにただ篆書だけを正字とすることはしなくなっていたということになる。現在考察可能な字書の練習簡あるいは削衣には一つの興味深い現象が見られる。それは、およそ篆書の風格を持つものは、その字句はほとんどすべて『蒼頡』から書き写したものであり、およそ『急就』から書き写した字句は一つとして例外なくすべて隷書を用いているということである。これはあるいは偶然ではなく、手本の正字にすでに差異があった、少なくとも漢代の辺塞ではそうであったということかもしれない。

もう一つの可能性としては、たとえ『蒼頡』や『急就』の手本がもとは篆書を用いていたとしても、習字者はそのまま手本通りに書くこともできるし、ただその字句だけをとって字体は手本のまねをしないこともでき、篆書と隷書の中間の字体で書いたり、まったくの隷書で書いたりしたのかもしれない。とりわけ居延、敦煌のような辺塞地区では、底辺の小吏が用いなければならないのは最も通常の隷書を主とするので、字の学習もおのずと隷書を主とする。たとえば敦 844「●蒼頡作書以教後嗣幼子承詔謹慎」は典型的な漢隷で書かれている。この木簡は長さ約二三センチで、下端はなお多く空白を残しており、少なくともまだ六、七字書くことができるのに、書ききってはいない。これが書き終わっていない隷書の習字であって字書の手本ではないことは明らかである。しかし、今後『蒼頡』等の篆書の手本が出土する可能性は排除することができない。なぜならば居延や敦煌では何と言っても少なからぬ篆字の練習簡と削衣が出土しているからである（詳細は次の第五節を参照）。

ここで一九七七年に玉門花海で出土した「以制詔皇大子」等の字で始まる七棱觚（敦1448）についても取り上げる必要がある。この觚の性質はいかなるものか。この觚は七面あり、図版から見ると、各面は「伏地再拝請」と書かれた一部分がやや不ぞろいなほかは、いずれも削ることによって生じる觚面の凹凸がなく、上文で述べたところによれば習字觚ではないように見える。しかし、書写内容からこれが習字觚であろうことが分かる。第一に、筆跡と墨色が前後完全に一致しており、この觚に書かれている文字が一人の手になると断言することができる。第二に、同一人物の書いた文字が、いくつかは隷書で、いくつかは篆書の風格が濃厚で、少なからぬ筆画は規範に合っておらず、釈読しがたく、いくつかの字句は重複しているものもあれば（たとえば「伏地再拝」）、書き漏らしているものもある（たとえばA面の二つ目の「皇大子」は「皇大」に作る）。第三に、内容上、まず詔書の一節を書き写し、さらに書信中に常見する語をいくつか記している。両者はつなげて書写されており、切り離されていないにもかかわらず、意味は明らかにつながらない。これらの点はみな習字簡にのみ見られる状況のように思われる。

3. 一つの文字を繰り返し練習して書く

辺塞の吏卒が文字を学ぶのは、実務の必要から出たものであって、決して字を練習するために練習しているのではない。実務のために、字書を臨模する以外にもう一つの重要で有効な習字方法は、当時の常見する文書を手本として繰り返し臨模することである。このようにすれば、字を練習することができるばかりでなく、文書の常用語と形式も学ぶことができる。習字者は、辺塞（居延、敦煌など）であろうと内郡（長沙東牌楼など）であろうと、常に廃棄した文書簡牘を利用して、その上にいくつかの字句をそのまま書き写している。比較的多い状況はそのうちのある一字を繰り返し臨模しているもので、一字で数回から三十数回まで繰り返し臨模することができる。臨模した筆跡から見ると、あるものはなお習いたての段階で、非常に稚拙で、あるものは筆づかいがすこぶる適当で、あるものはすでにこなれている。居 24.9AB、32.12AB、45.10AB、53.12、75.10、157.23AB、157.24、158.12、160.5AB、183.8、185.30、190.8AB、218.7、220.4AB、220.20、227.98、248.31、271.7AB、282.16、283.64、479.14、新居 EPT3.11、EPT5.89、EPT48.130AB、EPT50.176AB、EPT51.658B、EPT52.109AB、EPT53.66AB、EPT57.84AB、EPT59.239AB、EPT59.333、東 150、英敦 358、敦 648 を参照されたい。

4. 手近にある文書の文句を繰り返し書き写す

居延、敦煌やその他の地方で出土した習字簡には、手近にある文書の文句を繰り返し書き写すという状況も多く見られる。以下では、若干の図版と原簡が比較的鮮明なものを例として挙げるにとどめる。居24.1ABは有名ないわゆる徐宗簡であり、両面に徐宗の妻と子供の人数と田産・牛等の貲産の価値を記している。しかし異なる筆跡で書かれた、関係のない、あるいは重複する内容も明らかにある。永田英正教授は、どの部分が貲産文書の一部で、どの部分が習字によって書き写したものなのかをかつて詳細に分析している。私もかつて一文をなして、これはもとはおそらくいわゆる「訾直簿」の一部で、習字の練習に再利用されたものであると分析したことがある。[35] 居 24.3 は「伝舍以郵行」を繰り返し書いたものである。居26.11ABは両面に「欲得之」を繰り返し書いている。居 43.31AB は両面に

「伏地再拝」を繰り返し書いている。居 160.9AB、181.1AB と 183.11AB は両面にいくつかの語句を繰り返し書いており、183.11AB はさらにびっしりと書かれている。居 198.15 は大小異なる字体で「大司農」、「司農」と書いている。居 234.5 はすこぶる気ままに「足下」、「叩頭」、「足」、「叩」、「居」等の字を書いている。居 259.8 は「都尉府」と二回繰り返して書いている。居 267.2AB は、一面はまったく正式の「甲渠候官」の標題だが、もう一面は「張掖」等の字を繰り返し書いている。居 283.10AB は両面に「延史長実史令長」、「令史長実御長」という句をなさない文字が書かれており、その書法はこなれてはいるが、やはり習字のようである。居 285.9AB は両面の字跡が幼稚であり、「張掖」、「居延」、「都尉」、「太守」等の語を練習していて句をなさない。居 317.23 は「伏地」等の字を繰り返し書いている。英敦 256AB、444 と敦 396AB は文字が反復して書かれている状況が似ているので、これ以上は贅言しない。これらに共同する特徴は、一つはときに上手くときに下手な隷書を使用していることであり（居 26.11AB が草字であることを除く、詳細は下文）、二つは繰り返し書き写している対象がすべて字書ではなく、辺塞文書中に最も常見する字、句あるいは語であることである。漢代の公文書は隷書を使用するのが最も一般的であるから、習字の練習もおのずとこの字体が最も常見する。例えば新居 EPT50.207AB、EPT6.42AB、EPT49.89AB、EPT50.7AB、EPT51.163AB、EPT52.149AB、EPT52.279AB、EPT53.147、EPT57.88AB、EPT59.340AB、東 145、東 146 がそうである。状況は似ているので、これ以上は論じない。ここで、里耶出土の九九練習牘の背面にとぎれとぎれに繰り返し書かれている「行郵人　視□　以以郵行　守　敢以以　小吏□有」の筆跡についても触れておく必要がある[36]。これは今日知られている最も時代の早い習字簡牘であり、九九の乗法を練習しつつ、牘の背面では常見する公文書の文句にもとづいて書法の練習をしている。

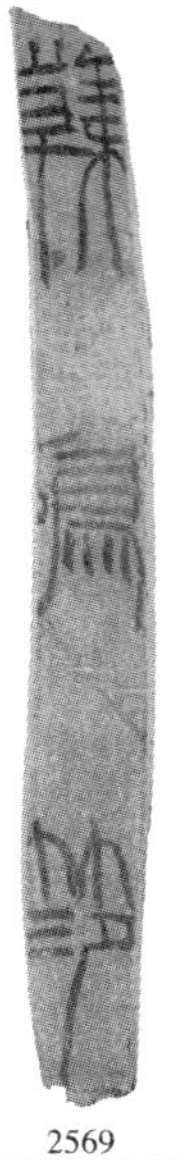
図4　英蔵2569

5．草書と篆書の練習

辺塞文書では、隷書を大量に使用しているほか、草書と少量の篆書も使用している。英蔵『蒼頡篇』削衣は一千余件の多きに達するが、その中に草書は見えず、大半が篆書の風格を帯びた隷書であり、あるものはやや隷書に似ており、またあるものはそれよりは篆書に近く、縦長あるいは丸みを帯びていることを特徴とする篆書が少なくない。数量が多いので、以下に六十数件の篆書の要素が最も濃厚な簡号を列挙するにとどめる。

英蔵　1792、1806AB、1813、1951、1974、2058、2060、2327、2377、2379、2380、2381、2382、2383、2384、2387、2390、2393、2394、2396、2402、2404、2407、2411、2417、2435、2448、2451、2569（図4）、2571、2573、2574、2578、2583、2596、2607、2613、2624、2644、2702、2749、2797、2921、3051、3084、3106、3153、3185、3189、3191、3192、3194、3196、3198、3199、3202、3211、3385、3391、3436、3474、3501、3581、3612、3623、3666、3707、3713、3718、3725

以上のほか、居延やその他の地方の簡牘の中にも草書や篆書の練習簡あるいは削衣がある。これらの練習簡あるいは削衣から一つの現象を見いだすことができる。それは、隷書・草書・篆書が単独で出現している状況や（居 26.11AB、居 108.2、居 108.3、居 108.4、新居 EPT49.66、EPT56.370、EPT59.369AB、EPT59.896AB）、隷書と草書が一緒に出現している状況（居 4.17AB、居 26.11AB、新居 EPT59.340AB）、あるいは隷書と篆書が同時に出現している状況（東 154、居 108.5、新居 EPT59.239AB、EPT58.109AB）もあるということである。換言すると、習字の形式は明らかに多種多様で、あるときはあるいは教師がいて教本があり、あるときは個人で気ままに手習いをして字体にはこだわらないということである。上に挙げた例の中の篆書のいくつかは篆書特有の丸みをおびた細長い字形をとどめており（居 108.3、居 108.4、居 108.5-7、新居 EPT58.109、EPT59.369AB、EPT59.896AB）、いくつかは例えばくさかんむりなどの篆書で書かれた構成要素を若干持っているが、全体の字形は長く丸いものから角張ったものに変化しており、隷書に近い（居 228.2）。

これらの簡牘は両面に異なる字体が出現しており、それらがすべて同一人物によって同じ時に書かれたものかどうかは判定しがたいということは認めなければならない。たとえば居 4.17AB と居 26.11AB は、書法から見ると、同一人物が同じ時に書いたもののように見える。しかし東 154 の両面には同じ文字が反復して練習されているが、背面の篆書に類似した文字が同じ習字者の書いたものかどうかは、原物を見ていないため、断言はできない。また新居 EPT59.340AB は、一面はきれいな隷書を重複して書いたもので、一面はくずれた草書であり、これも両面が同一人物の手になるものかどうかは判定しがたい。いくつかは明らかに同一人物の手になるものではない。たとえば新居 EPT58.109AB は、一面には「甲渠候官」と書いており、疑う余地なく一般の書吏が書いた甲渠候官の標題であるが、もう一面は習字者が簡の背面を利用して気ままに篆書と隷書で字を練習したものである。居 108.2～8 は同じ地点から出土した削衣であり、木の材質が同じで、編号が連続しており、書法も非常に似ているから、一枚の大きな篆書習字簡から削り落としたものにちがいない。ゆえに同一人物の手になると断定できる。上文に述べた丸みをおびた細長い字形の篆書削衣は、辺塞の吏卒が、実務に必要な隷書・草書以外に、行政実務では基本的にあまり使わない字体まで学んでいたということの証明となる。これらの削衣の存在によって、我々は、秦漢時代の官吏の文字学習が単に実務の必要からのみ出ていたとか、あるいは篆書が実務には合っていなかったという観点を多かれ少なかれ修正するべきであるように思われる。

五　『蒼頡篇』には干支表があったか

英蔵習字削衣の中には篆隷体の干支が少なからずある。胡平生氏は、それらはもとは『蒼頡』の一部分で、『蒼頡』にはおそらく干支表があったのだろうと考えている。その理由は、当初漢人が『蒼頡』の分章を行った際、おそらく「六十甲子」を分けて二つにするとちょうど六十字になるので、こうであってこそ「六十字を断じて以て一章と為す」となる、という。[37] 今本『鶡冠子』近迭篇には、「蒼頡法を作り、書は甲子従りす。成史李官は、蒼頡道とせず。然れども蒼頡に非ざれば、文墨起こらず……」（蒼頡は法を作り、字は甲子から始まる。成史李官は、蒼頡はそれを道とはしなかった。しかし蒼頡がいなければ、文墨は起こらなかった）という語があり、[38] あるいはその説の旁証とすることができるかもしれない。「蒼頡法を作る」の「法」とは、張政烺氏は「書」であるとする。[39]『鶡冠子』が述べているのは必ずしも字書ではないが、「書は甲子従りす」とは伝説中の蒼頡作書が干支から始まっていたことを指すにちがいない。李斯が『蒼頡篇』を作った際に六甲干支を収録したのは、まったく自然なことといえよう。

しかし、漢初の閭里の書師は、『蒼頡』等の字書を整理編集して、六十字を一章とし、四字一句で押韻させたという。これより後の『蒼頡』には干支表があったのか、疑わしいところである。思うに、英蔵削衣に記されたこれらの篆隷体の干支は、習字者が『六甲』によって書いた可能性が高い。漢代の学童は、学びはじめのとき、『蒼頡』あるいは『急就』を習ったほか、六甲もあった。六甲とは六つの甲（甲子、甲戌、甲申、甲午、甲辰、甲寅）から始まる干支表である。張政烺「六書古義」は六書とは六甲であると論じ、さらに流沙簡牘を引いてその証明とした。[40] 六書が六甲かどうかはしばらく論じないとして、六甲について今日考察可能な簡牘の証拠は少なくなく、その練習の痕跡は英蔵削衣以外に敦煌・居延・長沙東牌楼簡中にもみな資料がある（例えば敦 841、1456、居 16.1、25.3AB、203.9、新居 ESC.172、EPT43.113AB、EPT52.115AB、EPT52.617、ESC.171AB、東 151）。そのいくつかは正規の篆書であり、いくつかは篆書と隷書の中間で、新居 EPT52.115AB は隷書で、その書法は甚だ拙く、六甲からはじまり、一面に三行ずつ、牘の両面に分けて記されている。これは現在知られている六甲練習牘の最も完全な一枚である。書法に上手なものと下手なものがあるほか、あるいは偶然かもしれないが、新居 ESC.172 以外はほとんどみな甲字から始まっている。これらの干支簡は胡平生氏の説くように『蒼頡篇』の一部分である可能性があるだろうか。『蒼頡篇』の現在知られている内容からすると、字句構成の上では四字一句であり、押韻し、四字であるものは文章をなし、あるものは同類のものがならんでいる。干支を『蒼頡篇』に組み入れれば、もとより一類をなすことができるし、四字一句になるが、明らかに押韻しえない[41]。

これらの干支簡は、羅振玉の主張するとおり方技書で、「推歩の用に供する」ものであった可能性はあるだろうか[42]。当時羅氏が見たシャバンヌの提供した図版資料は不完全で、四面觚の四面のうちの二面しかなかった。彼はこれが実は四面觚で、四面に同じ干支が記されていたとは思いもよらなかったろう[43]。もしそうであると知っていたら、彼の推測は異なったものになっていただろう。私見では、觚であろうと簡牘であろうと、あるいは削衣であろうと、そこに記された干支は六甲を練習したものであろうと考える。『漢書』食貨志に「八歳にして小学に入り、六甲・五方・書・計の事を学ぶ」とあり、顧炎武は「六甲・五方・書・計の事を学ぶとは、六甲とは四時・六十甲子のたぐいである。五方とは九州・嶽瀆・列国の名である。書とは六書である。計とは九数（算数術）である」という（『日知録』巻二十八「漢書註」条）。六甲は小学においては独立した科目であり、五方・書・計などと分けて列せられているので、おそらく単独の教本があったのだろう。その一つの旁証は、『南斉書』顧歓伝に「歓年六、七歳にして甲子を書し、簡三篇有り、歓析計し、遂に六甲を知る」（顧歓は六、七歳で甲子を書くことができ、三篇の簡があって、顧歓は分析計算し、すぐに六甲を理解した）とあることである。この伝は、もともと顧歓が賢く、練習するまでもなく、すこし分析計算しただけで、すぐに六甲の計算法を理解したということを説明しようとしたものであるが、たくまずして当時の六、七歳の児童がいかにして字を習ったかということを伝えている。甲子は六甲の始めの二字であり、いわゆる「甲子を書す」とは六甲の練習が甲子の二字から始まることを指す(44)。長沙東牌楼・敦煌・居延新旧簡に見える篆書干支の練習はまさしく甲子や甲戌の二字から始まっている。南北朝時代には紙がすでに広まっていたが、紙と簡牘の併用はすこぶる長きにわたり、顧歓の見た六甲は依然として「簡三篇有り」であった。このこともあるいは上文で述べた字書の手本の停滞現象の旁証とすることができるかもしれない。この三篇とは、甲子・甲戌から始まる二十日を一篇、甲申・甲午から始まる二十日を一篇とし、甲辰・甲寅から始まる二十日でさらに一篇をなす、全六十日であったであろう。顧歓が六甲簡三篇を持っていたということからすると、六甲は独立した篇章であって、『急就』や『蒼頡』の中にはなかったように思われる。この例の時代は甚だ遅いけれども、これより漢代の制度を想像することができ、その差異はそれほど大きくなかったと思われる。

六　結　論

以上、新旧の今日考察可能な材料を根拠として、字書の手本や、史書、六体あるいは八体、試験で史とする基準はみな時とともに変わりうるという観点から、諸賢と自己の考えについていささか検討し、また居延や敦煌などの地から出土した習字簡や削衣をならべて、秦漢時代の人々の習字の数種類の方式について指摘した。以下の数点が現時点における暫定的な結論である。

1．字書の演変と、社会で流行している字体の発展は、別の話である。両者は密接にかかわりあっているが、歩調を同じくして変化するとはかぎらない。一般的に言って、字書は権威性を持つ規範として、常に社会の倫理規範や法律とおなじように、往往にして流行より遅れ、停滞する現象が生じる。秦代には李斯が大篆を小篆に改めて『蒼頡』を作ったが、漢初の史の学童の試験は依然として『史籀』十五篇を基準とした。前漢時代中期には八分体の隷書がすでに主要な字体となっていたが、司馬相如が『凡将』を、史游が『急就』を、李長が『元尚』を作ったとき、みな「『蒼頡』中の正字」から取った。このことは、字書は完全には流行にしたがって歩調を同じくして進むわけではないということを証明している。しかし彼等は『蒼頡』を根拠とすることにし、もはやそれよりも古い『史籀』にもとづきはしなかった。字書は、もし現実の情況からあまりに遠くかけ離れてしまうと、遅かれ早かれ淘汰されることになる。後漢初に『史籀』十五篇がその六篇を散佚し、その後完全に失われたのは、その明証である。

2．『二年律令』「史律」は、『漢書』芸文志と『説文解字』序が文字を節略したことによって引き起こした千年にわたる論争についに決着をつけた。「史律」の「又以……試之」という句式は明らかに「史学童」と「史」が直面しなければならない試験と勤務評定を二段階に区別している。六あるいは八体の勤務評定は「史」を対象として設けられたものであって、「史学童」を対象としたものではない。史の学童は、学び始めのときは一種類の基本的な字体を習うだけでよかったようである。秦および漢初には、それは篆書であったろう。漢中期以後には、ある状況下（たとえば辺塞）ではあるいは隷書だったかもしれない。五千あるいは九千字を読み書きする試験を通過し[45]、史の資格を取得してから、さらに史の身分で八あるいは六種の字体の勤務評定に参加する。そして試験に通過することができて、はじめて高い身分の官職につく資格が得られる。昇進試験は「課」の形式で現れる。これは吏になったばかりの者がみな受けなければならない勤務評定で、「八体課」という。八体課は郡で行われるけれども、評定は中央の大史で行われる。ゆえに「史律」では「郡は其の八体課を大史に移す」という。最優秀者に評された者は県の令史に赴任することができ、成績が最も悪い者は史の資格を取り消される。すべてのこれらの史や文書の吏は、さらに三年に一度の総合勤務評定を経て、最優秀者はさらに中央に抜擢されて、尚書卒史に就任することができる。このように底辺から上へ、地方から中央へと、段階的に抜擢昇進する方式については、「史律」の記述が最も明確である。

3．「史律」の八体の説は、許慎の序にもとづくところがあったことを証明することができ、また漢初には秦代と同じく確かに八体によって試験を行っていたことも証明することができるが、これによって『漢書』芸文志の六体の説が必ず誤りであったと認定できるわけではない。なぜならば許慎は「尉律」によって立論したのであり、彼はまたはっきりと「今「尉律」有りと雖も、課されず。小学修められず、其の説に達する莫きこと久し」と述べているからである。つまり、「尉律」は空文化しており、八体の試験は久しく施行されていない時代遅れの方法であると許慎ははっきりと述べているのである。秦や漢初には官吏となるためには五千字を知っていなければならず、前漢中晩期以降は九千字に増加し、試験はもともと八体であったが、王莽が一度六体に改めたということもまったくありえないというわけではない。

4．篆書あるいは隷書以外に、一般に史や文書の吏となったばかりの者は、就任以後もさらに草書を学ばなければならなかったことは疑いない。里耶秦簡や漢代の辺塞から出土した簡牘文書から見ると、最下層の官吏は簡単な公文書を書き写し起草することができなければならなかった。これらの公文書を書き写すには、隷書よりもくずれた簡便な書体が常に用いられた。また、最下層の文書の封検には押印された封泥がつけられており、下層の官吏は印章の文字を読むことができて、はじめて文書発信者の官職名と名前を書き写すことができた。これらの印章にはすべて篆書が用いられた。このほか、兵器・虎符・信幡など公的器物に用いられる銘記文字は、字体にみな相違があり、吏となったばかりの者は避けて通ることができないので、個人の能力の及ぶところにしたがって、一歩一歩八体、六体あるいはそのうちのいくつかの字体を識別する能力をつちかっていかざるをえない。官吏となる過程で、昇進しようと思ったり、あるいは降格されたりした場合には、八体あるいは六体の勤務評定を受けなければならなかった。

5．本稿では居延・敦煌・里耶・東牌楼出土の習字簡・觚・削衣を利用して、習字はおおよそまず手で毛筆をコントロールし、横、縦、点、はらい、折れなどの筆画あるいは簡単な字をぶれずに書くことから始まることを説明した。習字者は常に『蒼頡』、『急就』などの字書の手本にもとづいて何度も書き写したり、また手近にある文書に記された字句を何度も書き写したりした。これらの練習はときには隷書・篆書、またあるときには草書・隷書、あるいはいくつもの字体が同時に現れることもあり、まったく規則性はない。

6．居延漢簡と敦煌漢簡の觚の中からは字書の手本を見いだすことができ、また隷書・篆書・草書の練習を見かけることもできる。敦煌から出土した大量の『蒼頡』の削衣は、篆書の風格を濃厚に帯びた隷書が多数を占める。まるみを帯び字形が細長いという特色を持つ篆書も少数ではない。これらは、前漢中期から後漢初までの辺塞吏卒が、もはやこのような「時代遅れ」の字体を日常の文書に用いることはなかったとはいえ、依然として学ばなければならなかったことは疑いないということを証明することができる。これは「小学」教育が古典の権威をとうとんで停滞の現象を生じさせたものであって、いわゆる「皇族の素養」とは無関係であると信ずる。これまでみな書体の学習と実務の関係を強調してきたが、今から見るとあまり強調しすぎるのは妥当ではないように思われる。

本稿を終えるにあたって指摘しておきたいのは、これまでの「史書」についての議論は、その大半がそれがどの書体なのかということに注目してきたが、実は史書は漢代においては書体の意味以外に、文書の言葉遣いや字の使い方、つまりベテランの刀筆の吏の、巧みに文章を書きつらね、ほしいままに事の重大さをゆがめ、上を欺き下を瞞す技術を指す時もあった、ということである。『漢書』貢禹伝に、武帝以後、郡国の長吏が罪に触れるのを避けるために、「史書に便巧にして、計簿に習《な》れ、能く上府を欺く者を擇び、以て右職と為す」（史書に巧みで、簿籍に習熟しており、上級官府を欺くことができる者を選んで、重要な職につけた）（三〇七七頁）ということが述べられている。いわゆる「史書に便巧にして、計簿に習る」とは、主に行政文書あるいは簿籍上で手練手管を弄する方法を心得ていることを指しているのであって、書体を指しているのではない。この問題は本稿の主旨を超えているので、これ以上は述べない。

最後に、本稿の論述においていかんともしがたかったことと、不十分なところについて述べておきたい。本稿では、字書や習字者が習う字体と史の試験基準はみな時間がたつにつれて変化しうると主張し、また字書の手本と通行字体の間には落差があることはまぬがれないとして、「時間」と「時間差」の重要性について強調したけれども、習字簡と字書の手本を分析した時には、例として引いた資料を時代の先後にもとづいてならべることはできなかった。たとえば英蔵『蒼頡』削衣や本文の付表で列挙したものにはこれほど多くの『急就』・『蒼頡』に関連する削衣・簡牘あるいは觚があるにもかかわらず、それらのうちのどれが時代が先で、どれが後かを正確に見分けることはできなかった。およそ『蒼頡』に関連するものの方が時代が先で、『急就』に関連するものの方が後なのか。『急就』は時代の早い『蒼頡』に取って代わったのか。二者は併存していたのか。あるいは二者は『元尚』・『凡将』などとも共存していたのか。もし共存していたのなら、今日残された簡牘の中から『元尚』・『凡将』等の影を見つけ出すことは可能なのか。史の試験は何を基準とすべきだとされていたのか。これらは興味深くかつ重要な問題であるが、現時点ではみな回答するための材料に欠け、すこぶるやるせなさを感じる。考古学者の鍬に期待しようではないか。

二〇〇八年六月二日第一稿、二〇〇九年九月二十六日修訂

〔後記〕

本稿の草稿は学友である林素清、陳昭容、李宗焜、顔世鉉諸氏のおしみない教示をいただき、得るところが多かった。二〇〇九年三月に日本愛媛大学で開催された講演会に参加した際、コメンテーターの廣瀬薫雄氏は事前に詳細に拙稿を読み、少なからぬ誤字脱字を訂正し、かつよい意見をくださり、王子今氏も意見をくださった。謹んでここに謝意を述べる。ただし一切の誤りは筆者みずからがすべての責任を負う。本文修訂後、題目・主旨が拙稿と近い宮宅潔教授の大作「秦漢時代の文字と識字——竹簡・木簡からみた」、冨谷至編『漢字の中国文化』（京都：昭和堂、二〇〇九年）所収、一九一～二二三頁、を拝読することができた。読者におかれては参照されたい。

〔略称一覧表〕

居　—居延漢簡赤外線写真、中央研究院歴史語言研究所蔵
新居—『居延新簡——甲渠侯官』、中華書局、一九九四年
敦　—『敦煌漢簡』、中華書局、一九九一年
英敦—『大英図書館蔵敦煌漢簡』、同朋舎、一九九〇年
里耶—『里耶発掘報告』、岳麓書社、二〇〇六年
東　—『長沙東牌楼東漢簡牘』、文物出版社、二〇〇六年

注

（1）邢義田「漢代辺塞吏卒的軍中教育」、『大陸雑誌』第八七巻第三期、一九九三年、一～三頁。

（2）裘錫圭「談談英国国家図書館所蔵的敦煌漢簡」・胡平生「英国国家図書館所蔵斯坦因所獲簡牘中的《蒼頡篇》残片研究」、汪濤・胡平生・呉芳思編『英国国家図書館蔵斯坦因所獲未刊漢文簡牘』所収、上海：上海辞書出版社、二〇〇八年、五七～六一・六二～七五頁。

（3）籾山明「削衣、觚、史書」、『英国国家図書館蔵斯坦因所獲未刊漢文簡牘』、九三～九八頁。

（4）張徳芳・郝樹声「斯坦因第二次中亜探険所獲敦煌漢簡未刊部分及其相関問題」、『英国国家図書館蔵斯坦因所獲未刊漢文簡牘』、八二頁。

（5）李学勤「試説張家山漢簡史律」、『文物』二〇〇二年第四期、のち社科院簡帛研究中心編『張家山漢簡《二年律令》研究文集』所収、桂林：広西師範大学出版社、二〇〇七年、五五～五九頁。曹旅寧『秦律新探』、北京：中国社会科学出版社、二〇〇二年、三一八～三二七頁。廣瀬薫雄「《二年律令・史律》札記」、『楚地簡帛思想研究（二）』、武漢：湖北教育出版社、二〇〇五年、四二二～四三三頁。趙平安「新出《史律》与《史籀篇》的性質」、『華学』第八輯、二〇〇六年、一八四～一八九頁。王子今「張家山漢簡《二年律令・史律》〝学童〟小議」、『文博』二〇〇七年第六期、など。このほか武漢大学簡帛研究中心等編『二年律令与奏讞書』、上海：上海古籍出版社、二〇〇七年、二九五～三〇四頁も参考になる。

（6）裘錫圭「談談英国国家図書館所蔵的敦煌漢簡」、『英国国家図書館蔵斯坦因所獲未刊漢文簡牘』、五八頁。

（7）池田雄一『中国古代の聚落と地方行政』、東京：汲古書院、二〇〇二年、六八〇～六八一頁。

（8）たとえば李学勤氏は、「簡文が〝八体〟に作り、『説文』も〝八体〟に作ることを対照すれば、漢志の〝六〟字は明らかに誤りである」という。「試説張家山漢簡史律」、『張家山漢簡《二年律令》研究文集』、五八頁を参照。また趙平安「新出《史律》与《史籀篇》的性質」、一八五頁を参照。

（9）たとえば曹旅寧氏は、「五千字が正しい。試験を行う字体は八体であり、『漢書』芸文志の記す六体は八体の誤りである」という。『秦律新探』、北京：中国社会科学出版社、二〇〇二年、三二一頁。

（10）清代・姚振宗『漢書芸文志拾補』はつとにこの見解を発表しているが、近人の魯国堯はこれを「臆断」として退けている。魯国堯「〝隷書〟弁」、『魯国堯自選集』所収、鄭州：大象出版社、一九九九年、二八頁を参照。思うに、姚説の方が実情を得ている。「史律」の出土によって、魯氏の「〝隷書〟弁」で論じられた秦および漢初には八体はなかったとする説はすでに成立しがたいことが証明された。なお魯文は顔世鉉氏の提示をうけ、借閲させていただいた。謹んで感謝の意を記す。

（11）廣瀬薫雄はかつて「史律」は「尉律」であるという説を唱えている。廣瀬前掲論文四二八～四三三頁および『二年律令与奏讞書』二九六頁・簡四八七校釈（一）所引を参照。

（12）この一段には様々な版本が存在する問題とその考証については、Enno Giele, *Imperial Decision-Making and Communication in Early China: A Study of Cai Yong's Duduan*, Wiesbaden, 2006, pp.268-273, 307. を参照。

（13）篆書と隷書が並用されていたことの新たな証拠として、岳麓書院所蔵秦簡『日志』の正面と背面が明らかに篆書と隷書を並用していることが挙げられる。陳松長「岳麓書院所蔵秦簡綜述」、『文物』二〇〇九年第三期、七九頁図二・三、0611簡の正面と背面を参照されたい。

（14）本稿では八体・六体がいったいどの八体・六体なのかという問題について具体的に論ずるつもりはない。関連する議論はすでに多い。龍宇純『中国文字学』（台北：五四書店、一九六八年初版、二〇〇一年定本再版二刷）五七～一〇三頁、陳昭容「秦書八体原委――付論新莽「六書」」（『中国文字』新二一期、一九九六年）一三五～一八三頁を参照されたい。なお龍氏書は李宗焜氏の提示をうけ、借閲させていただいた。謹んで感謝の意を記す。

（15）籾山明「削衣、觚、史書」、『英国国家図書館蔵斯坦因所獲未刊漢文簡牘』、九四頁。

（16）同右、九五～九六頁。

（17）これを衍字でないとする学者もいる。たとえば顧実は、「班固が「諷書九千字」と言ったのは、大きくまとめて言ったのである。許慎が「諷籀書九千字」といったのは、細かく分けて言ったのである。応劭が「倉頡・史籀篇に通ず」と言ったのは、混ぜて言ったのである。もちろん許慎が意味を細かく分けて述べているのがもっとも明確である」という。顧実『漢書芸文志講疏』、台北：広文書局、一九九五年、九〇頁を参照。なお本書は顔世鉉氏の提示をうけ、借閲させていただいた。謹んで感謝の意を記す。

(18) 趙平安の意見もこれと同じである。「新出《史律》与《史籀篇》的性質」、一八五頁を参照。『史籀』十五篇かどうかを疑う人もいる。『二年律令与奏讞書』二九七頁・簡四八六校釈（一）所引張伯元説および「今按」を参照。「史律」の十五篇が『史籀』十五篇かどうかというのは、もとより百パーセントの証拠はないが、少なくとも十五篇という数字は文献の記載と合致している。その他には、この十五篇が必ず何であるかを証明することのできるさらによい証拠はない。本稿ではしばらく李学勤・趙平安氏の説に従う。

(19) 隷書の起源に関しては、陳昭容『秦系文字研究』（台北：中央研究院歴史語言研究所、二〇〇三年）、第三章「隷書起源問題重探」、四七～六八頁を参照されたい。

(20) 裘錫圭「従馬王堆一号漢墓〝遣冊〟談関於古隷的一些問題」、『考古』一九七四年第一期、四六～五五頁。

(21) 林素清「蒼頡篇研究」、『漢学研究』五巻一期、一九八七年、六八頁。裘錫圭氏は隷書の中に六国文字を踏襲している部分があるとする説に原則的には同意していないが、隷書のもとになった篆文あるいは篆文の俗体ないしは隷書そのものが東方国家の文字の何らかの影響を受けた可能性は否定することができないとする。『文字学概要』、六九～七二頁を参照。

(22) 陳昭容『秦系文字研究』、六八頁。

(23) たとえば李学勤氏は「史の学童の八体の試験答案は大史に提出され、郡での試験答案も大史に送らなければならない」云々と述べており、これは史の学童が八体の試験を受けなければならないという意味のようであるが、「又」字を見落としてしまったのだろう。李学勤前掲論文五八頁を参照。

(24) 冨谷至編『江陵張家山二四七号墓出土漢律令の研究』訳注篇（京都：朋友書店、二〇〇六年）三〇一頁「解説」に八体の試験は史の資格を獲得した者を対象とするとすでに指摘している。廣瀬薫雄も試験が異なる段階に分かれていたと考えているが、各段階の試験に参加するのはすべて史の学童としており、やはり混同してしまっている。廣瀬前掲論文四二一～四二四頁を参照。

(25) 秦漢時代には各種各様の勤務評定があった。たとえば睡虎地秦律簡には牛羊課があり、居延漢簡には郵書課（EPT2.28）・

軍書課（EPF22.391）・駅馬課（EPF25.12B）が見える。本箇所の八体課は課の一種にちがいない。

(26) この点は李学勤氏がすでに言及している。李学勤前掲論文五九頁を参照。

(27)「草」、「草稿」あるいは「起草」などの語はより迅速簡便で不正規な字体を使用したことに由来するのであって、後世にいうような独立して一類をなす草書のことではない。

(28) これらの篆書はおそらく印章のスペースに合わせるため、篆字の細長い字体を正方形に改め、まるい筆画を曲がりくねったものに改めた。そこで別に繆篆と名づけられた。陳昭容『秦系文字研究』一三二〜一三四頁、「秦書八体原委——付論新莽「六書」」一四〇〜一四七頁を参照。

(29) ほかにも『居延新簡』にいくつか例が見えるが、図版が不鮮明なため、しばらく収録しない。

(30) 張徳芳・郝樹声「斯坦因第二次中亜探険所獲敦煌漢簡未刊部分及其相関問題」、『英国図家図書館蔵斯坦因所獲未刊漢文簡牘』、八二頁。

(31) しかし、王子今氏はかつて文献の記載や河西出土の竹製品、竹簡さらには竹簡の削衣などに至るまでの資料を集めて、これらの竹がおそらく当地で産出したもので、内地から来たのではないことを証明しようとしたことがある。もしその説が正しければ、居延地区では紅柳や胡楊などの木簡を大量に使用していた以外にときおり竹簡も使用していたというのはさほど不思議なことではなくなる。王子今氏は、甘粛省考古研究所の発掘参加者がもたらした情報として、敦煌懸泉簡の中には百三十枚以上の竹簡があると述べている。王子今『秦漢時期生態環境研究』、北京：北京大学出版社、二〇〇七年、二四二〜二五〇頁。このほか中央研究院歴史語言研究所蔵の居延漢簡の中にも十余枚の竹簡がある。

(32) 羅振玉はかつて三棱觚の構造について詳細に考証している。『流沙墜簡』小学術数方技書考釈、三〜四頁を参照。

(33) 胡平生「英国図家図書館蔵斯坦因所獲簡牘中的《蒼頡篇》残片研究」、『英国図家図書館蔵斯坦因所獲未刊漢文簡牘』、七〇頁を参照。

(34) 籾山明「削衣、觚、史書」、『英国国家図書館蔵斯坦因所獲未刊漢文簡牘』、九四〜九五頁。

(35) その詳細については、邢義田「従居延簡看漢代軍隊的若干人事制度」、『新史学』第三巻第一期、一九九二年、一二七〜一三〇頁を参照されたい。
(36) 湖南省文物考古研究所編『里耶発掘報告』、長沙：岳麓書社、二〇〇六年、一八一頁。
(37) 胡平生「英国国家図書館蔵斯坦因所獲簡牘中的《蒼頡篇》残片研究」、六七～六八頁。
(38) 『鶡冠子』（四部叢刊子部、上海涵芬楼借繆氏芸風堂蔵明翻宋本景印）、巻上、一九頁下。
(39) 張政烺「六書古義」、『中央研究院歴史語言研究所集刊』第一〇本、一九四八年、一四～一五頁。
(40) ただし張氏の説に反対する研究者もいる。龍宇純『中国文字学』五七～七九頁を参照。
(41) この問題についてはかつて胡平生氏に教えを請うたことがある。胡氏の二〇〇八年七月十二日の電子メールによれば、彼も押韻の問題が解決しがたいことに気づいており、『蒼頡篇』はおそらくすべての干支表は含んでいなかったろうと考えておられる。
(42) 羅振玉『流沙墜簡』小学術数方技書考釈、九頁下。
(43) 大庭脩教授が大英図書館に赴き改めて写真を撮影して、ようやく四面の図版が完全に公刊された。大庭脩『大英図書館蔵敦煌漢簡』図版四九を参照。
(44) 張政烺前掲論文がすでにこの点について指摘している。「六書古義」六頁を参照。
(45) もし習いはじめの時から学童は五千字の八種の異なる字体を学ばなければならなかったとしたら、それは同時に四万字を学ばなければならないにひとしいではないか。今日の小学校の国語教育に照らし合わせてみれば、文字学習の第一階段において六種あるいは八種の字体を同時に学ぶことがほぼ不可能であることはすぐに分かる。

中国古代交通システムの特徴
――秦漢文物資料を中心に――

王　子今
（菅野恵美訳）

はじめに

秦漢交通システムの形式は、中国の古代帝制時代の交通が発展する上で、基本的な型を定めるものであった。秦漢の出土資料は、当時の交通システムの構成規模や建設過程および管理システムの運営方式を知る上で、新しい可能性を提供している。関連研究を通じ、中国古代交通システムの基本的特徴を理解できよう。さらに、中国古代社会と文化への認識や理解も深めることができるだろう。

一、交通条件における皇帝の専有性と皇帝権力優先制度

『史記』巻六、秦始皇本紀の記載では、秦の始皇帝の二十七年（前二二〇）に「馳道を治（治馳道）」めたという。馳道を敷設したことは、秦漢における交通建設事業の中で、最も時代的特色を備えた成果である。秦の始皇帝と二世

皇帝の巡行路線を通じて、馳道が当時すでに全国陸上交通網における基本的な主要網を完成していたということが分かる。

馳道の様相については、前漢の賈山がこう述べている。

道は廣さ五十歩、三丈にして樹え、厚く其の外に築き、隱《きづ》くに金椎《つい》を以てし、樹うるに青松を以てす。馳道の麗を為すこと此に至り、其の後世をして曾て邪徑して足託するを得ざらしむるなり（道廣五十歩、三丈而樹、厚築其外、隱以金椎、樹以青松。為馳道之麗至於此、使其後世曾不得邪徑而託足焉）

と。[1]賈山の「馳道之麗」という描写に関して、ある学者は真実性が疑わしく、「或いは弁士の過剰な表現かもしれない」と見なしている。[2]「道廣五十歩」は現在の六九メートルほどに相当する。考古学者はかつて陝西省咸陽市窯店鎮の南、東龍村の東一五〇メートルの地点で、南北に向かう一本の古い道路遺跡を発見した。道幅は五〇メートル、土の上に造られ、両端は漢代の文化層であった。[3]この道路は、北は秦の都、咸陽の宮殿区であり、南に向かってはちょうど漢の長安城の横門と相対している。秦の宮殿のプランである「天極を象る」という規格意図から分析してみると、[4]この道路はまさに南北が咸陽宮と阿房宮に通じる交通幹線道路に相当し、当時はおのずと馳道の交通系統に組み込まれていたはずである。秦の咸陽城北壁から北に西南～東北方向に走る交通幹線道路が発見された。考古学者らは「一号大道」と名付け、すでに長さ九六〇メートルを割り出し、「現存する道幅の最大は五四四メートル、通常は幅四〇～五〇メートルで、路面の中央は両脇よりも一〇～一五センチ高く、魚の背骨状になっており、道路の層は五～一五センチで、道路の南北両端はみな堆積した泥で、道路の排水溝であったようだ[5]」と報告している。この道路は規格と方向から見て、恐らく馳道に属するものだろう。調査によれば、陝西省潼関より東の秦漢馳道遺跡は道幅が四五メートル以上に達している。[6]始皇帝の時に作られた直道の遺跡は、陝西省淳化・旬邑・黄陵・富県・甘泉などで発見されており、道幅がやはり五〇から六〇メートルに達している。[7] 見たところ、賈山の馳道規模に関する記述は決して虚言ではないようだ。いわゆる「三丈而樹」は楊樹達『漢書窺管』巻六では「三丈而樹は、道の両傍に三丈ごとに一樹を植うるを謂う」としている。王先謙『漢書補注』では「王先慎曰く、『三丈は、中央の地たりて、惟だ皇帝のみ行くを得、傍道之に樹えて以て界と為すなり』と。『三輔黄図』に云う、『漢令、諸侯に制有りて、馳道の中を行くを得る者は、傍道を行き、中央三丈を行くを得ること無かれ。令の如くせざれば、其の車馬を没入す』と。蓋し秦制に沿うなり」とある。[8]

馳道は本来、一定の意義においては君王の専有道路である。『礼記』曲礼下「歳凶、年穀不登、……馳道不除」の孔穎達疏に「馳道、今の御路の如し。君の車馬を馳走させし處なり。不除とは其の草萊を治せざるを謂うなり（馳道、如今御路。君馳走車馬之處。不除謂不治其草萊也）」とある。馳道が「中央三丈」と一般人の通行を禁止している制度に関しては、漢代の史書に頻繁に見受けられる。漢の武帝がその乳母を奉って「乳母の言う所、未だ嘗て聴かずんばあらず（乳母所言、未嘗不聽）」という程であり、そこで、「詔有りて、乳母を車に乗せ馳道中を行かしむるを得（有詔得令乳母乘車行馳道中）」とある。[9] 詔令なくして馳道の中を行けば、厳しい処罰を受けなければならない。翟方進が丞相司直であった時、馳道の中を行ったために弾劾の奏上文を受け、「車馬を没入」されたことがあった。[10] 漢の哀帝の時には、丞相の掾史が馳道の中を通り、司隷であった鮑宣に拘留され、その車馬を没収された。[11] 漢の武帝の時、禁止令は最も厳格であり、『漢書』巻四五、江充伝によれば、館陶長公主が馳道の中を通り、直指繡衣使者であった江充はそれを遮って詰問した。公主が「太后の詔が有る（有太后詔）」と言うと、江充は「独り公主のみ行くを得、車騎　皆得ず（獨公主得行、車騎皆不得）」と言った。それで「尽く劾して官に没入（盡劾沒入官）」したのである。[12] 江充はまた、太子の家の使者が車馬で馳道の中を通るのに出くわしたことがあり、同様に拘束押収して対処した。太子は寛容な措置を請うが、江充は決然と拒み、それは一時「大いに信用せられ、威　京師を震わす（大見信用、威震京師）」ほどであった。

『漢書』巻四五、江充伝、顔師古注に引く如淳の説には、「『令乙』に、車馬に騎乗し馳道の中を行き、已に論ぜられし者は、車馬被具を没入す（『令乙』、騎乗車馬行馳道中、已論者、没入車馬被具）」とある。『漢書』巻七二、鮑宣伝、顔注引く如淳の文にも、「『令』に、諸使に制有りて馳道中を行くを得る者は、旁道を行き、中央三丈を行くを得さしむること無きなり（『令』、諸使有制得行馳道中者、行旁道、無得行中央三丈也）」とある。甘粛省武威では、漢代の尊老養老制度を明らかにした漢簡王杖詔令冊が二度出土した。一九八一年に発見された、本始二年詔令簡には、王杖の持ち主が「官府節第を出入するを得、馳道の旁道を行く（得出入官府節第、行馳道旁道）」という内容があった。一九五九年出土の「王杖十簡」では、「得出入官府即（節）第、行馳道旁道」と記す[13]。その内容には、互いに手写して文字に異同が出たかもしれないが、原義上の矛盾はなく[14]、如淳の言う「得行馳道中者、行旁道」を証明している。

　思うに、前漢の馳道制度には「蓋し秦制に沿う」という見解があるが、これはおそらく史実と合っているだろう。秦代の馳道制度を反映する資料に、雲夢龍崗秦簡がある。

　敢行馳道中者皆罨之其騎及以乗車軺車⧄（五四）⧄牛牛⧄（五五）車□⧄（五六）

　輓車（五七）行之有（又）没入其車馬牛縣道【官】縣道【官】縣道⧄（五八）

　騎作乗輿御騎馬於它馳道若吏【徒】⧄（五九）

　中及弩道絶馳道馳道弩道同門橋及限（？）⧄（六〇）

　⧄有行馳□⧄（六三）[15]

「弩道絶馳道」の具体的様相については議論の余地がある。だが、「敢えて馳道中を行く者は皆之を遷す（敢行馳道中者、皆罨之)」という記載は、馳道制度の厳しさをよく示している。同じく簡牘の「其の車馬を没入す（没入其車馬）」という記載は、前漢の関係する制度とも一致しているのだ。

多くの学者の認識では、当時の馳道は、路面が三区分された分離帯のある複車線道路であった。三つの車線で等級を分けており、漢の長安城宣平門発掘資料(16)および直城門遺跡の最新の調査成果でも、班固『西都賦』の「三条の広き路を抜《ひら》き、十二の通門を立つ（披三條之廣路、立十二之通門）」や張衡『西京賦』の「旁に三門を開き、參塗夷《たいら》かに庭《ただ》しく、方軌は十二、街衢は相い経（旁開三門、參塗夷庭、方軌十二、街衢相經）」の制度を実証している。最も早期の分離帯道路として、馳道は交通道路史上やはり重視されるべき地位を占めている。このような設備は実際、車馬の速度が異なるという事実に適応したことによる。「中央三丈」はいわゆる「天子の道」である(17)。特別許可の手続きを経た貴族官僚が旁道を通ることができた。この交通道路規則はもとより、専制的色彩を色濃く帯びて階級の尊卑の関係を示している。しかしながら、当時の各社会階層の交通方式に大きな差があるという現実に対して、その存在には一定の合理性があるのである。

馳道は通り抜けるのを厳しく禁じられていた。『漢書』巻一〇、成帝紀では「初め桂宮に居し、上嘗て急《すみやか》に召すに、太子龍楼門より出で、敢えて馳道を絶《わた》らず、西は直城門に至りて、絶るを得て乃ち度《わた》り、還りて作室門より入る。上之を遅しとし、其の故を問うに、状を以て対す。上大いに説《よろこ》び、乃ち令に著して、令して太子馳道を絶るを得と云う（初居桂宮、上嘗急召、太子出龍樓門、不敢絶馳道、西至直城門、得絶乃度、還入作室門。上遲之、問其故、以狀對。上大說、乃著令、令太子得絶馳道云）」とある。太子ほど身分が高くても敢えて馳道を渡らずに西に行かざるを得ず、最終的に渡ることができたことから、「馳道を絶つ」という禁令への厳しさが分かる。

馳道には厳格な通行禁止の制度があったが、例えば『塩鉄論』、刑徳の言う「今、馳道は陵陸に経営し、天下を紆《めぐ》り周《めぐ》り、是を以て万里は民の穽《おとしあな》と為るなり（今馳道経営陵陸、紆周天下、是以万里為民穽也）」であるが、事実上このような禁令を実行するには限度があった。史念海はかつてこう指摘した。「畿輔の地は、恐らくは天子の車馬が度々出動したことから、官吏が通行するのを禁止しただろう。他の地域はこのようなことは聞かないから、官吏や民も通ることを許されたのだ」と。[18] たとえ畿輔の地であっても、馳道の交通禁止の例は漢の武帝期から見られるだけで、高帝・文帝には遠出の途中民に出くわすという故事がある。宣帝の時になって、当時の人々は「今の馳道は小さからざるや、而るに民と公と之を犯すは、其の罰罪の軽きを以てすればなり（今馳道不小也、而民公犯之、以其罰罪之軽也）」ということに気がついた。[19] 馳道制度は実際、すでに大きな損害を受けており、権力者はもう違反者らに厳罰を以て処しようがなかったのだ。漢の平帝の元始元年（一）六月になって、ついに「明光宮及び三輔の馳道を罷《や》む（罷明光宮及三輔馳道）」ということになった。[20] 三輔の馳道をやめたとは、既存の道路を壊したとは考えられない。「馳道の中」を禁止する制度を終に廃止したと考えるべきであろう。

馳道制度のこの変化は、皇帝権力が衰退したという印だけでなく、交通事業の更なる発展への要求に順応したとも言うべきで、これは乗馬と高速の車両がこれまでになく普及したことが背景なのだ。

『史記』巻六、秦始皇本紀、「治馳道」の下に裴駰『集解』の引く応劭の文は「道 今の中道の若く然り（道若今之中道然）」という。後漢の時にもなお、馳道に似た皇室専用の道路があったことが分かる。『太平御覧』巻一九五所引の陸機『洛陽記』には「宮門及び城中の大道 皆分けて三に作り、中央は御道、両辺は土墻を築き、高さ四尺余、外に之を分ち、唯だ公卿・尚書のみ章服もて中道に従い、凡そ人は皆左右を行く（宮門及城中大道皆分作三、中央御道、両辺築土墻、高四尺余、外分之、唯公卿・尚書、章服従中道、凡人皆行左右）」とある。曹植は「嘗て乗車して馳道中を行き、司馬門を開きて出づ。太祖大いに怒り、公車令 死に坐す（嘗乗車行馳道中、開司馬門出。太祖大怒、公車令坐死）」ということになってしまった。そして「是れ由り諸侯の科禁を重んじ、而して植の寵は日に衰えり（由是重諸侯科禁、而植寵日衰）」とのことである。(21) 漢魏の時、都城には馳道制度があっただろう。しかし、宮城および近くの大きな道路という局部だけに限られており、前漢中後期のような全面的通行禁止ではなくなったのだろう。

二、交通秩序が擁護する「賤避貴」の原則

『史記』巻八一、廉頗藺相如列伝に次のような話が記載されている。

（趙王）相如の功大なるを以て、拝して上卿と為す、位は廉頗の右に在り。廉頗曰く「我れ趙将為りて、攻城野戰の大功有り。而るに藺相如 徒だ口舌を以て勞と為し、而も位は我が上に居り、且つ相如素より賤人なれば、吾れ羞じ、之れが下と為るに忍ばず。」宣言して曰く「我れ相如を見れば、必ず之を辱めん」と。相如聞くならく、與に会うを肯ぜず。相如 朝時毎に、常に病と称し、廉頗と列を争うを欲せず。已にして相如出づるに、望みて廉頗を見れば、相如 車を引きて避け匿る。是に於いて舎人相與に諫めて曰く「臣 親戚を去りて君に事うる所以は、徒に君の高義を慕えばなり。今 君と廉頗と列を同じくするも、廉君悪言を宣べて、君畏れて之より匿れ、恐懼すること殊に甚し。且つ庸人すら尚お之を羞じ、況んや将相に於けるをや。臣等不肖なるも、請う辭去せんことを」と。藺相如 固く之を止めて曰く「公の視るに廉將軍は秦王に孰れぞ」と。曰く「若かざるなり」と。相如曰く「夫れ秦王の威を以てすら、而も相如 廷に之を叱り、其の群臣を辱む。相如 駑と雖も、独り廉将軍を畏れんや。顧《ただ》吾れ之を念《おも》うに、強き秦の敢えて兵を趙に加えざる所以は、徒だ吾兩人の在るを以てなり。今両虎共に闘わば、其の勢い 倶には生きず。吾れ此れを為す所以は、国家の急を先にして私讎を後にするを以て

すればなり」と。廉頗之を聞き、肉袒して荊を負い、賓客に因りて藺相如の門に至り謝罪す。（趙王）以相如功大、拝為上卿、位在廉頗之右。廉頗曰「我為趙將、有攻城野戰之大功、而藺相如徒以口舌為勞、而位居我上、且相如素賤人、吾羞、不忍為之下」。宣言曰「我見相如、必辱之」。相如聞、不肯與會。相如毎朝時、常稱病、不欲與廉頗爭列。已而相如出、望見廉頗、相如引車避匿。於是舍人相與諫曰「臣所以去親戚而事君者、徒慕君之高義也。今君與廉頗同列、廉君宣惡言而君畏匿之、恐懼殊甚、且庸人尚羞之、況於將相乎。臣等不肖、請辭去」。藺相如固止之、曰「公之視廉將軍孰與秦王」。曰「不若也」。相如曰「夫以秦王之威、而相如廷叱之、辱其群臣、相如雖駑、獨畏廉將軍哉。顧吾念之、彊秦之所以不敢加兵於趙者、徒以吾兩人在也。今兩虎共鬬、其勢不俱生。吾所以為此者、以先國家之急而後私讎也」。廉頗聞之、肉袒負荊、因賓客至藺相如門謝罪。）

いわゆる「相如出づるに、望みて廉頗を見れば、相如　車を引きて避け匿る」とは、「恐懼すること殊に甚」しいことを現し、その恐れ隠れたこと（「畏匿」）は、舍人も恥じらわせるほどで、常軌を逸した状態であった。通常は、その「位は廉頗の右に在」るという地位からして、進行の途中で遭遇したら廉頗が「避」けるべきなのである。

『三国志』巻五七、呉書、虞翻伝に、

翻　嘗て船に乗りて行くに、麋芳と相い逢い、芳　船上の人多ければ翻をして自ら避けしめんと欲し、先驅曰く「將軍の船を避けよ」と。翻　声を励《はげ》しくして曰く「忠と信とを失い、何をか以て君に事えん。人の二城を傾けるも、將軍を稱するは、可なるか」と。芳戸を闔《と》じて応じずして、遽《にわ》かに之を避けり。（翻嘗乘船行、與麋芳相逢、芳船上人多欲令翻自避、先驅曰「避將軍船」。翻厲聲曰「失忠與信、何以事君。傾人二城、而稱將軍、可乎」。芳闔戸不應而遽避之。）

とある。これより分かるのは、交通行程において鉢合わせた場合、有力者は相手を自ら回避させる（「自避」）ことができたということである。陸路でも、そして水路でもそうだったのだ。

陝西省略陽霊隠寺には宋代の石刻「儀制令」があり、最も早期の交通法規を記録した文物だとされている。石刻の内容は「賤 貴を避け、少 長を避け、軽 重を避け、去 来を避く（賤避貴、少避長、軽避重、去避来）」というものである。このうち「賤避貴」は、卑しい者は富貴なる者を避けて譲るべきだと強調している。この言葉は、公共交通を使用する権利に差別があるということを通じて、古代交通管理の階級制度を鮮明に表現している。

宋代にはかつて「賤避貴、少避長、軽避重、去避来」という交通規則の条文を交通の要所に公布するよう定めていて、全面的に推し進められるようにしていた。『宋史』巻二七六、孔承恭伝の記載には次のようにある。

承恭 少くして疎縦、長ずるに及び能く節を折り自ら励む。嘗て上疏して、州縣の長吏をして耆老を詢訪し、求めて民間の疾苦を知り、吏に得失を治さしめんことを請う。令文の「賤 貴を避け、少 長を避け、輕 重を避け、去 来を避く」を挙ぐるに及び、京邑幷びに諸州に詔して、要害所に於いて木牌を設け其の字を刻み、違う者は論ずること律の如くせしめんことを請う。上皆為に之を行う。（承恭少疎縱、及長能折節自勵。嘗上疏請令州縣長吏詢訪耆老、求知民間疾苦、吏治得失。及舉令文「賤避貴、少避長、輕避重、去避來」、請詔京邑幷諸州於要害處設木牌刻其字、違者論如律。上皆為行之）

『續資治通鑑長編』巻二四の記録によれば、孔承恭が公布を建議した「令文」がまさに『儀制令』であり、こう指摘する。

承恭又言う、「『儀制令』に『賤 貴を避け、少 長を避け、軽 重を避け、去 来を避く』と云うこと有り、両京諸道をして各要害處に木を設けて其の字を刻ましめ、違う者は論ずること律の如くせんことを望む。庶わくは礼譲を興して風俗を厚くするを可ならん」と。甲申詔して其の言を行う。（承恭又言、『儀制令』有云賤避貴、少避長、

輕避重、去避來、望令両京諸道各于要害處設木刻其字、違者論如律、庶可興礼讓而厚風俗。甲申詔行其言。）

見たところ、『宋史』の言う「令文を擧」げたことからは、孔承恭が初めて『儀制令』を定めたのかは分からない。彼が建議したのは、ただ交通の要所にこの法令を公布するということである。

『儀制令』が孔承恭が建議し制定したと考える説もある。宋の江少虞撰『事実類苑』巻二一の「牓刻儀制令四条」の其の一は『楊文公談苑』に基づき説明する。

孔承恭 大理正為り。太平興國中、『儀制令』を上言して云うに、「賤 貴を避け、少 長を避け、軽 重を避け、去来を避く」と。両京諸州をして要害處において牓に刻み以て之を掲げしめんと望むは、礼讓を興して風俗を厚くする所以なり。詔して之に従い、通衢に四刻牓記せしむるは、今多く有るなり。（孔弧次恭為大理正。太平興國中、上言『儀制令』云、「賤避貴、少避長、輕避重、去避來」。望令兩京諸州於要害處刻牓以掲之、所以興禮讓而厚風俗。詔従之、令於通衢四刻牓記、今多有焉。）

其の二は『玉壺清話』に基づき、「孔承恭、『儀制令』四條の件を上言し、木牌を置くを乞い、郵堠に立てり（孔承恭上言『儀制令』四條件、乞置木牌、立於郵堠）」という。また、宋の太宗と孔承恭が『儀制令』についての討論を記録し、こう述べる。

一日、太宗 承恭に問いて曰く、「『令』文中の貴賤・少長・輕重、各自ら相い避くは並記せらるも、何ぞ必ずしも又た「去 来を避く」と云わん。此の義 安にか在るや」と。承恭曰く、「此れ必ず恭しく去来する者を戒め、相い回避するに至らしむなり」と。上曰く「然らず。借（たとい）去来相い避けしめば、止だ是れ憧憧として、通衢に於けるの人密なること交わる蟻の如く、焉んぞ能く一一必ず相い避けんや。但だ恐らくは設律者 別に他意有らん」と。其の精悉《しつ》なること是の若し。（一日、太宗問承恭曰、「『令』文中貴賤・少長・輕重、各自相避並

記、何必又云去避來。此義安在。承恭曰、「此必恭戒於去來者、至相回避耳」。上曰「不然。借使去來相避、止是憧憧、於通衢之人密如交蟻、焉能一一必相避哉。但恐設律者別有他意」。其精悉若是。）

見たところ、事実は『玉壺清話』の言うようであるはずで、孔承恭は決して律の制定者ではない。

その実、唐代にはすでに明確に定まった関連制度があった。『大唐開元礼』巻三、雑制には「凡そ行路巷街においては、賤 貴を避け、少 老を避け、輕 重を避け、去 來を避く（凡行路巷街、賤避貴、少避老、輕避重、去避來）」とある。『唐律疏義』巻二七、違令、「諸違令者笞五十」の注に「令に禁制有りて、律に罪名無き者を謂う（謂令有禁制而律無罪名者）」とある。疏義には、

「令に禁制有り」とは、『儀制令』の「行路、賤避貴、来避去」の類を謂う。此れ是れ「令に禁制有りて、律に罪名無し」、違者は、笞五十を得（「令有禁制」、謂『儀制令』「行路、賤避貴、来避去」之類。此是「令有禁制、律無罪名」、違者、得笞五十）

とある。劉俊文『唐律疏義箋解』にはこう述べる。「按ずるに、此の令はすでに散逸し、『大唐開元礼』巻三、序例・雑制には類似した記載が載っており、恐らくはこれが令文であろう。その文には『凡そ行路巷街においては、賤 貴を避け、少 老を避け、輕 重を避け、去 來を避く』とある」と。[22]『旧唐書』巻一六〇、温造伝には、唐の文宗の時、御史中丞であった温造の関係する例が載る。

（温）造 性は剛褊、人或は激触すれば、貴勢を顧みず、気を以て淩籍す。嘗て左補闕の李虞に街に遇い、其の避けざるを怒り、祇承人を捕えて脊十下に決し、左拾遺の舒元褒等 上疏して之を論じて曰く、「国朝の故事、官街中に供奉するに、宰相の外を除き、回避する所無し。温造 朝廷の典禮を蔑《あなど》り、陛下の侍臣を淩《しの》ぎ、恣に胸臆を行い、曾て畏れ忌むこと無し。凡そ事 小なるも分理に関わる者有らば、失う可からざるなり。分理一たび失わ

ば、乱 之れ由り生ず。遺・補の官秩 卑しと雖も、陛下の侍臣なり。中丞 高きと雖も、法の吏なり。侍臣 淩がるれば、是れ敬を廣めず。法吏 法を壊せば、何をか以て縄を持たん。前時 中書舎人の李虞仲、造と相い逢い、造 乃ち曳きて引馬を去らしむ。知制誥の崔咸 造と相い逢いて、造又た其の従人を捉う。當時、上聞せざるに縁りて、所以《ゆえ》に暴《あら》し犯すこと益ます甚しくす。臣聞くならく、元和・長慶中、中丞の行李 半坊を過ぎず、今 乃ち遠きこと兩坊に至り、之を『籠街喝道』と謂う、と。但だ崇高自大するを以て、僭擬の嫌いを思わず。若し糾縄せざれば、實に彝典を虧けさせん」と。勅して曰く、「憲官の職、佞を指し邪を触《つ》くに在りて、行李もて自大するに在らず。侍臣の職、献可替否に在り、道路に相い高くするに在らず。並列して班に通じ、合《まさ》に名分を知るべきも、喧競を聞くが如くし、亦た已に再三し、既に人言を招き、甚しく朝体を損なう。其れ臺官と供奉官とは道を同じくし、先後に聴《したが》いて行き、道途には即ち祇揖《しゆう》して過ぎ、其の参従の人は則ち各 本官の後に随い、少《わか》き相のものは辟避《さ》け、衝突を言うこと勿かれ。又た聞く、近日已来、導従の官に應合し、事力の多き者は、街衢の中、行李太過す、と。今自り後、前後に伝呼して、三百歩を過ぎるを得ざらしむ。」（温）造性剛褊、人或激觸、不顧貴勢、以氣淩籍。嘗遇左補闕李虞於街、怒其不避、捕祇承人決脊十下、左拾遺舒元褒等上疏論之曰、「國朝故事、供奉官街中、除宰相外、無所迴避。温造蔑朝廷典禮、淩陛下侍臣、恣行胸臆、曾無畏忌。凡事有小而關分理者、不可失也。分理一失、亂由之生。遺・補官秩雖卑、陛下侍臣也。中丞雖高、法吏也。侍臣見淩、是不廣敬。法吏壞法、何以持繩。前時中書舍人李虞仲與造相逢、造乃曳去引馬。知制誥崔咸與造相逢、造又捉其從人。當時緣不上聞、所以暴犯益甚。臣聞元和・長慶中、中丞行李不過半坊、今乃遠至兩坊、謂之「籠街喝道」。但以崇高自大、不思僭擬之嫌。若不糾繩、實虧彝典」。勅曰、「憲官之職、在指佞觸邪、不在行李自大。侍臣之職、在獻可替否、不在道路相高。並列通班、合知名分、如聞喧競、亦已再三、既招人言、甚損朝體。其臺官與供奉官同道、

聴先後而行、道途即祗揖而過、其傔従人則各随本官之後、少相辟避、勿言衝突。又聞近日已来、應合導従官、事力多者、街衢之中、行李太過。自今後、伝呼前後、不得過三百歩。」）

「街衢之中」の官吏が「相逢」し、避ける避けないでもめ事となり、ついに皇帝直々に裁決しなければならなくなった。御史中丞であった温造は、相手と街で遭遇し、怒って避けなかったために「暴犯」する結果を招いた。交通秩序を維持する名義が有ったとはいえ、かえって「法吏 法を壊《やぶ》」ったことを責められ、「行李自大」（行列の従者で威張る）との非難を受けた。

古代帝国の交通を取り巻く活動においては、なぜなら「道路に相い高くす」（道路で身分の高さを競う）ので、よく「喧競」（やかましく競い合う）や「衝突」を招いた。秩序を維持するのには「賤避貴」（身分の低い者が道を譲る）を原則としていた。甘谷漢簡に見られる「守街治滞」（一〇背面）の文字は、[23]あるいはこの種の、交通を疏通させる方法と関係しているのかもしれない。

「賤避貴」の原則で交通を管理する最も極端な形は、最高権力者は交通路に対し一定の時間内に絶対的な空間占有権を持つということである。すなわち、身分の低い者の「避」けるという行為は絶対なのである。最も典型的な例は、漢の文帝が遠出した時にある者が天子の蹕（先払い）に違反した案件である。『史記』巻一〇二、張釋之馮唐列伝にこう言う。

上 行きて中渭橋を出で、一人の橋下より走り出でること有り、乗輿の馬驚く。是に於いて騎をして捕えしめ、之を廷尉に属（しょく）す。釋之 治して問う。曰く「縣人来りて、蹕を聞き、橋下に匿る。之を久しくして、以為らく、行 已に過れりと。即ち出づれば、乗輿と車騎を見、即ち走るのみなり」と。廷尉 奏當し、一人蹕を犯さば、罰金に当つ、と。文帝怒りて曰く「此の人親ら吾が馬を驚かし、吾が馬頼《さいわ》い柔和にして、令《も》し他馬ならしめば、固より我を敗傷せざらんか。而るに廷尉乃ち之を罰金に當つ」と。釋之曰く「法とは、天子の天下と公共する所なり。今法此くの如くなるも更に之を重くすれば、是れ法は民より信ぜられず。且つ其の時に方《あた》り、上立《たちどころ》に之を誅せしめば則ち已む。今既に廷尉に下すに、廷尉、天下の平たるや、一たび傾きて天下法を用い皆輕重を為さば、民 安れの所にか其の手足を措《お》かん。唯《ただ》陛下 之を察せん」。良に久しくして、上曰く「廷尉当に是とすべきなり」と。

（上行出中渭橋、有一人從橋下走出、乘輿馬驚。於是使騎捕、屬之廷尉。釋之治問。曰「縣人來、聞蹕、匿橋下。久之、以為行已過、即出、見乘輿車騎、即走耳」。廷尉奏當、一人犯蹕、當罰金。文帝怒曰「此人親驚吾馬、吾馬賴柔和、令他馬、固不敗傷我乎。而廷尉乃當之罰金」。釋之曰「法者天子所與天下公共也。今法如此而更重之、是法不信於民也。且方其時、上使立誅之則已。今既下廷尉、廷尉、天下之平也、一傾而天下用法皆為輕重、民安所措其手足。唯陛下察之」。良久、上曰「廷尉當是也」。）

これが有名な、司法は「天下の平」を求めるという故事であり、そして当時の「蹕」制度の形式であり、後代に長く歴史的な影響力を持った。

三、交通建設の国家規制方法

かつて秦政権中枢の重要な政策決定者の一人であった左丞相の李斯は、趙高に拘束されて、獄中で上書陳述し、功績は七つあると列挙した。その一つには「馳道を治め、游観を興し、以て主の得意を見わす（治馳道、興游観、以見主之得意）」が含まれている。(24) これより、当時の全国交通網の計画・建設は丞相自らが主導したことが分かる。

漢代の皇帝も同様、交通建設を治国の重要条件と見なし、最高執政集団が交通建築に対し、特別重視していることを現している。主要な交通幹線道路の計画・工事・管理は、往々にして朝廷からの決定である。漢武帝の元光五年（前一三〇）「巴蜀より発して南夷道を治し、又た卒萬人を発して雁門の阻険を治す（發巴蜀治南夷道、又發卒萬人治雁門阻險）」、元封四年（前一〇七）「回中の道を通る（通回中道）」などの事柄はみな、『漢書』の本紀に収録されている。『史記』巻二九、河渠書によれば、褒斜道を造り漕渠を通すことも、武帝が自ら決定し着工したとある。漢の平帝元始五年（五）、王莽は「皇后に子孫の瑞有るを以て、子午道を通（通以皇后有子孫瑞、通子午道）」した[25]。『金石萃編』巻五、『開通褒斜道石刻』の記載には「永平六年、漢中郡は詔書を以て広漢・蜀郡・巴郡の徒二千六百九十人を受け、褒余（斜）道を開通す（永平六年、漢中郡以詔書受広漢・蜀郡・巴郡徒二千六百九十人、開通褒余道）」とある。後漢の順帝は延光四年（一二六）に次のように命令し、「益州刺史に詔して、子午道を罷《や》め、褒斜路を通さしむ（詔益州刺史罷子午道、通褒斜路）」とある[26]。これらのことはみな、重要な交通道路の建設工事はしばしば、最高統治集団により計画・組織されたことを説明している。漢の宣帝の時、黄覇は京兆尹を任命されたが、すぐに「民を発して馳道を治するに以聞を先にせず（發民治馳道不先以聞）」ということで弾劾され、俸禄削減の処分を受けた[27]。

地方交通の建設、例えば交通道路の敷設・管理・保護は、地方行政長官が責任を負う。漢代石刻文字の遺物には交通建設の記事内容が多い。例えば『隷釋』と『隷續』に収録されているものには、『隷釋』巻四「蜀郡太守何君閣道碑」「青衣尉趙君羊竇道碑」「嘉州夾江磨崖」「司隷校尉楊君石門頌」「廣漢長王君石路碑」「武都守李翕西狹頌」「李翕黽池五瑞碑」「李翕析里橋郙閣頌」「桂陽守周憬功勲銘」、巻一五「廣漢屬國辛通逹李仲曾造橋碑」、巻一六「劉讓閣道題字」、巻二〇「洛陽橋右柱銘」。『隷續』巻三「建平郫縣碑」、巻一一「南安長王君平郷道碑」「武都太守李翕天井道碑」、巻一五「成皐令任伯嗣碑」「漢安長陳君閣道碑」、巻一九「張休崕涘銘」などがある。『隷釋』第一篇に入る「蜀郡太守何君閣道碑」には「光武中元二年」の題が附される。記された文は以下のようである。

蜀郡太守平陵何君遣掾臨邛舒鮪將徒治道造尊楗閣袤五十五丈用功千一百九十八日建武中元二年六月就道史任云陳春主[28]

これより、地方行政長官が道路工事を発起・組織し、「掾を遣す（遣掾）」や「徒を将いて道を治す（將徒治道）」という通常の形式が分かる。以上一八例の漢代石刻交通史料の中で、「劉讓閣道題字」と「張休崕涘銘」の二例には、地方官吏の交通建設の職務を称揚する明確な記載がない。だが、それ以外の例はみな、工事の組織者は行政長官であることを明らかに示している。

青川木牘の内容から見るに、交通道路建設は耕作地道路の計画を設定しており、なんと法律条文に入れている。睡虎地秦墓竹簡『為吏之道』には、「除陛甬道」、「千（阡）佰（陌）津橋」、「道は車の利を易くし、精にして忽ち致す（道（易）車利、精而勿（忽）致）」の字句があり、秦代にはすでに、交通状況を完全なものにすることを行政長官の職務とする原則が推し進められていたことを明示している。

四、交通管理の軍事化の特徴

交通建設工事の管理は、往々にして軍事化した形をとった。例えば、『史記』巻一一七、司馬相如列伝では、「唐蒙已に夜郎を略して通し、西南夷の道に通ずるに因り、巴・蜀・廣漢の卒を発し、作者　数万人なり（唐蒙已略通夜郎、因通西南夷道、發巴・蜀・廣漢卒、作者數萬人）」とある。漢の武帝の時にはやはり「卒數萬人を発し漕渠を穿たしめ、三歳にして通（發卒數萬人穿漕渠、三歳而通）」したことがあった。[29]すなわち、軍隊を動員して運河の開鑿に従事させた歴史的事例である。

居延漢簡から分かるのは「戍卒」が「車父」を兼任する状況である。例えば、「戍卒梁國睢陽第四車父宮南里馬廣」（三〇三・六，三〇三・一）、「木中　卒陳章車父」（E.P.T五〇：三〇）、「第卅二卒王弘車父」（E.P.T五七：六〇）などがある。竹簡の文にはまた、直接に「車父卒」（四八四・六七，E.T.P五二：一六七）と「車父車卒」（八三・五A）の名称を見ることができる。「車父」は同時に「卒」の身であり、まさに主に運輸を職務とする『漢書』巻二四上「食貨志上」の言う「漕卒」や、『後漢書』巻一七「岑彭伝」の言う「委輸棹卒」の身分にだいたい近い。[30]『史記』巻二九、河渠書によれば、運河の開通は「漕を損《へ》らし卒を省く（損漕省卒）」ことができるとある。これもまた漕運の主力が兵隊であることを説明している。

「郵卒」の名称は、史料に出てくるのはかなり遅く、だいたい宋代以後にやっと諸文献に頻繁に現れる。[31]『新唐書』巻一七四、元稹伝には「浙東観察使に徙る。明州歳貢の蚶《あかがい》の役、郵子萬人、其の疲れに勝えず、稹奏して之を罷む（徙浙東観察使。明州歳貢蚶役、郵子萬人、不勝其疲、稹奏罷之）」とある。宋の施宿等撰『會稽志』巻二では「郵子」を「郵卒」と書いている。すなわち、

元稹、長慶三年八月、同州防禦使自り授かり、大和三年九月尚書左丞を拜す。按に唐本伝、同州刺史自り観察使に徙り、明州歳貢の蚶の役、郵卒萬人、其の疲れに勝えず、稹奏して之を罷むと。（元稹長慶三年八月自同州防禦使授、大和三年九月拜尚書左丞。按唐本伝、自同州刺史徙観察使、明州歳貢蚶役、郵卒萬人、不勝其疲。稹奏罷之[32]）

とある。『會稽志』の「郵卒」とは宋代の言い方を用いている。しかしながら、居延漢簡には「郵卒」が見られる。例えば、

正月辛巳雞後鳴九分不侵郵卒建受呑遠郵

……

卒福壬午禺中當曲卒光付收降卒馬印（E.P.T五一：六）

走馬楼竹簡には「郵卒」の身分が出てくる例が多く、数十例に上る。[33] 簡牘資料中に見られる「驛卒」や「驛兵」の名称も、交通通信体系の管理が軍事化されていたことを現している。

長沙東牌楼後漢簡にはまた、「津卒」が見られる。

出銭・雇東津卒五人四月直　▨（一三〇）

同じ一群の簡牘中に「津史」（七八A）の名称と「捕盗史」（七八A）・「金曹米史」（七八B）の並列があり、整理者は「「津史」は史書には未だ見られないが、郡・県の列曹や属吏の一つで、渡し場や橋・道路の敷設を主に管轄していたにちがいない」と注釈する。[34] だが、「津史」が史書には未だ見られない、という説は正しくはない。『通典』巻四〇「職官二十二・秩品五・大唐官」には「諸倉關津史」とある。もし「津史」の語がまだ史書に見られないというのが、後漢の「史書には未だ見られない」ことを指しているのであれば、後漢の史書には「津吏」の語が出ていることに注意すべきである。[35] 東牌楼後漢簡の整理者の「津史」に関して渡し場や橋・道路の敷設を主に管轄していたという意見は、必ずしも成り立っていないのかもしれない。「津史」はつまり「津吏」であり、まさに船の渡し場を管理する役人、あるいは関所と渡し場を管理する役人である。出土漢簡資料から見てみると、渡し場と関所（津関）はよく名が連ねられる。[36]「津史」と「津吏」の職掌は関吏と同じであり、主に検査や出入の規制であって決して交通建設ではないし、少なくとも「渡し場や橋・道路の敷設を主に管轄していた」のではない。そして「津卒」という身分もまた、「津」の日常的管理が軍事化された形式をとっていたことを説明している。『芸文類聚』巻四四所引の『琴操』には

「朝鮮津卒霍子高」の故事を説明して、「子高晨《あした》に船を刺《さおさ》して濯《あら》う（子高晨刺船而濯）」と言い、『太平御覧』巻三九六所引の『楽府解』は「子高 晨に起きて船を刺（子高晨起刺船）」し、「流れを乱《よこぎ》りて渡る（乱流而渡）」と言っている。これは「津卒」が渡し船で運ぶ作業に尽力するという事実を反映しているようだ。つまり、「車父卒」と「車父車卒」の状況と同様である。『文献通考』巻一三七、楽考十、糸之属、雅部にはこう言う。

竪箜篌、胡楽なり。……高麗等の国に竪箜篌・臥箜篌の楽有り。其れ『引』は則ち朝鮮の津卒、樗里の子高の作る所なり。漢の霊帝此の楽を好み、後世、教坊も亦た用うるなり（竪箜篌、胡樂也。……高麗等國有竪箜篌・臥箜篌之樂。其『引』則朝鮮津卒樗里子高所作也。漢靈帝好此樂、後世教坊亦用焉(37)）。

「朝鮮津卒霍子高」の物語の発生は、後漢霊帝期の前のはずである。

交通運輸の管理が軍事化したことは、交通の効率性と交通安全の保証に有利であった。ただし交通設備を利用し携わる人々の自由と活動の内容は、みな制限を受けることになった。

秦漢時期の交通条件は、まず政治と軍事に奉仕するのが第一条件であり、一般の平民はただ制限された条件のもとでのみ交通設備を利用できた。彼らが交通事業に参与するのは、大体ただ「卒」の身分によって実現できるだけだった。『後漢書』巻四、和帝紀では、

旧《も》と南海は龍眼と茘支を献じ、十里ごとに一置、五里ごとに一候、阻険を奔騰し、死者は路に継ぐ。時に臨武の長の汝南の唐羌、県は南海に接したれば、乃ち上書して状を陳《の》ぶ。帝詔を下して曰く、「遠国の珍羞、本より以て宗廟に薦奉す。苟も傷害有れば、豈に民を愛するの本ならんや。其れ太官に勅して復た献を受けしむること勿かれ」と。是れに由りて遂に省く（舊南海獻龍眼・茘支、十里一置、五里一候、奔騰阻險、死者繼路。時臨武長汝南唐羌、縣接南海、乃上書陳狀。帝下詔曰、「遠國珍羞、本以薦奉宗廟。苟有傷害、豈愛民之本。其勅太官勿

復受獻」。由是遂省焉）。

とある。李賢注の引く『謝承書』には、

唐羌、字は伯游、公府に辟され、臨武の長に補せらる。県は交州に接し、旧と龍眼と茘支を献じ、生鮮なるに及んで之を献じ。驛馬もて昼夜之を伝送し、虎狼の毒害に遭うこと有に至り、頓仆《とんぼく》し死亡すること絶えず。道は臨武を経たれば、羌乃ち上書して諫めて曰く、「臣聞くならく、上は滋味を以て徳と為さず、下は貢膳を以て功と為さず。故に天子太牢を食いて尊と為し、果実を以て珍とは為さず。伏して見るに、交阯の七郡の生龍眼等を献じ、鳥の驚くがごとく風の発するがごとし。南州の土地、悪虫猛獣は路に絶えず、觸犯死亡するの害に至る。死者は復た生きる可からず、来者は猶お救う可きなり。此の二物殿に升さるるも、未だ必ずしも年を延ばし寿を益さず」と。帝之に従う。（唐羌字伯游、辟公府、補臨武長。縣接交州、舊獻龍眼・茘支及生鮮、獻之、驛馬晝夜伝送之、至有遭虎狼毒害、頓仆死亡不絶。道經臨武、羌乃上書諫曰、「臣聞上不以滋味為德、下不以貢膳為功、故天子食太牢為尊、不以果實為珍。伏見交阯七郡獻生龍眼等、鳥驚風發。南州土地、惡蟲猛獸不絶於路、至於觸犯死亡之害。死者不可復生、來者猶可救也。此二物升殿、未必延年益壽。」帝從之。）

と記される。漢代、茘枝が遠路はるばる年ごとに貢がれたことについて、『三輔黄図』巻三「扶茘宮」にも、「郵伝者は道に疲れ斃《たお》れ、極めて生民の患を為す（郵伝者疲斃於道、極為生民之患）」という記述がある。漢より伝世の「嬰（櫻）桃轉舍」瓦当もまた、この種の運輸活動と関係があるに違いない。皇室の消費生活の需要に奉仕するという、この種の特殊な運輸任務を全うするために、多くの「卒」身分の「郵伝者」は、甚だしくも「頓仆し死亡すること絶えず」という状態にまで至ったのである。

民間の商業活動が発展させた交通条件は、交通管理体制の特徴により一定程度の制限を受けた。「関」の設置は交通管理が軍事化されたという典型的例証である。史書に見られる漢代の関税徴収の最も早く明確な記載は、『漢書』巻六「武帝紀」の太初四年（前一〇一年）冬に「弘農の都尉を徙して武關を治めしめ、出入する者に税して以て關の吏卒の食に給《あ》つ（徙弘農都尉治武關、税出入者以給關吏卒食）」とあるものである。軍事長官に関を治めさせること、および「関卒」という身分、これらはみな「関」管理の特徴を説明する。『史記』巻一二二、酷吏列伝ではこう言っている。漢の武帝の時、酷吏の寧成は関都尉に任ぜられ、一時、関に出入りする者たちは、「寧ろ乳虎を見るも、寧成の怒りに値《あ》う無かれ（寧見乳虎、無値寧成之怒）」と唱えていた。関吏の検査が謹厳で税収が厳しく重いということが分かる。また司馬遷はこう記述している。

> 寧成家居し、上 以て郡守と為さんと欲す。御史大夫の（公孫）弘曰く、「臣、山東に居りて小吏為りし時、寧成済南都尉為りて、其の治するや狼の牧羊するが如し。成は民を治さしむる可からず」と。上乃ち成を拝して關都尉と為す。（寧成家居、上欲以為郡守。御史大夫弘曰、「臣居山東為小吏時、寧成為濟南都尉、其治如狼牧羊。成不可使治民」。上乃拜成為關都尉。）

『漢書』巻九〇、酷吏伝、義縦には「歳餘して、関吏は税肄し、郡国の関に出入する者は、号して曰く、『寧ろ乳虎を見れども、甯成の怒りに直うこと無かれ』と。其の暴は此くの如し（歳餘、關吏税肄郡國出入關者、號曰、『寧見乳虎、無直甯成之怒』。其暴如此）」とあり、『漢書』、百官公卿表下によれば、公孫弘が御史大夫を務めたのは元朔三年から五年（前一二六から前一二四）までであり、もし「税肄」（税の検閲）をしたという説が成り立つのであれば、正式ではない関税徴収であり、その始まりは太初四年（前一〇一）の「税出入者」（関を出入する者から税を徴収した）ことより更に早い。政府が関税制度の強行を通じ、商業運輸と私営運輸業の利益を分かち合うという具体的形は、税率に反映されている。前漢後期から後漢初期に編纂された数学の名著『九章算術』の中から得られる史料を見ると、当時の関税率はだいたいやや高めであって、時には「二而税一」（二分の一）に至りえたかもしれず、一本の輸送路銭上ではしばしば関所や橋が重ねて設けられており、税率は関所・橋の所在と貨物の性質によって異なっていた。(38)

関税率が様々であるというのは、恐らく中央政府が各地域に対して実際の規制程度が異なり、そのため経済政策にも区別があるということと関係があるのかもしれない。(39) 関の意義は第一に軍事・政治面の隔絶にあり、「閉関絶約」（関を閉ざし盟約を破る）(40) および「開関通幣」（関を開き貢ぎ物を通す）(41) はしばしば先ず軍事・政治的要求によって出る。秦漢の一統政のもと、関にはやはり地方に割拠する勢力を防ぎ抑制する力があった。例えば、『漢書』巻九四下、匈奴伝下には、「中国の尚お關梁を建てて自り、以て諸侯を制するは、臣下の覬欲《きよく》を絶つ所以なり（自中國尚建關梁以制諸侯、所以絶臣下之覬欲也）」とある。しかし、関税徴収が二分の一となるのは高すぎるようで、恐らく時期と地域を特定した特定の制度であったのだろう。戦国時期には「苛關市之征」（厳しい関や市の税）(42) や「重關市之賦」（関や市の賦を重くする）(43) という政策があったが、我々は当時の関税徴収率に対し、なお具体的で確実な認識を欠いている。『三国志』巻二、魏書、文帝紀には『庚戌令』の「関津の税を軽くし、皆な什の一を復せ（輕關津之税、皆復什一）」を載せる。おおよそ後漢後期の「関津之税」の税率は、「什一」（十分の一）を遥かに超えていたのだ。そして漢代には、いくつかの物資に対し関所への持ち込み禁止政策や、特殊な関税政策を施行したことがある。(44)『列女伝』の引く『漢法』には「内珠入関者死（珠を内《おさ》めて関に入りし者は死）」と言う。『戦国策』「秦策五」には、呂不韋が一計を案じて政治的投資をし、異人が秦に帰るのを助けた時に、「『珠玉の贏は幾倍ならん』。曰く『百倍ならん』（『珠玉之贏幾倍』。曰、『百倍』）」という受け答えを載せる。

関所での禁止がもし解除されたと想像してみれば、必ず高額の関税を徴収されたはずである。(45)『呂氏春秋』、仲夏紀と『淮南子』、時則には、ともに関税を「関市は索《もと》むること無し（関市無索）」の言葉が載る。

高誘注はみな分けて、関は要塞だと説明する。「関」は第一に外敵を防ぐ「界上之門[46]」であり、「出るを察《み》て入るを禦《ふせ》ぐ（察出禦入）[47]」という防備施設である。『管子』「問」に「関とは、諸侯の陬隧なり。外財の門戸なり。萬人の道行《みち》なり（闢者、諸侯之陬隧也。而外財之門戸也。萬人之道行也）」と言う。その主要な役割はいわゆる「諸侯之陬隧」（諸侯の片田舎の道）であって、「外財之門戸」（他国の財が入る門戸）「萬人之道行」（万人の通る道）という経済・社会的意義は二番目であるようだ。

全体的に見ると、中国の皇帝制の時代には、交通規制や交通建設および管理はいずれも比較的成熟した水準にあったことを具体的に示している。しかし、経済活動や一般生活で交通を十分に利用しうるという可能性には限りがあったのだ。

注

（1）『漢書』巻五一、賈山伝。
（2）労榦「漢代之陸運与水運」、『中央研究院歴史語言研究所集刊』第十六本。
（3）孫徳潤・李綏成・馬建熙「渭河三橋初探」、『考古与文物』叢刊第三号『陝西省考古学会第一届年会論文集』（一九八三年十一月）。
（4）『史記』巻六、秦始皇本紀、「焉作信宮渭南、已更命信宮為極廟、象天極」。『三輔黄図』巻一、阿房宮、「周馳為復道、度渭属之咸陽、以象天極閣道抵営室也」。
（5）陝西省考古研究所『秦都咸陽考古報告』、科学出版社、二〇〇四年三月版、二一二頁。
（6）胡徳経「洛陽——長安両京古道考察」、『中州今古』、一九八六年一期。
（7）陝西省交通史志編輯部古代組、『陝西古代交通史（部分章節討論稿）』、一九八三年一月。

（8）「厚築其外」は、道路の基礎部分は堅牢さが求められ、両端はなだらかな斜面を成していることを指している。いわゆる「隠以金椎」については、王先謙『漢書補注』に「周寿昌曰、隠即穏字、以金椎築之使堅穏也」とある。陳直『漢書新証』もまた『全後漢文』巻九八、「開通褒斜道石刻」の中の「益州東至京師、去就安穏」という記載を挙げ、穏を仮借して隠とし、周寿昌の説が誤りではないことを証明した。敦煌漢簡には「諸子途中皆安隠」（一六一）の記載が見られ、補足の証拠とすることができる。

（9）『史記』巻一二六、滑稽列伝、褚先生補述。

（10）『漢書』巻八四、翟方進伝。

（11）『漢書』巻七二、鮑宣伝。

（12）王先謙『漢書補注』に、「陳景云曰、拠「功臣表」知館陶公主卒于元狩之末、及江充貴幸、主末已十余年。館陶字誤無疑。」とある。しかしながら、「字誤」とはいえ、馳道を阻止した事が無かったと疑うことはできない。

（13）考古研究所編輯室「武威磨咀子漢墓出土王杖十簡釈文」、『考古』一九六〇年九期。武威県博物館「武威新出王杖詔令冊」、『漢簡研究文集』、甘粛人民出版社、一九八四年版。

（14）武威県博物館の研究者は、「王杖十簡」に記載される「本二年」は、新簡によって「本始二年」に正すべきと考えている。

（15）中国文物研究所・湖北省文物考古研究所編『龍崗秦簡』、二〇〇一年八月版、九五頁～九八頁。

（16）王仲殊「漢長安城考古工作収穫続記――宣平城門的発掘」、『考古通訊』一九五八年四期。

（17）『史記』巻六、秦始皇本紀の二十七年に「治馳道」とある。裴駰『集解』引く応劭注に「馳道、天子道也、道若今之中道然」とある。

（18）史念海「秦漢時代国内之交通路線」、『文史雑誌』三巻一・二期。

（19）『塩鉄論』、刑徳。

（20）『漢書』巻一二、平帝紀。

（21）『三国志』巻一九、魏書、陳思王植伝。

(22) 劉俊文『唐律疏義箋解』、中華書局一九九六年六月版、下冊一九四三～一九四四頁。

(23) 簡文は「広陵令解登鉅鹿歙守長張建広宗長□□福登令丞曹掾許敦門下吏肜石游徼龍進侯馬徐沙福亭長樊渉□等令宗室劉江劉瑜劉樹劉挙等著赤幘為伍長守街治滞謚［弟十］」。張学正「甘谷漢簡考釈」、『漢簡研究文集』、甘粛人民出版社一九八四年九月版、九〇頁。

(24) 『史記』巻八七、李斯列伝。

(25) 『漢書』巻九九上、王莽伝上。

(26) 『後漢書』巻六、順帝紀。

(27) 『漢書』巻八九、循吏伝、黄覇。

(28) 王小今「滎経何君閣道石刻再発現的意義」、『四川省における南方シルクロード（南伝仏教の道）の研究』（シルクロード学研究24）、シルクロード学研究センター、二〇〇五年三月。『中国古代文明研究与学術史：李学勤教授伉儷七十寿慶紀念文集』、河北大学出版社、二〇〇六年十一月版。

(29) 『史記』巻二九、河渠書。

(30) 王子今「居延漢簡所見「車父名籍」」、『中国歴史博物館館刊』、一九九二年総第一八、一九期。同前「関于居延「車父」簡」、『簡帛研究』第二輯、法律出版社、一九九六年九月。

(31) 例えば『宋史』巻三五三、張叔夜伝、「加直學士、徙濟南府。山東群盜猝至、叔夜度力不敵、謂僚吏曰『若東手以俟援兵、民無噍類、當以計緩之。使延三日、吾事濟矣。』乃取舊赦賊文、俾郵卒伝至郡、盜聞、果小懈。叔夜會飲譙門、示以閒暇、遣吏諭以恩旨。盜狐疑相持、至暮未決。叔夜發卒五千人、乘其惰擊之。盜奔潰、追斬數千級。以功進龍圖閣直學士、知青州」。また彭乗『墨客揮犀』巻五、洪邁『夷堅志』甲巻三「劉承節馬」、余靖『武谿集』巻二〇「墓誌下・太常少卿李君墓誌銘」、蘇頌『蘇魏公文集』巻六〇「墓誌・太常少卿李君墓誌銘」、彭亀年『止堂集』巻九、策問十道など。

(32) 『資治通鑑』巻二四〇にはすなわち「初國子祭酒孔戣為華州刺史、明州歳貢蚶・蛤・淡菜、水陸遞夫勞費、戣奏疏罷之」とある。清の姜宸英『湛園札記』巻二には「華州刺史孔戣奏罷明州貢海味淡菜蚶蠣、而『元稹伝』復云、明州歳貢蚶役、郵子

萬人、稹奏罷之。豈戣奏後已停而復貢耶。抑獨貢蚶之例未停耶。元事本白樂天『元志銘』」という。

(33) 王子今「走馬楼簡所見「郵卒」与「驛兵」」、『呉簡研究』第一輯、崇文書局、二〇〇四年七月。趙寵亮「呉簡郵驛人員称謂補議」、『呉簡研究』第二輯、崇文書局、二〇〇六年九月。

(34) 長沙市文物考古研究所・中国文物研究所『長沙東牌楼東漢簡牘』、文物出版社、二〇〇六年四月版、一〇六～一〇七頁。

(35) 『後漢書』巻八二上、術列伝第上、段翳、「段翳字元章、廣漢新都人也。習易經、明風角。時有就其學者、雖未至、必豫知其姓名。嘗告守津吏曰、「某日當有諸生二人、荷擔問翳舍處者、幸為告之」。後竟如其言。又有一生來學、積年、自謂略究要術、辭歸鄉里。翳為合膏藥、幷以簡書封於筒中、告生曰、「有急發視之」。生到葭萌、與吏爭度、津吏檛破從者頭。生開筒得書、言到葭萌、與吏鬭頭破者、以此膏裹之。生用其言、創者即愈。生歎服、乃還卒業」。

(36) 例えば居延漢簡では「縣河津門亭」（七・三三）、「門亭鄣河津金關毋苛止録復伝敢言之」（三六・三）、「自致張掖逢過河津關如律令」（三七・二）、「一編縣道河津金關毋苛留止如律令敢言」（四三・一二A）、「河津金關毋苛留」（九七・九）、「移過所縣道河津關……」（一七〇・三A）、「所縣河津關遣」（一九二・二九）、「移過所河津金關毋苛留止如律令」（二一八・二）、「乘□□過所縣河津」（二一八・七八）、「過所縣河津請遣……」（三〇三・一二A）、「謁移過所縣邑門亭河津關毋苛留敢言之」（四九五・一二、五〇六・二〇A）の例がある。他には敦煌漢簡「龍勒寫大鴻臚挈令津關」（二〇二七）。

(37) 原注には「樗里子高晨刺船、有一白首狂夫、披髮提壺、亂流而渡。其妻止之不能、及竟溺死。於是悽傷、援琴作歌而哀之、以象其聲、故曰『箜篌引』」という。

(38) 『九章算術』の「衰分」には次のような計算問題が出されている。「今有甲持錢五百六十、乙持錢三百五十、丙持錢一百八十、凡三人倶出關、關税百錢。欲以錢數多少衰出之、問各幾何」。答えは甲五一銭、乙三二銭、丙一六銭で、関税は出関時の持ち金の九・一七％である。また同書の「均輸」の問題では「今有人持金十二斤出關。關税之、十分而取一。今關取金二斤、償錢五千。問金一斤值錢幾何」とある。関税率は「十分而取一」で前の出題に近い。だが、ある計算問題が反映する関税率は驚くほど高い。たとえば、「今有人持米出三關、外關三而取一、中關五而取一、内關七而取一、餘米五斗。問本持米幾何。荅曰、十斗九升八分升之三」という。持っている米は一斗に近く、三つの関を出ると「余米五斗」だけである。また例えば「今有人持金出五關、前關二而税一、次關三而税一、次關四而税一、次關五而税一、次關六而税一。并五關所税、適重一斤。問本持金幾何。荅曰、一斤三両四銖五分銖之四」とある。五つの関を出た後、納めた税金はなんと「本持金」の八三・三%を超える。

(39) 李剣農はかつて両漢の「特殊地域の特殊な賦税」について論述し、『漢書』巻二四「食貨志下」の「漢連出兵三歳、誅羌、滅兩粤、番禺以西至蜀南者置初郡十七、且以其故俗治、無賦税」を挙げた。またこう指摘する。「その他、秦以来征服した蛮族の、今の四川・湖北・湖南・貴州の辺境に在る者で、後漢になってもまだ中原の諸郡と同等の租税を納められない者がいた」と。『先秦両漢経済史稿』、三聯書店、一九五七年版。

(40) 『史記』巻七〇、張儀列伝。

(41) 『史記』巻七六、平原君虞卿列伝。

(42) 『荀子』、富国。

(43) 『商君書』、墾令。

(44) 例えば『史記』巻一一三、南越列伝、「高后時、有司請禁南越關市鐵器。(尉) 佗曰、『高帝立我、通使物、今高后聽讒臣、別異蠻夷、隔絶器物、……』」。

(45) 実際、珠は長期間辺境貿易の主要な輸送物資の一つであった。『漢書』、地理志下には、粤の地は「處近海、多犀・象・毒冒・珠璣・銀・銅・果・布之湊、中國往商賈者多取富焉」と言い、南洋航海路の開通も「應募者倶入海市明珠」と関係があった。

(46) 『左伝』、襄公十四年、「從近關出」の孔穎達疏。『大戴礼記』「主言」、「昔者明主關譏而不征」の王聘珍の解詁。

(47) 『春秋繁露』、五行順逆、「飭関梁」の凌曙注の引く『月令章句』、「関、在境、所以察出御入也」。

中国古代南方地域の水運

金　秉　駿
（小宮秀陵訳）

はじめに

南船北馬という言葉から分かるように、中国の北方地域では陸運、南方地域では水運が主要な交通手段として使われてきた。降雨量が多く、河川の発達した南方の地形的条件を考慮すれば、水運が主要な手段であったことは容易に推察され、それも大量の貨物の運送であれば、大きく水運に依存したことは想像に難くない[1]。ところで交通手段の選択は、単純な利便性のみでは決定されない。重い荷物を背負って歩くよりも車に乗せて移動するほうがはるかに便利だが、車を利用するのにかかる費用が利便性を大きく超えれば、むしろ荷物を背負って歩くしかない。特に国家が関与する大規模な運送の場合は、その経済性を重視するであろう。秦漢帝国は、人的および物的資源の効果的な組織と配分、均衡な分配と適切な消費の統制を通じて労働生産性を高めようとした。秦漢時代の律令では、性別と年齢などから戸の成員の個々の労働生産性を厳密に計算し、そこに作業の性格と種類、労働環境と条件などを総合的に考慮して、一人あたり一日の作業量が賦課された。人間の秩序が計数網で構築されていたと表現しても過言ではない[2]。交通の場合も例外ではなかった。『九章算術』には、土を運搬するのに必要な生産性を計算するために、運搬する土の体積、具体的な運搬の方法、運搬道具と容量、運搬の往復距離、道路の条件、実際の往復中に発生する追加動作、土を載せて降ろすのに所要する時間、荷物を背負った人の一日の移動距離とその季節による加減を、すべて考慮した事例が残っている[3]。また車に必要な人力、積載量、一日の行程がすべて計数で提示された[4]。張家山漢簡『二年律令』には、車を利用する場合、一日の移動距離が明確に規定されている[5]。よって陸運以外の水運の経済性についても同様に、正確に計算されたものと考えられる。すなわち地形的条件や貨物の種類と規模などの要素を十分に考慮して、その経済的な効率性を計算したのであろう。

ただし、陸路を利用した運送でも相当な費用がかかるのと同じく、河川を利用した運送でもそれなりの困難が予想された。黄河での漕運運営は種々の困難にぶつかったため、様々な対策が絶えることなく考案された。これを念頭におくと、南方での水運を考察する際にも様々な限界を看過してはならない。さらに北方では、水運の困難を陸運に転じることで解決できたが、南方では陸運はむしろ難しく水運に依存するしかないので、陸運に転じえない水運の問題が、結局社会に直接影響を及ぼすことになる。それゆえ水運の限界を正確に認識してこそ、南方社会にのみ見られる特殊な姿にまで接近できる。

一方で秦漢時代の運送問題を扱う場合、多分に官営、つまり国家中心の運送に注目する傾向がある。その原因の一つとして、各種史書の記録に見られる民間運送業に対する強力な規制を指摘できる。しかし民間運送業に対する規制それ自体が、逆に民間運送業の発展を示しているとも理解できる。また秦漢帝国の国家運営がしだいに民間の力を吸収することで、できるだけ経費節減の方向へと展開していくとしたら、国家主導の運送業が民間運送業と関係する可能性も考慮しなければならない。

このように本稿では、中国古代の南方地域の水運を総合的に検討するため、南方における水運が占める経済性を十分に示したうえで水運の限界を指摘し、同時にその過程で国家は民間運送業を積極的に活用せざるをえなかったことを考察する。その方法としては、南方地域で出土した様々な簡牘資料を積極的に活用したい。

一　水運の経済性

(一)　長江以南地域の交通路

南方地域が水運に適した地形である点は容易に予想されるが、水運の占める比重は果たしてどのくらいであろうか。基本的に水陸路は併用されたと思われるが、戦国時代の楚国の「鄂君啓節」に記録された交通路を通じて、水運が圧倒的に重要な位置を占めていた地域を確認することができる。

周知のとおり、「鄂君啓節」は車節や舟節いずれもの貨物の輸送、およびその免税の特権を規制したものである。交通路の路線に関しては、既に多様な意見が提示されている。その出発地である鄂については、鄂が鄧県一帯に該当する西鄂とみる立場と、武昌あるいは鄂城に該当する東鄂とみる立場に大きく分かれる。この違いはさらに、「鄂君啓節」に現れる交通路全体を一つの連結したルートと見るか、そうでなければ鄂から出発する複数の放射状のルートと見るかにつながる。前者の立場なら舟節の範囲は漢水の中流以南に該当し、後者の立場なら長江以南にあたる。しかしどの見解であれ、鄂を中心に北側は陸運を基に、南側は水運のみで交通路が構成されていたという点に違いはない[6]。少なくとも貨物運送の場合、長江以南の地域では湘江をはじめとする多数の水路を利用したといえよう。

このように水運が非常に重要な比重を占めていた地域のなかで、特に交通路が示された里耶秦簡の里程簡が発見された。この里程簡が出土した酉水地域は、まさに「鄂君啓節」の舟節で言及された沅江[7]の支流にあたる。したがって交通路の主要部分では、水運が利用されていたことは間違いない。

　鄢到鎖百八十里（第一行）
　鎖到江陵二百卌里（第二行）
　江陵到孱陵百一十里（第三行）
　孱陵到索二百九十五里（第四行）
　索到臨沅六十里（第五行）
　臨沅到遷陵九百一十里（第六行）
　□□千四百卌里（第七行）（J1⑯52）

　この史料にみえる鄢から遷陵までの中間地点は、すべて水系に臨んでいる。また、中間地点の間の平均距離は大体三〇〇里になるが、これは居延漢簡[8]や敦煌懸泉置漢簡[9]の里程簡の場合、各々その平均距離が約六三里と六九里であるのに比べて五倍近くの距離に相当する。この違いは陸路と水路、どちらを利用したのかによるものである。

　戦国時代には、張儀が漢水を利用して楚を攻撃する方法を説明しながら、船一艘に五〇名と三ヶ月分の食料を載せて河川に沿って下ると、一日に三〇〇余里移動できるとある。[10] しかし『唐六典』にみえる舟の速度は、河川に沿って下る際、黄河は一日で一五〇里、長江は一〇〇里、残りは七〇里であり、河川を遡る場合は、重舟で黄河は三〇里、長江は四〇里、残りは四五里、そして空舟だと黄河が四〇里、長江が五〇里、残りが六〇里である。[11] ところで臨沅から遷陵まで、その距離は九一〇里に至るので、決して一日に船で移動できる距離ではない。しかし陸路での移動ではないことも明らかである。おそらく、船上で宿泊しながら一気に直接移動したのであろう。[12] 実際に、水系にそって移動するとしたら、陸上のように宿泊と治安の理由でわざわざ途中の郵を経由する必要がない。沅陵虎溪山簡牘に「廷到長安、道涵谷、三千二百一十九里、其四百卅二里沅水」(MIT: 43-99) とあるのは、沅陵から臨沅あるいは索までは沅江に沿って水路交通路が利用されていたことを明示している[13]。

しかし、すべての移動が水路によったわけではなかったと考える。馬王堆漢墓出土の「駐軍図」を見ると、水系のほかに聚落の間に点線で繋がれた陸路の道路が確認される[14]。これは人の移動が陸路によって繋がれていたことを示している。だが、地図には基本的に水系を詳細に注記してあり、また大部分の城障と聚落は水系沿いに位置している。地図の対象地域が湖南省南部の九疑山周辺にある峻険な地形という点を考慮すれば、人の移動も主に水路による交通に大きく依存していたと推測される。張家山漢簡『奏讞書』案例一八には、南郡の太守府が位置する江陵から、事件の再調査が行われた蒼梧郡の攸県まで朔と摯が同行し、それにかかった旅程が記録されている。全体の旅程は往復五一四六里であり、六〇日を所要したので、一日の平均で八五里程度を移動したことになるが、「乗恒馬」と「船行」を利用したとしている[15]。陸路と水路各々にどのくらいの時間を費やしたのかについては言及されていないものの、地形が乗馬に適していないことから、全体の日程の相当部分が船行であったとみなしてよいと考える。

文書行政の場合も同様である。やはり漢初の状況を伝える張家山漢簡『二年律令』「津関令」にみえる条文には、長沙の気候が卑湿なため馬を育てるのに適切ではなく、置に必要な伝馬が足りないという状況が述べられている[16]。長沙国丞相の上疏が皇帝の制可を受け、そこへ馬を供給する令文なので、長沙地域を中心に陸路を使用した置伝システムが備わっていたことは明らかである。しかし高い山や水系で複雑に入り組んだ長江以南の湖南省地域では、その運営が北方地域ほど広範囲に、また円滑に行えなかったものと推定される。

以上、出土資料に見える交通路を通じて考察したように、人と文書、そして貨物の移動すべてにおいて河川水運が重要な部分を占めていた。そのなかでも人と文書の場合は、陸路が一部併用されていたが、多量の貨物輸送の場合は主に水運に頼るしかなかった。では、はたしてどのような種類の貨物がどの程度運送されたのであろうか。

(二) 貨物船積の経済性

「鄂君啓節」の車節と舟節には、輸送規模と禁止品目が記録されている。車節には免税範囲を五〇台の車と規定し、牛馬一〇匹を一台の車として計算しており、舟節には免税範囲を五〇艀に定め、三艘の舟を一艀として計算している。「鄂君啓節」を利用して船と車が運送できる量を計算した劉和恵氏によると、水運が陸運に比べて、およそ一二倍の規模で運営されたという。[17]『史記』淮南衡山列伝によると、船一艘に載せることのできる量は数十台の車に相当するとしており、[18]『釈名』では、大型船舶は五〇〇斛を積載することができたとしているので、一台あたり二五斛を積載することのできる車に比べて二〇倍も大きい規模になる。[19]

水運の経済性は、単に船一艘に乗せることのできる量が多いことだけにとどまらない。『九章算術』の算題規程によると、二五斛を積載できる一台の車には、六名の人力を動員しなければならなかった。六名の人を徴発するだけでなく、彼らが消費する費用も計上する必要があったと思われる。人力のかわりに畜力を使用したとしても、その費用は減らなかったであろう。これに比べて自然的な河流を利用する水運では、荷物を載せて降ろす労働力および櫂と柁を扱う労働力を要したのは当然であるが、必要な人力はさほど多くはなかった。漢代、関東の穀物四〇〇万斛を京師へ運送した際に、六万名の漕卒が動員されたという。[20]船一艘に載せる平均量を二五〇斛とすれば、一六〇〇〇艘の船が動員され、一艘あたり三・七五名の人力が割り当てられることになる。[21]距離と時間などによっては、より多くの人力が必要だったが、少なくとも船に積まれた貨物量を単位としてみれば、水運のほうが明らかに陸運に比べて費用がかからなかった。

一方、車節と舟節の品目の部分を比較すると、車節には金革黽箭のように軍事物資になりうる貨物の運送を禁止している反面、舟節にはこの部分が見られない[22]。これは一見、鄂君という封君に国家の安危と直結する軍事物資の貿易を許可しなかったと理解できる。しかし船節にはこうした規定がないという点に注目すると、両者の相違は軍事物資を陸路ではなく、水路で運送しなければならないという必要性から生まれたものではないかと思われる。陸路で運送する場合、時間がかかるだけではなく、紛失や略奪の危険性も非常に大きかったからであろう[23]。

里耶秦簡でも、水路を利用した運送の例がみえる。里耶秦簡には、江陵地域の競陵県藰陰里の狼が、故荊の積瓦を求めるため公船を借りた事例が記録されている[24]。体積が大きい瓦を運送するためには、水路を使わざるをえなかったのであろう。また彼が利用した江陵から遷陵までの水路は、前述した里耶秦簡の里程簡に現れるルートと同一であったと考える。最近公表された内容には、船舶と車を使用して赤金を採取するのに使役したという記録がみえ[25]、これもやはり重く、体積の大きい貨物に相当する。また軍事物資の輸送の記録も見える。それは始皇帝三十四年九月を基準にして、遷陵県に保管中の軍需物資である弩臂の数量を点検した記録であるが、すべてで七件が益陽、臨沅放出（輸）された内容である[26]。この地域はすべて水系で連結している。酉水へ直接連結している遷陵と臨沅の区間を水運で行くのが当然なように、遷陵とは雪峰山という巨大な自然の障害物で隔絶されている資水地域の益陽へ向かう交通路は水運がもっとも適していたと考える。

ただし瓦・鉱物や金革黽箭より頻繁に、また効率的に使用できる場合は、実物の租税を徴収したと予想される。まず徴収の状況を確認したい。漢代以来、賦税の納入は「自送」が原則であった[27]。しかし現実的には非常に面倒な作業である[28]。よって末端の行政単位である里の責任者が租税納付をまとめ、かわりに郷倉まで納付するのが一般的な状況だったのだろう。江陵鳳凰山一〇号墓出土の五号簡牘には、徴収の内訳の末尾ごとに、里正にあたる墓主偃が、西郷の郷佐に納付した事実が付記されている。三号簡牘も、やはり里を単位として聚合された芻藁を整理したものである。このように里で徴収された租税は総括して、郷に納付されたのである。

では、その量はどの程度であっただろうか。鳳凰山一〇号墓の三号簡牘によると、[29]平里の戸芻と田芻は各々二七石と四・三七石であり、田槀は二・二四五石である。よって芻藁税の合計は約三〇石である。鳳凰山一〇号墓の鄭里廩簿にみえる鄭里全体の畝数は、六一七畝であるから、一頃あたり芻三石と槀二石を徴収するという『二年律令』の規定によれば、[30]大体田芻一八石、田藁一二石の芻藁税が徴収されなければならないので、三〇余石に達するという総量は、平里のそれと近似する。一方、田租の場合は漢初の正確な税率はわからない。しかし鳳凰山一〇号墓の七号簡牘によると、市陽里の場合、五三・三六石が徴収されている。[31]そのほかにも、八号簡牘には白稲米など多様な穀物も記載されている。[32]一里あたり三〇余石の芻藁税と五〇石程度の田租を一度に納付したのである。

しかし四号簡牘と五号簡牘では、墓主張偃が市陽里のほかに鄭里と当利里の算賦もともに徴収して西郷に納付している。そうであるなら張偃は、少なくとも市陽里の約三倍にあたる一二〇石以上の芻藁と一三〇石以上におよぶ田租を、[33]徴収して運んだことになる。[34]結局、張偃は自分が担当したいくつかの里から二五〇石程度の非常に大きい体積の穀物と芻藁を徴収し、これをもう一度西郷に伝える責任を持っていたといえる。これを陸路で運送すれば、車一台に積載可能な量が二五石であり、各一台当たり六名の人力を動員すると、車一〇台と六〇名の人力が動員されることになる。しかし前述したように船を使用したとすれば、少なく見積もって一〇倍、多く見積もって二〇倍の量が運送可能であるので、一艘の船のみでも十分に運送できる計算になる。

もちろん彼らの担当した租税、すなわち租米と限米など多様な種類の穀物がすべて水運で入倉されたとはいえない。たしかに水運を使用できない倉庫までは、陸運のほうが便利であったであろう。秦漢時代は、基本的に郷単位で集住する現象がひと際目立つので、その距離もさほど長くはなかったかもしれない。しかし、秦の遷陵県の場合、酉水をはさんで両岸に聚落があり、[35]前漢の駐軍図でも河川の左右に里が散在しているため、里が郷倉と水系で連結していた可能性も否定できない。この場合なら、陸運の比率を節減することができる水運を利用したのは間違いない。

離邑の郷倉に入った穀物が、もう一度県倉や郡倉へ移動するようになるとすれば、その規模がさらに大きくなることは言うまでもなく、同時に距離も長くなり水運の必要性が倍加されたといえる。走馬楼呉簡には、県倉にあたる三州倉から郡倉にあたる州中倉へ物資が搬出された事例が多数見られる。[36]

①出黄龍三年税米一百六十四斛九斗被縣嘉禾二年四月廿九日書付大男朱才運詣州中倉才以其年閏月十二日關邸閣李嵩付掾黄諱史潘慮（1383+2161）[37]

この搬出関連記録は、次のように構成されている。（一）出＋倉吏姓名＋所領＋搬出される穀物の名目＋数量、（二）被＋搬出指示機関＋日字＋書、（三）付＋受領者＋運詣州中倉＋用度、（四）運搬者＋州中倉からの授受日字＋授受関連の吏名。このうち（三）の受領者を既に公表された竹簡から抽出すると、大体六〇名以上の姓名を確認することができ、それらは二例の吏を除外すると、すべて大男の身分であるという。[38]走馬楼呉簡田家莂では税役を納付した吏民が数百名を数え、さらにその所属も記録しているのとは違い、[39]ここでは単に大男という身分と名前だけを記録しており、その数も六〇名程度にとどまる。このことは彼らが一般の吏民ではありえないことを示している。そこで彼らの身分と関連して、次の走馬楼呉簡を見てみたい。

②其廿九斛民先入付三州倉吏谷漢出付船師車刀趙益運詣中倉關邸閣李嵩（3021）

③其廿七斛六斗付大男毛主運湮溺詭責未入（3140）（竹簡〔壹〕）

②は、すでに民が三州倉の倉吏である谷漢に納付した穀物を、船師である事刀と趙益に渡して、州中倉へ運送させた

という内容である。①②すべてが、三州倉から州中倉へ穀物を搬出する同一の状況だが、両者を比較すると、①では大男と表記されているのに対して、②では船師と表記されているという違いが見られる。ところで、①の形式に見られる六〇余名の大男のなかで、一部が②の形式に見られる船師の名前と同じ場合があるため[40]、①の形式の大男が、船師などの水運組織と関連している可能性が大きい。③でも大男となっているが、その貨物が水没する責任について言及していることを考慮すると、大男の毛主もやはり水運の組織の一員であったとおもわれる。よって三州倉から州中倉へ多量の穀物輸送が、これらの大男、すなわち船師のような人々によって水運で行われたものと見てよいであろう。

以上の考察によって、船を利用した水運は一台に多くの量を積載することができる点、特に穀物・芻藁など、体積の大きい物品を運送する場合に有利であるという点、車に比べて速い速度で運送するため、結果として人力をはじめとする所要の費用を大きく節減することができる点、自然に外部の危険に露出する機会が少ないという、いくつかの利点が指摘できる。こうした理由から穀物などの物資が運搬される際、特に倉の間で多量の物資が移動される場合は、水運が南方地域でひろく利用されたのである。

二　官営運送の組織と限界

戦国時代、秦は軍役・徭役、労働力をはじめとする官奴婢および刑徒などを最大限動員して、運送労働力に充てる一方で、一般の民間運送業者に任せることを徹底して禁止した。『商君書』墾令篇にも、穀物を運送する際に、民間運送業者を禁止する内容がみえるが[41]、これは法律で制定、実施されていた[42]。

上即發委輸、百姓或之縣僦及移輸者、以律論之。

この条文は、国家が百姓に運送を強制する際に、百姓はもう一度他人を雇用して運送を任せられないことを明示したものである。こうした官営中心の運送体制はどのように組織されたのであろうか。

官営運送は、原則的に役卒が担当した。これと関連した文献記録は非常に多い。戍卒身分であった陳勝が車を引いて（輓輅）反乱を起こしたことや、(43) やはり戍卒身分の婁敬が車を引いて高帝に会うようになったことは、(44) すべて運送が戍卒の主要任務中の一つであったことを示している。また『塩鉄論』撃之篇の「甲士死于軍旅、中士罷于轉漕」や、『漢晋春秋』の「强者執戟、羸者轉運」のような記録なども、戍卒の主要任務が戦争の参与と運送であるという点を示している。戍卒のみならず一般の徭役に徴発された人々も、運送業務を担当しなければならなかった。関東地域の穀物を京師へ運送する際、関東の漕卒六万名が動員されたことや、(45) 王莽が匈奴を征伐する際に、天下の囚徒と丁男、甲卒を徴発し、兵器と軍糧を委託して運輸したことは、(46) 国家が動員することのできる徭役の労働力を利用し運送を担当するようにしたことを示している。さらに出土資料は、一層具体的な状況を伝えている。居延漢簡によると、官府は穀物を輸送するために原則的に軍吏と戍卒が動員されなければならなかった。候官所属の吏卒は、直接車輛隊を組織し、都尉府や屯田の倉庫まで行って穀物を受領していた。(47)

ところで大規模な運送は、単純な労働力のみで解決できる問題ではなかった。運送手段とそれを調整する専門的機能を備えた人物が必要である。よって国家は、これらを確保するために腐心せざるをえなかったのである。事実、秦律と漢律には、国家運営の各種産業に必要な、熟練の労働者を確保するために非常に大きな関心を寄せている。専門的な技術を持つ官奴婢を雑役に従事させないことや、(48) 絹を織る、あるいは衣服を作る官婢の贖免を許さない規定は、(49) 国家が専門技術の保有者を掌握して維持しようとする意志を示す好例である。また工隷臣が官奴婢の身分から解放されるとしても、工または隠官工として従事させるようにした規定をみるとき、(50) 専門技術者はいくら自由人の身分であるとしても国家により把握・分類され、官営作坊で生産を強要されたことがわかる。よって、こうした立場は、官奴婢以外に刑徒や徭役の徴発者の中の技術保有者についても、似たような形で適用したと見なければならない。それのみならず、作坊に新たに編入した新工の徹底した教育を工師に命じた規定は[51]、持続的な技術の伝授を通じて、国家産業の絶えることのない運営を企画したのである。要するに国家側の立場では、国家が保有し動員できる労働力の中で、専門技術を保有している者を徹底して把握し、彼らを強制的に動員することで国家産業を維持しようとしたのである[52]。

官営運送業の場合も同様であった。居延漢簡には「第～車」のように番号が付けられた各々の車ごとに、車夫とその麾下の戍卒が什伍の組織で配置されていた。その車夫には、別に車夫名籍が作成されており、その人名は「某縣第～車某里某甲」という書式で記録されている[53]。それゆえ彼らが戍卒として徴用された段階から、すでに車夫という職種を有していたものと推定される。すなわち彼らは車の運転と車の維持および修理を担当しており、専門家として一般兵卒とは別途に把握・管理されていたのである[54]。車の場合も同様に別途に管理されている。車には各々の番号が付けられて名籍が作られたが、車の修繕状態が詳細に記録された。つまり国家は、一般の運送に労働力としての吏卒を動員しつつ、交通手段および専門技術者を把握・管理しなければならなかったといえる。

水運組織の場合は十分な資料がないが、前漢初と比定される張家山漢簡『二年律令』は、若干の情報を提供してくれる。

④船人渡人而流殺人、耐之、船嗇夫・吏主者贖耐。其殺馬牛及傷人、船人贖耐、船嗇夫・吏贖遷。其敗亡粟米它物、出其半、以半負船人、舳艫負二、徒負一。其可紐繋而亡之、盡負之、舳艫亦負二、徒負一。罰船嗇夫・吏金各四兩。流殺傷人、殺馬牛、有（又）亡粟米它物者、不負。（六―八簡）

この条文は船で運送する際の人力・物的損失が発生する場合、それに対する責任を規定したものであるが、ここには水運組織の一部があらわれている。まず運送組織が運送を直接担当した船人と、彼らを直接監督する船嗇夫で区分されている。また船人はさらに、専門的技術を保有している舳および艫と、一般労働力での徒に区分されていることが確認できる。舳と艫は、各々船の後方の柁と前方の櫂を担当する専門技術者であり[55]、『説文解字』に引用された漢律によると、船の方長を舳と艫と呼んだ。船嗇夫―舳艫（船方長）―徒で構成された水運の組織は、秦律の採鉄鉱山の組織の中で、生産下部組織が嗇夫―佐―曹長―（徒）[56]で構成されたのと類似している。

そのほか最近に一部が公表された里耶秦簡には、船人のほかに船師という職責が出現しており、この船師は長沙走馬楼呉簡からもよく確認される[57]。上記の『二年律令』にはこの船師が見えないため、船師の正確な組織上の位置を知ることができないが、戦国時代の秦と楚、韓などの地で確認される名文の中の工師が参考になる。すなわち工師は、工師―丞―工（曹長―徒）という組織に位置付けられるが[58]、現場の総責任を負うものの嗇夫とは違い、作坊内の分業によって作業単位の生産責任を受けもつ者であり、一つの作坊内にも多数の工師が存在しえた[59]。よって水運の組織も、船嗇夫のもとに多数の船師が所属しており、船師が船人の教育などの責任を負う形態、そして最下位に一般労働者である徒が位置する形態になる。よって船嗇夫―船師―船人（舳・艫）―徒で構成されていたとみるのが無難であろう。

このように、官営の運送組織は嗇夫以下の専門技術者と一般労働者で構成された。また、彼らは官府の人員と物資で充当されるのだが、問題はこれに多くの費用がかかるという点である。始皇帝の時代に、南側の黄・腄・琅邪などの沿海地域の郡で北河まで運送するようになると三〇分の一が到達している[60]。さらに西南夷へ通じる道を開削するために数万名が動員され、穀物を運送する際にも一〇分の一が到達したという記録は[61]、貨物を運送する過程で発生する経済的損失をもっともよく示す記録である。もちろんこの場合は吏卒が直接荷物を背負い動く場合であろうが、車を利用する場合もやはりかかる費用は少なくない。

雲夢睡虎地秦簡には、官府所有の車および車を引く牛馬の維持に関連した条文がある。金布律には伝車・大車の車輪が曲がった場合、これを修理するように規定しており[62]、司空律には大車の轅が荷の重さに耐えられず折れた場合、これを文書で報告し、帳簿から消すようにとしている[63]。また車輌に使用する潤滑用の脂と膠を購入するのに必要な金額を充当する方法および車輌の修理のために、鉄器工場を建てることを規定した[64]。それは車の費用のみではない。車を引く牛馬を飼育するのには、それ以上の費用がかかった。秦簡には官庁所有の牛馬の放牧と関連した事項、牛馬を飼育するのに必要な食事回数[65]などが規定されている。張家山漢簡には、牛馬が一日に食べる量を規定しているが、そのなかでも車を引くなどの作業に動員される牛馬の場合には、より一層多くの量が支給されていた[66]。

このように大規模の人力徴発と、車および専門人力の確保に要する多くの費用を、官府ですべて担当するように規定されていたが、実際、戦国時代から漢初に至るまでの関連資料をみると、人力の徴発のみならず、車および牛馬を十分に確保していたようである。基本的に刑罰システムでは、つねに隷臣妾より以下、城旦舂に至るまで多くの官奴婢が供給されており、官奴婢を民間に貸与する事例が少なくなかった[67]。このことから運送に必要な一般労働力は、うまく充当されていたのであろう。また戦国時代の青銅製武器から確認される勒名をみると、工人と彼らを現場で監督する工師のシステムがよく備わっていたことがわかる。これはつまり専門技術を保有した工人を把握し、彼らを常時、国家産業に動員するという徭役徴発システムが律令の規定どおりによく運営されていたことを意味する。運送手段も、やはり基本的に国家の所有が可能であったと考える。秦律と漢律に車をはじめとする牛馬を一般人に貸与する状況を詳細に伝えていることや[68]、里耶秦簡に競陵県の狼が遷陵県の公船一艘を借りて荊地域の積瓦を載せて来ようとしたことは、この当時の官府所有の運送手段が十分確保されていたために可能なことだからである[69]。

しかし逆に考えれば、官府から民間人に車と牛馬を貸すことは、それほど官府で車と牛馬を恒常的に運営するのが経済的に大きな負担になったことを意味する。事実、こうした現象は官奴婢の貸与でも見出すことができる。肉刑制度のもとで城旦舂および隷臣妾へ転落した数多くの官奴婢は、国家の各種労役事業に動員できた基盤であったが、彼らに支給される衣食住の各種費用は国家の経済的負担になったために、官奴婢を一般人に貸与することで官府の負担を減らそうとしたのである。(70)

現在まで発見された資料を見ると、少なくとも前漢初期までは、国家の人的・物的資源を最大限に確保してこれらを利用し、物資を運送したようである。民間人による運送を排除しようとした『商君書』および秦律の原則が基本的によく守られていたと理解できる。しかし官奴婢の過剰による財政の圧迫が、前漢の文帝時代に肉刑の廃止と有期刑徒への転換を将来したように、官営運送の場合でも、もっぱら官府からすべての費用を担当することが、財政の圧迫をもたらした。結局、過去の徹底した官営運送政策の原則が後退しはじめたのである。

これをよくあらわしているのが、まさに文帝時代の入粟拝爵政策であった。『漢書』食貨志には、民が辺境に入粟した量が六〇〇石であるなら上造、四千石であるなら五大夫、一万二千石であるなら大庶長を各々拝爵したとあるが、同一の事案を伝える『史記』平準書には「募民能輸及轉粟于邊者拜爵」とし、単純な入粟ではなく、辺境まで直接「輸轉」することが前提になっていることを明確に記録している。国家が直接に運送せず、民間人に任せるという方法が採択されたのである。武帝時代、田延年が帝陵を建設しながら、民の牛車三万両を徴発したということも、運送に必要な車をすべて国家が確保していなかったことを示している。(71)

もちろん同じ時期の朔方郡の築城のために、山東から遠くまでの漕運で巨万の費用がかかり国家の府庫が空になったという記録を見ると、(72)依然として、国家が直接運送を運営する政策が持続していたことも否定できない。また「初算緡銭」という政策も、官営運送の基調を維持した例証となる。船に算賦を賦課すると商人が少なくなったという記録が、これを裏付けている。(73) また各官府が必要な物資を各々商人から購入する従来の方式を、地方の物産を賦斂で各々徴収した後に、官府間に必要な物資を互いに輸送・供給する方式へ改革した均輸法も、(74) 民間運送業に大きな打撃を与えたのは間違いない。

しかし、以前のように国家が直接に物資を動員して運送を担当することは、非常に非効率的であったことも、すでに明確な状況であった。田延年が民間の牛車を雇い（僦）、運送を任せたという事実はすでに上述のとおりであるが、居延漢簡には官府から「僦人」「僦家」と呼ばれた民間運送業者を雇用し、物資を運送する場合を種々見出すことができる。彼らは車一台当りにつき一定の金額を受けとり、これを定められた場所まで運送する業務を担当した。(75)

要するに、戦国時代から前漢初期まで国家の基本方針は、国家が動員できる人的・物的資源を最大限しようし、官府の物資を運送することであった。民間人による運送は可能な限り排除するのが原則であった。しかし運送の人力を徴発することはもちろん、運送手段を恒常的に維持することも非常に多くの費用がかかった。結局、文帝期前後を境にして国家による経営原則から後退し、しだいに民間運送を受容するようになった。以上は、主に居延漢簡を中心にした陸運をもとに整理したものであるが、水運の場合もほぼ同様に適用できるであろう。水運関連の資料は非常に少ない状況だが、漢初までは船の民間人への貸与からわかるように、官主導の運送原則が守られていたのであろう。しかし文帝期になると、江陵鳳凰山漢墓の出土簡牘からもわかるように、民間運送業の活用が見られるようになり、武帝時代より以後になると、民間船舶の利用が目に付くようになる。

三　運送責任と賠償体制

（一）運送過程における流失と賠償責任

官営運送体制は、排他的な官営中心のシステムから次第に民間運送を活用する方向へと展開していった。これは基本的に経費節減によるものであった。しかし民間運送業に委託する形態をとることで、専門人力と運送手段を常に維持するという経済的負担は減ったとしても、やはり運送の過程で各種の経済的損失が発生する余地はあった。まず、僦人と関連した居延漢簡の次の条文に注目してみたい[76]。

⑤出錢四千七百一十四　賦就人表是萬歳里吳成三兩半　已入八十五石、少二石八斗三升（合505.15）

これは車あたり一三四七銭の価格で三・五台の貨物を運送した事例であるが、このとき不足分の二石八斗三升が記録されている。よって民間運送業者は、運送する物資のすべての量を伝達するという責任を負っていたと推測される。

⑤の事例は、運送の過程において一定の消耗分が発生するということを示している。また貨物運送の過程で自然に消耗せざるをえない場合がある。実際に、漆のように一定の水分を含んだものは、運送中に時間の経過にともない、水分が蒸発することが予想される[77]。自然の消耗分のほかにも、運送過程で予想外に発生する各種の事故によって、多くの損失が発生するようになる。第一に、運送手段の故障によって損失が発生する場合である。たとえば、居延新簡「建武三年候粟君所責寇恩事」に登場する僦人の寇恩が車の予備の車軸を持っていたことは[78]、運送の途中で車軸が破損する可能性が大きかった事実を示している。実際に居延漢簡の車の帳簿には相当数が破損した状態で報告されている[79]。車が破損すれば、当然、定められた日次に到着できなくなるのはもちろんのこと、積載されていた貨物もやはり

一定量が流失してしまう。第二に、運送環境の突然の変化によっても損失が発生する。突然の大雨と大雪により交通路が麻痺したり、水量が多くなり流れが速くなる状況を想定することができる。第三に、車および船を統御する車夫あるいは船人などの過失によっても、相当な損失が発生する。古代六芸（『周礼』考工記）にも含まれているように、御車には専門的な技術が要求された。専門的な技術を要するほど過失による事故の可能性も大きかったであろう。水運の場合でも例外ではない。さらに陸運の場合とは違い、一旦、事故が発生すると、貨物の相当部分が流失してしまい、もう一度回収するのは難しい。張家山漢簡『二年律令』④に牛馬をはじめとして、粟米など各種の物資を流殺した場合について特に詳細に規定されていることも、こうした理由からであろう。[80] 第四に外部からの略奪も見逃すわけには行かない。積載された貨物の価値が高いほどその可能性はより大きくなったであろうが、人里離れた山路や河川、近海にはいつもこうした危険性を孕んでいた。[81]

以上のような問題が、常に存在しており、日常生活に大きな問題を惹起したため、『日書』には水上交通の安全に対して大きな関心を寄せている。雲夢睡虎地『日書』には、「可以行水」（乙種 七二正壹）、「可以水」（一〇〇壹）、「行水吉」（甲種四正貳）、「不可以船行」（甲種九七背貳、九八背貳、乙種四四貳）のように適切な日次あるいは不適切な日次を各々提示している。

このように多様な原因により予想できない損失が発生するとすれば、この損失は誰が責任を取るのであろうか。居延漢簡「元延四年八月以來　將轉守尉黃良　所賦就人錢名」（合506.26）のように、国家から民間人出身の僦人を雇用したとしても彼らを統率する責任は、依然として尉にあった。すなわち物資の運送の根本的責任は、結局、官吏が負わなければならなかったのである。秦律と漢律では、倉庫に出入する物資の数量と関連して、官吏の責任を規定する条文が多数確認される。とくに物資が不足（不備）した際、その責任の所在と処罰の方式、賠償の如何を詳細に規定している。

⑥出禾、非入者是出之、令度之、度之當題、令出之。其不備、出者負之。其贏者、入之。（倉律）

⑦度禾、芻槀而不備十分一以下、令復其故數。過十分以上、先索以槀人、而以律論其不備。（效律）

⑧倉漏朽禾粟、及積禾粟而敗之、其不可食者不盈萬石以下、誶官嗇夫。百石以上到千石、貲官嗇夫一甲。過千石以上、貲官嗇夫二甲。令官嗇夫、冗吏共償敗禾粟。禾粟雖敗而尚可食也、程之、以其耗石數論負之。（效律）

⑨數而贏、不備、値百一十錢以到二百廿錢、誶官嗇夫。過二百廿錢以到千一百錢、貲嗇夫一盾。過千一百錢以到二千二百錢、貲官嗇夫一甲。過二千二百錢以上、貲官嗇夫二甲。（效律）

⑥は最終的な責任を誰が負うのかについての規定である。これは原則的には、出庫者の責任になる。そのほかにも、責任者が免職させられた場合、先任者、新任者、そして上官および同僚などに対して詳細にその責任の存否を規定している[82]。すべての官吏に責任を問うている。⑦⑧⑨は物資が帳簿の数量と一致しておらず、不足した場合についての規定である。様々な状況が設定されているが、どんな場合であれ、もとの数量に合わせておかなければならないということが絶対的な原則である。しかし、単に賠償のみにとどまる場合と、あわせて法的責任を負わなければならない場合に区分して規定されている。

一方、前に引用した張家山漢簡『二年律令』④には船で運送する場合、発生する損失について特記している。この条文は、船を利用して、人あるいは物資を運送するときに発生する各種の事故および損失について、賠償と法的責任を各々規定している。まず法的責任に関しては、人を溺死させた場合は、船人は耐刑で、船嗇夫と担当官吏は贖耐に処す。また人が怪我をしたり馬牛が溺死した場合は、船人は贖耐で、船嗇夫と担当官吏は贖遷に処し、粟米や貨物が使えなくなったり流失した場合は、船嗇夫と吏は罰金四両に処す。一方、賠償に関しては過失ではない場合、半分を船人に賠償するようにした。また、船を紐で結んでおかなければならなかったが、過失で失ってしまった場合はその全額を船人に賠償するようにした。法的責任を負わなければならない場合は、すでに処罰を受けているので、賠償責任を負わなかった。

この規定では、まず過失の直接的責任を負わなければならない者に賠償の義務を負わせる原則を確認することができる。よって陸運の事例が法律規定には現れなくても、万一損失が発生した場合、その直接的な過失を犯した僦人が賠償責任を負ったと予想できる。居延漢簡「候粟君所責寇恩事」で、僦人の寇恩に魚の輸送と販売全体を委託するようになったことも、運送担当者が損失の責任をとるという原則が反映された結果であろう。⑤で不足分が表記されていることも、それだけは僦人が賠償しなければならない義務があったためであろう。

ところで④では、過失ではない場合、船人に賠償するようにした半分以外の残り半分について、「出其半」と規定されている。このときの「出」は、一般的に損失を処理するという名目で帳簿から消すと解釈する。[83] しかし、⑦⑧⑨の事例を見ると、官府の物資が備わっていない場合、当然過失の如何にかかわらず、その担当官吏が賠償責任を負うことが原則であることがわかる。よって④の流失した物資をなんらかの賠償過程を経ずに帳簿から消すということは理解しがたい。またこうした場合、いくらでも官吏が故意の過失を装って物資を奪う可能性があることになり、やはり官吏の賠償を排除しがたい。これに関して、雲夢睡虎地秦簡を考えてみたい。[84]

其乘服公馬牛亡馬者而死縣、縣診而雜賣其肉、即入其筋・革・角、及索入其價錢。錢少律者、令其人備之而告官、官告馬牛縣出之。

官庁所有の牛馬を使用して死んだ場合、その肉を販売した金とその他の筋・革・角を官庁に納入しなければならないが、もしその金が足りなければ、牛馬を使用した人がその不足額を補充して納入しなければならず、官からは県に告げて、これを帳簿から消すようにするという内容である。ここで注目したいのは、牛馬を帳簿から「出」する前に「備」という過程が前提になるという点である。よって④の場合も、流失した物資の半分は船人が負担し、残りの半分は担当管理者が「備」を行い、その後に帳簿から「出」する過程が継続されたものと推定される。走馬楼呉簡の竹簡〔壹〕には、まさに吏の「備」の過程がよく記録されている。

其一百卅三斛五斗一升船師張蓋何奕梅朋等折咸米（2067）

其十斛船師何春建安廿七年折咸米（2092）

其十斛船師何春建安廿七年折咸米（2282）

以上の条文は、船師の某年度の折咸米を提示している。折咸米は、王子今と侯旭東氏の研究で指摘されているように、[85]穀物輸送の過程から発生する損失分を意味する。前述のように、船師は作坊からの工師のように水運輸送の責任を負っている専門技術者であるが、彼らが運送過程での損失分について直接賠償の責任を負ったのである。そして、その損失分を毎年度計算して折咸米として州中倉に納付したのである。ところで折咸米を納付する過程を見ると、吏が「備」をする形式をおびている。

入吏所備船師梅朋建安廿五年折咸米六斛（2263）

其一百卅九斛五斗一升備船師何春張蓋梅朋等折咸米（2264）

入吏番観所備船師何春建安廿七年折咸米四斛（2277）

上記の条文は、〈入＋吏所備＋船師＋某年＋折咸米＋数量〉の形式をとっているが、これは船師の折咸米を吏が倉庫に〈備〉えたことを表現したものである。しかし、必ずしも船師の折咸米のみを吏が補充（備）するのではなかった。

……東部烝口倉吏孫陵備黄龍元年折咸米（2339）

この場合には船師が記録されていないので、この際は吏が〈備〉えた折咸米は船師ではなく、吏みずからが運送の損失分を賠償したものと考えられる。

このように走馬楼呉簡には、『二年律令』で規定された内容がほぼそのままあらわれている。過失の場合には船人の全的な責任をとるという反面、そうでない場合、吏と船人が半分ずつ責任を負うという漢初の法律が大きな変化無く三国時代まで続いたのである。

もう一つ注意すべき点は、過失による流失の場合、船人が賠償責任を負うが、吏も黄金四両に該当する法律的責任を負わなければならないということである。人や牛馬が溺死したり、傷ついたりした際には、贖耐刑から贖遷刑まで重い処罰を受けたが、これは各々金十二両と金八両に該当する大きな金額である。(86) 当時、黄金一斤を一万銭とすれば、(87) 黄金四両は二五〇〇銭、贖遷は五〇〇〇銭、贖耐は七五〇〇銭に相当する。すなわち、賠償額を凌駕する金銭的損害を受けるようになるということである。

今まで見てきたように、水運の過程で様々な原因により発生するようになる損失について、一次的には運送を担当する船人が直接的な賠償を負ったが、過失ではない場合にも吏はその半分を賠償しなければならないだけでなく、賠償責任と遜色の無いほどの法律的な責任も負わなければなかった。そのため吏は船人組織を監督し、賠償問題に関与せずにはいられなかったのである。

（二）賠償に備える方法

水運の長所は、多くの物資を舟に積むことができるという点にある。しかし事故や過失で損失が発生した場合、その損害費用は非常に大きかったと推測される。直接運送の責任について、船人たちはもちろん、吏もやはり賠償の責任のみならず、法律的な責任まで負わなければならなかった。ゆえに損失に対する賠償は大きな負担になったのである。そのため適切な対策をたてる必要があった。

江陵鳳凰山一〇号漢墓の四号と五号木牘には、市陽里と鄭里の算賦の徴収内訳を記しているが、その末尾には各々月別の総額とともに「吏奉」・「轉費」・「傳送」・「繕兵」・「口錢」などが注記されている。とくに市陽里と鄭里の二月分には、一算あたり三五銭の吏奉、一〇銭の口銭、そして八銭の伝送が割り当てられている。三月、四月、五月には、内訳が注記されていないが、三月分は一算あたり九銭、二六銭、八銭ずつ、四月分は二六銭、八銭、九銭、九銭ずつ、五月分は九銭、二六銭、八銭ずつ徴収されているので、ほぼ二〇銭以上の吏奉、九～一〇銭の口銭、そして八銭の伝送銭が徴収されていると理解できる。[88]

これに関して走馬楼呉簡〔壹〕にみえる「僦錢」に注目したい。

⑩右七戸戸月收僦錢五百合三千五百右前復被□□（4491）

⑪臨湘謹列邑下居民收地僦錢人名爲簿（4357）

⑫府前言絞促市吏□書收責地僦錢有人言靖叩頭叩頭死罪死罪案文書輒絞促□（4397）

⑬臨湘謹列起四月一日訖六月卅日地僦錢□簿（4352）

「僦錢」あるいは「地僦錢」は、戸あたり五〇〇銭ずつ徴収され（⑩）、その対象は負郭之田を耕作する邑下居民であり（⑪）、また徴収を担当する者は市吏である（⑫）。先行研究では、特に『梁書』武帝紀、大同七年一一月条の詔勅にみえる「豪家富室、多占取公田、貴價僦稅」に注目しているが、これを根拠に王子今氏は、地僦錢がこの公田を百姓に賃借し、徴収した租賃と理解している。[89] しかしこの見解には民間人を雇用し、輸送を任せるという「僦」のもつ本来の意味を見逃しているようである。たとえ戸あたり五〇〇銭という高額の金が賦課された点が多少度を越しているように見えるとしても、賦税の項目に輸送費を定めることは江陵鳳凰山簡牘の例からいくらでも可能である。よって僦銭を土地の租賃とするよりは、貨物の流通と関連した賦税と推定する宋超氏の見解のほうが[90]、僦銭の意味により近いと考える。すなわち、漢初には一算あたりの伝送あるいは転費の名目で納められた運送費は、三国時代になって、次第に官営の運送から民間人の雇用の占める比重が大きくなった。それにより多額の僦銭が土地に賦課され、定額で徴収されるようになったのである。

転費や僦銭は、基本的に運送代金に使用されるのだろうが、そのうちの一部は吏が運送中に発生した損失分を埋め合わせるのに使用したと推測される。二年律令④では、流失した分の半分については、賠償主体を特定の吏に指定しなかった理由も転費や僦銭のような賦税で転用できたためであろう。結果的には、吏の賠償責任が民に転嫁されたと考えられる。

一方で、直接運送の責任を負う船人はどのように対策をたてたのであろうか。まず、これに関して有効な端緒を示すと思われる「漢侍廷里父老僤買田約束石券」に注目したい。この石券の内容は、于季など二五名が僤を組織して構成員が出捐した六一五〇〇銭で八二畝の土地を買ったのち、里父老にその土地の収穫物を使用できるようにする。すなわち、里父老の資格条件を具備した潜在的対象者が、ともに金を出捐して損失費用に備えたのである[91]。これは、里単位の税役徴収の責任を負っていた里父老に対して、将来起こるかもしれない金銭的な損失を充当するためであった。また里父老の金銭的損失とは、割り当てられた税金を徴収できない場合や、これを運送する過程で発生しうる損失のすべてを含んでいた。

これに比べて江陵鳳凰山一〇号漢墓の「中舨共侍約」は、直接に水運の損失賠償問題に関連している[92]。

□□三月辛卯、中舨〻長張伯□兄□仲陳伯等七人相與爲舨約、入舨錢二百。約二。會錢備、不備勿與爲舨。即舨直行、共侍非前謁。病不行者、罰日卅。毋人者以庸賈。器物不具物、責十錢。共事已器物毀傷之、及亡舨、共負之。非其器物擅取之、罰百錢。●舨吏令會、不會＝日罰五十。會而計不具者、罰比不會。爲舨吏□器物及人。●舨吏李□

この内容は、張伯（張偃）が舨長になり、残りの六名と約束したのち、その規定を記したものである。この簡牘は、大きく二つの内容で構成されている。前半部では、七名が各々舨銭二〇〇銭を出捐し、この金額がすべて準備されると販を開始する。その際、七人がすべて一緒に参与せねばならず、前もって告知しないまま病を口実に逃れた者は、毎日三〇銭罰金を払わなければならない。また器物を破損したり流失した場合は、これを一緒に弁償し、自分の器物ではないのに、むやみに持っていくと、一〇〇銭の罰金を支払うように規定されている。「舨」の字を「服」の字に解釈するむきもあるが(93)、字形に忠実に従えば、大船の意味で読むべきである(94)。このように「舨」の字を「船」と理解すれば、この規定は水運の過程で発生するようになる損失に備えた規定と解することができる。すなわち水運に従事する船人たちが、損失に備えるために二〇〇銭の準備金を出捐し、この金額がすべて集まってはじめて水運を開始する。この際、船人たちはすべて水運に参加せねばならず、貨物の毀損や亡失すれば、これを船人たちが一緒に賠償するという内容である。一方、後半部は舨長（船長）とは別途に舨吏（船吏）がみえる。そこでは舨長（船長）をはじめとする七名の舨人（船人）が、舨吏の命令に従うこと、輸送結果を正確に舨吏に報告する義務が規定されている。「中舨共侍約」にみえる組織は、船吏李□の下に民間人の船長張伯と船人六名であると整理できるが、これは前述したように、水運の組織が船嗇夫（船吏）―船師（船長）―船人―徒で構成されていることと同様である。

要するに、水運を直接担当する船人が、自分が賠償しなければならない損失に備えて、一定の金額を出捐し、基金を作っておき、共同で対処するという様子を確認できるのである。しかし船人が金を出捐して約束事を設ける一方で、船吏は金を出さないままこの組織の会計の報告を受け、監督している点は注目される。『二年律令』で指摘されているように、船吏が運送全体を管理しているにもかかわらず貨物が流失してしまった場合、法律的責任まで負わざるをえなかったからであろう。こうした形態は三国時代まで続いていくようにおもわれる。結局、走馬楼呉簡で船師の折咸米を吏が「備」したことは、吏が「中販共侍約」のような方法で船人の賠償体制を監督・掌握していたため可能であった。

おわりに

本稿では、出土簡牘資料をできるだけ活用して、中国古代南方地域における水運の総合的考察を試みた。河川がよく発達した南方地域では、水運が主要な運送方法ということは常識であるが、具体的資料の裏付けがなければ一般化という陥穽に陥りやすい。それゆえ水運がどの程度の経済性を備え、またどの程度の限界を備えていたのかを可能な限り具体的に究明する必要がある。本稿で考察した内容を簡単に整理すると、以下のとおりである。

「鄂君啓節」からは、南方地域のなかでも長江以北は陸運と水運が併用されていたこと、その一方で、河川が発達した長江以南の地域は水運が圧倒的に重要視されていたことがうかがえる。里耶秦簡と沅陵出土の里程簡、そして『奏讞書』案例も、長江以南の酉水、沅江、湘江などの水系に沿って貨物や人々が移動したことを示している。この地域で水運が特に重要視されたことは、たんに地形的条件によって河川が発達したからではない。水運の経済性が正確に算出されたためである。水運は陸運に比べて、おおよそ一二倍から二〇倍ほど多くの量を積載することができた。また水運に必要な費用も、陸運に比べて明らかに少なくて済んだ。特に穀物・芻藁など体積の大きい物品を運送する場合は、非常に有利であった。そのため田租あるいは芻稾が、運搬される際に、あるいは倉庫に集められた物資が上級単位の倉庫へ移動する際には、水運に依存した可能性が非常に大きい。

官営の運送は、原則的に役卒が担当したが、大規模な運送には車や船のような運送手段と、それを運転する専門的機能を備えた人物が必要であった。よって国家は、車父または船人とよばれる専門家を確保するために別途に名籍を作り、これを管理していた。水運の組織は、船嗇夫―船師―船人（舳・艫）―徒で構成されていた。ところで戦国時代から前漢初まで、国家の基本方針は、国家が動員できる人的・物的資源を最大限に利用して官府の物資を運送するものであった。民間人による運送は、可能な限り排除することが原則だったのである。しかし、運送の人力を徴発することはもちろん、運送手段を恒常的に維持することも非常に多くの費用がかかった。結局、文帝時代を境に国家による経営の原則から後退し、民間運送を需要しはじめたのである。そして僦人による運送が拡大し、船師―船人の組織も民間組織として運営されたとおもわれる。

このように経済的費用を節減するために、官営の運送体制がしだいに民間の運送体制を活用する方向へ展開していったが、運送の途中で各種の損失が発生する余地は多かった。こうした損失については、一次的には運送を担当する船人が直接賠償したが、過失ではない場合には吏もその半分を賠償した。のみならず、賠償責任と遜色のない法律的責任も負わなければならなかった。

こうした賠償責任を補塡するため、それぞれの方法が考えられた。水運を直接担当する船人は、自分が賠償しなければならない損失分に備えて、一定の金額を出捐して基金をつくり、共同で対処した。一方、船吏は運送全体を管理して、貨物が流失する場合に法律的責任を負うため、一般民から転費、または僦銭の名目で賦税を徴収し、積極的に船人の賠償体制を監督・掌握して、彼らから賠償金額を受け流失分を補塡した。

以上から、南方における水運のもつ経済性は明らかであるが、同時に水運は多くの費用がかかった。南方地域が地形上は水運に依存せざるをえなかったからこそ、水運に必要な様々な費用はその社会において重要な問題であった。こうした費用を補填するために、民に運送費の名目で各種の賦税が賦課され、船人もやはり自分たちで賠償の責任を負えるように自ら組織をつくったことが、まさに水運による社会的現象であるといえよう。

注

（1）秦漢時代の南方地域の水運研究については、単に地域的条件を強調する常識的次元にとどまり、実際に具体的な資料を通じて究明することに力を注いでこなかったという傾向がある。おそらくその原因の一つには、秦漢時代から後世に伝わる大部分の文献資料が政治・経済の基盤である黄河流域を中心に記録されており、南方地域に触れる場合でも、水運に関心がなかったことがあげられる。一方、一次資料としての簡牘は、二〇世紀初に居延と敦煌で発見されたが、その地域の地形的条件から、陸路による車の交通が主要であった。しかし一九五七年と一九六〇年に発見された「鄂君啓節」の舟節をきっかけとして、南方における水運交通路が本格的に学界の注目を浴びるようになった。その後、湖北省と湖南省で戦国・秦漢時代および三国時代の簡牘が多数出土すると、簡牘にみえる南方地域の水運関連の記録を積極的に探そうとする努力が続けられた。王子今『秦漢交通史稿』（中共中央党校出版社、一九九四年）が代表的である。

（2）李成珪「計數化된人間──古代中国의税役의基礎와基準──」（『中国古中世史研究』二四、二〇一〇年八月）。

（3）『九章算術』商功篇第二一題「今有盤池、上廣六尺、袤八丈、下廣四丈、袤六丈、深六丈、問積幾何。七萬六百六十六尺大半尺。負土往來七十步、其二十步上下棚除、棚除二、當平道五、踟蹰之間十加一。載輸之間三十步。定一返一百四十步。土籠積一尺六寸。秋程人功行五十九里半。問人到積尺、用徒各幾何」。

（4）『九章算術』均輸篇第四題「六人共車、車載二十五斛、重車一行五十里」。

（5）張家山漢簡『二年律令』四一二簡「委輸傳送、重車・重負日行五十里、空車七十里、徒行八十里」。

（6）藤田勝久「戦国楚の領域形成と交通路」（『中国古代国家と郡県社会』汲古書院、二〇〇五年、一七六頁）。陳偉「《鄂君啓節》與楚国的免税問題」（『江漢考古』一九八九年第三期）、同「《鄂君啓節》――延綿三〇年的研讀」（『新出楚簡研讀』武漢大学出版社、二〇一〇年）。

（7）「上江入湘就誓・就洮陽、入耒就郴、入資沅澧油」。

（8）『敦煌懸泉漢簡釈粋』（上海古籍出版社、二〇〇一年）II0214①：130「……倉松去鵠鳥六十五里、鵠鳥去小張掖六十里、小張掖去姑臧六十七里、姑臧去顯美七十五里。……（A第一欄）……氐池去觻得五十四里、觻得去昭武六十二里府下、昭武去祁連置六十一里、祁連置去表是七十里。……（A第二欄）……玉門去沙頭九十九里、沙頭去乾齊八十五里、乾齊去淵泉五十八里。●右酒泉郡縣置十一●六百九十四里。（A第三欄）……出二匹六百八十五錢、出一匹三百卌五●凡千廿。出……米卩。（B第一欄）出二□……出二□……出二□……（B第二欄）」

（9）『居延新簡』（甘粛省文物考古研究所等編、文物出版社、一九九〇年）E.P.T59：582

長安至茂陵七十里　月氏至烏氏五十里
茂陵至茯置卅五里　烏氏至涇陽五十里
茯置至好止七十五里　涇陽至平林置六十里
好止至義置七十五里　平林置至高平八十里
……　（以上為第一欄）
媼圍至居延置九十里　删丹至日勒八十七里
居延置至觻裏九十里　日勒至鈞著置五十里
觻裏至偦次九十里　鈞著置至屋蘭五十里
偦次至小張掖六十里　屋蘭至氐池五十里　（以上為第二欄）

（10）『史記』巻七〇張儀列伝「秦西有巴蜀、大船積粟、起於汶山、浮江已下、至楚三千餘里。舫船載卒、一舫載五十人與三月之食、下水而浮、一日行三百餘里、里數雖多、然而不費牛馬之力、不至十日而距扞關」。

(11)『唐六典』巻三度支郎中員外郎「水行之程、舟之重者、溯河日三十里、江四十里、余水四十五里。空舟溯河四十里、江五十里、余水六十里。沿流之舟、則輕重同制、河日一百五十里、江一百里、余水七十里」。

(12)譚其驤の『中国歴史地図集』には臨沅から遷陵の間に、沅陵と酉陽が位置するが、沅陵の位置と関連しては現在残っている城址などから、酉水へ折入する地点より上流に位置しているようにも見える。

(13)王煥林は、里耶秦簡J1(16)1の遷陵—同庭郡間の文書移動にかかった時間と『唐六典』の唐代水運の所要時間を計算して、両者が合致するとし、水系による移動を強調した。王煥林『里耶秦簡校詁』(中国文聯出版社、二〇〇七年、二〇八—二〇九頁)。

(14)馬王堆漢墓帛書整理小組「長沙馬王堆三号漢墓出土地図的整理」(『文物』一九七五年第二期)。

(15)張家山漢簡『奏讞書』案例一八「●南郡卒史蓋廬・摯・朔假卒史瞗復攸庫等獄簿。御史書以廿七年二月壬辰到南郡守府、卽下、甲午到蓋廬等治所、其壬寅補益從治、上治它獄。●四月辛卯、瞗有論、去。五月庚午、朔・益從治、蓋廬有貲去。八月庚子、朔論去。盡廿八年九月甲午、已。凡四百六十九日。朔病六十二日、行道六十日、乘恒馬及船行五千一百卌六里、率之、日行八十五里、奇卌六里不率。除元・伏不治、它獄四百卌九日、定治十八日」。

(16)張家山漢簡『二年律令』五一六—五一七簡「十六。相國上長沙丞相書言、長沙地卑濕、不宜馬、置缺不備一駟、未有傳馬、請得買馬十、給置傳、以爲恒。●相國・御史以聞、請許給買馬。●制曰、可」。

(17)劉和恵『楚文化的東漸』(湖北教育出版社、一九九五年、一三〇—一三九頁)。

(18)『史記』巻一一八淮南衡山列伝「上取江陵木以爲船、一船之載當中國數十兩車」。

(19)『釈名』「釋船。五百斛以上、環在小屋、曰斥候、……三百斛曰船䑼貂也、……二百斛以下曰艇」。

(20)『漢書』巻二四食貨志「故事、歳漕、関東穀四百萬斛、以給京師、用卒六萬人」。

(21)北魏時代の事例によると、刁雍が水運を提議して一船につき穀二〇〇〇斛を積み、五人が乗るようにし、すべて船二〇〇艘と一〇〇〇人を動員しようと主張した(『魏書』巻三八刁雍伝)。

(22)Lothar von Falkenhausen, "The E Jun Qi Metal Tallies", Martin Kern ed., Text and Ritual in Early China, University of Washington Press: Seattle, 2005, p.89.

(23) 実際、関所システムでも十分に軍事物資の国外搬出を点検できたはずである。

(24)『里耶発掘報告』（湖南省文物考古研究所編著、岳麓書社、二〇〇七年）J1⑧134正面「廿六年八月庚戌朔丙子司空守樛敢言前日言競陵蘯陰狼假遷陵公船一袤三丈三尺名曰桅（?）／以求故荊積瓦未歸船狼屬司馬昌官謁告昌官令狼歸船報曰狼有律在復獄已卒史／衰義報（?）今寫校券一牒上謁言已卒史衰義報問狼船存所其亡之爲責(債)券移遷陵弗□□屬／謁報敢言之六月庚辰遷陵守丞敦狐郄之司空自以二月叚(假)狼船何故□邑 □辟□今而／補曰謁問復獄卒史衰義(衰義)事已不智(知)所居其聽書從事／慶手即令□□行司空」。

(25) 呉榮曾・張春龍「龍山里耶秦簡概述」韓国秦漢簡牘研究会発表文、二〇一〇年一〇月二三日。一四—四六九簡「□余船車皆□以□役使采赤金」。

(26)『里耶秦簡発掘報告』J⑧147「遷陵已計卅四年餘現弩臂百六十九／凡百六十九／出弩臂四輸益陽／出弩臂三輸臨沅／凡出七／今九月見(現)弩臂百六十二」。

(27)『漢書』によると、児寛が免職されるという消息を聞いて大家は牛車を使用し、小家は直接担いで租穀を納付したとある。『漢書』巻五八児寛伝「寛既治民、勸農業、緩刑罰、理獄訟、卑體下士、務在於得人心。擇用仁厚士、推情與下、不求名聲、吏民大信愛之。寛表奏開六輔渠、定水令以廣漑田。收租稅、時裁闊狹、與民相假貸、以故租多不入。後有軍發、左内史以負租課殿、當免。民聞當免、皆恐失之、大家牛車、小家擔負、輸租繦屬不絶、課更以最。上由此愈奇寛」。

(28) 例をあげると、前漢初期と推定される江陵鳳凰山一〇号墓出土の四号簡牘には、南郡江陵県西郷市陽里の二月～六月と鄭里の二月における算賦徴収の内訳が、五号木牘には当利里の正月と二月の算賦の徴収内訳が各々記録されている。その記録によると、算賦は毎回八銭～四二銭ずつ毎月数字によって徴収された。そして毎月徴収される金額には「吏奉」、「轉費」、「傳送」、「繕兵」などが注記され、その金額も一定ではなかった。そのほかにも更賦も月別の分納であった可能性が大きい。銭納ではなく芻藁のような現物納の場合は、より複雑であった。三号簡牘には、戸芻、田芻、田藁などの区分によって芻藁を土地の大きさにより徴収しており、その中の一部は銭納もみられ、芻を藁に換算することもあった。こうした方式で徴収された租税の納付者個人が毎月一つずつ、郷倉まで自送することは非常に非効率的であった。

(29) 裘錫圭「湖北江陵鳳凰山十号漢墓出土簡牘考釈」(『文物』一九七四年第七期)。鳳凰山一〇号墓三号簡牘「平里戸芻廿七石、田芻四石三斗七升、凡卅一石三斗七升、八斗爲錢、六石當稾、定廿四石六斗九升當□、田稾二石二斗四升半、芻爲稾十二石、凡十四石二斗八升半、稾上戸芻十三石、田芻一石六斗六升、凡十四石六斗六升、二斗爲錢、一石當稾、定十三石四斗六升給當□、田稾八斗三升、芻爲稿二石、凡二石八斗三升」。

(30) 張家山漢簡『二年律令』田律二四〇—二四一簡「入頃芻稾、頃入芻三石。上郡地惡、頃入二石。稾皆二石。令各入其歳所有、毋入陳、不從令者罰黄金四兩」。もちろん芻と稾は、一定の比率で互いに換算して折納することが可能であるので、総量に少し相違が見られることもあるが、大体この程度の量とみなしてもよいであろう。

(31) 鳳凰山一〇号墓七号簡牘長簡一「市陽租五十三石三斗六升半、其六石一升當藁物、其一斗大半當麥、其七升半當□、其一石一斗二升當秏、其四石五斗二升當黄白術(秫)、凡□十一石八斗三升、定卌□石五斗三升斗、監(?)印(?)」。

(32) 鳳凰山一〇号墓八号簡牘長簡二「白稻米六升、麥七□、黍(?)□□、□□七斗四升粢穤(糯)□米……粢……大半、粢白粟二……、稻米二斗四升大半升當□八□□□少半、稻穤(?)一(?)斗四升少半□□、……八升□、……大半升、青(精)米四……」。

(33) たとえ田租と算賦が正確に比例しないとしても、算数で田租のおおよその規模を推定することができる。算数の比率は市陽里が一一二算、當利里が一一五算、鄭里が七二算であるので、この比率で計算すると、市陽里が五三・三六石、當利里が五四・七九石、鄭里は約三四・三石の田租が徴収されたと見ることができる。

(34) 六号簡牘でもその事例を窺うことができるように、田租の中の一部が銅銭で折納される場合があるが、折納される量は極めて少ない。また、『二年律令』にも、折納関連の規定があるが、これは県が一年間で必要な量を実物で満たした後、それ以上の剰余分については折納を規定している。張家山漢簡『二年律令』「田律」二四一簡「收入芻稾、縣各度一歳用芻稾、足其縣用、其余令頃入五十五錢以當芻稾。芻一石當十五錢、稾一石當五錢」。二四二簡「芻稾節貴於律、以入芻稾時平賈入錢」。

(35) 酉水を挟み、両岸に各々大板墓群・麦茶墳群と清水坪墓群が発掘されたが、これらの墓群は、周辺に聚落が存在していることを意味している。前掲書『里耶発掘報告』五～一〇頁参照。

(36) 侯旭東「呉簡所見「折咸米」補釈―兼論倉米的轉運與吏的職務行爲過失補償」（北京呉簡研討班編『呉簡研究』第二輯、崇文書局、二〇〇六年）。三州倉が郡倉である可能性もあるが（谷口建速「長沙走馬楼呉簡にみえる穀物財政システム」工藤元男・李成市編『東アジア古代出土文字資料の研究』雄山閣、二〇〇九年、二〇〇頁）、三州倉が県倉であり、州中倉が郡倉であるが、州中倉は県倉を兼ねているとみる見解もある（伊藤敏雄「長沙走馬楼呉簡中の『邸閣』再検討」太田幸男・多田狷介編『中国前近代史論集』汲古書院、二〇〇七年）。どのような場合であれ、三州倉が州中倉に所属しているという点は明らかである。

(37) 長沙簡牘博物館・中国文物研究所・北京大學歴史學系・走馬樓簡牘整理組編『長沙走馬樓三国呉簡・竹簡［参］』（文物出版社、二〇〇八年）。

(38) 谷口建速、前掲論文参照。

(39) 長沙市文物考古研究所・中国文物研究所・北京大學歴史學系・走馬樓簡牘整理組編『長沙走馬樓三国呉簡・嘉禾吏民田家莂』（文物出版社、一九九九年）B76「入都鄉嘉禾元年租米十斛≡✕嘉禾元年十一月十一日州吏董宣關邸閣郭据付倉吏黃諱史潘慮受」。

(40) 大男趙益（3-2242）が、⑤にみえる船師趙益と同一人物の可能性がある（谷口建速、前掲論文、一九四頁）。

(41) 『商君書』墾令篇「領送粮無取僦」。

(42) 『睡虎地秦墓竹簡』（睡虎地秦墓竹簡整理小組編、文物出版社、二〇〇一年）效律。

(43) 『塩鉄論』褒賢篇「然戍卒陳勝釋輓輅、首爲叛逆」。

(44) 『史記』巻九九劉敬叔孫通列伝「戍隴西……婁敬脱輓輅」。

(45) 『漢書』巻二四食貨志。

(46) 『漢書』巻九九王莽伝「募天下囚徒・丁男・甲卒三十萬人、轉衆郡委輸五大夫衣裘・兵器・糧食」。

(47) 『居延漢簡釈文合校』（謝桂華等編、文物出版社、一九八七年）合203.14「鄣卒張竟　塩三升　十二月食三石　三斗三升少　十一月庚申自取」等。
(48)『睡虎地秦墓竹簡』均工律「隷臣有巧可以爲工者、勿以人僕養」。
(49)『睡虎地秦墓竹簡』倉律「女子操敃紅及服者、不得贖」。
(50)『睡虎地秦墓竹簡』軍爵律「工隷臣斬首及人爲首斬以免者、皆令爲工、其不完者、以爲隱官工」。
(51)『睡虎地秦墓竹簡』均工律「新工初工事一歳半功、其後歳賦功與故等、工師善教之」。
(52)李成珪『中国古代帝国成立史研究』（一潮閣、一九八四年）。
(53)大櫛敦弘「秦漢国家の陸運組織に関する一考察――居延漢簡の事例の検討から」（『東洋文化』六八、一九八八年三月）。
(54)佐原康夫「居延漢簡に見える物資の輸送について」（『東洋史研究』五〇―一、一九九一年六月）。
(55)『漢書』巻六武帝紀「舳艫千里」所引「李斐曰、舳、船後持柁處也、艫、船前頭刺櫂處也」。
(56)『睡虎地秦墓竹簡』秦律雜抄「采山重殿、貲嗇夫一甲、佐一盾。三歳比殿、貲嗇夫二甲而廢。殿而不負費、勿貲。賦歳功、未取省而亡之、及弗備、貲其曹長一盾。太官、右府、左府、右采鐵、左采鐵課殿、貲嗇夫一盾」。
(57)長沙市文物考古研究所・中国文物研究所・北京大学歴史学系・走馬楼簡牘整理組編『長沙走馬楼三国呉簡・竹簡〔壹〕』（文物出版社、二〇〇三年）。簡1267「……其卅六斛一升船師梅朋傳□建安廿六年折咸……」等。
(58)于豪亮「四川涪陵的秦始皇二十六年銅戈」（『考古』一九七六年第一期）。
(59)李成珪、前掲書、一六〇―一六四頁。
(60)『史記』巻一一二平津侯主父列伝。
(61)『史記』巻三〇平準書。
(62)『睡虎地秦墓竹簡』金布律「傳車、大車輪、葆繕參邪、可殹（也）。韋革、紅器相補繕。取不可葆繕者、乃糞之」。
(63)『睡虎地秦墓竹簡』司空律「及大車轅不勝任、折軲上、皆爲用而出之」。
(64)『睡虎地秦墓竹簡』司空律「官長及吏以公車牛稟其月食及公牛乘馬之稟、可也。官有金錢者自爲買脂、膠、無金錢者乃月爲言脂、膠、期足。爲鐵工、以攻公大車」。

(65)『睡虎地秦墓竹簡』倉律「駕傳馬、一食禾、其顧來又一食禾、皆八馬共。其數駕、毋過日一食。駕縣馬勞、又益壹禾之」。

(66) 張家山漢簡『二年律令』四二一—四二二簡「馬牛當食縣官者、牛參以上牛日芻二鈞八斤。馬日二鈞□斤、食一石十六斤、□□稾□。乘輿馬芻二稾一。「□食之、各半其馬牛食。僕牛日芻三鈞六斤、犢半之」。

(67)『睡虎地秦墓竹簡』倉律「妾未使而衣食公、百姓有欲假借者、假借之」。

(68)『睡虎地秦墓竹簡』廏苑律「將牧公馬牛、……其人詣其官」、金布律「百姓假公器及有債未償」、司空律「官府假公車牛者□□□假人所、或私用公車牛、及假人食牛不善……不攻間車、車空失……」。

(69)『里耶秦簡発掘報告』J1⑧134正面「廿六年八月庚戌朔丙子司空守樛敢言前日言競陵盪陰狼假遷陵公船一袤三丈三尺名曰柂(?)以求故荊積瓦未歸船」。

(70)『睡虎地秦墓竹簡』「封診式」告臣「丙、甲臣、驕悍、不田作、不聽甲令、謁賣公」。張家山漢簡『二年律令』「亡律」一六一「其主不欲取者、入奴婢、県官購之」。

(71)『漢書』酷吏伝巻九〇田延年條「大司農取民牛車三萬兩爲僦、載沙便橋下、送致方上、車直千錢」。

(72)『史記』巻三〇平準書「興十萬人築衛朔方、轉漕甚遼遠、自山東咸被其勞、費數十百巨萬、府庫益虚」。

(73)『史記』巻三〇平準書「船有算、商者少、物貴」。

(74)『史記』巻三〇平準書「(元封二年)弘羊以諸官各自市、相與爭、物高騰躍、而天下賦輸或不償其僦費、乃請置大農部丞數十人、分部州郡國、各往往縣置均輸鹽鐵官、令遠方各其以其物貴時商賈所轉販者爲賦、以相灌輸」。

(75)『居延漢簡釈文合校』(合506.26)「●元延四年八月以來將轉守尉黃良所賦就人錢名」、(合506.27)「出錢千三百卌七賦就人會水宜祿裏蘭子房一兩」。

(76)『居延漢簡釈文合校』。

(77)『睡虎地秦墓竹簡』效律「工稟髹它縣、到官試之、飲水、水減二百斗以上、貲工及吏將者各二甲。不盈二百斗以下到百斗、貲各一甲。不盈百斗以下到十斗、貲各一盾。不盈十斗以下及稟髹縣中而負者、負之如故」。

(78)『居延新簡』E.P.F.22:11「思以大車半犁軸一萬錢」。

(79)『居延漢簡釈文合校』「元康三年計毋餘完車」（合10.20）。
(80)張家山漢簡『二年律令』六―八簡。
(81)『三国志』呉書巻一孫破虜討逆伝「與父共載船至錢唐、會海賊胡玉等從匏里上掠取賈人財物」。
(82)『睡虎地秦墓竹簡』效律「實官佐・史被免徙、官嗇夫必與去者效代者。即官嗇夫免而效不備、代者與居吏坐之。故吏弗效、新吏居之未盈歲、去者與居吏坐之、新吏弗坐。其盈歲、雖弗效、新吏與居吏坐之、去者弗坐。它如律」。
(83)睡虎地秦墓竹簡整理小組の注釈がその代表的な例である。『睡虎地秦墓竹簡』三四頁。
(84)『雲夢睡虎地秦簡』廄苑律。
(85)王子今「走今樓簡〈折咸米〉釈義」（国際簡牘学会編『国際簡牘学会会刊』三号、蘭台出版社、二〇〇一年）、侯旭東前掲論文参照。
(86)張家山漢簡『二年律令』一一九「贖死、金二斤八兩。贖城旦春・鬼薪白粲、金一斤八兩。贖斬・腐、金一斤四兩。贖劓・黥、金一斤。贖耐、金十二兩。贖遷、金八兩。有罪當腐者、移內官、內官腐之」。
(87)藤田高夫、「秦漢罰金考」、『前近代中国の刑罰』（京都大学人文科学研究所、一九九六年）。
(88)弘一「江陵鳳凰山十号漢墓簡牘初探」（『文物』一九七四年第六期）。
(89)王子今「長沙走馬樓竹簡「地僦錢」的市場史考察」（北京呉簡研討班編『呉簡研究』一輯、崇文書局、二〇〇六年）。
(90)宋超「呉簡所見「何黑錢」・「僦錢」與「地僦錢」」（北京呉簡研討班編『呉簡研究』一輯、崇文書局、二〇〇四年）。
(91)拙稿「後漢時代 里父老와 国家權力――〈漢侍廷里父老僤買田約束石券〉의 分析을 中心으로」（『東洋史學研究』三五、一九九一年一月）。
(92)李均明・何双全編『散見簡牘合輯』（文物出版社、一九九〇年）「湖北江陵鳳凰山十号漢墓木牘・竹簡」。
(93)裘錫圭、前掲論文、姚桂芳「江陵鳳凰山一〇号漢墓「中服共侍約」牘文新解」（『考古』一九八九年第三期）参照。
(94)弘一、前掲論文。前掲『散見簡牘合輯』も「飯」で釈読している。

第二部　古代日本、韓国の情報伝達

日本古代の交通と出土木簡

佐藤　信

はじめに

「日本古代の交通と出土木簡」について、東アジアにおける漢字文化の展開・受容と交通との関係という視点から考えたい。人・物の交通と情報伝達とは深く結びついており、日本古代国家が律令制を基軸とした中央集権的な国家体制を築くにあたっては、中央と地方とを結ぶ情報伝達のあり方に、それまでの口頭伝達から律令制の文書主義へという大きな変化がもたらされた。また国内だけでなく、東アジア諸国間の交通においても、たとえば日本からの遣唐使にみられるように、使節・留学生・留学僧などの人の移動（使者による口頭伝達もあった）、進物・賜物（特産物、時に人質・学者・工人・奴婢などの人もあった）などの物の移動、国書・書状などの文書による伝達など、人・物・情報が組み合う「交通」[1]が展開したのであった。

日本列島における漢字文化受容について概観すると、文書主義を特徴とする中央集権的な官僚制を律令国家が中央・地方にわたり築いていった七世紀後半において、渡来人のみでなく、列島各地の地方官衙に大量の漢字文化の担い手が下級官人として出現するという動きが急速に展開した。この動きは、七世紀の地方豪族たちが、漢字文化や仏教をふくむ先進文明・技術を積極的に受容していたという動向を背景としていた。紙・木併用時代の漢字文化が、中国から朝鮮半島を経由して日本列島に伝わり、八世紀の日本では紙の文書とともに木簡が広く使用され使い分けられた。[2]

ここでは、狭義の交通と出土文字資料（木簡・漆紙文書・文字瓦・墨書土器・金石文）をつなぐ遺物・遺跡として、木簡と地方官衙に焦点をあてて検討してみたい。

一　日本古代の交通関係木簡

1　過所木簡

古代の通行証である「過所」として、紙ではない文書木簡である「過所木簡」も、古代の一時期に正式に用いられた。[3]『令義解』公式令22過所式条（養老令）は、次のように公文書としての過所の書式を規定する。

◇過所式

其事云云。度其関往其国

其官位姓。（三位以上、称卿。）資人。位姓名。（年若干。若庶人称本属。）従人。其国

其郡其里人姓名年。（奴名年。婢名年。）其物若干。其毛牡牝馬牛若干疋頭。

年　月　日　　　　主　典　位　姓　名

次　官　位　姓　名

右過所式。並令依式具録二通、申送所司。々々勘同、即依式署。一通留為案、一通判給。

一方、『令集解』公式令40天子神璽条の古記（大宝令の注釈）をみると、

◇古記云、注、「過所符者、随便用竹木」。謂和銅八年（七一五）五月一日格云、「自今以後、諸国過所、宜用国印也」。

とあり、同じことを『続日本紀』霊亀元年（七一五）五月朔条では、

◇始今、諸国百姓、往来過所、用当国印焉。

と記載する。

すなわち、大宝令（七〇一年～）の注には、「過所符者、随便用竹木」という文があり、正式に竹・木の過所（過所木簡）の使用が認められていたが、和銅八年（七一五）に諸国百姓の過所には国印を捺印することが定められたことにより、過所木簡は正式なものではなくなり、紙の過所（文書）に限定されることになったのである。

実際に、平城宮下層の下つ道の側溝から出土した八世紀初頭の木簡の中に、正式に機能した過所木簡が見つかっている。

平城宮木簡（一九二六号）

◇（表）関々司前解近江国蒲生郡阿伎里人大初上阿□〔伎カ〕勝足石許田作人

（裏）同伊刀古麻呂大宅女右二人左京小治町大初上笠阿曾弥安戸人右二
送行乎我都　鹿毛牡馬歳七　里長尾治都留伎

長六五六×幅三六×厚一〇ミリ　〇一一型式

この木簡は、近江国蒲生郡阿伎里から藤原京（六九四～七一〇年）に行く二人と馬が関々を通過するために、近江国蒲生郡阿伎里の里長が記載した過所木簡である。近江国から山背国を経由し、北から平城山を越えて大和国の奈良盆地に下り立った下つ道北端の地点において、不用となり、廃棄されたと考えられる。地方行政組織の「国―郡―里」という記載から、大宝令（七〇一年）以降であり、また平城京遷都（七一〇年）以前の下層遺構から出土しているので、

七〇一年から七一〇年までの年代で、実際に機能した「過所符者、随便用竹木」の実例といえるのである。

なお、日本では木簡のみで竹簡はみられないのに、「過所符者、随便用竹木」とあるのは、竹簡が存在する中国における前例に影響されたものであろうか。台湾の中央研究院（台北市）が所蔵する居延漢簡の中には、漢代の過所関係の簡牘が多数みられ、封泥の筐付きの形態（封泥の捺印が可能）のものもみられるが、二〇〇七年の調査（籾山明埼玉大学教授を代表とする調査で、私も参加した）により、西域までもたらされた竹簡の過所の実例を発見した。これは、旧居延漢簡の140.1号（労幹編『居延漢簡　図版之部』中央研究院歴史語言研究所、一九五七年の四一二・四一三頁）で、竹材で縦二三五ミリ、横一三ミリ、厚三ミリ、重四・五九グラムを計る。河南省の陽翟から居延まで李臨という人物が移動した際の過所竹簡と考えられる。この調査成果により、中国の漢代に実際に竹簡の過所が存在したことが判明し、大宝令の注「過所符者、随便用竹木」の根拠の一端が知られたといえよう。

2　告知札・牓示札

次に交通関係の木簡として、告知札・牓示札をみよう。

(1) 平城京の告知札

平城京の左京一条三坊東三坊大路の東側溝から、九世紀初期の大型の告知札木簡が、四点出土している。[4]

◇告知　往還諸人　走失黒鹿毛牡馬一匹 在験片目白 額少白
件馬以今月六日申時山階寺南花薗池辺而走失也　九月八日
若有見捉者可告来山階寺中室自南端第三房之

九九三×七三×九ミリ　〇五一型式

◇告知捉立鹿毛牡馬一匹□□右馬以今月一日辰時依作物食損捉立也而至今日未来其主
験額髪□〔毛カ〕□□件馬□可来□□□　天長五年四月四日
一一三四×五一×七・五ミリ　〇五一型式

これらの告知札は天長五年（八二八）頃の一括資料である。形態としては、①長大なこと、②方頭で下端を尖らせる形態（〇五一型式）をとること、③下方には文字を記さない、④表面のみに記載する、⑤下端部を除き木簡の表面が風化している、という特徴が共通する。おそらく、地中に打ち込んで風雨の下で往来の人々に掲示したものと考えられる。記載形式としては、a「告知」の記載からはじまり、b告知の対象、c失ったまたは拾得した物の種類、dその特徴、e物を失ったまたは拾得した日時、fその場所、g告知の主体と居所、h告知の年月日を記載している。

禁制を内容とする平安時代初期の太政官符の文中には、「仍於所在条坊及要路、明加牓示」（『類聚三代格』延暦十一年〔七九二〕七月二十七日太政官符）とか、「仍牓示要路、分明告知」（『類聚三代格』弘仁四年〔八一三〕六月一日太政官符）などと「牓示」のことが見え、木製の牓示札の存在が考えられる。

廏牧令24闌遺物条では、「闌遺物」（遺失物）は五日以内に所司に申告することが定められており、捕亡令4亡失家人条では、亡失した物は官司に届けて「案記」することが求められている。この「案記」を『令義解』は、a亡失の処、b失物の由、c状、d色目としており、その失物が見つかった場合この「案記」にしたがって主に返還するとしている。捕亡令15得闌遺物条によれば、取得された闌遺物すなわち拾われた遺失物は、同じように①随近の官司―京職や国司、②市の場合は市司、③衛府の京内巡行で得た場合は各衛府の本府に宛てて送り、それぞれの官司の門の外に展示され（「皆懸於門外」）、本主がそれを見つけたら、記録を調べ保証を取って返還するのであった。そして三十日たって本主が現れない時は、物品を納めて替わりに「物色」の記録を門に牓示した。

平城京左京一条三坊東三坊大路の告知札出土地は、山城国と大和国を結んで平城山を越えるウワナベ路の道筋が奈良盆地に降り立った地点であり、平安時代初期にも往来の激しい場であった。闌遺物である馬などについての律令の法制度が九世紀前半にも社会的に生きていた様子が、出土した告知札にうかがえるのではないだろうか。拾得された闌遺物やその記録を掲げたのは、奈良時代なら平城京内における京職・市司の役所の門前か、平城宮の外郭宮城門の門前であったと考えられ、宮都内ではこうした「門外」が京民たちの耳目が集まる「要路」にあたったと思われる。

(2) 地方民衆支配のための牓示札

◎加茂遺跡（石川県津幡町）出土木簡

古代の加賀国加賀郡が掲示した九世紀半ばの牓示札の木簡が加茂遺跡から出土している[5]。

◇符　深見村□郷駅長幷諸刀禰等

応奉行壱拾条之事

一　田夫朝以寅時下田夕以戌時還私状
一　禁制田夫任意喫魚酒状
一　禁断不労作溝堰百姓状
一　以五月卅日前可申田殖竟状
一　可捜捉村邑内竄宕為諸人被疑人状
一　可禁制無桑原養蚕百姓状

一　可禁制里邑之内故喫酔酒及戯逸百姓状
一　可塡勤農業状　□村里長人申百姓名
案内被国去□月廿八日符稱勧催農業
□法条而百姓等恣事逸遊不耕作喫
魚殴乱為宗播殖過時還稱不熟只非
弊耳復致飢饉之苦此郡司等不治
之□而豈可。然哉郡宜承知並口示
事早令勤作若不遵符旨称倦懈
由加勘決者謹依符旨仰下田領等宜
毎村屢廻愉有懈怠者移身進郡符
国道之裔縻羈進之牓示路頭厳加禁
領刀禰有怨憎隠容以其人為罪背不
有符到奉行
大領錦村主　　主政八戸史
擬大領錦部連真手麿　擬主帳甲臣
少領道公　夏□　　副擬主帳宇治
□少領勘了
嘉祥□〔二カ〕年□〔二カ〕月□〔十二カ〕日

〔二カ〕□月十五日請田領丈部浪麿

嘉祥年間（八四八〜八五一年）に、加賀郡司から村・郷・駅長・刀禰たちに宛てた命令下達の公文書「郡符」を記載した横板状の牓示札である。加茂遺跡は、官道の北陸道駅路が加賀国から越中国と能登国とに向かう分岐点に位置しており、大溝によって日本海に通じる潟湖の水上交通とも結びついた交通の要衝地において、郡家から離れてこうした「郷駅長幷諸刀禰等」にあてた牓示が行われたのである。地方の民衆に対する規制・禁制を命ずる牓示札が交通の要衝に掲示された様子が知られ、近世の高札・高札場のあり方とも通じよう。

3　召文（召喚状）木簡

◎八幡林官衙遺跡出土木簡（郡符木簡）

八幡林官衙遺跡（新潟県長岡市）は、古代の越後国古志郡内に位置する八世紀前葉から九世紀前葉にかけての地方官衙遺跡である。遺跡の性格については、郡家説・郡司館説・国府出先機関説・関説・駅家説・城柵説などがあるが、こうした多機能の官衙施設が群として集合した様相を示す地方官衙遺跡であるといえよう。この遺跡からは、次のような八世紀前葉の郡符木簡(6)のほか、多数の封緘木簡(7)などが出土している(8)。

◇八幡林官衙遺跡出土木簡1号

（表）郡司符　青海郷事少丁高志君大虫　右人其正身率□□

（裏）虫大郡向参朔告司〔身カ〕□率申賜　符到奉行　火急使高志君五百嶋

九月廿八日主帳丈部□□

五八五×三四×五ミリ　〇一一

公式令（13符式条）にみられる下達文書の「符」の書式にならって「郡司符」と書きはじめるこの郡符木簡は、伴出した木簡から養老年間（七一七〜七二四）頃の年代と推定される。郡符木簡は、郡司が郡内の郷長（里長）等に対して召喚などの命令を下達するときに記された公文書の木簡であり、伝統的な地方豪族の統治下にあった郡の世界においても、律令制の文書主義にもとづく行政的な支配が行われたことを示している。越後国蒲原郡司（発行責任者は郡司四等官の主帳である丈部某）が、管下の青海郷の少丁である高志君大虫に対して国府の告朔司への出頭と言上とを命じた召喚状の下達文書であり、蒲原郡家から「火急使」である高志君五百嶋がこの木簡を伝達した。高志君大虫は、おそらくこの木簡を持って蒲原郡家から頸城郡（上越市）にある越後国府まで行き、国庁で行われた十月一日の朔告（こうさく）の儀礼（前月の行政報告を行う政務儀式）に参加して上申の役割を果たし、その帰途に最終的に隣郡である古志郡の八幡林官衙遺跡の地でこの木簡は不要となり、廃棄されたものと推測される。すなわち、この郡符木簡は、召喚状であると同時に過所（通行証）としての機能も果たしたと考えられる。(6)

こうした郡符木簡は、すでに日本列島各地の地方官衙遺跡・郡家遺跡から多く出土している。その出土例は、八世紀初めから九世紀半ばにわたって、荒田目条里遺跡（福島県いわき市）・屋代遺跡群（長野県千曲市）・伊場遺跡（静岡県浜松市）・杉崎廃寺（岐阜県飛騨市）・西河原遺跡（滋賀県野洲市）・長岡京跡（京都府向日市）・山垣遺跡（兵庫県丹波市）などの諸地方に及んでいる。このことは、全国的に、八世紀初頭の頃から、郡司が郡内に命令を伝達する際に文書木簡を広く用いていたことを示している。

郡司にはもと国造などの伝統的な地方豪族が任じられたから、彼らの伝統的支配権によって郡内への命令は使者（木簡も使者が運んだ）による口頭伝達でも充分用を為すはずであるが、律令制の文書主義に従って郡符木簡が利用されたところに、地方行政の新しい段階が認められる。郡司クラスの地方豪族による在地支配は、律令制の確立とともに、かつての口頭による人格的支配から文書による行政的支配へと変質していったといえよう。

次に、郡符木簡ではない召文（召喚状）の木簡を取り上げよう。

◎平城宮木簡（『平城宮発掘調査出土木簡概報』六、五頁上段）

◇（表）　津島連生石　春日椋人生村　宇太郡
　召急山部宿禰東人　平群郡　三宅連足島　山辺郡
　　忍海宮立　忍海郡　大豆造今志　広背郡

（裏）刑部造見人　和銅六年五月十日使葦屋
　小長谷連赤麻呂　右九　椋人大田　充食馬
　小長谷連荒当　志貴上郡

これは、平城京遷都早々の和銅六年（七一三）に、平城宮内の官司から、大和国内に居住する下級官人たち九人を至急に召喚する内容をもつ召文（召喚状）木簡である。使者の葦屋椋人大田が、この木簡を持って大和国内の諸郡を廻り、九人の呼び出しにあたったのであろう。公的な招集として、使者や召喚者に対して路次の「食馬」供給を保証する文言が付くのが、召文の特徴でもある。

4　荷札木簡

平城宮木簡の貢進物荷札木簡

地方の諸国から宮都まで都鄙間を貢進物とともに旅した、調庸物などに付せられた貢進物荷札木簡も、(9)交通とかかわる木簡ということができる。賦役令にしたがって、「国＋郡＋里＋戸主＋戸口姓名＋貢進物＋数量＋貢進年月日」

をその物に直接記載できない場合に、荷札木簡に記載して貢進物にくくりつけたのである。調庸布などには実物に直接記載して国印を捺印した実例が正倉院宝物などにあるが、米俵・塩・海産物などの場合、荷札木簡をくくりつけた。平城宮跡からは大量の貢進物荷札木簡が出土しており、国家が必要とした品物や諸国の特産品の現物を貢進させた「実物貢納経済」という、古代の宮都や中央官僚制を支えた財政基盤の実態を知ることができる。(10)

平城宮木簡（『平城宮発掘調査出土木簡概報』一〇、六頁上段）

◇（表）丹波国氷上郡石□〔負カ〕里笠取□〔直カ〕子麻呂一俵納

（裏）白米五斗和銅□年四月廿三日　　○三二型式

米は五斗を一俵にして宮都に貢進された（『延喜式』）。年料舂米の場合は、「随近縁海国」から平城宮に運ばれ宮内省大炊寮に収納されて、中央官司の官人たちの食料（諸司常食）に充てられた。(11)

5 その他

古代交通路の遺跡から出土した木簡もある。

曲金北遺跡（静岡県静岡市）出土木簡（『木簡研究』一七号）

◇常陸国鹿嶋郡□　　（四一八）×三一×一五ミリ　○一九型式

これは、駿河国における古代東海道の駅路（幅一二メートル）の直線官道（長さ三五〇メートルにわたり確認）の側溝から出土した木簡である。焼けこげた痕跡があり、常陸国鹿嶋郡の一行が、平城京との往復の途次の東海道沿いで祭祀などを行った時の木簡かと思われる。

二　地方官衙の出土文字資料と交通

1国府

つぎに、地方官衙遺跡から出土した文字資料と交通との関係について、みよう。

(1) 国符木簡

屋代遺跡群（長野県千曲市）出土木簡

◇（表）符　更級郡司等　可□〔致カ〕□□

（裏）（略）

（三一三）×（三四）×四ミリ　〇一九型式

屋代遺跡群では、信濃国埴科郡家に近い千曲川沿いの湧水地の祭祀場から木簡が出土している。[12] その中に、信濃国司から管下の郡司たちに宛てられた命令下達の公文書「国符」の木簡が出土している。「更級郡司等」に宛てられており、更級郡から埴科郡へと送付・逓送される性格の文書木簡であったか。国司が郡司に命令を下す際に、国符木簡や紙の公文書（符）が、交通路に従って順次諸郡の郡家を逓送される場合があったと思われる。

（2）「国厨」墨書土器の広がり

日本の古代国家では、中央・地方を問わず、官司において勤務に従事する膨大な数の官人たちに対して、毎日朝夕の給食が行われた[13]。とくに大量の下級官人たちを勤務に専念させるため連日給食を行うことは、地味ながら国家的な大事業といえ、日本の古代国家は「給食国家」でもあったといえよう。平城宮跡では、出土遺物の多くを占める土器片の大部分は杯・皿・椀などの規格性をもった食器群である。画一的な供膳が行われたこと、大量の食器が用いられ割れて廃棄されたことが、遺物の量からも示される[14]。給食の共食は、単なる食事というだけでなく、官人たちに天皇・国家に対する忠誠心と支配者としての官人意識（特権意識）を共有・再生産させる儀礼としての役割を果たしたと思われる。地方官衙においても、国府（国衙）や郡家（郡衙）に置かれた官司「厨」（国府の国厨・国府厨、郡家の郡厨・郡家厨）が供膳機能を果たしており、そこで用いられた食器にはしばしば所属を明示する「厨」の墨書が為されている[15]。国府厨や郡家厨の「厨」の墨書土器は各地から出土しており、それは地方官衙の給食機能の実態を示すとともに、国府や郡家の遺跡から離れて出土する場合は、給食機能の対象の広がりを示しているのである。

下総国分寺跡（千葉県市川市）出土墨書土器

◇「国厨」「講院」「院」「吉」

茨城廃寺跡（茨城県石岡市）出土墨書土器

◇「国厨」

諸国の国分寺や有力寺院の遺跡から「国厨」の墨書土器が出土することは、国府厨の給食機能の場が、国司が国分寺や有力寺院の造営に関与することにともなって国分寺・有力寺院の現地にまで及んだことを示している。

下野国府跡（栃木市）出土墨書土器

◇「国厨」「介」「寒川厨」

下野国府跡からは、「国厨」「介」などとならんで「寒川厨」の墨書土器が出土している。「国厨」墨書土器の広がりとは逆に、管下の寒川郡の郡家厨の給食機能の場が、郡の労働力が動員される造営現場などであった国府の地にまで及んだことを示そう。下野国寒川郡家（千駄塚千軒遺跡。栃木県小山市）でも、もちろん「寒厨」「厨」「寒川」「佐」などの郡家厨関係の墨書土器が出土している。

2　郡家

（1）国司の部内巡行

古代の諸国の国内における交通を考えるとき、国司が、民衆の様子を見たり出挙を監督したり、郡司の治績を監察するなどのために管内の諸郡を巡る国司部内巡行の制度は注目される。戸令33国守巡行条に国司の守が毎年諸郡を巡行することが定められ、それ以外にも様々な機会に国司の四等官などが国内諸郡を巡行したことが天平年間の諸国正税帳にみられる。国府を出発して、各郡家を順番に巡るコースがとられ、郡の側ではその供給接待に気を遣ったであろうことが、戸令34国郡司条や『日本書紀』大化元年（六四五）八月庚子条の「東国国司詔」などからうかがえよう。中央から派遣される天皇の使い（クニノミコトモチ）である国司と、地方豪族である郡司との間で支配隷属の上下関係が確認される場面でもあった。

◇戸令33国守巡行条　凡国守、毎レ年一巡二行属郡一、観二風俗一、問二百年一、録二囚徒一、理二冤枉一、詳察二政刑得失一。知三百姓所二患苦一、敦喩二五経一、勧二務農功一。部内有下好学、篤道、孝悌、忠信、清白、異行、発二聞於郷閭一者上、挙

而進之。有下不孝悌、悖レ礼、乱レ常、不レ率二法令一者上、糺而縄之。

其郡境内、田疇闢、産業脩、礼教設、禁令行者、為二郡司之能一。入二其境一、人窮遺、農事荒、奸盗起、獄訟繁者、為二郡司之不一。

若郡司在レ官公廉、不レ及二私計一、正レ色直レ節、不レ飾二名誉一者、必謹而察之。其情在二貪穢一、諂諛求レ名、公節無レ聞、而私門日益者、亦謹而察之。其政績能不、及景迹善悪、皆入二考状一。以為二褒貶一、即事有二侵害一、不レ可レ待レ至レ考者、随レ事糺推。

◇戸令34国郡司条　凡国郡司、須下向二所部一検校上者、不レ得下受二百姓送迎一、妨二廃産業一、及受二供給一、致上レ令二煩擾一。

◇『日本書紀』大化元年（六四五）八月庚子条（東国国司詔）　拝二東国等国司一。仍詔二国司等一曰、随二天神之所奉寄一、方今始将レ修二万国一。凡国家所有公民、大小所領人衆、汝等之レ任、皆作二戸籍一、及校二田畝一。其薗池水陸之利、与二百姓一倶。又、国司等、在レ国不レ得レ判レ罪。不レ得下取二他貨賂一、令上レ致二民於貧苦一。上レ京之時、不レ得三多従二百姓於己一。唯得レ使レ従二国造・郡領一。但以二公事一往来之時、得レ騎二部内之馬一、得レ食二部内之飯一。（略）

越中守となった大伴宿禰家持（在任は天平十八年［七四六］～天平勝宝三年［七五一］）が守として在任中に越中国内の部内巡行を行った様子は、大伴家持が詠んだ『万葉集』の和歌群から具体的に知ることができる。

◇『万葉集』題詞・左注

天平二十年（七四八）

「右件の歌詞は、春の出挙に依りて諸郡を巡行し、当時当所属目して作れり。」四〇二一～四〇二九番

大伴家持は、天平二十年（七四八）に春の出挙を監督するために越中国内を部内巡行した。その際、砺波郡・婦負

郡・新川郡・気太神宮・能登郡（香島津より発船して熊木村へ）・鳳至郡・珠洲郡の順に諸郡を廻っており、清新な北国の春の光景に感じて和歌を多く残している。

（2）郡界を越えた墨書土器

古代の郡役所である郡家（郡衙）において律令の文書主義に従って文書行政が行われたことは、すでに紹介した郡符木簡によっても知られるが、郡家に勤める官人たちに対する給食にかかわる郡厨・郡家厨の所属食器の「厨」墨書土器の出土によっても、郡家の機能の展開が知られる。

駿河国志太郡家跡（御子ケ谷遺跡。静岡県藤枝市）出土墨書土器

◇「益厨」

駿河国志太郡家跡からは、「志太厨」「志厨」「志大領」など、志太郡の郡家厨に所属することを表す墨書をもつ須恵器の杯やその蓋の食器が大量に出土している[16]。その中に一点「益厨」の墨書があり、隣郡である益頭郡の郡家厨の食膳供給機能が東海道沿いに志太郡家まで及んだことを示している。郡司（郡家）が給食しなくてはならない対象の人々が隣郡まで移動した時などに、供膳のための食器も同時に移動することがあったと考えられる。

駿河国益頭郡家跡（郡遺跡。静岡県藤枝市）出土墨書土器

◇「安厨」

同じく、駿河国益頭郡家跡からも、隣の駿河国安倍郡の郡家厨の墨書土器がもたらされている。

千葉県市原市坊作遺跡出土墨書土器

◇「海上厨」

上総国分尼寺に隣接する竪穴住居・掘立柱建物からなる坊作遺跡は、国分尼寺造営に関係した集落とみられ、国分尼寺造営のために上総国海上郡の郡家厨の供給機能がこの地に及んだと考えられる。

3　駅家・津と出土文字資料

（1）　駅家と出土文字資料

八世紀の国司の政務と国司館の結びつき、そして駅家と文書行政との関係を示す出土文字資料が、秋田城跡（秋田市）から出土した漆紙文書（第五四次調査出土一〇号文書）である。(17)

（表）　在南大室者
勘収釜壹口
□□若有忘怠未収者乞可
令早勘収随恩得便付国□□
□〔徳カ〕縁謹啓
五月六日卯時自蚶形驛家申
竹田継□

（裏）□
封
務所　竹継状
介御舘

漆紙文書は、容器に入れた漆の樹液の蒸発や塵を防ぐために、文書として利用済みの反古紙を蓋紙として漆樹液の表面に密着させたことにより、漆樹液が浸透してコーティングされ、最終的に廃棄された後も地中に遺存し続けた出土文字資料である。この秋田城跡出土の漆紙文書は、漆の樹液を入れた円形の漆容器の形を残して折りたたまれた状況で出土しており、伴出遺物から奈良時代後期のものである。切封（紙端を縦に切り込み、紐状にした部分で書状をゆわき綴じる）が行なわれ、紙背に「封」字が書かれている。竹田継□という官人が、出先の日本海沿いの出羽国蚶形（象形）駅家（秋田県由利本荘市）から、秋田城（秋田市）にある出羽介の国司館充てに送った書状の、ほぼ全容が分かる漆紙文書である。出羽国司の介に属する下級官人の竹田継□が、釜（国有財産である製塩用の大型の鉄釜か）の勘収についての至急の指示を仰ぐために、早朝に象形駅家でこの書状をしたためたのであろう。象形駅家において、紙を用いて墨と硯と筆を使って書状が書かれて発信されたのであり、駅家が文書行政の場でもあったことが知られるのである。

（2）津と出土木簡

荒田目条里遺跡（福島県いわき市）出土木簡

◇郡符□立屋津長伴マ福麿　可□召□
　右為客料充遣召如件長宜承□
（二三〇）×四二×三ミリ　〇一九型式

荒田目条里遺跡は、陸奥国磐城郡の郡家である根岸遺跡や郡の寺と考えられる夏井廃寺の北西、式内社大国魂神社の東隣にあたり、磐城郡の主要河川夏井川の南に位置する。木簡は、平安時代の祭祀遺物を多く含む河川跡から出土した[18]。「伴マ（部）」の記載から、八二三年の淳和天皇（大伴親王）の即位により「大伴」氏が避忌して「伴」氏に改められて以降の年代であり、伴出木簡の年代から九世紀半ば頃のものとされる。磐城郡司が、配下の郡雑任である立屋津の津長の伴マ福麿に充てて、客人のための水手などの準備を命じた郡符木簡である。「立屋」の地名は夏井川が太平洋にそそぐ河口部にあり、太平洋の海上交通と夏井川の河川交通の交差する水上交通の要衝にあって、郡の津が置かれたこととなる。磐城郡は一時期は石城国でもあったから、一時は国府津として機能したことも推測される。

おわりに

交通関係の木簡・出土文字資料は多様に存在しており、日本古代国家の中央集権性を保証する支配の道具として、律令官僚制の文書主義や駅路・「伝路」の直線官道にみられる交通のあり方が重要な役割を果たしたといえよう。ただし、中央国家から地方社会へと地方官衙を経由して一方的に漢字文化が広まったとみるだけでは不十分なのではなかろうか。地方社会において漢字文化を受容して文書主義を支えた、すなわち国府・郡家の運営に携わった多くの地方豪族・下級官人やその周辺の民衆たちの姿も、その全体像の中に積極的に位置づける必要があるものと考える。

注

（1）石母田正『日本の古代国家』岩波書店、一九七一年。

（2）佐藤信「古代における漢字受容」『出土史料の古代史』東京大学出版会、二〇〇二年、もと二〇〇一年。佐藤信「日本における漢字文化の受容と展開」、法政史学、七二号、二〇〇九年。

（3）佐藤信「過所木簡考」『日本古代の宮都と木簡』吉川弘文館、一九九七年、もと一九七七年。瀧川政次郎「過所考」『日本歴史』一一八・一一九・一二〇号、一九五八年。
（4）佐藤信「告知札と闌遺物」『日本古代の宮都と木簡』吉川弘文館、一九九七年、もと一九八二年。
（5）平川南監修、石川県埋蔵文化財センター編『発見！古代のお触れ書き――石川県加茂遺跡出土加賀郡牓示札――』大修館書店、二〇〇一年。
（6）佐藤信「郡符木簡にみる在地支配の諸相」『古代の遺跡と文字資料』名著刊行会、一九九九年、もと一九九六年。平川南『古代地方木簡の研究』吉川弘文館、二〇〇三年。
（7）佐藤信「封緘木簡考」『日本古代の宮都と木簡』吉川弘文館、一九九七年、もと一九九五年。
（8）和島村教育委員会『八幡林遺跡』第一集・第二集・第三集、一九九二年・九三年・九四年。佐藤信「越後の古代地方官衙の実像――八幡林官衙遺跡群」『出土史料の古代史』東京大学出版会、二〇〇二年、もと二〇〇〇年。
（9）佐藤信「律令財政と諸国」平野邦雄・鈴木靖民編『木簡が語る古代史　下国家の支配としくみ』吉川弘文館、二〇〇一年。
（10）狩野久『日本古代の国家と都城』東京大学出版会、一九九〇年。鬼頭清明『日本古代都市論序説』法政大学出版局、一九七七年。
（11）佐藤信「米の輸貢制にみる律令財政の特質」『日本古代の宮都と木簡』吉川弘文館、一九九七年、もと一九八三年。
（12）『長野県屋代遺跡群出土木簡』長野県埋蔵文化財センター、一九九六年。
（13）佐藤信注（11）論文。
（14）山中敏史「八・九世紀における中央官衙と土師器」『考古学研究』七六号、一九七三年。
（15）平川南『墨書土器の研究』吉川弘文館、二〇〇〇年、松尾昌彦『古代東国地域史論』雄山閣、二〇〇八年。
（16）藤枝市教育委員会『国指定史跡志太郡衙出土の文字資料』一九八二年。
（17）秋田市教育委員会『秋田城出土文字資料集Ⅱ』一九九二年。
（18）いわき市教育文化事業団『荒田目条里遺跡　木簡は語る』一九九五年。

木簡から探る日本古代の交通
――国境を越える交通に注目して――

舘野和己

はじめに

本稿は日本古代の交通の様相を、木簡を通して見ようとするものである。律令体制下では交通政策として本貫地主義が取られ、国境を越えた自由な交通を制限した。しかしその一方で、中央集権的政治を実現するためには、官人が中央・地方間を往来し、また運脚が税を中央に貢進したり、地方から差点されて仕丁や衛士となって都で働く者がいたりと、中央と地方を結ぶ交通を必要不可欠としていた。また交易や荘園経営などに伴う交通も盛んに展開していた。木簡の中には、これらの交通の中で作成され、使用されたものがある。それらの木簡と交通は相即的な関係にあった。

そこで本稿ではまず本貫地主義について述べ、国境に設置された関などの本貫地主義維持のための装置を見るとともに、それらを越えるために使われたとみられる、いわゆる過所（様）木簡を取り上げてそれらの性格を検討する。次いで荘園経営に伴う木簡について、領主側と荘園の現地側で出土した木簡を取り上げて、その様相と両者の差異を論じる。これらを通して、特に国境を越える交通と木簡の相即的関係を明らかにしていきたい。

一　本貫地主義とその維持装置

既に論じたことではあるが、律令制下の交通政策の基本には、本貫地主義という支配方式があった。本貫地主義とは、戸籍・計帳に人民を登録し、戸籍に基づいて口分田を班給する。班給する範囲は、戸籍に登録した郡内が基本だが、もしそこに十分な土地がなければ郡域を超えて同国内の他郡ということもある（田令従便近条）。そして口分田で生活の基盤を作った上で、計帳に基づいて本貫地で徴税や力役への差点などを行うという、支配システムを維持するための交通政策であった[1]。

この支配システムを維持する上で、人民が自由に本貫地を離れて動くことは支障となる。そこで自由な交通の範囲を本貫の郡内に、最大でも国内に限った。それは戸籍・計帳に基づく支配という基本に基づくものであった。そのため国内から他国へ許可を得ずに不法に出れば、その行為を浮浪・逃亡として処罰の対象としたのである[2]。

こうした本貫地主義を維持するための装置には、いくつかのものがあった[3]。まずは関である。律令制下の関については、その配置や警備、あるいは通過するための手続きなどに関して、次のような律令の規定がある。兵による警備に関しては、軍防令置関条「凡置㆑関応㆓守固㆒者、並置㆓配兵士㆒、分番上下。其三関者、設㆓鼓吹軍器㆒、国司分当守固。所㆑配兵士之数、依㆓別式㆒。」が定める。これによれば兵士が関の警備に当たったが、特に三関には鼓吹と軍器が整備され、国司が交替で警備についたのである。したがって関は当然ながら軍事的な性格を持つ。なお三関は同条の『令義解』によれば、伊勢の鈴鹿関（東海道）、美濃の不破関（東山道）、越前の愛発関（北陸道）であった[4]。また同じく『令義解』には「境界之上、臨時置㆑関応㆓守固㆒皆是也」とあることから、臨時ではない恒常的な関も当然、境界すなわち国境に置かれるものであった。

関の運営については関市令が多くを定めるが、ここで特に注意したいのは、欲度関条「凡欲レ度レ関者、皆経二本部本司一、請二過所一。官司検勘、然後判給。還者連二来文一、申牒勘給（中略）。若船筏経レ関過者、亦請二過所一」、行人度関条「凡行人度レ関者、皆依二過所所レ載関名一勘過（後略）」、賷過所条「凡行人賷二過所一、及乗二駅伝馬一、出二入関一者、関司勘過、録白案記。其正過所及駅鈴伝符、並付二行人一、自随（後略）」、及び丁匠上役条「凡丁匠上役、及庸調脚度レ関者、皆拠二本国歴名一、共所レ送使勘度。其役納畢還者、勘二元来姓名年紀一、同放還」である。これらとその『令義解』によれば、関の通過には、本部（本貫の郡）・本司を経て請求して、京職・国司によって発給された過所が必要である。関司はそれを調べて正当な通行者であれば通過させた（勘過）。また丁匠や調庸の運脚が上京する際は、本国の歴名（名簿）によって、彼らを引率する使者とともに調べて通過させ、その役割が終了して帰国する時には、上京する際に記録した姓名・年齢と照合して、合致すれば関を通過させることになっていた。

関の通行許可証である過所については、次の公式令過所式条にその書式や作成手続きを定めている。

過所式

其事云々。度二其関一往二其国一。

其官位姓三位以上称卿、資人、位姓名年若干、若庶人称二本属一、従人、其国其郡其里人、姓名年奴名年、婢名年。其物若干。其毛牡牝馬牛若干疋頭。

年月日主典位姓名

次官位姓名

右過所式、並令下依レ式具録二二通一、申中送所司上。所司勘問、即依レ式署。一通留為レ案、一通判給。

これによれば（1）移動の事由、（2）越える関名と目的国名、（3）本人の官位姓、（4）同行する資人・従人（奴婢）、（5）携行する荷物、（6）馬牛の六点を記した申請書を所司に二通提出する、所司はそれに間違いがないか勘問し、正当であるとなればそれに加署して、一通は案として留め、一通を過所として判給したのである。

そして最後に、不法に関を越える犯罪には私度・越度・冒度の三種があり、衛禁律に処罰規定がある。私度についてのみあげると、私度関条「凡私度レ関者、徒一年謂、三関者。摂津・長門減二一等一。余関又減二一等一。越度者、各加二一等一不レ由レ門為レ越（後略）」の如くである。したがって関の重要度には、三関―摂津と長門の関―余関（その他の関）という三ランクのあったことがわかるが、このうち摂津と長門の関は船筏の関である（関市令義解欲度関条）。

このように関は国境に置かれるものであったが、実際は国境線上ではなく、例えば三関のうち鈴鹿関は伊賀から東海道を伊勢に入った地点に、不破関は近江から東山道を美濃に入った地点にあったように、関は国境を挟んだ二つの国のうち、京から遠い側の国に入った地点に置かれるという原則があった。このことは、逢坂剗が山背と近江の国境を近江側に入った所にあったように、三関以外の関にもあてはまる、律令制的関の配置原則であった[5]（表1参照）。

これらから関は軍事的な目的をもつとともに、国境を非合法的に越えようとする不法な交通を取り締まって、本貫地主義を維持するという目的もあったことがわかる。しかし史料に残るところ、その数は限定的とみられ、すべての国境を通る道に置かれていたわけではなかった。そこで、それを補完する他の装置が必要となったのである[6]。

その一つが軍団や兵士である。すなわち道路上の要衝や津・橋などに軍団や兵が配置され、交通検察を行った。例えば天平六（七三四）年「出雲国計会帳」（『大日本古文書（編年文書）』一―五八六頁）には、出雲国が兵部省に提出した「道守帳」「津守帳」という文書名が見える。これらは同国内の道や津などの交通の要衝を、兵士が警戒していたことを報告するものである。また平城京羅城門の南約一・八キロに位置し、下ツ道と交わる人工河川と橋を検出した大和

表1　国境に位置する関

関名	国境	出典
鈴鹿関	伊賀—伊勢	軍防令義解置関条
不破関	近江—美濃	〃
愛発関	若狭（近江）—越前	〃
奈羅の剗	大和—山背	『続日本紀』天平宝字元年七月庚戌条
尾垂剗	伊勢—志摩	『続日本紀』天平宝字三年十月戊申条
葦淵剗	〃	〃
川口剗	伊賀—伊勢	『平城宮木簡一』七九
某関	大和—紀伊	『万葉集』四—五四五
礪波関	越前—越中	『万葉集』十八—四〇八五
手間剗	伯耆—出雲	『出雲国風土記』
戸江剗	〃	〃
白河剗	下野—陸奥（石背）	『類聚三代格』承和二年十二月三日官符
菊多剗	常陸—陸奥（石城）	〃
相坂剗	山城—近江	『文徳実録』天安元年四月庚寅条
大石関	〃	〃
竜花関	〃	〃
某関	美濃—信濃	『三代実録』天慶三年九月四日辛卯条
足柄関	駿河—相模	『類聚三代格』昌泰二年九月十九日官符
碓氷関	信濃—上野	〃

（注「国境」欄の傍線は、関（剗）が位置した国を表す）

郡山市・稗田遺跡からは、次のような衛士府に関わる木簡が出土した。これについては既に紹介したことがあるが、(7)再論する。

・□〔右カ〕衛士府移□府□〔入カ〕□□又□〔旨カ〕□□
・　霊亀三年十一月十日取鳥部連次万呂　344・(15)・6　011（『木簡研究』三）
　□万呂
□□□□〔衛士府カ〕□□□万呂
　多比連□万呂
　阿□連□万呂　207・39・6　032（『木簡研究』三）

前者は霊亀三（七一七）年という平城遷都後まもない時期に、右衛士府が某府に対して出した移である。充所は「□府」であり、文書様式が移であることからすれば、「左府」すなわち左衛士府の可能性が大きかろう。そしてまた後者も左右いずれかの衛士府に関するもので、そこに所属した人たちの名を列挙した木簡である。

左右衛士府はもちろん平城宮内にあったが、そこで廃棄されたものが出土場所まで流れてきたとは考えがたい。むしろ衛士府に関わる木簡が複数出土したことを重視すれば、出土地で廃棄されたと理解すべきであろう。したがってそこには衛士府に関わる部局があったとみられる。平城京内では、左京七条一坊の東一坊大路西側溝から、衛府関係の木簡がまとまって出土しており、それは近辺に衛門府の宿所、後に諸司厨町と言われるような施設があったのであろうと推測したことがある。(8)衛士府にも同様な施設があったとみられるが、当該地は京内ではなく、そこにそうした施設があったとは考えがたい。右の木簡は、京に近い当該地において下ツ道及びそれに架かる橋を、衛士が警備していたことを意味する可能性があるのである。衛士は必ずしも宮・京内に限らず、その外辺の要衝の地の警備にあたることもあったと考えられる。

しかも稗田遺跡の場所は単なる京の外辺ではない。それは北上すれば朱雀大路につながる、奈良盆地を南北に貫く基幹道路である下ツ道上にあたり、なおかつ橋が架かっていた所である。そこは羅城門の南約一・八キロだが、下三橋遺跡から判明したように平城京が当初十条まであったとすれば、京南端から約一・三キロとなり、いっそう京に近くなる。

衛士のこうした警備は、天平宝字六（七六二）年五月十四日「石山院奉写大般若所注進文」（『大日本古文書（編年文書）』五―二三〇頁）からもうかがうことができる。それによれば、勅旨経の写経に関わって山作所から出向き、人夫等の食糧を石山寺で受け取った仕丁の私部広国が、帰途に江川の船津であり合わせの船に乗ったところ、衛士の日下部千足によって船盗人として逮捕されたのである。山作所はおそらく田上山作所であり、そこと石山寺を結ぶルートの中にある江川は瀬田川のことであり、船津は石山寺の近くの石山津であろう。当時は前年十月以来、平城宮の改作のため、暫く都を石山寺に近い保良宮に移していた時期である。そして保良宮の周囲は北京と呼ばれた（『続日本紀』天平宝字五年十月己卯条）。元より平城京のように条坊制を施工していたわけではないので、北京の範囲を明確に知ることはできないが、上記の船津の辺りは保良宮に近い場であり、そこにいた衛士は、平城京に近い稗田遺跡の衛士と同様の役割を負っていたのであろう。

以上は実際に行われている交通を検察する装置である。浮浪・逃亡で言えば、既に発生したそれを取り締まる装置ということになる。しかしより日常的レベルで、それらを未然に防ぐ装置もあった。それが五保や里長であった。それらは戸令五家条「凡戸、皆五家相保。一人為レ長。以相検察、勿レ造二非違一。如有二遠客来過止宿一、及保内之人有レ所二行詣一、並語二同保一知」、及び捕亡律部内容止他界逃亡浮浪者条「凡部内容二止他界逃亡浮浪者一、一人里長笞三十謂、経二十五日以上一者（後略）」から知られるように、日常的に相互検察を行い、他所の人が来泊したり保内の人が他所に出かけたりすることを把握して、浮浪・逃亡が発生することを防ごうとするものであった。

このように律令制下では交通制限政策である本貫地主義が取られ、それを維持するための装置もあったが、実際には活発な交通が展開し、また浮浪・逃亡も多発したところである。しかし交通を制限するということにより、律令体制を維持しようとする政策理念が社会に与えた影響は大きいものがあり、律令制社会を考える上で本貫地主義は重視すべきものである。

ところで上に述べた関以外での交通検察のあり方については、さらに次のような史料がある。宮衛令分街条「凡京路、分レ街立レ鋪。衛府持レ時行夜。夜鼓声絶禁レ行。暁鼓声動聴レ行。若公使、及有二婚嫁喪病一、須三相告赴、求二訪医薬一者、勘問明知レ有レ実放過。非二此色人一犯レ夜者、衛府当日決放。応レ贖及余犯者、送二所司一」によれば、京内は夜間は通行禁止となり、衛府が行夜、すなわち夜間見回りを行い、道行く者を取り締まったが、その際「若公使、及有婚嫁喪病、須相告赴、求訪医薬」というような正当な理由があれば放過し、違反者があれば当日処罰したり、身柄を拘束して所司（義解によれば刑部省と京職）に送ったりすることになっていた。ここでは不審者の勘問が行われたことが注目される。

同条集解の引く古記によれば、養老令条分中の「衛府」は大宝令では「四衛府」となっており、それは左・右兵衛府と左・右衛士府であるが、今行事では中衛府と左・右兵衛府が一日おきに巡行していたという。平城宮跡出土木簡の中には、「□〔兵カ〕衛等充行夜使如件」（『平城宮木簡七』一一八八六）と書く削屑があり、兵衛府が実際に行夜を担当していたことを物語っている。

右に不法な交通を取り締まるために、不審者の勘問が行われたと述べたが、同じ状況は『日本霊異記』下巻第十四縁「千手呪を憶《おぼえたも》持つ者を拍《う》ちて現に悪しき死の報を得る縁」からもうかがうことができる。越前国加賀郡にいた浮浪人の長は、浮浪人を探索しては雑徭に駆使し、調庸を徴収していた。そして神護景雲三（七六九）年三月二十六日の午時に、優婆塞となって加賀郡内の山を巡って修行していた京戸の小野朝臣庭麿に、同郡内の御馬河里で出会った。そこで長は行者に対して「汝は何《いづ》れの国の人ぞ」と聞いた。それに対して庭麿は「我れは修行者なり。俗人にあらず」と答えた。しかし長は怒り責めて、「汝は浮浪人なり。何ぞ調を輸《いだ》さざる」と言って縛り打って駆使したが、そのために仏罰を受けて死んだという話である。ここでは浮浪人を取り締まる加賀郡の浮浪人の長が、そこで修行していた京戸に対して誰何したのに対し、庭麿は自分が浮浪人でないことを十分に証明できなかったために、捕えられている。まさに不審な庭麿を勘問したわけである。

右にあげた諸史料からは、道や津などで不審な通行者を勘問し、その交通の正当性や身分を証明できなければ、拘束されることがあったと復元することができる。関では過所によって必ず行うこうした取り調べが、それ以外の所でも必要に応じて行われたのである。

二　過所的内容を持つ木簡

前章で見たように、過所は関を通過するのに必要な通行許可証であり、公式令に規定されるような書式を持つ。そこでは当然紙に書かれることが前提となっている。しかし木簡の中にも、過所に類似した内容の記載をもつものがある。必ずしも過所とは断定できないが、それと類似した内容の木簡は過所様木簡と呼ばれている。それらの性格はいったいどのようなもので、いかなる機能を果たしたものなのか、検討が必要である。これまでにも平城宮跡から出土した過所木簡と過所的内容を持つ木簡（後述のａｂｃ）については検討したことがある。[9]しかしそれ以外にもそういった木簡が各地で出土している。そこで改めて、後者も含めて過所木簡あるいは過所様木簡と言われているものに考察を加えてみよう。

まず木簡製の過所、つまり過所木簡がありうることは、『令集解』公式令天子神璽条が引く古記の中の、「注、過所符者、随レ便用二竹木一」という文言からわかる。これによれば過所符は便に従って竹木を用いることができた。しかもこの文言は「注」、すなわち令の条文に付された本注であった。したがってこれは過所木簡の法的根拠となるものである。ただしこの本注は天子神璽条にはふさわしくない上、養老令の条文にはいずれにもこの本注は残っていず、大宝令のどの条文にあったものか不詳である。しかしこれによれば大宝令段階では、過所は通例紙を用いるものではあるが、便宜的に竹木を用いることが可能であった。つまり過所木簡も合法的なものであったのである。[10]

ところが和銅八（霊亀元＝七一五）年五月には、浮浪・逃亡対策の一環として、「始レ今、諸国百姓、往来過所、用二当国印一焉」というように、過所には発給国の印を捺すように諸国朝集使に対して勅が出された（『続日本紀』同月辛巳朔条）。そのため過所の素材は押印できる紙に一本化されて、過所木簡はなくなったのである。養老令で先の本注が削除されたのは、そのためである。[11]

そうした歴史的経緯を踏まえて、出土している過所木簡、あるいは過所様木簡と指摘されている木簡について、その性格を考えてみよう。取り上げるのは、次の五遺跡出土の八点である。過所ないし過所様木簡については既に、平川南・永田英明・松原弘宣の諸氏らも論究されているが、[12]私なりに改めて検討してみたい。

まずは平城宮跡出土木簡から始める。

①平城宮跡出土木簡

a・関々司前解近江国蒲生郡阿伎里人大初上阿□〔伎カ〕勝足石許田作人

・同伊刀古麻呂大宅女右二人左京小治町大初上笠阿曾弥安戸人右二
　送行乎我都　鹿毛牡馬歳七　里長尾治都留伎

656・36・10　011（『平城宮木簡二』一九二六）

これは朱雀門のすぐ北側で、平城宮造営の際に埋め立てられた下ツ道の西側溝内から出土したものである。「蒲生郡」という地方行政組織名と「大初上」（大初位上）という位階は、いずれも大宝令制定のものであるから、これは大宝元（七〇一）年以降に作成され、和銅元（七〇八）年に開始された平城宮造営以前のものであることは明らかである。そうなると「左京」は藤原京のものであり、またこれは過所木簡の使用が可能であった時期の木簡ということになる。したがってこの木簡は、近江国蒲生郡阿伎里の同族の人の元へ、田作人として出かけていた藤原京左京小治町の阿伎勝伊刀古麻呂と大宅女が、自宅（笠阿曾弥安の戸）へ戻るときに使用したもので、「関々司」の前でそのことを述べるというものであるから、まさに過所としての役割を果たしたことになる。「関々」は、実際の存否は別として、理念的には近江と山背、山背と大和の国境に想定されていたことになろう。(13)

次の二点も既に検討したことがあるので、簡単に述べることとする。

b　謹解　川口関務所　本土返還夫人事　伊勢国

（他に多くの習書の文字あり）（349）・（64）・8　019（『平城宮木簡一』七九）

これは内裏外郭内の東北隅に近い土坑から出土した木簡である。そこから出土した木簡の年紀は、養老二（七一八）年から天平四（七三二）年に一九点が散在する一方、天平十七年から十九年までの間に四二点が集中している。したがってこれは天平年間のものの可能性が大であるが、仮に前者の時期のものだとしても、既に過所木簡は使えないのである。

内容は伊勢国の「夫人」が、伊賀・伊勢国境にある川口関を通過して本土（伊勢）へ戻る時に使用すべきものであるが、「夫人」は諸国徴発の百姓である「人夫」の意であろう。[14]ただしこの木簡は、右の文が中央に書かれているが、その他にも多くの習書が書かれ、完成したものではない。幅がきわめて広いことからすれば、携行するにはふさわしくなく、右の文言自体習書である可能性があろう。

c　依私故度不破関往本土甲斐□〔国カ〕戸□□人□万呂□
　（268）・37・4　081（『平城宮発掘調査出土木簡概報』〈以下、『城』と略記〉六）

これは東院地域の東南隅の南側を流れる、二条条間大路南側溝から出土したが、宮内から流出したものとみられる。伴出した木簡の年紀は、養老三（七一九）年、天平九（七三七）・十・十八年、天平勝宝七（七五五）歳があることからすると、これも過所木簡は既に禁じられた天平年間前後のものであろう。甲斐国から上京してきていた人が、私的理由で不破関を通過して本土（甲斐）に帰る時に使用すべきものである。官位を書かず本貫を称するのみであるから、使用者は人夫か丁匠かであろう。甲斐国は東海道であるにもかかわらず不破関は東山道にあり、東山道から東海道へと途中で道を変えたとみられ、当時の実際の交通の様相を物語る。

以上三点が平城宮跡出土の過所的内容の木簡だが、このうちaは過所木簡が公認されていた時期のものであり、実際に使用した過所とみなしてよい。但し本来なら近江国司が発給すべきであるのに、蒲生郡阿伎里長が発給したものであるし、日付もない。この点からすれば令の規定に反しており、正式な過所とは言えないかもしれないが、それでも通用したのである。[15]こうした事態の発生を防ぎ、不正な交通を取り締まるための措置が、前述した和銅八（霊亀元）年五月に定められた過所への国印押捺であった。それ以前は、こうしたものでも過所として通用していたのである。

それに対しbとcは、既に過所木簡の使用が禁止された時期のものである。したがってそれらは過所ではない。また京職や国司の発給するべき過所の習書が、宮内で行われたとは考えがたいし、過所申請文書（それに京職・国司が加署して過所となる。公式令過所式条）とみることもできない。したがって過所ではないが、過所と類似の機能を果たすもの、すなわち過所様木簡であるとみられる。先に述べたようにbcは人夫か丁匠のものであるとみられるが、先に紹介した関市令丁匠上役条によれば、丁匠や調庸の運脚は上京時は本国の歴名で関を通過し、帰国時は関で「姓名年紀」を申告し、それが上京時に関で記録したものと一致すれば通過できたのであり、過所で関を通るのではなかった。その点からもbcは過所ではないとすべきである。

しかし過所に相当するものを持たなければ、第一章で述べたように、途中の道路・津などで警備の兵によって不審者として勘問を受けるかもしれない。これらはそうした交通検察に備えて、過所は不要であるが人夫や丁匠の身分保証のために、彼らの本司が作成したもの、あるいはその習書ではなかろうか。

②明日香村・石神遺跡出土木簡

d・□〔道カ〕勢岐官前□　(122)・(30)・6　081（『飛鳥・藤原宮発掘調査出土木簡概報』一七）

・代□

この木簡は、石神遺跡の北端に近い土坑から出土した、七世紀後半のものである。「勢岐官」は関司のことで、「道中の複数のセキノツカサ（関司）を宛所とした過所木簡の可能性があり、本遺跡のすぐ北方に想定される阿倍山田道との関連を示唆している」と指摘されている。[16] 右のように阿倍山田道と関係して、そこを通って関を通過する人のためのものであろうか。字配りからすると「道」の上には文字がなさそうであり、aと同じように固有名詞を書かずに、一般的に関司に充てたものと考えられよう。この木簡の時期からすると、律令制的関ではなく、それ以前のものということになる。当時すでに鈴鹿関の存在が壬申紀から知られるように（『日本書紀』天武元年六月甲申条）、関自体は一部に設置されていた。したがって律令制的過所制度の成立以前において、関の通過のために作成された文書木簡である可能性はあろう。ただし近辺に関が置かれていた可能性も指摘されているが(17)、当時の関も右の鈴鹿関のように国境に置かれるものであり、近辺にあったとは考えがたい。しかし欠損が多くこれ以上具体的なことはわからない。

③浜松市・伊場遺跡出土木簡

e・己亥年□〔三カ〕月十九日渕評竹田里人若倭部連老末呂上為
・持物者馬□□□〔小稲カ〕□人□□　史□〔伌カ〕評史川前連□
305・39・4　039（『伊場遺跡総括編（文字資料・時代別総括）』〈以下、『伊場』と略記〉一〇八）

己亥年は文武三（六九九）年にあたる。史伌評は、後の駿河国志太郡かとみられる。渕評は後の遠江国敷智郡で、伊場遺跡の所在郡である。したがって駿河国の史伌評の官人である史が発給し、遠江国渕評竹田里の人が使用したものである。

これについて松原弘宣氏が、上部に切り込みがあることから、駿河国志太評から遠江国渕評までの物資運搬に際し、物資に附された運搬責任者と馬などを記した身分証明木簡であると理解されているように(18)、駿河国史伌評に来ていた若倭部連老末呂らが、国境を越えて遠江国渕評に帰る（方向としては「上る」）に際して、史伌評史による身分証明として機能したものであろう。

「持物者馬」の部分は公式令過所式の「馬牛」に相当し、また「小稲」は「従人」にあたるのであろう。しかしこの木簡には関名の記載がなく、かつ関の制度が成立する大宝令以前のものであるので、関通過のための過所として理解できるかどうかは疑問である。

f・□□□美濃関向京於佐々□□〔事カ〕　□□□□
　　　　　　　　　　　　　　　　　　□□□□〔置染部カ〕人
・□駅家　宮地駅家　山豆奈駅家　鳥取駅家　　　　(326)・30・12　019（『伊場』三〇）

これは八世紀の木簡である。この木簡については、かつてはオモテの割書の左行は「浜津郷」と釈読されていた。そしてそれを木簡使用者の本貫地記載（過所式条に言う「本属」）と考え、かつ「美濃関」（＝不破関）を越えて京に向かうとの文言から、過所であろうかと考えられてきたわけである。しかし釈文の訂正により本貫地記載ではなくなったため、過所の書式と言うことはできなくなった。複数の人名を割書で書いていたとするなら、京へ送る複数の丁匠に関わる報告であろうか。すなわち関市令丁匠上役条に規定する、「丁匠上役（中略）、皆拠本国歴名」の「本国歴名」に相当する記載である可能性があろう。駅名を列記しているのも、彼らが公的な交通を行っていたことを示しているとみられる。

④石川県津幡町・加茂遺跡出土木簡

g・往還人□丸羽咋郷長官
　路□〔作カ〕□不可召遂〔逐カ〕
・道公□乙兄羽咋□丸　「保長羽咋男□〔伎カ〕丸」
　「二月廿四日」　　　　　　181・29・4　011（『木簡研究』二三）

この木簡について、報告書は次のようにみている。[19] 本木簡の時期は九世紀中葉のものであり、羽咋郷は能登国羽咋郡に属する。当遺跡は加賀国加賀郡にあり、越中へ向かう北陸道と能登への道の分岐点にあたる。本木簡は簡便な過所であり、遺跡周辺には関（深見剗）も設置されていた可能性がある。すなわち道路作りの人夫が、能登から本国の歴名によって関を越えて加賀に到り（木簡に「二月廿四日」と関司が追記）、帰るに際して関でこの木簡を提示し、確認を受けた後に用済みとなり関で廃棄したものであり、往復の通行証として使われた。そして保長が使用者の身元を保証したのであった、という。[20]

これに対し松原弘宣氏は、関名の記載がなく、かつ保長の署名であることから、交通者の身分証明であり、過所ではない、とされた。[21] 私見も同様である。九世紀中葉という時期は、延暦八（七八九）年七月に三関が停廃され（『続日本紀』同月甲寅条）、それを契機に一部の地域を除いて、その他の関も廃止されていった後のことである。[22] ただその後も何らかの特殊事態が発生した時には、関が新たに置かれることがあったので、ここにもし国境の関が置かれることがあったとしたら、それは律令制下の関の配置原則に従って、都からより遠い能登国側にあったはずであり、[23] 当該地に深見剗の存在を想定することはできなかろう。したがってこれは関の有無にかかわらず、国境を越える交通を行う際に、道路工事に動員された人々の身分を保障して、その往還の交通を保証するために郷長によって作成され、保長が加署したものであり、平城宮跡出土のｂｃ木簡と同性格のものと考えられる。

なお嘉祥元（八四八）年に常陸国鹿嶋神宮司が、陸奥国にある鹿嶋神の苗裔神三八社に奉幣するために、常陸国の移状を請けて使者を陸奥に向かわせたところ、陸奥国側は先例がないからと言って関を入ることを許さなかった。そこで神宮司は陸奥国が関の出入りを許すように、同国に下知することを政府に求め、貞観八（八六六）年正月に許されている（『日本三代実録』同月二十日丁酉条）。常陸・陸奥間にある関（菊多剗。表1参照）は九世紀にも存続しており、それを越えるのに、おそらく陸奥側は過所を求めたのであろうが、常陸国移による通過が認められたと解せよう。九世紀になると、過所以外の文書による関の通過もありえたのである。

⑤宮城県・多賀城跡出土木簡

h・「□度問見」安積団解　□□〔申カ〕番□□事　「□廿伎長□□〔二カ〕□□□卅伎□□二□□」「上等申申」
畢番度玉前剗還本土安積団会津郡番度還　「長□十六伎　楉十六束」「法師　師　法師　法師」
・畢上⌈⌋二人□⌈
⌋□□□〔郡カ〕□□□⌈
539・37・5　011（『木簡研究』七）

この木簡は九世紀に掘られ、十世紀前半に埋まった溝から出土した。多賀城で勤務していた、安積団に属する陸奥国会津郡の兵士が、任務を終えて玉前剗を越えて帰還することに関わって、安積団が出した解である。内容からして複数の兵士のための文書（の案か）であり、個人用のものではない。したがって関市令丁匠上役条に見える、丁匠や庸調運脚が関を通過するに際して作成する、本国の歴名に準じるような性格のものであろう。

また玉前剗は、国境ではなく陸奥国内に置かれた剗であり、時代的に見ても律令制的関の配置原則が終焉を迎えた後のものである。それに安積団の解であり過所式とは合致しない。やはり律令制的な過所（様）木簡と同列に論じることはできない。

以上ここで見た八点の過所的内容を持つ木簡の中で、関市令や公式令に規定された過所として認識できるものは、aしかないのである。そしてaも必ずしも公式令に定められた手続きに則って作られたものではなかった。それ以外は過所ではないが、丁匠や兵が関を越えることに関わって、あるいは他国に行く交通の際に、関以外での勘問に備えて、本司や郷長などが作成したものと考えられる。律令制的な関制度のあった八世紀の前後を含め、過所のみならず多様な内容の木簡が、関剗や国境を越える交通に際して作られ使用されていたことがわかろう。その意味で、これらの木簡は、古代の国境・関を越える交通のあり様を物語る貴重な史料であると言えよう。

三　荷札木簡に見る交通

前章までに本貫地主義という律令制的交通政策と、それに基づく関の制度に関わる木簡を見てきた。そこで次に荷札木簡を取り上げたい。貢進元から貢進先へと運ぶ物資に付けられた荷札は、やはり交通の様相を物語るものである。都城遺跡から出土する調庸などの税の荷札は、まさに国家によって組織された、諸国から都城へと向かう貢進交通のありさまを物語る証左である。しかしそれらについてはよく知られているところなので(24)、本章では長屋王家木簡中の蔬菜の荷札と、荘園における税の荷札を取り上げて、それらから知られるところを考えたい。

（1）長屋王家木簡

長屋王家木簡の中には、大和・河内・山背の各地に置かれた御田・御薗から、平城京左京三条二坊にあった長屋王邸に、毎日のように蔬菜・米が進上されていたことを物語る荷札木簡が多数含まれている。それらは王家の農業経営の中で盛んに展開された交通の様相を示すものである。そしてそれらの御田・御薗のうち、河内と山背に置かれたものからの交通は、国境を越えるものであった。ここでは山背薗からの二点を紹介する。

・山背薗司解　進上　□　知佐五束　大根四束　古自一束　右四種持人

・　奴稲万呂　和銅五年十一月八日国足　350・38・3　032（『平城京木簡一』一九四）

・山背薗司　進上　大根四束　交菜二斗　遣諸月

・　和銅七年十二月四日　大人　255・30・4　011（『平城京木簡二』一七五四）

山背薗は河内国石川郡山代郷の地（大阪府河南町山城）にあったと比定できるので[25]、そこから長屋王家への蔬菜の進上にあたっては、国境を越えることになる。しかし河内→大和国→平城京へというルート上の国境、すなわち河内・大和間の国境に関があったかどうかは不明である。天武天皇八（六七九）年十一月には、初めて龍田山と大坂山に関を置いたという記事があるが（『日本書紀』同月是月条）、それは大宝律令以前のことであり、奈良時代にその国境に関があったことを示すような史料はない。関がなければ過所は不要だが、第一章で述べたように関はなくても途中で勘問を受ける可能性がある。したがって荷の運搬者が第二章で見たように、勘問に備えた木簡を所持していた可能性もあろうが、そうした内容の木簡は三五〇〇〇点にのぼる長屋王家木簡の中に一点もない。そうであるならこれらの木簡自体が、交通検察に備えて、荷を運ぶ奴稲万呂や諸月の身分を証明するものとなったのではなかろうか。

その点ではかつて横田拓実氏が、平城宮跡から出土した次の物資の送状（進上状）に、身分証明の機能を見いだされたことが想起される[26]。

・進上瓦三百七十枚　女瓦百六十枚　鐙瓦七十二枚　宇瓦百卌八枚　功卌七人　十六人各十枚　九人各八枚　廿三人各六枚

・付葦屋石敷　神亀六年四月十日穴太□〔老カ〕　主典下道朝臣　向司家　266・23・2　011（『平城宮木簡七』一一八七三）

これは宮外の瓦の製作現場から計三七〇枚の瓦を、宮内の造営現場へ四七人を使って進上したことを示すものである。下道朝臣は瓦製作を管轄する役所（催造司）の主典であり、現場からそこへ出かけていたためこの木簡に加署していないが、この木簡の正当性を保証するものである。そして瓦は葦屋石敷が四七人を引率して運搬されたが、その際「瓦を受取る側ではこの木簡は単なる瓦の進上状であるが、これを運搬・進上する側にとっては送状であると同時に、瓦および人の移動に関する道中の保証でもあるわけである」（一二頁）と、横田氏は指摘される。道中の保証とは、この場合は平城宮の門において行われる検査を念頭に置かれているところである。

この指摘を参考にすれば、先の山背薗司の進上状は、それぞれ奴稲万呂と諸月が、薗から長屋王邸へと蔬菜を運ぶ途中において、彼らの身分と荷の正当性を証明する機能をも果たしたと考えられよう。瓦進上状のような官人の署はないが、山背薗司という名称自体が、その荷が長屋王に関わるものであることを示している。さらに日常的にこうした運搬がなされていたわけであるから、長屋王邸への荷だということはよく知られており、勘問に備えるにはこれで十分であったのであろう。

（2）西大寺領赤江庄関係木簡

平城京右京一条三坊八坪にあたる奈良市西大寺本町では、二〇〇六年に奈良文化財研究所によって行われた発掘調査で、奈良時代後半の西大寺創建段階の食堂院に関わる四棟の建物遺構と大型の井戸が検出された。井戸の廃絶に伴う埋土の中からは、二六八九点に及ぶ大量の木簡が出土した。木簡に書かれた年紀は延暦年間に限られ、その頃に井戸が廃絶したことを物語っている[27]。その中に越前国の赤江庄に関わる荷札が含まれていた。それらは越前と平城京を結ぶ交通を物語る木簡なので、ここで見ていくことにする[28]。

赤江庄関係木簡を列挙すると次のようになる。

①・西大赤江南庄黒米五斗吉万呂
　・正〔延〕暦十一年六月十五日吉万呂　156・21・4　051（『城』三八―59）

②・西大赤江南庄黒米五斗
　・延暦十一年十二月十一日吉万呂　151・19・3　051（『城』三九―186）

③・□□□〔西大赤江カ〕南庄黒米五斗
　・延暦□□〔十年カ〕十二月廿日□□□〔万呂カ〕　175・16・4　051（『城』三八―60）

④・西大赤江南庄黒米□
　・[redacted]〔延カ〕[redacted]上　126・16・5　051（『城』三九―187）

⑤・□□□〔江南庄カ〕
　・延暦十□〔一カ〕　(51)・19・5　059（『城』三九―188）

⑥・穴太加比万呂黒米五斗
　・□□□〔西大寺カ〕赤江北庄延暦十一年地子　108・14・2　051（『城』三八―61）

⑦・□万呂黒米五斗西大寺
　・赤江北庄延暦十一年地子　147・16・6　051（『城』三八―62）

⑧・西大寺赤江北庄延暦十一年地子
　・秦浄人黒米五斗　116・11・4　051（『城』三九―190）

①〜⑤が西大寺領赤江南庄、⑥〜⑧が赤江北庄からの荷札である。いずれも下端を尖らせる〇五一型式である。ただし頭部は平らだったり、山形、圭頭形などさまざまである。荷の内容は欠損により不明な⑤を除き、いずれも黒米である。そして量が五斗と統一的なのは、それが一俵の分量だったからである（『延喜式』雑式）。これらの木簡の記載からは、両庄が越前に関わることはわからない。しかし宝亀十一（七八〇）年十二月に作成された『西大寺資財流記帳』を見ると、西大寺が所有する「田薗山野図漆拾参巻」中の「越前国九巻」の中に、「三巻同郡（＝坂井郡）赤江庄〈一布在国印一白絁二副无印／一布白〉」（山括孤内は割注）があった。これにより西大寺が越前国坂井郡に赤江庄を領有していたことが知られる。それは木簡に見える赤江南庄と同北庄の総称であろう。赤江庄は南庄と北庄に分かれて経営されていたのである。

まず赤江南庄の木簡を見ると①〜③は完形であり、それらから一定の記載方式のあったことがうかがえる。すなわちいずれも冒頭に「西大」と書き西大寺関係であることを明示し、次に「赤江南庄」という荘名が続き、「黒米五斗」がそこからの貢進物であることを示している。そして裏面には、日付とその下に貢進者名を書く。①では表裏両面に「吉万呂」の記載があるが、表面は余分であろう。年紀は延暦十（七九一）年と同十一年である。

そしてこれらにはきわめて特徴的な文字と書き方が見える。すなわち①裏面冒頭の年号の釈文が「正〔延〕暦」となっているように、「延」字中の「正」部分の二画目の縦棒を太く書くのに対し、五画目の横棒がなく、延繞部分が「正」字の四画・五画目であるかのように見え、一見すると全体で「正」のような字体で書かれているのである。しかし「正暦」だとすると九九〇年代の木簡ということになるが、他の遺物の年代と合わなくなり、「延暦」と解さざるをえないのである。(29) この特徴的な書き方は、②③にも見える。また裏面が墨による抹消で読めない部分の多い④も、かろうじて見える一字目は同じ字体の「延」である。さらに表面の文字は、いずれも字間を詰めて書かれ、「大」字の中に「赤」字の上半部が入りこむという特徴があるので、①〜④はいずれも同筆である。そのことは表面の書風からも言えることである。またごく小さな断片で、かつ墨が薄いため判読が難しい⑤も、「延」の字の書き方や表面の文字を詰めて書く特徴が共通する。したがって①〜⑤の五点は、すべて同一人によって書かれたものである。そしてこれらと共通する特徴を有することから判断すると、次の三点も破損により庄名は見えないものの、赤江南庄のものである可能性が大きい。本来の形は〇五一型式であろう。

a・西大□
・延暦□　(44)・17・5　019（『城』三八—63）

b・□庄白米五斗
・□〔年カ〕六月五日吉万呂　(96)・15・4　059（『城』三九—189）

c・□□〔庄カ〕黒米五
・□〔延カ〕暦十一年十二月八□　(82)・15・3　081（『城』三九—185）

そしてその筆者は、①②bに見える「吉万呂」である。③は日下に「□□万呂」の名があるが、写真を見ると「万呂」の上にはもう一字ありそうである。それも同筆だから、「吉万呂」とその姓を書いているのであろう。

しかし不明確な③以外はいずれも姓の記載がなく、通常の荷札よりもかなりくだけた書式を取っている。また貢進日を見ると、①は延暦十一年六月十五日、②は同年十二月十一日、③は同十年十二月二十日、cは同十一年十二月八日となり、年の不明なものを除くと延暦十年十二月一点と、同十一年六月一点、同年十二月二点であり、複数回にわたって貢進されたものである。bを含めても六月と十二月しかないから、その両月にまとめて貢進することになっていたのであろう。それにもかかわらずすべて吉万呂の名によって荷札は作られている。これらのことから判断すると、吉万呂は黒米（bのみ白米）の負担者ではなく、南庄を経営する側の人間であり、黒米貢進の責任者ということになる。木簡から知られるように、吉万呂はしばしば西大寺への黒米貢進の責任者になっているために、寺にとって彼はよく知っている人であるから、姓を省略することができたのであろう。

次に赤江北庄の荷札木簡である⑥〜⑧を見る。これらも南庄と同じくいずれも〇五一型式だが、南庄とは異なる記載内容を持つ。すなわち⑥⑧では片面に人名と「黒米五斗」と書き、もう一方の面には「西大寺赤江北庄＋年紀＋地子」と記す。これだけでは二面の表裏は決定しがたい。しかし⑦では「西大寺」が「黒米五斗」に続けて書かれている。この「西大寺」が裏面の「赤江北庄」にかかることは、⑥⑧から明らかであるから、木簡の表裏は⑥⑦のように人名から始まる方が表ということになろう。したがって⑧の釈文の表裏は逆にすべきであろう。また三点の木簡に書かれた人名はすべて異なる。そしてそれは黒米の前に書かれているから、黒米の貢進者の名であろう。

このように三点の赤江北庄の荷札は、まず表面に貢進者名と「黒米五斗」という貢進物とその量を書き、裏面にはそれが西大寺領赤江北庄からの延暦十一年の地子であるということを示しているのである。南庄が寺名を「西大」と略記したのに対し、北庄では「西大寺」と略さない点、及び貢進時は年だけで月日を記さないという点も含め、南北両庄の荷札の書式は大きく異なっているのである。

また三点はいずれも同筆である。すなわち三点とも「延暦」では「延」に比べ「暦」を大きく書くこと、「暦」の字は雁垂をいずれも麻垂に書き、下の「日」は麻垂の中に収まらず完全に外に出て「麻日」のようになっていること、「十一」を扁平に書くことなどの共通の書風を持っているのである。そうであるならこれらの荷札は、木簡に名前の見える人物、すなわち地子負担者によって書かれたものではなく、赤江北庄を経営する庄家側の人間が書いたものということになろう。

以上、西大寺食堂院跡出土木簡中の赤江南庄と赤江北庄の木簡を見てきた。『西大寺資財流記帳』によって名だけが知られていた奈良時代の赤江庄が、その経営においては南庄と北庄に分かれ、それぞれの名によって、西大寺に基本的には黒米を貢進していたこと、そしてその黒米は北庄木簡が示すように、賃租による地子米であることが、木簡からわかったのである。南北で全く異なった書式の荷札を作っていることは、赤江庄が二つの経営拠点＝庄家によって経営され、少なくとも米の貢進に関しては、両者が統一的な管理下にはなかったことをうかがわせるものである。

ただし両者には書式の共通点もある。それは「西大赤江南庄」「西大寺赤江北庄」のように、西大寺に属する荘園であることを示し、また貢進物名（黒米）とその量（五斗）、そして精粗の差はあるが日付を記すことである。そしてまた両庄の荷札が、それぞれ同筆であり、庄家に属する同一人物によって作成されたことも共通するところである。

さてこれらは越前の赤江庄から、西大寺に貢進された米に付けられた荷札である。右に示した書式は、それに応じたものになっている。すなわち西大寺が収納するのに必要な情報が書かれているわけである。まずは荘園名を書いて貢進元を示すとともに、そこからの貢進物が米であることとその分量が五斗であること、それが何年のものであるか、ということが両庄ともに示されているのである。西大寺にとって最低限必要な情報はこれだけであった。

一方両庄の荷札の相違点を見ると、南庄では吉万呂が貢進責任者であることを示すのに対し、北庄では誰が貢進した米であるかを書く。また先にも記したように、北庄ではその米の性格が地子米であることを記すが、南庄では書かない。しかしそこからの米も地子米であろう。両庄で異なる性質の米を貢進していたとは考えがたいし、荘園では田地を周辺農民に賃租に出し、地子米を獲得するという経営が行われていたことは、やはり越前にあった東大寺領桑原庄の収支決算書からも知られるところである。その一つ天平勝宝九歳二月一日「越前国田使曾祢乙万呂解[30]」には、収入として「去歳売田直二千一百□□〔六十〕束」が記される。「売田」は田を賃租に出すことであるから、二一六〇束は地子である[31]。このように荘園の水田からの収入が地子であることは、ごく一般的であったから、米の性格は荷札に書かれていなくても自明のことであった。また西大寺にとって必要なことは、ある年にどこの荘園でどれだけの面積の水田が賃租に出され、そこからどれだけの量の地子米が入ってくるかということであり、誰が賃租を受けて地子米を負担したのか、あるいは誰が貢進責任者になったのかということは庄家が掌握していれば、木簡には書かれなくてもかまわない情報であった。そこに両庄の荷札の書式の相違が生まれる要因があったのである。

右の「越前国田使曾祢乙万呂解」は、「舂進上二千六百卌束」と東大寺への進上量を報告する[32]。ここには単に総計量が書かれているだけである。これは決算報告であるから、地子米の進上の時にはこれとは別な書式で、より詳しい情報の書かれた紙の文書が提出された可能性はあろう。しかし東大寺にとってどうしても必要な情報は、総計だけであったのである。

なお南庄の「西大」、北庄の「西大寺」という記載は、西大寺にとっては自明のことであり、荷札に書く必要はなかったはずである。したがってそれは西大寺へ向けて書かれたものではない。平城宮跡などから出土する調・庸などの荷札に宛先がないことを考えれば、そのことは理解しやすい。それにもかかわらず記載されているのは、貢進途上で必要とされたからではなかろうか。越前から平城旧京の西大寺へ向かうには、いくつもの国境を通る必要があった。奈良時代ならそれらには関が置かれていたが、荷札は延暦八年に三関が停廃された後のもので、三関停廃に伴って他の関も順次廃止されていった頃である。したがって過所は既にあまり必要なかったかもしれないが[33]、途中の路上での勘問などに備えて過所様木簡が作成されたことは、第二章で見たところである。こうしたことを考えると、西大寺名の記載は、これらの荷とそれを運ぶ人たちが西大寺へ向かうものであること、言い換えればこれらの荷と人たちが西大寺に属することを明示して、貢進先への安全確実な交通を保証するものとなったのであろう。荷札がそうした機能をも果たしたことは、本章第一節で見たところである。

（3）金沢市上荒屋遺跡出土木簡

越前国坂井郡にあった西大寺領赤江庄は、九頭竜川の北岸、現在の福井市上野本町付近から坂井市丸岡町の南部にかけて広がっていたと考えられる[34]。残念ながらその現地からは木簡は出土していない。そこで加賀（旧越前）国石川郡内にあたる金沢市上荒屋で見つかった荘園遺跡である、上荒屋遺跡から出土した木簡を取り上げ、荘園現地での木簡の様相を見て、前節で取り上げた赤江庄木簡と比較してみたい。

その前に上荒屋遺跡について概略を述べると、そこでは東西方向から南北方向へ直角に曲がる幅八メートル、深さ約二メートルの河川と、東西・南北方向に走る二条の条里溝に囲まれた、ほぼ一町四方内に展開する建物群が検出されている。木簡や墨書土器から、そこは八世紀後葉以降九世紀後葉までは荘園遺跡であるとみられるが、八世紀段階と九世紀では墨書土器の内容や木簡の形状が大きく異なり、荘園の性格の変化がうかがえる。そして具体的には、そこは桓武天皇皇女であった朝原内親王が領有していたが、その死後、弘仁九（八一八）年三月に遺訣に従って母の酒人内親王によって東大寺に寄進され[35]、東大寺領横江庄になったと考えられている[36]。

さて同遺跡出土木簡の中から荷札を抜き出すと、次のようなものがある。

a　荒木佐ツ麻呂黒五斗二　124・15・5　051（『木簡研究』一三。以下同じ）

b　春日千麻呂黒五斗二升　113・16・2　051

c　津守久万呂五斗　124・17・5　051

d　秋万上白米五斗　142・18・4　051
e　山人上黒米五斗　150・19・9　051
f　品治部君足黒五斗二升　120・15・4　051
g　針真黒五斗二升　130・16・5　051

これらの特徴として、次のようなことが指摘されている。すべて下端が尖る〇五一型式であり、大きさもかなり似通っている。郡郷名や年月日の記載はない。品目には黒米と白米がある。黒としか書いてないものも黒米であろう。また品目を書いていないものも、その量の一致から米と考えられる。量は黒米が五斗二升、白米が五斗と差が見えるが、これは黒米には精白代として二升が加えられたからである。そしてすべてに人名記載があるが、ウジ名を省略したものもある[37]。彼らは米の貢進者であり、それは賃租を受け地子米を負担した人たちであろう。これらの木簡はいずれも河川跡から出土し、東大寺への寄進の前か後か明確に時期区分ができないが、いずれにせよ荘園の時期のものである。そして加賀国が越前国から分立するのは、弘仁十四（八二三）年三月であったから（『日本紀略』同月丙辰朔条）、東大寺施入段階では越前に属していた。したがって同じ越前国内の荘園として、赤江庄と比較することができよう。

これらの荷札の書式は赤江庄のものとは大きく異なる。書かれている内容は、地子負担者名とその地子米の黒白と量だけである。そこでは誰がどれだけの地子米を出したかを掌握できれば十分であった。朝原内親王ないしは東大寺という荘園領主の名や荘園名を書く必要はなかった。それらは庄家にとって自明のことであったからである。別におそらく紙の賃租の帳簿があり、そこには賃租対象者の名と水田の面積が記されていた。その帳簿と荷札の人名と地子米量を照らし合わせながら、秋の収穫後に米を収納していったわけである。これは荘園内部での作業であるから、貢進者のウジ名を省略することもできたし、郡郷名や年月日の記載がなくてもかまわなかったのである。

そして今度は、荘園領主の元へその地子米を送る時は、赤江庄木簡のように、その領主の名と荘園名、荷の内容を示す地子米とその分量、それに日付を書いた荷札を作成し直したわけである。その際は南庄のように貢進責任者名を書く場合と、北庄のように地子貢進者名を書く場合があったが、先にも述べたように後者は領主にとっては必ずしも必要な情報ではなかったのである。

このように荘園の現地と荘園領主の元から出土した荷札木簡を比較すると、両者の間には荘園から領主へと国境を越えた貢進物の移動という交通が存在し、その前後で庄家と領主とでは必要とされる情報に相違があるため、また国境を越えるという状況に備えるため、荷札に期待される機能が異なり、記載内容に変化が生じることが明らかになった。まさに間に国境を越える交通を挟んだ二つの局面の相違を、木簡は如実に物語っているのである。

おわりに

木簡を通して古代交通、特に国境を越える交通の諸様相を見てきた。第一章と第二章では、本貫地主義の下、関で交通を取り締まるとともに、それ以外の場でも不審な通行者への勘問が行われたこと、それらにそなえて国境を越える交通の保証のために、過所や過所様木簡をはじめ多様な文書木簡が作成され、人々がそれを携行したことを見た。第三章では特に国境を越えて運ばれる物資に付けられた荷札木簡を素材に、それまでに述べたことと関連して、木簡が通行者の身分保証という機能を果たしたこと、また荘園の現地で用いられる木簡と領主側にもたらされる木簡の間には書式の相違があること、それは中間の交通を挟んで両者で荷札に求められる情報が異なることに由来するものであることなどを論じたところである。

木簡はそれが作成され用いられた場と、廃棄された場とが異なることが多い。すなわち木簡は動く史料であった。言い換えれば人や物の交通の結果を示す史料である。特に国境を越える交通の際に用いられるものであるなら、そこに本貫地主義という交通政策との関わりが見られるのは当然である。そしてまた同じ荘園関係の荷札でも、それが用いられた場によって、必要とされる情報に差があり、それが木簡の書式に多様性をもたらしたのである。木簡のこうした性格を踏まえて、今後も木簡を通して交通の実態の復元を深めていきたい。

注

（1）舘野和己「律令制下の交通と人民支配」『日本古代の交通と社会』（塙書房　一九九八年）。
（2）浮浪・逃亡の認定基準は、基本的に不法に国境を越えるか否かである（『令集解』戸令絶貫条所引或説）。もっとも奈良時代末になると、国内への浮宕により、差科の日に徭夫が少ないという状況も問題になっている（『類聚三代格』宝亀十一年十月二十六日太政官符）。
（3）ここで述べることの多くは、既に舘野和己「律令制下の渡河点交通」及び「関津道路における交通検察」注（1）前掲書で述べたところである。
（4）三関の軍事的性格は、政治的事件や天皇崩御の際に三関を閉じて交通を遮断する固関に端的に現れる。特に天平宝字八（七六四）年九月の恵美押勝の乱時には、愛発関で押勝軍が撃退されて越前に入れなかったことが、彼の敗死へとつながったのである（『続日本紀』同年九月壬子条）。
（5）舘野和己「関津道路における交通検察」注（1）前掲書。
（6）舘野和己、注（5）前掲論文。
（7）舘野和己、注（3）前掲「律令制下の渡河点交通」。
（8）奈良国立文化財研究所『平城京左京七条一坊十五・十六坪発掘調査報告』（一九九七年）「第Ⅵ章考察6木簡」（舘野和己執

筆）。

（9）後述のａについては、舘野和己注（1）前掲論文、ｂｃは注（5）前掲論文で見た。

（10）ただしなぜ「竹木」というように、竹の過所も規定するのか不審である。日本では竹簡は使用されなかったことからすると、これは中国に淵源があるのであろうか。ただし中国でも竹簡の使用は、紙の普及以前の時期であり、かつ編綴されて冊書の形で用いられるものであることからすると（冨谷至『木簡・竹簡の語る中国古代』（岩波書店　二〇〇三年））、竹の過所はふさわしくないであろう。

（11）平川南氏は和銅八年五月格は、紙の過所への国印の押捺を定めたもので、木簡の過所を禁止する規定とは言えないとされる（平川南「過所木簡」『古代地方木簡の研究』（吉川弘文館　二〇〇三年））。しかし過所の竹木使用条項が養老令で削除されているのは、その格に基づいたものであり、過所木簡の使用は禁じられたと考えるべきである。

（12）平川南注（11）前掲論文、永田英明「通行証」平川南ほか編『文字と古代日本3　流通と文字』（吉川弘文館　二〇〇五年）、松原弘宣「関の機能と過所」『資料学の方法を探る』七（愛媛大学「資料学」研究会　二〇〇八年）。

（13）実際には、大和と山背との間には関はなかったと考えられる。舘野和己注（5）前掲論文参照。

（14）奈良国立文化財研究所『平城宮木簡一　解説』（一九六九年）。

（15）平川南注（11）前掲論文は、里長の姓名は追筆であり、里長は文書作成者ではない、過所使用者の身元を確認し、保証する意味で自署を加えたとする。しかし追筆であることが、文書作成責任者でないということにはならない。それが書かれた場所からしても、里長の名によって発給されたことを示している。

（16）市大樹「二〇〇三年出土の木簡　奈良・石神遺跡」『木簡研究』二六（二〇〇四年）二六頁。

（17）石橋茂登ほか「石神遺跡（第15次）の調査」奈良文化財研究所『奈良文化財研究所紀要二〇〇三』（二〇〇三年）中の「4木簡　文書木簡」（市大樹執筆）。

（18）松原弘宣注（12）前掲論文。

（19）平川南監修・（財）石川県埋蔵文化財センター編『発見！　古代のお触れ書き　石川県加茂遺跡出土加賀郡牓示札』（大修館

書店　二〇〇一年)。「第3章1調査の成果」中の「その他の出土文字資料」(湯川善一執筆)。同書には「第4章2古代の通行手形―過所様木簡」(平川南執筆)もある。ただし「過所」との表現は前者にのみ見える。

(20) 平川南氏は注(19)前掲論文に加筆され、「小型の過所木簡」として注(11)前掲書に収載された。ただ前者では表題で「過所様木簡」とされていたのを、後者では「過所木簡」と変えておられる。しかし本文中では、本木簡は本稿で取り上げたａｃｅ木簡などの「過所木簡」とは同列に考えることはできないとして、小型で簡略な記載だが、関の通過のための身分証明書であると規定されている。氏は注(11)で述べたように和銅八年以後も過所木簡はありえたという前提に立っておられる。それは疑問であると考えるが、それは横に置くとしても、右のように本木簡の性格を捉えるなら、表題の「過所木簡」はふさわしくないのではなかろうか。

(21) 松原弘宣注(12)前掲論文。注(20)で述べたように平川南氏も、いわゆる過所木簡ではないと考えられているので、同様の理解と考えられよう。

(22) 舘野和己注(1)前掲論文。

(23) 昌泰二(八九九)年九月十九日太政官符(『類聚三代格』)によって、強盗行為を働く僦馬の党を取り締まるために、相模国の足柄坂と上野国の碓氷坂に関を置いたことがある。前者は駿河と相模、後者は信濃と上野の国境にあたり、都からより遠い側の国に置かれたことになる(表1参照)。

(24) 最近の研究に、吉川真司「税の貢進」平川南ほか編注(12)前掲書、加藤友康「貢納と運搬」『列島の古代史4　人と物の移動』(岩波書店　二〇〇五年)などがある。

(25) 舘野和己「長屋王家木簡の舞台」注(1)前掲書。

(26) 横田拓実「文書様木簡の諸問題」奈良国立文化財研究所『研究論集Ⅳ』(一九七八年)。なお奈良文化財研究所『平城宮木簡七　解説』(二〇一〇年)一一八七三号木簡の項参照。

(27) 奈良文化財研究所『平城宮発掘調査出土木簡概報』三八(二〇〇七年)・三九(二〇〇九年)。発掘調査の成果については、同『西大寺食堂院・右京北辺発掘調査報告』(二〇〇七年)、同『奈良文化財研究所紀要二〇〇七』(二〇〇七年)、木簡の解

説については、渡辺晃宏「二〇〇六年出土の木簡　奈良・西大寺食堂院跡」『木簡研究』二九（二〇〇七年）参照。

(28)　これらの木簡と赤江庄の現地比定については、舘野和己「西大寺領越前国赤江庄の復元」『福井県文書館研究紀要』七（二〇一〇年）参照。

(29)　渡辺晃宏注（27）前掲論文。

(30)　『大日本古文書』家わけ一八（東大寺文書）第九巻二六八頁。

(31)　天平勝宝八歳二月一日「越前国田使曾祢乙万呂解」『大日本古文書』家わけ一八（東大寺文書）第九巻二六四頁では、「去歳売田卌二町直二千一百六十束〈十二町々別八十束／廿町々別六十束〉」（山括弧内は割注）とする。売田面積と地子の総額が同じだから、九歳の場合も八歳と同じ割合の地子であろう。

(32)　ただし「進上」の文字は抹消されているから、実際には進上されなかったとみられる。

(33)　近江と山背の国境にあった相坂剗が廃止されたのは、延暦十四年八月であった（『日本紀略』同月己卯条）。したがって荷札木簡の頃にはまだそれは存在しており、通過には過所を必要とした。

(34)　舘野和己注（28）前掲論文。

(35)　弘仁九年三月二十七日「酒人内親王御施入状」『大日本古文書』家わけ一八（東大寺文書）第一巻九頁。

(36)　小西昌志・出越茂和・平川南「一九九〇年出土の木簡　石川・上荒屋遺跡」『木簡研究』一三（一九九一年）、金沢市教育委員会『上荒屋遺跡Ⅱ』（一九九三年）。なお前者のうち「木簡の釈文・内容」は平川氏が執筆されたが、後にそれに加筆され「初期荘園と木簡」として注（11）前掲書に収載された。

(37)　平川南注（36）前掲論文。

物品進上状と貢進荷札

市　大樹

はじめに

かつて古文書学は、差出と受取の間で授受される文書と、後日の備忘証明のために作成される記録とを区別する、黒板勝美氏以来の見解が通説的な位置を占めてきた[1]。これに対して佐藤進一氏は、上記の区分を認めつつも、授受関係はないが、単なる備忘録ではなく、他者に一方的に働きかける書面が存在するという問題提起をおこなった。現代の戸籍、御成敗式目、公事方御定書、日記風の書付、引付、事発日記、問注申詞記、付札、調庸墨書銘などがそれで、管理のための照合や同定のための照合で使用されるという特徴をもつ。他者に働きかける点では記録よりも文書に近く、機能的にも文書と密接に関係しあうとする[2]。近年、この「文書と記録の間」に着目した佐藤氏の問題提起を受けて、機能面に着目しながら、古文書学の再構築をはかる意欲的な論考がだされるようになってきた[3]。

一方、木簡は、1文書、2付札、3その他、の三分法が伝統的である[4]。1文書（広義）は、①書式上何らかの形で授受関係が明らかにされている文書（狭義）、②文書の授受関係が明記されていない記録（帳簿、伝票）に細分される。2付札（広義）は、①調・庸・中男作物・贄・舂米などの税物に付けられた荷札、②諸官司が物品の保管・整理のために付けた付札（狭義）に細分される。このうち文書と記録の区分は、伝統的な古文書学の理解に則ったものである。

また、文書・記録と荷札・付札とでは分類の次元が異なっており、佐藤進一氏のように、荷札を「文書と記録の間」に位置づけることも不可能ではない。最近では、情報を移動させるための要件を備えているかどうかによって文書と記録とを厳密に区分する山口英男氏が、荷札木簡を「動く」記録として位置づけるべきことを提唱している(5)。

近年の古文書学再検討の動向を受けて、新たな木簡の分類方法を摸索する段階にきていると思われるが、文書・記録と荷札・付札との区分を曖昧にする方向にいくとすれば、私はそれには反対である。この点について本稿では、物品を移動する際に用いられる点で共通する、物品進上状と貢進荷札との比較を通じて明らかにしてみたい。

A　木上進　焼米二瓮　阿支比／棗　右三種　稲末呂　八月八日忍海安万呂　o(孔)　310×39×2　011　京1-188号

B・伊豆国賀茂郡三嶋郷戸主卜部久須理戸卜部廣庭調麁堅魚拾壱斤
・拾両　　貝十連三節　　天平十八年十月　　323×27×5　011　宮1-342号

物品進上状はAにみるように、「進上元＋進上文言＋品目＋数量＋運搬者＋日付＋発給者」を基本内容とし、短冊形の形状が一般的である。貢進荷札はBにみるように、「地名＋貢進者＋税目＋品目＋数量＋年月日」を基本内容とし、形状は切り込みをともなったり、あるいは先端を突端加工するものが多い（もちろん短冊形も存在する）。

櫛木謙周氏は、Aなど長屋王家木簡の物品進上状を素材に、寺崎保広・福原栄太郎氏の研究を参照して、(1)あくまで文書であって荷札ではなく、モノに付けられたものではないこと、(2)小量ずつ不定量を送納する形態に対応し、直接的に経営される部局や直轄所領からの送り状にふさわしく、運搬者が送り状を持参して現物と共に示し、納入された後は整理伝票として機能したこと、(3)長屋王家の主人とその周辺の「大御米」などの供御料的性格が強いものを中心に、時々の必要に応じて輸納する形態が想定でき、荷札を付けられて一定量を一括して送られる輸納物と性格を異にすることを述べている。[6] 舘野和己氏も長屋王家の文書木簡を検討するなかで物品進上状を取り上げ、特に二次的穿孔の有無に着目し、荷札との違いを示唆している。[7] いずれも重要な指摘であるが、物品進上状と荷札との違いが本格的に論じられたわけではなく、いま少し議論の余地が残されている。

また、貢進荷札のなかには、「進上」「輸」などの文言をもつものが存在する。その一方で、物品進上状にも切り込みのあるものがある。これらに注目した馬場基氏は、物品進上状を典型的な文書と付札・荷札との中間的存在として位置づけている。[8] これは物品進上状と荷札との違いを指摘した櫛木氏などの見解とはやや異なる。櫛木氏も「進上」「輸」文言のある荷札に着目しているが、調庸荷札とそれ以外の荷札との違いを明らかにする方向での検討が中心で、物品進上との関係については十分に検討していない。

本稿ではこれらの先行研究を踏まえて、平城宮・京跡出土木簡を題材に、物品進上状と貢進荷札との関係を正面から問い直してみたい。なお木簡の出典は、『平城宮木簡一』は「宮1」、『平城京木簡二』は「京2」、『平城宮発掘調査出土木簡概報21』は「城21」、『西隆寺発掘調査報告Ⅳ』は「西隆」、『評制下荷札木簡集成』は「評荷」、『長岡宮木簡二』は「長岡2」、『大宰府史跡出土木簡概報二』は「大宰2」、『木簡研究31』は「木研31」などと略記する。

一　長屋王家木簡の検討

物品進上状と貢進荷札とを比較する際、同一遺跡・遺構から出土したものを比べるのが望ましい。考察の手始めとして本章では、長屋王家木簡を取り上げたい。その物品進上状は、表1に整理したように、[1]御田・御薗関係と、[2]それ以外に分類できる。まず、事例の大多数を占める[1]からみていくと、次の一〇点が特徴として指摘できる。

表1　長屋王家木簡の物品進上状

番号	進上元	進上	進上物	運搬者／手段	年月日	署名	孔	型式	出典	註
①御田・御薗からの物品進上状										
1	×	進	御飯米３斗	曽女	５月15日	忍海安末呂	下	011	京1-190号	
2	×	進	御飯米２斗	□都女	５月26日	忍海安末呂	下	081	城25-7頁上	
3	×	進	大御飯米３斗	曽女	７月４日	忍海安万呂 ／「高安嶋」	下	011	城27-6頁上	
4	木上	進	供養分米６斗	各田部逆	７月14日	秦廣嶋／甥 万呂	上	011	京1-186号	
5	×	進	大御飯米３斗	身豆女	７月30日	忍海□麻呂 ／「家令」	下	011	城27-6頁上	
6	木上	進	焼米２瓮／阿 支比／棗	稲末呂	８月８日	忍海安万呂	下	011	京1-188号	
7			大御米３斗	稲津女	９月４日	忍海安麻呂	下	065	城27-6頁上	1
8	×	進上	御飯米３斗	把女	９月11日	秦廣嶋／甥 万呂	下	011	城25-7頁上	
9	×	進	大御飯米３斗	把女	９月15日	豊嶋／「田 主」	下	011	城27-6頁上	2
10	×	進	大御飯米３斗	把女	10月７日	忍海安万呂 ／「甥万呂」	上	011	城21-14頁 上（城28- 44頁上）	
11	×	進	御飯米３斗	石女	10月９日	忍海安麻呂 ／「廣嶋」	下	011	城25-7頁下	
12	×	進	御飯米３斗	石女	10月20日	忍海安麻呂 ／「廣嶋」	下	011	城21-13頁 上	
13	⊐御田	進上	御食米３斗	丁把女	11月14日	□葉百嶋		019	城23-6頁下	
14	×	×	□処米９斗	真嶋	12月８日	新田部形見	×	011	城25-7頁上	
15	木上司	進	採交４斗	⊏⊐	12月10日	忍海安麻呂	下	081	城25-6頁下	
16	木上	進	糯米４斛	各田部逆	12月21日	忍海安麻呂	×	011	城21-10頁 上	
17	木上	進	竹106根	⊏⊐	12月24日	□		019	京1-187号	
18		進	竹160根	×	12月24日	忍海⊏		081	城25-7頁上	
19	×	進	大御飯米３斗	把女	閏月13日	忍海安麻呂 ／「甥万呂」	上	011	城27-6頁上	
20	×	進	大御飯米３斗	都夫良女	閏月29日	忍海安万呂	下	011	城27-6頁上	
21	木上	進	⊏⊐□斗／ ⊏⊐	稲末呂	⊐月15日	忍海安末呂	下	011	京1-189号	
22			草奈須美２束		⊏⊐19日	秦廣嶋		081	京1-192号	
23				⊐夫良女		秦廣嶋／ 「大末呂」		019	京1-193号	
24			⊐斗／薊１斗	蘇良	□月７日	新田部形見		019	城27-5頁下	
25				石女	□月□日	新田部形見		081	京2-1760号	
26	□□	進上	御飯□		霊亀２年10 ⊏			081	京2-1773号	
27		進	大御飯米					091	京1-634号	
28	城上	進					上	019	京2-1753号	
29					⊏⊐日	忍海安万呂		081	京1-191号	
30	山背薗司	解進上	⊏⊐／知佐 ５束／大根４束 ／古自１束	持人奴稲万 呂	和銅５年11 月８日	国足	下	032	京1-194号	
31	山背薗司	解進上	□⊏⊐／⊏ ⊐／⊏⊐□ □／□□／阿布 比２束／竹子７ 把／□□１束	持人小万呂	和銅６年５ 月４日	国足	下	011	京2-1756号	
32	山背薗司	進上	大根４束／交菜 ２斗	諸月	和銅７年12 月４日	大人	×	011	京2-1754号	

33	□□	解進上	春米３斛５斗	持人…万呂	霊亀元年９月□9日	国足	下	019	城25-6頁下	
34	山背御薗	進上	布々支８束／阿佐美４束	丁少子部安末呂	６月２日	×	×	011	京2-1755号	
35	山背御薗司	進上	菁２把／大根１束／知佐４把／古自２把	奴否万呂	10月26日			019	城25-6頁下	
36	山背薗司	進上	菁４束／比由１斗／茄子１斗２升	持人□□	□□23日	国足	×	081	京1-195号	
37	山背薗	進	蕗６束／知佐４束／□□／□□比８束／□□／志伊１斗／椒１升				×	081	城27-5頁下	
38	片岡	交易進上	阿射美12尺束／布々伎２尺束	駄２匹	４月12日	道守真人		081	京2-1743号	3
39	片岡	進上	蓮葉30枚	持人都夫良女	６月２日	真人	下	011	城21-9頁上	4
40	片岡	進上	蓮葉40枚	持人都夫良女	６月24日	真人	上下	011	京1-176号	
41	片岡	進上	菁□□□	持人□□	７月12日	道守真人		081	京2-1744号	
42	□	進上	菁21尺束	駄２匹	10月８日	真人／倭万呂	下	065	京2-1749号	5
43	片岡	進上	菁７斛７斗（束３尺束）	持人木部百嶋／駄４匹	10月11日	真人／倭万呂	下	011	京2-1745号	
44	片岡	進上	菁３斛（束４尺束）	檜前連寸嶋／駄２匹	10月14日	真人／白田古人／倭万呂	下	011	京1-177号	
45	片岡	進上	□８斛	持人木部百嶋／大万呂／駄４匹	10月17日	真人／倭万呂	下	011	城27-5頁下	6
46	片岡	進上	菁６斛２斗（束在10尺束）	持丁木部足人／駄６匹	10月18日	真人	下	032	城21-9頁上	
47	□岡御薗	□	□６斛４斗（束８尺束）	駄４匹	10月20日	古人／□□	下	081	京2-1748号	
48	片岡	進	菁３斛２斗（束５尺束）	丁木部百嶋／駄２匹	10月24日	真人／古人／倭万呂	下	011	京1-179号	
49	片岡	進上	交菜２斗／奴奈波５把	持人宿奈女	12月25日	真人	下	011	城21-9頁上	
50	片岡	進上	菁７斛８斗（束２尺束）	持人道□□万呂／駄４匹	13日	真人／倭万呂	下	011	京1-178号	
51	片岡	進上	桃３斗５升	持人□□良女	□月27日	道守真人	上下	011	京1-180号	
52	片岡	進上	菁24□					081	城25-6頁上	
53	□岡司	進上	物					081	京1-181号	
54	片岡	進上	菁□	駄				081	京2-1746号	
55	片岡司	進						081	京2-1750号	
56	片岡	進上						081	京2-1751号	
57	片岡	納	×	×	×	×	×	081	京2-1752号	
58				持人守部麻呂		道守真人	下	019	京1-182号	
59				丁木部百嶋		真人		081	京2-1747号	
60				丁木部百				091	京2-2803号	
61	氷室	進上	物□					019	城27-5頁下	
62	×	進上	氷	丁阿倍色麻呂／１駄	９月16日	火三田次	下	011	城21-12頁上	

63	×	進上	柑24俵	上⊏⊐	潤月15日	火三田次	上下	011	城23-6頁下	
64	佐保	解進生	薑20根	額田児君／川瀬造麻呂	和銅８年８月11日			081	京1-185号	
65	大庭御薗	進上	菁菜60束	駄２匹	×	×	下	011	城21-9頁下	7
66	耳无御田司	進上	処理４斗		霊亀２年12月2□⊏			019	城21-27頁下（城25-28頁下）	
67	耳梨御田司	進上	芹２束／智佐２把／古自２把／河夫毘１把	進上婢間佐女	今月５日	太津嶋	×	011	城21-9頁下	
68	矢口司	進上	意比１斗	進上人私部亥万呂	９月11日	太津嶋	×	011	城21-9頁下	
69	矢口司				和銅⊏			019	京1-183号	
70			余貴10把	奉上人多治比連県	４年７月３日	太津嶋	下	019	京1-184号	
71	×	進上	炭12籠	×	４月12日	鴨伊布賀	下	011	城27-6頁下	
72	×	進上	炭24籠	×	６月１日卯時	鴨伊布賀	上	011	京2-1767号	
73	×	進上	炭12籠	×	６月21日	鴨伊布加	下	011	城21-11頁下	
74	×	進上	炭12籠	×	６月25日	鴨伊布賀	上	011	京1-197号	
75	×	進上	木２荷	×	７月13日	鴨伊布賀	×	011	京1-198号	
76	×	×	炭14籠	×	９月12日	鴨伊布加	下	011	城23-6頁下	
77	×	進上	炭12籠	×	10月18日	鴨伊布賀	下	011	京1-199号	
78	×	進上	炭12籠	×	10月1□日	鴨伊布加	上	019	城25-7頁上	
79	×	進上	炭14籠	×	11月23日	鴨伊布賀	×	081	京1-200号	
80			炭12籠	×	12月３日	鴨伊布賀		081	京1-202号	
81	×	進上	炭12籠	×	12月７日	鴨伊布加	下	011	城21-11頁下	
82	×	進上	炭14籠	×	⊏⊐月1□日	鴨伊布賀	×	081	京1-203号	
83			⊐籠		閏月26日	鴨伊布賀		011	京1-201号	8
84					⊐６日	鴨伊布加	下	019	城27-6頁下	
85	×	進上	炭			伊□賀	下	011	京2-1766号	
86					□日	鴨伊布賀		081	京2-1762号	
87		進上	炭14籠					081	城23-6頁下	
88		進上	炭□					091	城28-4頁上	
89		上	炭籠					091	京1-635号	
90			⊐７升	鴨伊布加		高安廣足	下	081	京2-1761号	
91	□田司	進上	米					091	京1-637号	
92	□□司	進	□					081	京2-1781号	9
93			⊏⊐２束／阿布比６把				下	081	京1-196号	
94			□束／古自１把／⊏⊐					081	京2-1758号	
95			阿佐美12把／奈木２尺束／□□２束					081	京2-1759号	
96		進上	種々交菜					091	京2-2388号	
2その他の物品進上状										
97	西店	進	米５石		８月20日	□		081	京2-1764号	
98	西店	進上	米10斛		８月１□			081	京2-1763号	
99	西店	交易進	近志呂500隻		12月□	×	×	032	城21-11頁上（城25-26頁下）	
100	山辺郡	進上	糯米					019	城25-20頁上	

101	添上郡	進						091	城28-3頁下	
102	葛下郡司	進上	□□					081	城21-13頁上	
103	葛濃郡	進上	米12石		和銅7年10月□9日		下	081	京2-1768号	10
104	摂津国	□□□	瓦60枚／□□24合					019	京2-1769号	
105	津国	進						081	京2-1770号	
106	肩野津	進上	米□斛					081	城27-6頁下	11
107	「伊勢税司」	進	交易海藻14斤／滑海藻300村		和銅7年6月22日	□□連大田		019	京1-207号	12
108	□□	進上	酒	仕丁宇万呂			×	081	京2-1765号	13
109		上	備前国春米…□66斛	駄20				091	城28-4頁上	
110		進	草□					091	京2-2389号	
111		進	牛2頭	□				081	京2-1775号	
112	×	交易進	瓮7口／油坏143口／奈閉8口	直丁末呂	×	×	×	081	京2-1723号	14
113	×	進上	大贄合□					081	京2-1776号	
114	×	進上	符上物（丹機畳5枚／席20枚／丹坏）	×	2月25日	×	下	011	京2-1721号	15
115	×	進	加須津毛瓜／醤津毛瓜／醤津名我／加須津韓奈須比	×	9月19日	×	×	011	京1-205号	
116	×	進上	意太都智	1駄	和銅8年8月26□			019	城21-13頁上	
117	×	進	三宝布施糸6絇	茨田宿祢小弓	3月25日	□／「家令」	上	011	京2-1722号	
118	×	進出	橡1斛／荼1荷／鯛鮓1瓮	×	5月1日	白鳥鎌足／少書吏	上	011	京2-1724号	
119	×	進出	炭12古分数5籠／小刀1／針3	持参出辛男	7月26日	少書吏置染国足／家従「廣足」	下	011	城21-8頁上	
120	×	進出	炭2斛				上	081	京2-1771号	16
121	×	進出	数430					081	京2-1782号	
122	×	進	□11両（廣瀬御紵様）	×	×	×	×	032	城27-5頁下	
123	安万呂	進上	置…26辟	奴多祁万呂	×	×		081	京2-1772号	17
124	秦刀良	進	価食銭50文	×	2月13日	×	×	032	京2-1791号	
125	秦刀良	進	価食	×	□月1□日	×	×	032	京2-1792号	
126	土形	進	銭150文	×	7月27日	麻呂／家令	×	032	城27-15頁上	

【備考】

＊長屋王邸宅跡出土木簡（結果的にSD4750出土木簡のみ）を対象に、進上元の違いなどに注意しながら整理した。

＊各欄で「×」印が付いているものは、その記載・加工などがほぼ確実にないものを意味する。

＊註欄は以下のとおり。これらとは別に本文も参照のこと。

1．上端の突端は二次的加工。2．孔は下部に縦方向に二箇所あり。3．進上物の合計「右十四尺束」に「直廿八文／一束各二文」と注記する。4．「御薗作人功事急々受給」の文言あり。5．上端は二次的に篦状に加工する。6．「□八斛」に「□匹各二斛」と注記する。7．「駄二匹」に「一馬各卅束」と注記する。8．上端は二次的切断。二次的習書あり。9．3文字目の「司」は「薗」の可能性もある。10．表面に別に「十月十五日」の文言あり。11．文中に別に「□内国肩野郡」の文言あり。12．「□□銭五十三文遺布六常」の文言あり。13．「□□万呂□□□□者至十一月五日不来故状解」の文言あり。14．「右五十八物直銭十文」、「稲積者腹急□在／故不得参出□侍」の文言あり。15．「丹機畳」に合点あり。16．裏面にも「進上米」などの文言あり。17．運搬者は「奴多祁万呂召進上」と記す。

(1)進上元は省略されることがある。省略事例としては、木上御田から「御飯米」（大御飯米、御食米）を進上した際のものが目立つ（1〜3、5、8〜12、19、20。7もその可能性が高い）。運搬人は女性ばかりで、一回の進上量は二斗ないし三斗で、標準的な五斗俵と比べてかなり少ない。二斗ないし三斗を連日進上したことを記す横材木簡が別に出土しており（城23-16頁）、御飯米が木上御田から長屋王邸に日々進上されたことがわかる。こうした日常性・頻繁性ゆえに、御飯米の場合は進上元の記載が省略されたのである。71〜86などの鴨伊布賀（加）による一連の炭進上状も、同様の理由で進上元が省略されたと考えられる。これに対して貢進荷札は「地名＋人名」が進上元に相当するが、少なくとも地名・人名の一方は書かれるのが基本であった。

(2)進上先は省略される。書信を送り届ける際に使用される封緘木簡の場合、「北宮進上」（京1-454号など）のように、進上先（北宮）を明記したものもあるが、物品進上状ではすべて省略されている。長屋王家の所有する御田・御薗において、進上先が長屋王家となることは自明なためであろう。一方の貢進荷札は、著名な「長屋親王宮鮑大贄十編」をはじめ、計二七点で「長屋親王宮」「北宮」「氷高親王宮」「右大殿」「宮内」などの進上先が書かれている[9]。

(3)進上表現は原則として書かれる。確実な省略事例は14・76だけである。進上表現は「進上」「進」が一般的である。「進上」は「たてまつりあぐ」と訓読されたであろうが、64「進生」より「しんじょう」と音読されることもあったと推定される。また、30・31・33・64では「解進上（生）」とあり、典型的な上申文書の表現をとる。これに対して荷札木簡では、長屋王家木簡のなかに「進上」の語が記された事例は一点だけしか確認できない（後述）。

(4)進上物は基本的に品目・数量ともに記載される。貢進荷札も物品の品目・数量が書かれることが多いが、「蒲生郡西里／山代連甥麻呂」（城21-31頁上）をはじめ、ともに省略されることも珍しくなかった。荷札は、荷物一点につき一点ないし二点ずつ作成され、荷物に完全密着している。したがって、荷札に品目・数量が書かれていなくても、荷物をみれば一目瞭然である。荷札記載の法的根拠とされる賦役令2調皆随近条も「凡調、皆随レ近合成。絹・絁・布両頭、及糸・綿嚢、具注二国郡里・戸主姓名・年月日一、各以二国印一々之」とあり、品目・数量を記載することを規定していない。貢進物と墨書は一体的であったため、必ずしも品目・数量を記載する必要はなかったのである。しかし物品進上の場合には、荷物が複数に及ぶことがある。荷物が複数であっても、物品進上状は一点だけしか作成されず、必ずしも荷物と密着していたわけではない。そうしたこともあって、物品進上状には品目・数量を記すのが基本であったと考えられるのである。

(5)運搬者・運搬手段は記されることが多い。運搬者は「持人（丁）」「付」などの語で明示される場合もあるが、単に名前しか記されないものもある。また、38〜60の片岡御薗の進上状では、駄馬数も記す事例が目立つ。駄馬は一匹・二匹・四匹・六匹が確認でき、二匹・四匹の事例が多い。46では駄六匹に対して「持丁」は一人だけであるが、実際には複数の運搬者が存在し、責任者のみ記されたとみるべきであろう。佐保からの64では運搬者として「額田児君」に加え、日下にも「川瀬造麻呂に付す」と書く。額田児君が実際の運搬者で、川瀬造麻呂が物品進上状の伝達者かつ運搬責任者であろう。また、賀伊布賀による一連の炭進上状では、運搬者は明記されていないが、賀伊布賀が運搬者として登場する90を参考にすると、賀伊布賀は進上状作成者かつ運搬者であった可能性がある。すべての運搬者の名前が書かれたわけではないようで、この点は駄馬についてもいえるかもしれない。一方、運搬者を明記した荷札は極めて少ないが（後述）、荷物に密着して移動するため、運搬者の名前を書く必要性に乏しかったからであろう。

(6)日付は書かれるのが原則であった。年号は一部に限られるが、月日はほぼすべて書かれている（記載がほぼ確実にないのは65のみ）。67「今月五日」や50日付のみの事例を参考にすると、月名よりも日付が特に重視されたようである。また少数であるが、緊急を要する場合には、72のように時刻も記載された。一方、貢進荷札の場合には、年月日は省略されたものの方が多く、年月は記しても日付は省略することが少なくない。物品進上状と貢進荷札とを比較すると、前者は近郊から進上されるのに対して、後者は遠方からもたらされる傾向にあり、こうした移動距離の違いが日付の記載方法の違いとなって表れたと考えられる。また、物品進上状に書かれた日付はまさに進上する日にあたるが、荷札の場合はそれを作成した日であり、その意味するところが微妙に違っている点にも留意が必要である。

(7)文書発給者の名前は書かれることが多い。一名ないし二名が一般的であるが、三名のものも一部存在する。複数人の場合、本人が自署したとみられる事例もあるが、同筆のものも存在する。文書（狭義）には発給者の署名が入れられるのが原則であり、物品進上状も文書に他ならないことを示している。ただし、氏姓はしばしば省略され、個人名だけという事例が多い。また、官位の書かれたものは皆無である。官職も「家令」と書かれた5があるにすぎない（ただし人名は省略されている）。御田・御薗関係の物品進上状は、長屋王家の家政に関わるもので、いわば身内の間で使用されることから、官職・官位は省略され、氏姓もしばしば省略されたのである。対する貢進荷札の場合には、貢進責任者が文書作成責任者に相当しようが、それを記したものは長屋王家木簡では確認できない。なお、平城宮跡などからは貢進責任者の名前を記した荷札が少数ながら出土しており、この点は第三章で述べることとする。

(8)別件を報告・依頼することがある。39では御田・御薗の耕営をする雇人に支払う「功」の支給を依頼している。物品進上状は文書であったからこそ、別件も記載できたのである。一方、荷札の場合、別件が記載されることはない。

(9)短冊形の〇一一型式を基本形とする。30・46は〇三二型式であるが、通常とは逆の下部のみに切り込みがあり、30は右側だけにしか切り込みがなく、明らかに付札（広義）を二次加工したものである。当初は上部に切り込みがある付札であったが、文字を削り取り（さらに30の場合は形状も一部加工し）、天地を逆にして物品進上状に転用したものである。天地を逆にしたのは、上端から文字が書き始められるようにするためであろう。これに対して荷札の場合、短冊型のものもあるが、切り込みを入れたり、先端を突端加工する場合が多かったことは改めていうまでもない。

⑽上部ないし下部に二次的穿孔をともなう場合がある（40・51・63は上下二ヵ所）。このことは、物品を進上するという本来の役割を終えた後、別の木簡と束ねられることで、物品進上記録へ転化したことを意味する。複数の文書を貼り継いだり、書き継いで連貼した「継文」が正倉院文書に多数みられるが、これに相当する。[10] 一方の貢進荷札の場合、二次的穿孔をともなう可能性があるのは、①「周防国大嶋郡務理里佐伯部波都支御調塩／三斗」（京2-2185号）、②「阿夜郡林田里白米五斗」（城21-34頁上）、③「□《矢カ》田□」（京2-2166号）、④「□□国□□《辺カ》郡／□□」（京1-450号）の四点だけで、③・④は必ずしも荷札とは断定できない。二次的穿孔の問題は、第三章で改めて触れたい。

以上、[1]御田・御薗関係の物品進上状は、どの機関が何をどれだけ、いつ進上したのかを報告する（自明な場合は一部の記載が省略）のが本来の役割であり、進上後は物品進上記録として二次活用される場合があったことを確認した。荷物に完全密着する貢進荷札は、荷物一点につき一点ないし二点ずつ作成されたが、物品進上状は荷物の多少に関わらず一回の運搬ごとに一点ずつ作成される文書であり、ここに大きな違いが認められる。17・18のような同日に進上した事例に関しては、何らかの事情で複数回に分けて運搬したことによるものであろう。

つづいて、[2]その他の物品進上状について、代表的なものや注目すべきものを取り上げよう。

まず97〜99は、長屋王家の京内における交易活動の場である「西店」関係のものである。97・98はともに〇八一型式であるが、本来は短冊形の〇一一型式であったと推定される。97は米五石を進上した際のもので、標準的な五斗俵で一〇俵分にあたる。98も米十斛（石）を進上し、五斗俵二〇俵分にあたる。このように複数の米俵が想定できる点からも、97・98は米俵に装着された荷札ではない。これに対して、99は上部に切り込みのある〇三二型式である。99は近志呂（コノシロ）五〇〇匹を交易によって入手し、それを進上した際のものである。コノシロは小型の魚であるため、ひとつの荷物にまとめることが可能だと思われ、荷物に装着された事例ということになろう。

つぎに100〜106は、畿内の国や郡からの進上状である。また習書木簡であるが、山背国宇治郡大領が交易したことを示すものがある（京1-570号）。これらはすべて当初の原形をとどめるものはないが、本来は短冊形であったとみて差し支えなかろう。しかし一点だけであるが、切り込みのある〇三一型式のものも存在する。それは「住吉郡交易進贄塩染阿遅二百廿口之中／大阿遅廿口／小阿遅二百口」である（城21-29頁下）。ただし、「進（上）」文言のある贄荷札が別に存在しており（後述）、これもそのひとつと考えられる（よって表1には入れていない）。一方、伊勢税司からの107も交易進上した際のものであるが、こちらは形状・記載内容から物品進上状とみて差し支えない。

114は「進上符上物（進《たてまつ》り上《あ》ぐ、符《おほ》せし上《たてまつ》り物）[11]」で記載が始まり、その左下には「符《おほ》するは書吏」とあることから、長屋王家の書吏による物品進上命令を受けて作成されたものと理解される。下部に二次的穿孔があるのみならず、品目のところに合点が付されており、物品進上記録として実際に二次活用されたことを示唆している。

122・124〜126は切り込みのある事例である。122は「廣瀬御紵様進□十一両」と記し、「廣瀬御紵様」の代価として某一両を進上したものであるが、詳細は不明である。124〜126は個人による銭の進上状である（125は「価食」しか確認できないが、124と同じく「価食銭」の可能性が高い）。このうち126は進上者である「土形」に加え、それを収納した「麻呂」「家令」の署名がみえる。126は全文一筆であるので、収納側で作成されたものということになる。すなわち、物品進上状は必ずしも進上元で作成されるとは限らず、進上先で作成されることもあったのである。

以上、2その他の物品進上状は、短冊形ばかりでなく、本来的に切り込みのある付札状のものが五点含まれていた。このうち三点は個人による銭進上状で、うち一点は進上先で作成されたものである。これらは一般的な物品進上状とは性格を異にする可能性がある。この点を確かめるためにも、さらに別の事例をみていくことにしよう。

二　二条大路木簡の検討

本章では、光明皇后宮職・藤原麻呂家関係の二群から構成される二条大路木簡を素材として、さらに物品進上状の特質について考えてみたい。二条大路木簡の物品進上状をまとめた表2からも、長屋王家木簡をもとに指摘した諸点は概ね認めることができる。ここでは、若干の補足すべき点に限って触れておきたい。

まず、1～42の京職からの物品進上状は、鼠・槐花を進上したもの、建築部材を進上したものに大別される。このうち前者の日下にある署名をみると、官位・官職が書かれ、個人名が自署された事例が多い。長屋王家木簡の物品進上状と比較して、公的な意味合いがより強いといえよう。一方、建築部材の進上状は、個人名が自署されたものはない。建築部材の進上元としては、84右佐貴瓦山司、86佐紀瓦司、90瓦屋司、91某瓦山などもあり、藤原麻呂邸の建て替え工事にともなった可能性がある[12]。一方の鼠は、主鷹司の一部署とみられる「鷹所[13]」に進上されたものである。等しく京職からの進上状といっても、建築部材のそれと鼠（および槐花）のそれとでは性質を異にしていたのである。

つぎに、西市から真木灰一斛を進上した47では、単に進上の旨を伝達するにとまらず、先に進上した真木灰六斗分の代金を支払うように要請している。同じく西市から細螺三升を進上した48に「直十八文／升別六文」と注記したり、櫟本三家から水葱種三四束を進上した58に「直銭六十八文／一束別銭二文充請」と記すなど、交易物を進上する際に要した代価を明示することがあった。また、進上物の入手・運搬に要する「功」を記した5・100も存在する。物品進上状には、進上にともなう付帯事項が記されることもあったのである。

また、意保御田から瓜一九六果を進上した際の59[14]は、「負瓜員百十六果／又一荷納瓜員八十果」と内訳を記す。瓜

表2　二条大路木簡の物品進上状

番号	進上元	進上	進上物	運搬者／手段	年月日	署名	孔	型式	遺構	出典	註
1	左京職	進上	鼠30隻／雀8隻	×	天平8年4月8日	×	上	011	SD5300	城24-7頁下	
2	左京職	進	雀25隻／鼠19頭	×	天平8年4月13日	従六位上行少進勲十二等百済王「全福」	上	011	SD5300	城24-8頁上	
3	左京職	進	鶏1隻／馬宍3村／雀2隻／鼠16頭	×	天平8年4月14日	従六位上行少進勲十二等百済王「全福」	上	011	SD5300	城24-8頁上	
4	左京職	進	鼠20隻	×	天平8年4月15日	(従六位上行少)進勲十二等百済王「全福」	×	081	SD5300	城29-13頁上	
5	左京五条	進	槐花1斗8升	×	天平8年6月14日	坊令大初位下刑部舎人造園麻呂	×	011	SD5100	城22-10頁上	1
6	左京職	進	鼠21隻	×	天平8年7月22日	従七位下行大属勲十二等膳造「石別」		081	SD5300	城24-8頁上	
7	左京職	進	鼠21隻	×	天平8年9月18日	従七位下行大属勲十二等膳造「石別」	×	011	SD5300	城24-8頁上	
8	左京職	進	鼠8隻／馬宍6村	×	天平8年10月27日	少進正七位上勲十二等春日蔵首「大(市)」		019	SD5300	城24-8頁上	
9	(左京職)		(鼠？)		(天平8年10月？)	少進正七位勲十二等春日蔵首「大市」		081	SD5300	城29-13頁上	
10	左京職	進	鼠20頭	×	天平8年11月10日	従六位上行少進勲十二等百済王「全福」	×	011	SD5100	城30-5頁上	
11	左京職	進	鼠12頭	×	天平10年正月19日	従七位下行少属衣縫連「人君」	×	011	SD5100	城31-12頁上	
12	左京職	進	鼠□□	×	天平10年2月14日	従七位下行少属衣縫連人君	×	011	SD5100	城22-9頁下	
13	左京職	進	鼠14頭	×	天平10年4月16日	従七位上(ママ)行大属[　][　]「石別」	×	011	SD5100	城22-9頁下	
14	(左京職)				[　]年4月16日	従七位下行大属勲十二等膳造石別		019	SD5100	城22-9頁下	
15	(左京職)	進	鼠9頭		天平10年4月17日	従七位下行少属衣縫連人(君)	×	081	SD5100	城22-9頁下	
16	(左京職)		鼠17頭	×	天平[　][　]年8月30日	従七位下行少属衣縫連「人君」	×	081	SD5100	城22-10頁上	
17	(左京職)					従七位下行大属勲十二等膳造「石別」		081	SD5100	城31-12頁上	
18	左京職	進	鼠20頭			少進正七位勲十二等春日蔵首「大市」	×	011	SD5100	城22-9頁下	
19	左京職	進	鼠20					081	SD5300	城29-13頁上	
20	(左)京職	進	鼠20頭			少進正七位勲十二等春日蔵首「大市」	×	081	SD5100	城31-12頁上	
21	右京職	申…進	白土6石	使榎井□□国益／車2両／人1	天平8年正月18日	×	上	081	SD5300	京3-4527号	
22	右京職	進	(鼠？)		(天平8年4月？)		下	011	SD5300	城29-13頁下	
23	右京[　]		(槐花？)		6月6日	少属大網君智万呂	下	032	SD5100	城22-10頁上	2
24	右京四条	進	槐花6斗	×	6月8日	少属大網君智万呂	下	011	SD5100	城22-10頁上	
25	右京	進	槐花4斗(八条)／3斗5升(五条)	×	6月8日	少属大網君智万呂	下	019	SD5100	城22-10頁下	
26	右京九条	進	槐花白□	×	(6？)月8日	少属大網君智万呂	下	032	SD5100	城22-10頁上	3
27	(右京職)		(槐花？)		(6？)月8日	少属大網君	下	081	SD5100	城31-12頁下	
28	(右京職)		(槐花？)			少属大網君智万呂	下	011	SD5100	城31-12頁下	
29	(右京職)		(鼠？)		天平8年8月5日	正八位下行少属室原馬養造「田主」	×	081	SD5300	城24-8頁下	
30	右京三条	進	礫6斛	一礼比古[　][　]／物部連加保□／乗車2両	天平8年10月23日	坊令文伊美吉牟良自	×	011	SD5100	城22-10頁下	
31	右京職	進	鼠25隻	×	天平8年10月25日	正八位上行大属田辺史「真上」	×	081	SD5300	城24-8頁下	
32	右京職	進	[　][　]隻		天平9年4月6日	[　][　]	×	011	SD5100	城31-12頁下	

33	右京職	進	鼠10頭		天平10年2月12日	少属匚		019	SD5100	城22-10頁上	
34	右京職	進	鼠匚コ隻／鶏匚コ	×	4月7日	匚コ	下	011	SD5300	城29-13頁上	
35	右京	進	鼠30隻／鼠10	×	4月8日	×	×	011	SD5300	城24-8頁下	
36	（右京職）		（鼠？）		天平10年5月6日	少属大網君「智万呂」／「匚コ」		081	SD5100	城31-12頁上	4
37	（右京職）		（鼠？）		天平10年5月14日	少属大網君「智万呂」		081	SD5100	城31-12頁上	
38	右京職	進	鼠					081	SD5300	城29-13頁上	
39	右京職	進	（建築部材？）					081	SD5300	京3-4528号	
40	（京職）				8年11月10日	従六位下行少録日匚		081	SD5100	城31-12頁下	
41	（京職）				コ年3月2日	従七位下行大属□		081	SD5100	城31-12頁下	
42	□京職	進	鼠6頭			正六位下行大進匚コ		081	SD5100	城31-12頁下	
43	衛士府	□進						081	SD5100	城31-12頁下	
44		進上	常料（黒鯛4隻／菁3把）／櫃1合		天平8年9月15日	下村主大魚		081	SD5300	京3-4523号	5
45	東市	買進上	雉1翼／鮮鮒10隻／螺20貝	倭麻呂	天平8年11月25日	下村主大魚	×	011	SD5100	城30-5頁上	6
46	東市	買進						091	SD5300	京3-5210号	
47	西市	進上	真木灰1斛	×	天平8年7月29日	大原廣津	×	011	SD5300	京3-4529号	7
48	西市	進上	細螺3升	×	天平8年11月7日	大原廣津	×	011	SD5100	城22-10頁下	8
49	園池司佑出雲鎌束	進	熟瓜30顆／生角豆20把	奄智造縄麻呂	天平8年7月24日	×	×	011	SD5300	京3-4526号	
50	園池司	進	内侍尼30人供養料（毛付瓜20顆／羊蹄2斗／茶3斗5升／蓼4升／蔓菁10把／葵2斗／蘿蔔6把）	×	天平8年8月20日	正八位上行令史日置造「宜」	×	011	SD5300	城24-7頁下（城30-45頁上）	
51	園池司	進	内膳司□料（□20囲／梨子8升）	□湯坐匚コ万呂		匚コ上□□法万呂	下	019	SD5100	城22-10頁下	
52	池辺御園司	進	埴器586口					019	SD5100	城22-10頁下	
53	池辺薗		大豆5升	×	×	×	×	011	SD5100	城22-10頁下	
54	奄智御薗	進上	薑320本	×	天平9年9月19日	財嶋立	×	011	SD5100	城30-5頁下	9
55	奄智御薗	進上	薑263本		天平9年9月28日	嶋万呂		081	SD5100	城31-12頁下	
56	南園所	進	葵2把／芹5把／椒1升	刑部国麻呂				019	SD5100	城22-10頁下（城31-39頁上）	
57	園司	進□	瓜17顆	物□				081	SD5300	京3-4538号	
58	櫟本三宅	進上	水葱種34束	×	天平8年5月14日	依羅真万呂	下	011	SD5300	京3-4539号	10
59	意保御田	進上	瓜196果（116果＋80果）	丁□伎／1駄	天平8年7月15日	国足	×	011	SD5100	城22-11頁上	
60	意保御田	進上	瓜150顆	越仕丁／1駄	天平8年7月17日	国足	×	011	SD5100	城22-11頁上（城30-43頁上）	
61	意保御田	進上	瓜200顆	越仕丁／1駄	天平8年7月23日	国足	×	011	SD5100	城22-11頁上	
62	意保御田	進上	瓜80果	越仕丁	天平8年7月24日	国足	×	011	SD5100	城22-11頁上	
63	意保御田	進上	瓜95果	越仕丁	天平8年7月25日	国足	×	011	SD5100	城22-11頁上	
64	意保御田	進上	瓜140果	仕丁	天平8年7月28日	国足	×	011	SD5100	城22-11頁上	
65	意保御田	進上	瓜130顆	越仕丁	天平8年8月5日	国足	×	011	SD5100	城22-11頁下	
66	意保御田	進上	瓜2荷（□＋70果）					081	SD5100	城31-12頁下	
67	意保御田	進上						019	SD5100	城31-12頁下	
68	岡本宅	上進	和瓜10	×	天平8年7月20日	田辺久世万呂	×	081	SD5300	京3-4541号	
69	岡本宅	上進	青角豆10把	×	天平8年7月20日	田辺久世万呂	×	011	SD5310	京3-5671号	

70	岡本	進上	瓜20顆	×	天平８年７月21日	田辺久世万呂	×	081	SD5300	京3-4542号	11
71	岡本宅	進上	瓜15顆	×	７月21日	田辺久世万呂	×	011	SD5300	京3-4543号	
72	岡本宅	上進			天平８年７月24日	田辺久世万呂	×	081	SD5300	京3-4544号	
73	岡本宅	進上	栗子１升２合	×	天平８年８月７日	田辺久世万呂	×	011	SD5100	城22-11頁下	
74	岡本宅	上進	和炭□□□	×	天平年(ママ)８月７日	田辺久世万呂	×	081	SD5100	城22-11頁下	
75	岡本宅	進上	瓜879	×	天平８年８月８日	田辺久世万呂	×	011	SD5300	京3-4540号	
76	岡本				天平８年□月19日	田辺久世万呂	×	081	SD5310	京3-5672号	
77	山背□	進上	生□／阿布□／□□□	使□	天平８年５⼕			081	SD5310	京3-5673号	12
78	山代宅	進上	茄子８升		天平８年８月□			081	SD5300	京3-4545号	
79	南宅	進上	蒸莢角豆６把／大豆３根／瓜８碩／椿桃子16丸	×	天平９年８月４日	賀茂安麻呂	×	011	SD5100	城22-11頁下	
80	宇太御廐	進上	莪９斗／御箸竹１把		天平９年３月14日	布勢⼕		081	SD5100	城22-12頁上	
81	宇太御廐	進	⼕⼐	持丁中□大麻呂	天平９年□月13日	布勢大田	下	011	SD5100	城22-12頁上	
82	宇多御廐	解	蒭８束				×	011	SD5300	城29-12頁上	
83	多太氷所	進上	杁20枝					081	SD5100	城22-12頁上	13
84	右佐貴瓦山司	進上	瓦1200枚（男瓦600枚／女瓦600枚）	上丁山下知麻呂／乗車９両	天平７年11月30日	史生卜「長福」／⼕⼐	下	081	SD5300	京3-4537号	14
85	右佐貴瓦山司	進	⼕⼐					091	SD5300	京3-5213号	
86	佐紀瓦司	進上	楉11荷（数200枝）	粟直少万呂	天平８年12月８日	史生出雲廣⼕	下	011	SD5300	京3-4535号	15
87	佐貴瓦山司	進			天平８年		上	081	SD5300	京3-4536号	
88	越田瓦屋	進上	羹櫃／氷櫃	借子４人（守人足／葭屋酒人／物部古万呂／出雲熊）	天平８年７月６日／子一点	垂水真鷹	×	081	SD5300	京3-4533号（城40-22頁上）	16
89	越田	進上	柴				上	081	SD5300	京3-4534号	
90	瓦屋司	進送	荒切黒木４荷／楉３荷		天平８⼕⼐			081	SD5300	京3-4530号	17
91	□瓦山	進上	□瓦□枚					051	SD5300	京3-4531号	
92			□□720枚（女瓦）		天平６年７月６日	大狛廣万呂		019	SD5300	城24-9頁下	18
93	網曳司	進上	御贄					091	SD5300	城24-35頁上	
94	司	進上						091	SD5100	城32-17頁上	
95	河内国司	進上	甘栗子１荷					019	SD5300	城29-31頁上	
96	遠江国	進上			⼐年10月	検校史生日置造		081	SD5300	城29-32頁上	
97	紀□	進上	御贄１荷（数９升）					081	SD5100	城31-13頁上	19
98	×	進上	年魚50隻		天平９年５月18日	祁由利足床	×	081	SD5100	城22-12頁上	
99	×	進上	以子50束／伊知比古１□		天平□年３月16日／巳時	伯部太麻呂	×	011	SD5100	城22-12頁上	20
100	×	進上	礫27石９斗	丸部薬	正月19日	×	上	081	SD5300	京3-4532号	21
101	×	進上	米６石	東毛人	７月30日	□□部建万呂	×	011	SD5300	京3-4546号	22
102	×	進上	蓮葉200枚／布奈16					019	SD5100	城22-11頁下	23
103	×	進苅	安草10囲	×	×	×	×	011	SD5100	城31-13頁上	
104	×	進造	意比染絁□				上	019	SD5100	城30-５頁下	
105	×	進造	綾25匹					081	SD5100	城31-13頁上	
106	×	進納	□５斗	大□	天平８年７月17日			081	SD5100	城31-13頁上	24
107	×	進	□升５合／□□３升□					019	SD5100	城31-13頁上	25
108	×	進	神今木御服（赤□利御□／帛御袴１／赤帛下御袴１）					019	SD5100	城30-5頁下	26

109		進上	和瓜□		天平8年7月19日			081	SD5310	京3-5674号	
110		進上	羊蹄2斗					081	SD5300	京3-4548号	27
111		進	薑					081	SD5310	京3-5675号	
112		上	菁1束					091	SD5300	京3-5212号	
113		申進上	繋飼					091	SD5300	城30-39頁上	
114			□瓜10果／水葱4束／山椒1升／菁4束／茄子4升／□3束		天平8年正月28日	葛木乙万呂		081	SD5300	城24-10頁下	28
115			□□斗／茄子1斗／龍葵6巴		「□年8日3月(ママ)」	「奈良国□」		081	SD5300	京3-4721号	
116			生年魚1倍／瓜3顆	古虫			×	081	SD5100	城31-19頁上	
117		進			□年11月21日	真木		081	SD5100	城31-13頁下	29
118	□□岡	進			天平9年□			081	SD5100	城31-22頁上	
119	得太理	進上	贄（生鮭20)	×	×	×	×	011	SD5300	城24-10頁上	30
120	新家益人	進上	贄1裹					081	SD5300	京3-4736号	31
121	物部廣庭	進	黄瓜13顆	×	×	×	×	011	SD5100	城22-11頁下	
122	多米麻呂	進	黄瓜14顆	×	×	×	×	011	SD5100	城22-11頁下	
123	大国	進	鯛鮨	×	天平6年11月10日	×	×	032	SD5300	城29-38頁上	
124	日奉大国	進	茵1枚	×	8月29日	×	×	051	SD5300	城29-29頁下	
125	□大弓	進	席6枚	×	7月29日	×	×	032	SD5300	城24-22頁下	
126	隼人司佑下毛野朝臣	上	銭999文	×	天平7年12月16日	検校直丁八国	×	032	SD5300	城24-7頁下	
127	飛鳥戸大虫	進納	銭900文	×	天平8年2月□□日	×	×	033	SD5100	城31-13頁上	
128	紀伯麻呂	進	銭□□600文		天平8年6月6日		×	033	SD5100	城31-13頁上	
129	少直	進納	銭1貫	×	8年8月1日	×	×	032	SD5300	城29-14頁上	

【備考】

＊SD5100・SD5300・SD5310出土木簡全体を対象に、進上元の違いなどに注意しながら整理した。

＊京職関係の（　）内は、馬場基「二条大路出土京職進上木簡三題」などを参考に推定した。

＊註欄は以下のとおり。これらとは別に本文も参照のこと。

1.「坊監中臣君足／拾小子五人功銭十五文／功別五升」の文言あり。2.「進送如前」で結ぶ。3.「花」の下の「白」は数字の100の意味で使用している可能性あり。4. 二次的習書あり。5.「黒鯛四隻」の下に「直六文」、「菁三把」の下に「直二文」、「櫃一合」の下に「□請」の文言あり。6.「進上如前」で結ぶ。7.「請先進上真木灰六斗直申送」の文言あり。8.「直十八文／升別六文」の文言あり。9.「薑三百廿本」に「之中小卌五本」と注記する。10.「直銭六十八文／一束別銭二文充請」の文言あり。11.「別申牛真蒭請解」の文言あり。12.「直稲七束／束直稲九束」、「□稲廿□」などの文言あり。13.「右依八月十七日符旨為幸□」の文言あり。14.「載車九両」に「男瓦量別百五十枚／女瓦量別百廿枚」と注記する。15.「申送以解」で結ぶ。16. 二次的習書あり。これらの記載とは別に、裏面の末尾に「右」とあり、内訳として「伊加□□」「内椋馬甘」と記し、合点が入れられている。17.「荒切黒木四荷」に「負各十一□」、「楉三荷」に「負□□」と注記する。「以解」で結ぶ。18.「進上如前」で結ぶ。「並女瓦」の左横に別筆で「六□」と記す。19.「御贄一荷数九升」の下に「用塩二升□」の文言あり。20.「和岐手麻宇須／多加牟奈波阿都止毛々多无比止奈志止麻宇須／比上毛□□□我□□止□□」の文言あり。21.「充功両別十四□」の文言あり。運搬者を「付丸部薬進上」と記す。22.「付東毛人進上」で結ぶ。23. 別筆による「□枚付」の文言あり。24. 進納先「内」を記す。25. 進上先「内」を記す。26. 裏面に「大宮大殿守」などの文言あり。27.「□今及 □／九□」の文言、二次的習書あり。

28.「右為幸□」の文言あり。29.「右依命□進如件」で結ぶ。30.「得太理謹啓」で結ぶ。二次的習書あり。31.「贄」の下の「六」を抹消。反対面に「請物」の文言あり。

一九六果を二つの荷物とする場合、半分の九八果ずつ、あるいはほぼ半分の一〇〇果+九六果とするのが自然であるが、そうなっていない。このことは、瓜一一六果と瓜八〇果が別々に荷造りされたことを意味しよう。同日付けの進上状が存在する点に関しても（13と14、24と25と26と27[15]、68と69、70と71）、本来は一度に進上すべきところ、荷造りの関係から別々に進上されたと推定できる。現に、天平八年六月八日の四点については、管轄下の四条（24）、五条・八条（25）、九条（26）、不明（27）が実際の進上元であり、別々に荷造りされたとみてよいと思われる。

つづいて、付札の形をとる物品進上状に目を向けよう。実質的に付札状のものは七点あり[16]（123〜129）、いずれも個人からの進上状である。このうち126〜129の四点は銭の進上状で、126には進上者の名前に加え、検校者の署名も記されている。126は全文一筆であるので、進上先で作成されたものである。銭は紐で束ねて保管されるのが一般的で[17]、こうした銭の保管の仕方とも関わって、銭進上状も付札状を呈したと考えられよう。

付札状を呈する残りの三点は、鮨鯛を進上した〇三二型式の123、茵一枚を進上した〇五一型式の124、席六枚を進上した〇三二型式の125である。これらも品目・数量からみて、荷物に装着されたと考えられる。荷物に装着されたものとしては、〇三三型式の「佐伯法師菌〔茵ヵ〕」（城29-30頁上）が存在するほか、〇一九型式の「首末呂席五張」（城29-29頁下）もその可能性がある。この二点に「進（上）」文言はないが、123〜125との大きな違いは認められない（特に124・125とは舗設具という点で共通する）。実は同様の付札は長屋王家木簡にもある。「宗形郡大□□鮨〔領鮒ヵ〕」（城21-34頁上〈城25-29頁下〉）、「宗形郡大領鯛醤」（城23-14頁下）、「宗形郡大領」（城27-21頁下）がそれで、いずれも付札状を呈する。長屋王の父高市皇子の母が宗像氏の出身である関係から、鮒鮨・鯛醤がもたらされたのである。また、貢進荷札の大部分も「進上」文言は書かれていないが、荷札に名前の書かれた者が納税者に該当することはいうまでもない。個人が進上するタイプの物品進上状は、貢進荷札と極めて近い関係にあったと考えられよう。

このように個人からの進上状は、物品進上状一般とは明らかに区別される。後者は機関が進上する際のもので、個人が進上する際の前者とは異なっている。また荷物の個数についても、個人が進上するタイプは単数であるが、機関が進上するタイプは複数の場合があった。むしろ、個人が進上するタイプは貢進荷札とより近い関係にあるといえよう。そこで以下、個人が進上するタイプを「個人物品進上状」、機関が進上するタイプを「機関物品進上状」と仮称し、両者を区別したい。このうち個人物品進上状としては、前述した切り込みのある七点のほか、119〜122が該当しよう（さらに118もその可能性がある）。短冊形の荷札・付札があるように、短冊形の個人物品進上状も存在したのである。

今度は「進（上）」表現のある貢進荷札に目を転じよう。長屋王家木簡には一点しか存在しなかったが、二条大路木簡には一七点も含まれている。A武蔵国の蘇（城30-7頁上）、B丹波国の若海藻（城22-35頁上）、C伯耆国屈賀の若海藻御贄（城22-35頁上）、D因幡国の鮮鮭御贄二点（城24-29頁上、同29-45頁上）、E讃岐国の調椙櫃（城22-39頁上）、F筑紫大宰の西海道諸国の殖種子紫草一一点（城22-40頁上、同31-31頁下）がそれである。Fに関しては、二次的な貢進元である大宰府跡から「進上豊後国海部郡真紫草……□□□〔斤カ〕」と書かれた荷札が出土している（大宰2-206号）。またC・Eに関わるものとして、「進上」表現こそないが、「伯耆国河村郡屈賀前海藻御贄太五斤／天平九年三月」（城22-35頁上）や、「讃岐国櫃」（城22-39頁上）の荷札があり、明らかに一連である。

さらに二条大路木簡の貢進荷札のなかには、「供奉」文言のあるものが四四点、「輪」文言のあるものが二三点も含まれている（出典は省略）。前者は「参河国播豆郡篠嶋海部供奉正月料御贄須々岐楚割六斤」（城22-20頁下）など、参河国幡豆郡の贄荷札に特徴的なものである。後者は「安房国安房郡大井郷小野里戸主城部忍麻呂戸城部稲麻呂輪鰒調六斤／六十條／天平七年十月」（城22-31頁上）など、安房国安房郡の鰒調荷札に多くの事例がある。「輪」文言をもつ安房国以外の荷札としては、上野国の一点（城31-40頁下）、参河国の一点（城22-22頁上）、紀伊国の一点（城24-30頁上）があるにすぎない。このうち上野国のものは贄で、参河・紀伊国のものは中男作物と推定されるものである。

二条大路木簡の貢進荷札は約七〇〇点存在するが、このように「進上」「供奉」「輸」文言のあるものは一割強の八四点にも達する。一方、長屋王家木簡の荷札は三〇〇点弱あるが、「進」文言をもつ荷札は住吉郡の一点があるにすぎず（「供奉」「輸」の文言をもつ荷札なし）[18]、二条大路木簡のそれは大変際立っている。これらは供御物が多く、税目としては贄が目立つ。E・Gのように調もあるが、圧倒的大多数を占めるEの鰒は、調のなかでも供御物としての色彩がとりわけ強い物品であった[19]。また馬場基氏などが指摘するように、安房国は御食国としての伝承をもちつつも、贄の荷札はまったく出土しておらず、調でも贄的な意識が強かった可能性がある。すべての供御物の荷札にこうした文言が付されるわけではないが、そうなる傾向にあったことは確実にいえる。

ところで、「輸」文言をもつ上野国の贄荷札は上部に穿孔がある。機関物品進上状の場合、長屋王家木簡で顕著なように、二次的穿孔のある事例が多数みられた。上野国の荷札もその可能性があるが、孔は大変小さく、果たして紐を通すことができたのか、やや疑問も残る。そこで二条大路木簡の他の事例に目を向けると、当初の加工であることが明らかなもの（銭の付札など）を除いて、a「安房国安房郡塩海郷播羅里若田部宮□〔足カ〕／□陸斤陸拾條／天平七年十月」（城24-26頁上）、b「美作国塗漆櫃」（城24-32頁下）があげられる[20]。またbとも関わるが、短冊形の荷札「丹後国塗漆櫃」にも上部に穿孔がある（城24-32頁下）。これら三点は積極的に二次的な穿孔とみる根拠はないが、それを否定することもできない。二次的穿孔のある可能性のある荷札は最大限に拾って、二条大路木簡で四点、長屋王家木簡で四点（第一章）となるが、機関物品進上状と比べると極端に数は少ない。このことは、物品進上状と貢進荷札との本質的相違を反映している可能性がある。この点は、次章でさらに事例を広くみながら考えたい。

三　機関物品進上状・個人物品進上状・貢進荷札

本章では、平城宮・京跡出土木簡に広く目を向け、機関物品進上状・個人物品進上状・貢進荷札の共通点・相違点に留意しながら、それぞれの特徴について考えてみたい。まず一番目として、機関物品進上状から取り上げよう。

第一章で指摘した⑴～⑽の特徴は、表3からも概ね認められる。ここでは特に12・37に注目したい。北坊所が鉄製扉金具を進上した際の12は、⑸⑻以外のすべてを満たしている。下部に二次的穿孔があるのみならず、合点および「了」の追記がある点が注目される。現状では、合点や「了」などの文言が追記された事例は少なく、別筆で「勘了」と書き加えられた13、末尾に「勘主典橘□」と記された10（同筆・別筆の判断は難しい）があるだけである。また墨線の入った15・24も、勘検にともなう可能性がある。しかし、こうした痕跡が確認できなくても、少なくとも二次的穿孔が認められるのであれば、物品進上記録として二次活用されたと理解してよかろう。紺糸の進上状である37に関しては、冒頭に「八月廿八日」と日付を記し、末尾に「天平十三年」と年号を書く点が目を引く。何年よりも、何月何日、特に何日に進上したのかを重視する機関物品進上状の特質をよく示している。このことは短距離間での移動に用いられる物品進上状の特質をよく示している。機関物品進上状のなかには、まったく年月日を記さない11・13・47もみられるが、同日内での移動ということもあって、あえて書く必要はないと判断されたのであろう。

表3からも機関物品進上状は一回の運搬ごとに一点ずつ作成される文書である点に本質を認めてよいと考えるが、荷物に装着される機関物品進上状が皆無であったわけではない。第一章で述べたように、西店の交易進上状（表1の99）は、荷物に装着された可能性が高いものであった。「東市司進上」と書き出す〇三九型式の表3の7も、下端が

表３　平城宮・京跡出土の物品進上状

番号	進上物	進上	進上物	運搬者／手段	年月日	署名	孔	型式	遺構	出典	註
1機関物品進上状											
1	民部省	進	薪100荷					019	SK820	宮1-44号	1
2			炭２石（14日料）		天平勝宝２年６月⼕⼐	番長道守臣□□□□		019	SD1250	城15-20頁上	2
3	衛門府	進	和炭２斛		天平勝宝３年正月25日	番長道守臣努多万呂	×	081	SD1250	城15-15頁	
4	衛門府	進	鴨９翼	×	天平勝宝(ママ)４月27日	×	×	032	SB18500	宮7-11507号	3
5	衛門府	進	和炭				上	019	SD1250	城15-13頁下	4
6	府	進	塩４斗２升６合（10月料）	×	10月21日	×	×	032	SD6400	城31-8頁上	
7	東市司	進上	□		天平勝宝４⼕			039	SB18500	宮7-11510号	
8	泉坊	進上	覆盆子１古	×	天平19年５月14日	桑原新万呂	×	011	SD5021	城23-20頁下	
9	泉	進上	材12条（桁１条／８条□）	宿奈麻呂				019	SK2102	宮2-2074号	
10	泉□	進□	□□□／□枝	車				081	SD3236C	城12-14頁下	5
11	沙山	進上	交易材□	×	×	×	×	011	SK2102	宮2-2082号	
12	北坊所	進	挙鋺16隻（長３寸半）／牒□６隻（長４寸）／⼐尻塞34枚／鐶２隻／位井尻塞４枚	×	神亀６年３月13日	足嶋	下	011	SK2102	宮2-2083号（城40-20頁上）	6
13	天山司	解進上	飛炎49枝	×	×	×	×	011	SD5505	宮7-12454号	7
14	東薗	進上	⼕⼐／薬□□／□□□	三□				019	SD5815	城11-16頁上	
15	×	進上	大角豆10把	×	７月10日	僧信梵	×	011	SE950	城38-38号（城39-32頁下）	8
16		進上	⼕⼐８□	浄女	７月23日	□□	×	011	SE950	城38-37号	
17	東薗	進上	瓜51果／木瓜10丸／大角豆10把／茄子１斗２升	×	７月24日	別当□□	×	011	SE950	城38-35号	
18	東薗	進上	大根３升／知佐２升					081	SE950	城38-36号（城39-32頁下）	
19	東薗	進						081	SE950	城39-133号	
20	東薗							019	SE950	城39-134号	
21	泉薗		菁２束					081	SD3154付近整地層	宮2-2785号	
22	仲御薗	進						019	SD2700	城16-5頁上	
23	南家	解申進上	⼐２張／栫立３枝／鼠走２枝／檜皮□□	⼐石勝	４年６月14日	伊賀⼕		019	SX033	西隆4号	
24	大和国	進	稲64□					081	SD17650	城34-10頁下	9
25	添下郡	進	米10石	×	６月19日	×	×	033	SD5780	城8-4頁上	
26		進上	窪坏５口／⼕⼐／片盤３口／□坏□口／鋺形３口／机２前		３月23日	高橋毛人麻呂		081	SD11600	城32-11頁下	10
27		□上	瓜４丸／茄子６丸	使秋女	６月８日	国麻呂		019	SD3410	城34-12頁下	
28	×	進上	牝瓦200枚	×	３年４月16日	主典田辺史	下	011	SD11640	宮6-9881号	
29	□	進上	女瓦300…□	丁45人	神亀５年10月⼕	秦小酒／得麻呂		081	SD3715・SX8411	宮7-11874号	11
30	×	進上	女瓦160枚／宇瓦138枚／鐙瓦72枚	功47人／芦屋石敷	神亀６年４月10日	穴太老／主典下道朝臣	下	011	SD3715・SX8411	宮7-11873号	12
31	×	進上	女瓦					019	SD3715・SX8411	宮7-11875号	
32			宇瓦40枚	車１両			下	019	SD3715・SX8411	宮7-11876号	
33		上	楉20荷	神人荒尾	神亀６年３月17日	大生⼕⼐	上	019	SD7090A	城34-24頁下	

34	×	進上	御倉条架８枝／御垣□木２枝	鯨	６年４月26日	木守角万呂	上	011	SD7090A	城34-24頁上	
35		進上	炭３石／薪２荷	上東人				019	SD7090A	城34-24頁下	13
36	×	進	橐10枚（６斤）	⊏	７月23日			019	SD3154	宮2-2732号	
37	×	進	紺糸２斤６両１分	薬⊏	８月28日／天平13年	正六位上行正勲十二等山口伊美吉		019	SK820	宮1-57号	
38		進上	20⊏⊐	人大□				081	SK820	宮1-528号（城38-25頁上）	14
39		進上	大贄（鶉１前／鴨１前）／⊐料			従八位下阿刀連「酒主」／凡直「判麻呂」		019	SD5300	京3-4525号	15
40	×	進上	氷３荷	丁刑部真塩	神亀６年５月19日	少山部得太理	×	011	SD1250	城15-19頁	
41	司木⊏			秦□□	天平15年７月18日		下	011	SD1250	城15-19頁	16
42	×	進上	酒１斗５合		天平勝宝２年⊏			019	SD1250	城15-20頁上	
43	×	進	御葬時服衣等	得万呂	正月６⊏	若犬養□	×	011	SD1250	城15-14頁上	17
44		進上	御□米□升		２月９日	□□方万呂		081	SD1250	城15-19頁下	
45	×	進上	賀麻流魚１隻／世比魚４隻／和海藻４把／塩１合５夕／酢２合／醤４合／末醤⊏／栢４⊏／漬瓜１丸／□々保利１□		閏８月18日	当麻人公		019	SD1250	城15-19頁	
46	×	進上	瓜237顆	鴨手	８月16日	×	×	081	SE111	木研15-21頁上	
47	□	進上	飯４斗	使国嶋	×	×	×	011	SD3154付近整地層	宮2-2795号	18
48	×	進	酒８升１合	×	正月１日	茨田嶋国	×	011	SD4951	城34-13頁下	19
49	×	進	酒８升１合	×	正月１日	茨田嶋国	×	011	SD4951	城34-13頁下	20
50	×	進出	煮汗鮓12口／鮒15口	仕丁吾□	３日	□□□□□万呂／令史	×	011	SD4951	宮3-2866号	21
51	×	進送	従料３斗１升２合／少尉殿料	×	６月28日	曾祢	上	011	SD4951	宮3-3272号	22
52	×	申進	薦草10尺（８尺束）／菅10尺（８尺束）	×	養老３年10月８日	末呂	×	011	SD17650	城34-10頁上	23
53	×	進	40村	４車	10月19日	蔵卌恵智	×	011	SE950	城38-16頁上	24
２個人物品進上状											
54	无位田辺史廣調	進	続労銭500文	×	神亀５年９月５日	×	×	032	SD4100	宮6-9066号	25
55	依智秦公豊□	進	銭	×	神亀５年10月14日	×	×	032	SD4100	宮6-9065号	
56	丹比宅万呂	進上	銭140文	×	×	×	×	033	SD3715・SX8411	宮7-11878号	
57	葛井連□嶋	進上	□銭	×	×	×	×	032	SD1250	城15-28頁上	
58	□部□□麻呂	進	交易銭１貫	×	２月29日	×	×	032	SD7090A	城34-27頁上	26
59	田辺毗登□嶋	進	100文	×	×	×	上	022	SX033	西隆35号	27
60	秦人小勝	進	50文	×	×	×	上	022	SX033	西隆36号	28
61	穴師長嶋／上田部水守	進	米５斗	×	×	×	×	033	SD6400	城31-8頁上	
62	安万呂	上	俵				×	011	第一次大極殿院整地土	宮7-11293号	
３不明物品進上状											
63	×	奉上	木梢102材		和銅４年２月５日		上	019	SE6690	城32-16頁下	29
64	□□	進	小石１石					059	SD3715・SX8411	宮7-11880号	30

65	×	進上	氷１荷				×	011	SD3715・SX8411	宮7-11879号	
66		進上	榑21村					081	SD5505	宮7-12455号	
67		進上	駄１匹／功４束					019	SD1155	城11-16頁下	31
68	×	進上	□／大枕□□		天平18年９月□□□日		×	081	SK820	宮1-175号（城40-22頁下）	
69		進上	稲□		９月30□			081	SK820	宮1-193号（城36-15頁下）	
70	×	進上	縹染□					019	SD8600	城12-8頁下	
71	×	進上	簀子				×	081	SD7090A	城34-24頁下	
72	×	交易進上		×	×	×		081	SD4951	宮3-2873号	32
73	×	献上	蠣１籠					019	SD4951	宮3-3277号	33
74	□	進	腊					039	SD4951	宮3-3297号	
75		進	鰒		９日			081	SD5780	城11-13頁下	
76		進	鮨		13日			091	SD5780	城11-13頁下	
77		進	瓜130					091	SD5780	城11-13頁下	
78	×	加進上	瓜30果	×	×	×	×	032	SK3137	宮2-2812号	34
79	×	進	飯３升	×	×	×	×	032	SD2700	城16-5頁上	35
80	×	進上	□米６斗					019	SB7802	宮7-11442号	
81		進納	物					091	SG8190	宮7-12607号	
82	×	進上	４□□□		11月15日	×	×	011	SD3035	宮2-2244号	
83	×	進	100□		７月８日			081	SK3201	宮2-2700号	
84		進出	120					091	SK2101	宮2-2055号	

【備考】

＊長屋王家木簡・二条大路木簡以外の平城宮・京跡出土木簡を対象に、進上元・出土遺構の違いなどに注意しながら整理した。

＊註欄は以下のとおり。これらとは別に本文も参照のこと。

１.「右依□」の文言あり。２.「十四曰料収納秦石敷」の文言あり。３. 実際の進上者とみられる５名の名前あり。４.「諸□…□二石□郷□□解」で結ぶ。５.「勘主典橘□」の文言あり。６.「本受鉄卌三斤十両／損十一斤十両」の文言、合点、別筆による「了」の文言あり。７. 別筆による「勘了」の文言あり。８. 末尾の「判収目代安豊」は別筆の可能性あり。「拾把　七月十日僧」に二次的な墨線を入れる。９. 二次的な墨線、習書あり。10.「坏」の下は「四」を別字にする。11.「秦小酒／得麻呂」は運搬責任者の可能性もある。12.「功卌七人」に「十六人各十枚／廿三人各六枚／九人各八枚」と注記する。「下道朝臣」の下に「向司家」の文言あり。13.「三野人□炭□□」の文言あり。裏面は二次的習書。14.「六度進上」と記す。15. SD5240の遺物混入の可能性大。文末は「進上如件」で結ぶ。16.「勘建部□人万呂」「尼美千□」の文言あり。17.「上番門部幷内物部等歴名欲請」の文言あり。18. 二次的習書あり。19・20. 個人物品進上状の可能性もある。21.「右二種物進納」の文言あり。22.「従料三斗一升二合」に「十一日各日飯六升充／三日各日飯四升充」と注記する。23. 進上先「殿門」を記す。「菅十尺八尺束」に「之中菅八尺束／此者道守臣合在」と注記する。文末は「知末呂申」で結ぶ。24. 冒頭は「又進四車」と記し、「一車十一村／二車別十村／一車九村」と注記する。25. 別筆による「勘錦織秋庭」の文言あり。26.「校丸部嶋守」の文言あり。27・28. 穿孔は付札当初のもの。29.「梢」は「三」を抹消して記す。30. 下端の突端は二次的加工。31.「駄一匹功四束」は運搬手段に関わる可能性もある。32.「銭□／直十文」の文言あり。33.「依昨日□」の文言あり。34. 二次的習書あり。35. 冒頭に「米一十二升」(「十」は「斗」の誤りか) と記し、「已上坂上大夫宣進飯三升□」と注記する。

欠損するため物品進上状とは断定できないが、荷物に装着されたとみてよいものである。このうち西店からの進上状はほぼ全文が釈読できるが、進上責任者の署名はなく、進上物の運搬者・運搬手段も特に記載されていない。この二点はむしろ交易物に装着された荷札（第一章で触れた住吉郡の交易贄荷札など）に近く、一般の機関物品進上状とは区別する方がよいのではなかろうか。また、この二点は交易拠点からの進上状である点にも注意が必要である。代価は銭であった可能性が高いが、すでに触れたように、銭は紐を通して保管され、付札が装着されることが多かった。進上物が一荷におさまることもあって、交易代価の銭に装着されていた付札を再利用した可能性も強ち否定できないであろう。ともあれ、この二点をもとに、一般的な機関物品進上状の性格を論じることはできない。

荷物に装着された機関物品進上状としては、25「添下郡進米十石／六月十九日」もあげられる。これは米一〇石（五斗俵二〇俵分）を進上した際のもので、五斗を貢進するのが一般的であった荷札とは明らかに異なる。しかし25には進上責任者の署名がない点や、進上物の運搬者・運搬手段も特に記載されていない点で、一般的な機関物品進上状とも異なっている。25は〇三三型式であるので、荷物に装着された可能性が高いが、進上米は一〇石に及ぶため、五斗俵二〇俵のうち一俵だけにしか本木簡を装着することができない。通常の米荷札であれば、荷物の数だけ荷札が作成されるが、平城宮の近隣である添下郡から進上することもあって、一点のみ作成するにとどめたのではなかろうか。このように理解してよいとすれば、25も貢進荷札の変形として捉えることができよう。

付札状のものとして、衛府関係の4・6にも触れておきたい。4は「衛門府進鴨九翼」と書き出し、衛門府が進上する書式をとるが、下に風速小月以下五人の名前があがる。この五名が実際の進上者で、むしろ個人物品進上状とみることもできる。平城宮東院跡出土の〇五九型式の「左衛士府　年魚御贄五十三斛／天平十九年」（別筆部分は省略。城11-10頁上）を参考にすると、4は贄であった可能性が高い。一般的な諸国貢進の贄とは異なるが、贄進上時に用いられる点では共通する。風速小月らが進上した贄であることを示すためにも、付札がふさわしいと判断されたのであろう。つぎに6は「府進塩肆斗二升六合」と記すが、その下に「十月料者」とある点に注目したい。進上塩二升六合が「十月料」に対応することを明示するためにも、付札状にして荷物に装着させる必要があったと考えられる。

以上のとおり、確かに進上物に装着された機関物品進上状は存在したが、その記載内容は著しく簡略で、むしろ個人物品進上状や荷札との親近性が強い。また点数も極めて限られている。大部分の機関物品進上状に関していえば、一回の運搬に対して一点ずつ作成される文書であり、物品進上の旨を伝える点に本質があったと理解すべきである。

二番目として、個人物品進上状を取り上げよう。

表3によれば、九点のうち54～60の七点が銭の進上状によって占められている。ここでは平城宮式部省跡の東西溝SD四一〇〇出土の54・55に注目したい。55は単に「銭」としか書かれないが、54と同じく続労銭と判断される。同じ溝からは、「進」の語こそないが、続労銭の付札が他に一〇点出土している（宮6-9058～9064・9067～9069号）。これら一二点の内訳は、54・55と同じ〇三二型式が八点、上部に穿孔のある〇一一型式が二点、〇三三型式が一点、〇三九型式が一点である。その記載内容は「人名＋銭〇文＋年月日＋勘検者署名」を基本とするが、55を含む二点（他の一点は宮6-9064号）のみ、続労銭を収納した側の勘検者の署名がない。勘検者の署名部分は八点が別筆で、残りの二点は全文が一筆となっている。全文一筆のものは、続労銭を収納した際に、勘検者によって記入されたものである。この一二点の続労銭の付札は、「進」字の有無によって、顕著な内容の違いは認められない。「進」という動詞を特に付加することで、続労銭を進上する旨をより明瞭に示す、という以上の意味はないと考えられる。

同様のことは、西隆寺跡出土の知識銭の進上状に関してもいえる。60「秦人小勝／進五十文」がそれに該当するが、同じ井戸から「人名（官司）＋銭〇文」の付札が八点、四人分まとめた付札が一点出土している（西隆37～45号。一部推定含む）。先の八点は「進」文言こそないが、知識銭を進上する際に使用された60と特に違いはない。

なお、銭進上状の場合、勘検者の署名（別筆・同筆を問わない）があるものが比較的多い点は注意される。先に触れた続労銭付札のほか、表2の126、表3の58があげられる。また進上状ではないが、〇三九型式の「東□〔市カ〕交易銭計絁廛人服部／真吉」（城17-16頁下）や、〇三一型式の「承和六貫文／勘有名」（木研1-23頁下）は、計量者などの名前が書かれている。銭は正確な枚数が把握されるべきであり、勘検が特に重要な意味をもったのである。

三番目として、貢進荷札をみていくことにしよう。

「進（上）」文言のあるものは、長屋王家木簡の一点、二条大路木簡の一七点を含めて三四点あり、これに類する「貢上」文言をもつ荷札が一点ある。[21] このうち一一点は、筑紫大宰が西海道諸国の殖種子紫草を進上したものである。これを除く二四点のうち、税目が明記されたものは一三点あり、贄が一〇点、中男作物が一点、調が二点である。また、駿河国阿倍郡が貢上した甘子、国が進上した蘇と若海藻と雑魚腊（二点）、美濃国大野郡三輪郷の郷長が進上した酢年魚、以上六点も贄の可能性が高い。残り五点のうち二点は品目不明であるが、それ以外は麦・小麦・醤大豆である。櫛木謙周氏も指摘するように、「進上」荷札は贄を中心とし、国や郡が進上主体となることが多い。

さらに「供奉」文言の書かれた荷札が七九点あり、いずれも参河国幡豆郡の贄荷札である。また「輸」文言のある荷札が二八点あり、その大多数は安房国安房郡の調鰒荷札が占めている。それ以外は、二条大路木簡でみた参河・上野・紀伊、そして美作国の調荷札があるにすぎない。なお「輸」文言は正倉院蔵の調庸墨書銘にも認められ、「進上」「供奉」とは違って調庸の場合に多いようである。このことは贄と調とで貢納意識に違いがあったことを示すが、いまはこの問題に立ち入らない。ここで問題にしたいのは、これらの文書的な用語が貢進荷札に書かれた理由である。

この点について舘野和己氏は、従来想定されてきた賦役令2調皆随近条に加え、何らかの文書様式（個人からの上申文書である公式令15辞式条など）が、荷札木簡の表記に影響を与えた可能性があると指摘した[22]。しかしその後、七世紀の貢進荷札の数は著しく増えたが、「進上」「供奉」「輸」文言をもつものはまったく出土していない。すなわち、文書的な用語をもつ荷札が本来的なもので、時代が降るにつれ記載が省略されるようになった、というわけではなさそうである。これに関連して、参河国幡豆郡の荷札記載が注目される。従来「海部供奉○月料」という独特の記載、篠島・析嶋の月交替制などから、律令制以前の古い伝統が記載に反映されたと考えられてきた。だが渡辺晃宏氏が指摘したように、より古い藤原宮跡出土の荷札は「三川国波豆評□〔篠カ〕嶋里大□〔贄カ〕一斗五升」という、ごくありふれた記載のものであった（評荷53号）。「海部供奉」という独特な表現は、養老年間（七一七～七二四）よりも前の荷札には認められず、新しい記載方法なのである[23]。

この参河国幡豆郡の荷札に象徴されているように、「進上」「供奉」「輸」などは、通常の荷札記載よりも丁重さを示すために、新たに付加された文言と考えるべきであろう[24]。これらの文言は供御物の荷札に多く認められる[25]。また「進上」文言をもつ贄荷札のなかには、細字の端正な楷書で書かれた国衙的書風のものが少なくない。一般に荷札は郡で作成されるが、国衙的書風の荷札は国で作成されたものである[26]。たとえば阿波国の「進上」贄荷札は、平城宮跡出土のもの（宮1-403号）のほかに、阿波国府跡の観音寺遺跡（徳島市）からも二点出土しており（木研31-170頁上）、三点すべて国衙的書風である。供御物を進上するという意識が、国衙的書風を採用させたのであろう。さらに「進上」「供奉」「輸」文言をもつ荷札は、平城宮内裏北方官衙の土坑ＳＫ八二〇出土木簡、二条大路木簡など、内裏やそれに相当する施設から出土したものに多数存在する点も付け加えておきたい。

こうした丁重な荷札記載は別の次元でもみられる。第一は貢進元の業務担当者の名前を記すものである。若狭国遠敷郡の調塩荷札のなかには、日下に「量豊嶋」と計量者の名前が明記されたものがある（城6-8頁上）。七世紀の荷札にも「斗加支」（斗掻。穀類を計量する際、枡目を正確に均すための棒）を使って計量した者の名前を書いたものがある（評荷22号）。しかし、計量者であることを明記したものは少なく、多くは日下に署名があるにすぎない。署名者の肩書きは、専当国・郡司五点（宮5-7901号、城12-13頁、同19-21頁、同32-12頁）、郡司二点（宮1-300号、同2-2704号）、郷長二点（宮1-318号、城32-13頁下）である。このうち郡司の一点（宮1-300号）は大宰府作成の調綿荷札で、共伴した別の一八点にも署名がみえるが、肩書きは書かれていない（宮1-283・284・286・288・289・292〜295・297・298・301〜306・310号。286・297・306号は推定）。このほかにも肩書き記載のないものが二点ある（宮2-2207・2819号）。これらは責任の所在を示すため特別に、貢進元で業務担当者の名前まで記したと理解される[27]。

第二は貢進先を明示するものである。最も事例が豊富なのは長屋王家木簡で、二七点の貢進荷札に「長屋親王宮」「北宮」「氷高親王宮」「右大殿」「宮内」などの貢進先が明記されている。長屋王家木簡以外では、「右大殿」（城24-29上頁）、「左大臣」（城23-20頁下）、「紫微中台」（宮2-2208号）[28]をあげることができる。

第三は運搬者の名前を書くもので、「持丁＋人名」（京1-438号）、「持＋人名」（宮3-2910・3139号、同7-11326号、城31-30頁上）、「上＋人名」（宮2-2255号）といった書き方がある。

以上、貢進行為の強調、貢進側の責任所在の明示、貢進先の明瞭化、運搬者の明示などを目的として、通常の荷札よりも丁寧に記載する場合があったことを確認した。とはいっても、これらの占める割合は全体の数パーセントにすぎず、特別な存在である。ただし特別といっても、通常の荷札の記載内容よりも少しだけ丁寧に書いたものにすぎない。このうち「進上」文言をもつ荷札は、物品進上状と一見すると似ている。確かに「進上」は動詞であり、差出から受取に移動する文書の要件を備えているといえなくもない。しかしながら、「進上」文言が書かれるのが原則であった物品進上状と、「進上」文言を書かないのが基本であった荷札とは、決して同列に扱うべきではなかろう。荷札の

「進上」文言は、貢進行為を強調するという目的をもって、特別に添えられたものにすぎない。「進上」文言の有無に貢進元の意識の違いをある程度認めることは可能であるが、そこに決定的な違いを求めることは不可能である。

最後に、貢進荷札と物品進上状との相違点として、二次利用のあり方の違いについて触れておきたい。機関物品進上状の場合、進上先で孔が穿たれ、他の木簡と束ねられることによって、物品進上記録に転化した事例が多数存在した。また、個人物品進上状のうち銭進上状の場合には、進上先で勘検業務を実施した旨が書き入れられることがあった。これに対して貢進荷札はどうであったのだろうか。

まず二次的穿孔が施された可能性のある貢進荷札は、長屋王家木簡・二条大路木簡に数点あるほか、他の平城宮・京木簡として五点があるにすぎない（宮3-3172号、城14-8頁上、同17-15頁下、同19-22頁下・24頁下）。平城宮・京以外の都城木簡に目を向けても、飛鳥木簡に一点（評荷134号）、長岡京木簡に五点（長岡2-779・912号、木研9-39頁下、同13-27頁上、同20-59頁上）があるだけである[29]。貢進荷札全体からみれば、せいぜい一パーセントにすぎない。

つぎに、中央の収納官司で貢進物を勘検したことを示す書き入れのある荷札についても、平城宮・京跡出土の木簡のなかに確実な事例は存在しない。長岡宮跡出土の地子荷札には、検収者の署名が書き加えられているが[30]、これがおそらく唯一の確実な事例であろう。これまで二点同文の荷札を根拠にして、一点は検収時に取り外され、もう一点は最終消費段階まで残されたと理解されてきたが[31]、馬場基氏が指摘したように、一点は荷物の外側に装着された外札、もう一点は荷物の内側に入れられた中札と考えられる。ともに最終消費地まで荷物に装着されたが、荷解きをした際に外札がまず外され、中札は消費の最終段階まで残されたのである（もちろん、荷札は同文二点が原則ではなく、一点だけの方が圧倒的に多い）。平城宮・京跡出土の貢進荷札から判断するかぎり、勘検者の署名を荷札に記すことは、ほとんど実施されなかったと考えざるを得ない。長岡宮跡出土の地子荷札に関していえば、収納および消費をおこなう太政官厨家の特殊性によるものか、奈良時代と平安時代の時期差によるものか、今後の課題としておきたい。

このように平城宮・京跡出土の貢進荷札は、収納時に荷物から取り外されて、二次的に孔を穿って他の荷札と束ねられたり、検収者の署名などが書き加えられることはほとんどなかった。荷札は貢進物に装着されたまま、最終消費地までもたらされるのが一般的であったのである。これは物品進上状、とりわけ機関物品進上との大きな違いである。

おわりに

本稿では、平城宮・京跡出土木簡を素材にして、物品進上状と貢進荷札との比較検討をおこなった。ともに物品を進上する際に用いられる点では共通するが、本質的には性格がまったく異なるものであったことを確認した。

物品進上状は、機関が進上元となる機関物品進上状と、個人（複数の場合もある）が進上元となる個人物品進上状の二つに大別される。このうち圧倒的大多数を占めるのは、機関物品進上状の方である。これは、ごく一部のものを除いて、荷物の多少に関わらず、一回の運搬に対して一点ずつ作成される文書である。どの機関が何をどれだけ、いつ進上したのかを報告する（自明な場合は一部の記載が省略された）ことに本来的な意味があった。そして、物品が進上されて本来の役目を終えると、孔が穿たれて他の木簡と束ねられ、今度は物品進上記録として二次利用されることが多かった。紙・木簡にかぎらず、狭義の文書が記録に転化することはよくある現象で、これは物品進上状に関しても該当するのである。また、機関物品進上状は進上物とともに移動したが、必ずしも荷物一点につき一点作成されたわけではなく、荷物との一体性は高くなかった。形状も短冊形が基本であり、あくまでも運搬者が携行する文書である。そして、進上物が納入されると、物品進上状は進上物から完全に切り離された。

個人物品進上状は切り込みのある付札状を呈するものが多く、荷物との密着性は高い。進上物は銭が目立ち、その場合には勘検者の署名が入れられることがあった。記載内容は機関物品進上状と比べて簡略なものが多い。進上物は税物ではないので、貢進荷札とは区別されるが、性格的には貢進荷札により近いといえる。

一方、貢進荷札は貢進物の荷物一点につき一点ずつ作成され、荷物に装着して使用された。なかには荷物一点につき荷札二点が作成されることもあり、荷物の外側に付ける外札、荷物の内側に入れる中札とされた。そして、貢進物が中央の収納官司に納入される際、荷物から荷札を取り外して孔を穿って別の荷札と束ねたり、検収した担当者の署名を荷札に書き加えることは、ともに通常なかった。荷札は最終消費地まで貢進物に装着されたままであったのである。荷札は短冊形のものも存在するが、多くは切り込みを入れたり、先端を尖らせている。荷札は最初から最後まで貢進物に装着されるべきものであったため、このような加工がなされたわけである。

貢進荷札のなかには、貢進行為を強調する目的をもって「進上」などの文言が添えられることがあったが、この文言の有無に貢進元の意識の違い以上のものを認めることはできない。荷札の場合、「進上」文言はなくても特に差し支えなく、その点で「進上」文言が書かれるのが原則であった物品進上状（特に機関物品進上状）とは異なる。純粋に文字面だけをみると、「進上」文言のある荷札は文書として理解することもできるが、上記のような木簡の使用法という点からみて、典型的な文書である機関物品進上状との違いは極めて大きかった。

実は貢進荷札はそれのみが単独で使われることはなく、調庸帳や門文などがその背後にあった。諸国貢進物は一般に荷札が装着されたが、たとえば畿内の雑供戸系の贄の場合、明確にそれとわかる荷札は出土していない。また「嶋の速贄」で著名な志摩国の贄荷札は、二条大路木簡の大量出土を契機として、「郷名＋品目」だけを記載する小型の〇五一型式や、品目だけを記す小型の〇五一型式の荷札であったことが明らかにされている(32)。前者には国府所在地や国府近接地の郷名が登場しないことから、郷名の書かれていない後者こそ、国府周辺から送られた贄であったと推定されている[33]。こうした記載の違いは御厨の問題とも密接に関わっていると推測されるが、別の機会に論じてみたい。

ともあれ、物品整理付札との区別がつきにくい贄荷札が存在することは重要で、このなかに畿内の雑供戸系の贄荷札も含まれている可能性がある。贄荷札はかなり簡略化された記載のものが存在し、場合によっては荷札が作成されなかった可能性もある。馬場基氏は、荷札が付かない贄について、①進上状木簡が添えられた場合、②紙による進上状が添えられた場合、③なにも添えられなかった場合（使者自身が進上状で、口頭で要件が伝えられる場合）の三つが考えられるとし、特に③に注目している。単に荷札だけを単独で考えるのではなく、その背後にある文書や口頭伝達に着目する視点は重要である。貢進荷札、とりわけ贄の場合は、極めて簡略な記載のものから（場合によっては荷札の作成すらない）、「進上」「供奉」文言を付して丁寧に記したものまで、実に幅広い記載方法が存在した。これが可能であったのは、荷札だけで単独で機能したのではなく、文書・記録・口頭伝達などの裏付けがあったからである。

これに対して物品進上状の場合、それ単独で使用することも可能で、現にそのような場合が多かった。しかし荷札は単独では十分に機能せず、文書・記録なり口頭伝達での裏付けを別に必要としたのである。木簡を理解する際には、文字面にだけ目を奪われるのではなく、いかなる機能を果たしたのかを見極める必要がある点を強調しておきたい。

ここでようやく、木簡の分類の問題へとたどり着くことができたようである。1文書（文書、記録）、2付札（荷札、付札）、3その他、という伝統的な木簡の三分法に対して、新たな摸索の段階にきている。だが本稿の考察にもとづくならば、これまで文書（広義）とされてきた木簡と、付札（広義）とされてきた木簡との区分を曖昧にする方向にいくべきではなかろう。渡辺晃宏氏は、1意思伝達を機能とする木簡（文書、帳簿、伝票）、2属性表示を機能とする木簡（荷札、付札、そのほかの墨書木製品）、3墨書媒体であることを純粋機能とする木簡（習書、落書）という新分類を提唱している。(34) これは木簡の機能面に着目した優れた分類方法で、この方向性で考えていくべきだと考える。しかし、こうした木簡の分類を古文書学のなかにどのように反映させるべきかは、今後の大きな検討課題である。

注

（1）黒板勝美『更訂国史の研究　総説』（岩波書店、一九三一年）、中村直勝『日本古文書学』（国史講座刊行会、一九三五年）など。

（2）佐藤進一「中世史料論」（『日本中世史論集』岩波書店、一九九〇年、初出一九七六年）。この見解はさらに、同「武家文書の成立と展開」（『週刊朝日百科日本の歴史別冊　歴史の読み方5　文献史料を読む・中世』一九八九年）で簡潔な形で再説されたが、そこでは帳簿・証書・記名札という第三の範疇が設定されている。

（3）富田正弘「中世史料論」（『岩波講座日本通史別巻3　史料論』岩波書店、一九九五年）、石上英一『日本古代史料学』（東京大学出版会、一九九七年）、山下有美「文書と帳簿と記録」（『古文書研究』四七、一九九八年）、杉本一樹『日本古代文書の研究』（吉川弘文館、二〇〇一年）、村井章介「中世史料論」（『古文書研究』五〇、一九九九年）、山口英男「文書と木簡」（石上英一編『日本の時代史30　歴史と素材』吉川弘文館、二〇〇四年）など。

（4）奈良文化財研究所編『平城宮木簡一　解説』（一九六九年）では、1文書、2つけ札、3習書・落書、4その他の四分法であったが、『同二』（一九七五年）以来、三分法となり、現在にまで受け継がれている。

（5）山口英男注（3）論文六九～七二頁。

（6）櫛木謙周「長屋王家の経済基盤と荷札木簡」（『木簡研究』二一、一九九九年）、寺崎保広「瓦進上木簡小考」（『奈良古代史論集』一、一九八五年）、福原栄太郎「長屋王家木簡にみえる木上について」（『日本歴史』五六二、一九九五年）。以下、櫛木氏の見解はすべて本論文による。

（7）舘野和己「長屋王家の文書木簡に関する一考察」（奈良文化財研究所編『長屋王家・二条大路木簡を読む』二〇〇一年）。

（8）馬場基「荷札と荷物のかたるもの」（『木簡研究』三〇、二〇〇八年）。以下、特に断らないかぎり、馬場氏の見解はすべて本論文による。

（9）内訳は、「長屋親王宮」（長屋皇宮、長屋皇子宮、長屋）が九点（京1-77〜79号、城21-35頁上、同23-14頁上、同25-22頁上）、「北宮」（北）が一四点（京1-14・15・445号、城21-33頁下・35頁上、同23-13頁下〜14頁下、同27-21頁上）、「氷高親王宮」一点（城21-32頁下）、「右大殿」（右殿）が二点（城21-32頁上〈城25-29頁上〉・34頁下〈城25-30頁上〉）、「宮内」が一点（城27-20頁下）である。

（10）山口英男「正倉院文書の継文について」（石上英一・加藤友康・山口英男編『古代文書論』東京大学出版会、一九九九年）。本論文では、正倉院文書における物品進上状の継文として、天平勝宝二年（七五〇）の「藍薗進上文」、同五年の「造東大寺司紙筆墨軸等充帳」、天平宝字二年（七五八）の「自宮来雑物継文」をあげる。

（11）東野治之「日本語論」（『長屋王家木簡の研究』塙書房、一九九六年、初出一九九三年）二二〇頁。

（12）馬場基「二条大路出土京職進上木簡三題」（奈良文化財研究所編『文化財論叢Ⅲ』二〇〇二年）。

（13）森公章「二条大路木簡中の鼠進上木簡寸考」（『長屋王家木簡の基礎的研究』吉川弘文館、二〇〇〇年、初出一九九九年）。

（14）意保御田の進上状は冒頭に「従（より）」を付けたものが多い。長屋王家木簡の97・98の「西店」関係も冒頭に「自（より）」と記す。この点は文書作成者の書き癖によるもので、特に進上先で作成されたとみる必要はなかろう。

（15）24〜27のうち、26・27は厳密には六月八日とは断定できない。しかし馬場基注（12）論文が指摘するように、①四点すべてSD五一〇〇の中央部から出土する、②三点は下端から二㎝ほどの場所に大きめの穿孔がある、③年紀をもつ三点は天平八年六月半ばのもの、という特徴があり、一連の可能性が高い。

（16）〇三二型式の23・26は、記載内容に他の京職関係木簡と大きな違いがないこと、下部に二次的穿孔があることから、付札を転用したものと判断される。また、〇五一型式の91は四周全体が二次的に加工され、上下両端が尖ったものである。

（17）126・127・129は一貫（＝一〇〇〇文）やそれに近い数となっているが、平城宮跡からは一貫文の緡銭付札が五点出土しており（宮7-1193号、城12-16頁上、同19-27頁下、同34-15頁下、同39-72号）、二条大路木簡にも「本一貫　後／天平八年三月返上」と書かれた付札が含まれている（城24-21頁下）。もちろん、一貫前後に限られるわけではなく、二条大路木簡には「銭八十文」と書かれた付札も存在する（城29-30頁下。平城宮木簡にも「新銭八十」の付札が存在する〈城39-73号〉）。また「内自給銭五十取置／小良」（城30-6頁下）や、銭の出納記録木簡（城22-14頁）をはじめ、二条大路木簡のなかには付札状を呈する銭関係の木簡は少なくない。

（18）長屋王邸宅の跡地（光明皇后宮関連地）にある土坑ＳＫ五〇七四から「参河国播豆郡析嶋海部供奉七月料御贄佐米六斤」と書かれた荷札が出土しているが（京1-128号）、長屋王の時期のものではない。

（19）狩野久「膳臣と安曇連の勢力圏」（『発掘文字が語る古代王権と列島社会』吉川弘文館、二〇一〇年、初出一九九五年）など。

（20）「讃岐国苅田郡／高屋郷庸米六」と書かれた荷札も下部に穿孔が認められるが（城22-39頁下）、裏面は孔を避けて「米六」と書き、窮屈になっている。こうした書きぶりから、孔のある材を荷札に転用したものと判断される。

（21）「進（上）」文言をもつ荷札（長屋王家木簡・二条大路木簡以外）の出典は、宮1-329・358・403・409・410（城38-23頁上）・416・432号、同2-2284・2285・2751号、同5-7898・7899号、同7-12838号、城15-12頁上、同16-8頁下、同29-9頁下。「貢上」文言をもつ荷札の出典は、宮2-2538号。このほか点数には加えなかったが、「進上呉桃」（宮1-464号）も地名は書かれていないものの、同類の貢進荷札であった可能性がある。また表3の61も個人物品進上状としたが、「米五斗」という標準的なもので、貢進荷札の可能性もある。

（22）舘野和己「律令制の成立と木簡」（『木簡研究』二〇、一九九八年）三一九〜三三〇頁。

（23）渡辺晃宏『平城京一三〇〇年「全検証」』（柏書房、二〇一〇年）二七三〜二七九頁。

（24）これらに類するものとして、「常陸国那賀郡酒烈埼所生若海藻」（宮1-402号）のように「所生」という語が付けられた荷札があげられる。酒烈埼のものが別に三点あるほか（宮2-2740号、木研20-59頁上、木研21-35頁下）、鳳至郡美埼のものが一点ある（宮7-11960号）。また「所出」（宮1-401号）も同様の表記である。

（25）これに関わって、長屋王家木簡に多数ある「米の被支給者＋人数＋米の量＋受取人（運搬者）＋日付＋差出者」という記載の米支給伝票が注目される。被支給者が長屋王とその一族の場合には、たとえば「内親王御所進御飯米二升（後略）」（京1-239号）のように、「進」という語が特別に添えられている。

(26) 貢進荷札の作成段階については諸説だされているが、今泉隆雄「貢進物付札の諸問題」（『古代木簡の研究』吉川弘文館、一九九八年、初出一九七八年）の理解が基本的に正しいと考えている。ただし、今泉説の想定する荷札を使った勘検については従いがたい。荷札の作成手順・利用法については、別の機会に論じることにしたい。

(27) 以上のほかに、郷長ないし村長が貢進者として記載されている荷札が三点あるが（宮2-2715号、同7-12838号、木研6-18頁下）、実質的には貢進責任者として特別に肩書きが記された可能性が考えられる。なお、七世紀の荷札にも「五十戸造」が貢進者として名前があがるものが三点ある（評荷102・107・141号）。このうち「五十造」荷札の二点は、貢進者として「五十戸造」の名前が記されるのみならず、通常の荷札には記されない「従人」（評荷102号）や「春人」（評荷107号）といった、貢進時の補助作業に従事した者の名前も記されている点は注目される。

(28) 「紫□□□」と報告されているが、東野治之「木簡雑識」（注(11)著書所収、初出一九八六年）三七九〜三八〇頁に従って、「紫微中台」と釈読してよかろう。

(29) 地方木簡であるが、多賀城下の市川橋遺跡からも二次的穿孔のある付札が二点出土している（木研22-131頁。同24-82頁下）。

(30) 今泉隆雄「長岡京太政官厨家の木簡」（注(26)著書所収、初出一九八四年）。

(31) 東野治之「古代税制と荷札木簡」（『日本古代木簡の研究』塙書房、一九八三年、初出一九八〇年）。

(32) 渡辺晃宏「志摩国の贄と二条大路木簡」（注(7)書所収、初出一九九六年）。

(33) 樋口知志「荷札木簡から見た末端文書行政の実態」（『古代の陶硯をめぐる諸問題』奈良文化財研究所、二〇〇三年）。

(34) 渡辺晃宏「木簡から万葉の世紀を読む」（『高岡市萬葉歴史館叢書二〇　奈良時代の歌びと』二〇〇八年）。

古代の荷札木簡再論

今津勝紀

はじめに

木簡には多様なものがあるが、ここで取り上げる荷札木簡とは、中央政府への進上物に付けられた札のことである。保管・管理にも木簡は利用されたが、そうした物品の整理札とは一応、区別するのが共通の理解であろう。かつて、荷札木簡と調庸墨書銘などの貢進物史料を素材として、古代における貢納をめぐる諸関係を検討したことがあるが（以下、前稿[1]）、それから、すでに二十年以上が経過した。この間に長屋王家木簡や二条大路木簡などの正式報告があり、飛鳥池などでは古い時期の木簡も多く出土している。当時と比較すると、現在では、格段に史料状況が改善されているのだが、ここでは、そうした史料の蓄積による研究の進展をふまえて、あらためて荷札木簡について振り返ってみたい。

もっとも、この間、当該問題のみに集中していたわけではなく、関連する研究の見落としもあることと思うが、あらかじめご寛恕を賜りたいと思う。

一　荷札木簡研究の論点と背景

今を遡ること、二十年ほど前の研究状況について少しふれておきたい。

まず、当時、狩野久が荷札木簡の機能について総括的に述べていることは、「国衙の勘検は、徴税台帳である計帳によって、墨書内容と照合して行われたものであろう。勘検の内容は品目・輸貢量・品質が規定通りのものであるか否かの調査である。したがってこの国衙段階の勘検のさいに、墨書銘や付札はその重要な拠りどころとなったと推測され」、中央では「国あるいは郡単位の貢進物の全量や品質に関する検査が主たる眼目で、墨書銘文のうち、国郡名までが検収の対象になった」というものであった(2)。

そして、今泉隆雄は、荷札木簡の書式類型、書風や書蹟を勘案し、「調庸・年料舂米・贄などの荷札のほとんどと墨書銘は郡衙機構」により作成されたことを主張し(3)、東野治之は、荷札木簡の機能的側面に着目して、①荷札が中央での検収に利用されたこと、②墨書銘が国衙で書かれたこと、③荷札の作成段階には国衙・郡衙・それ以下の場合が想定されること、④荷札の書風の相違は貢進物の調達ルートの相違を反映しないこと、などを指摘した(4)。このように、荷札木簡の機能、作成段階、勘検過程が、当時の個別の論点の主要なものであったのだが、これらの論点が構成する問題の背景については、もう少し説明が必要であろう。それは、律令租税収取過程の解明と言い換えることも可能であるが、この問題は日本古代国家論の一部を構成していた。

周知のごとく、一九七一年に石母田正が発表した『日本の古代国家』は、その後の古代史研究に大きな影響を与えた。そこで提起された在地首長制論について紹介することは、紙幅の関係から割愛するが、石母田が第二次的生産関係とする国家と公民との間の律令制的支配と、第一次的生産関係である郡司を典型とする在地首長と共同体成員との間の人格的支配が、どのように連関するのかが問われることとなった。石母田の在地首長制論では、有り体に言えば租税は地代であり、徭役は奴隷の負担と理解するのだが、租税収取や徭役賦課といった律令制支配が実現する背景に、郡司を典型とする在地首長による人格的支配が存在するのか、こうした仮説が実証できるのかが問題であった。

荷札木簡に関する研究は、こうした動向と無縁ではなく、というよりもむしろ、この問題の一つの焦点でもあった。例えば、調庸墨書銘や荷札木簡にみえる貢進者の記述は、一見すると個別人身支配が貫徹しているようにみえるが、石母田の仮説によると、それは二次的な幻にすぎず、その背景に、郡を単位として共同体支配を実現する首長制が厳然と存在したということになるのだが、では、律令租税収取過程において、郡や郡司がどのような機能を果たしていたのか、さらには国や郷（里）はどのように関与していたのか、これらを具体的に明らかにすることが課題であった。この点で、荷札木簡の作成段階や過程の分析は重要な意味を持っていたわけである。

前稿は、こうした問題関心から出発したものであるが、この問題を検討するにあたってのもう一つの前提が存在する。それは、一九八〇年代に進展した律令財政史研究である。古代国家や社会を理念的に捉えるのではなく、国家と社会の関係を動的に把握しようとしたのが、財政史研究のそもそもの出発点であり、それまでの静的な租税制度史にとどまることなく、国家の財政現象が注目された(5)。その際、導きの糸となったのは、近代財政学の手法なのだが、公と私の分離を前提として成立する近代財政学の適用には困難が伴うのが当然であり、その後、財政史研究は下火となってゆくが、この間に財政制度に関する実証的な成果が蓄積されていった(6)。

当時の律令財政史研究そのものには、賛否もあろうが、こうした律令財政をシステムとして捉まえる、すなわち、支配関係を抽象的に措定するのではなく具体的に把握するという方向性は、この当時の社会史研究の動向とも通底するものではなかったろうか。一九七〇年代から八〇年代にかけて、硬直した社会構成史研究への反省を込めて、社会史研究のうねりがみられるが、そこには、人と人との間に取り結ばれる支配と被支配の関係を具体的につかまえてみたい、そうした学問的動機があったように思われる。調庸墨書銘と荷札木簡は、貢納物の調整、収取・勘検、京進・勘検、分配・消費のプロセスに関わる史料であり、これらの史料を通じて、租税の調達・収取から再分配にいたる財政過程を復原し、そのプロセスを通じて、どのような諸関係が見られるのか、これを明らかにすることは、大変有意義な課題であるように思えたわけである。

以上のような研究動向に規定されて、ささやかながら、貢進物の勘検プロセスを再検討したのが前稿である。今となっては、問題の背景についても隔世の感があるが、前稿では、中央での貢進物の勘検過程で個別の貢進者の確認がなされないこと、古く王権への貢納物が視覚的に確認される儀礼が存在し、こうした具体的な関係が前提となって古代の貢納関係が成立していたこと、調庸布の墨書銘は、国司と郡司による点検をへて国印が押捺されており、国衙か郡衙かというものではなく、国衙と郡衙の有機的な関係のなかで貢納形態が整えられることを示した[7]。調庸墨書銘は、勘検に備えるものではなく、中央・天皇に対する貢納表示であることを論じたのだが、この点には有りがたいことに、賛否両論が寄せられた。

二　荷札木簡をめぐる新たな論点

まず、この間の史料状況の変化でもっとも大きなものは、七世紀の荷札木簡が大量に集積されたことである（『評制下荷札木簡集成』奈良文化財研究所、二〇〇六年）。ここ十年で、飛鳥池遺跡・石神遺跡・飛鳥京跡の調査が進展し、検出された木簡の総数は三十万点を越えるに至った。『評制下荷札木簡集成』には、飛鳥地域の木簡二〇四点が、藤原地域の木簡一一六点、難波地域の木簡六点、地方官衙からの木簡七点、その他の木簡六点の合計三三九点の荷札木簡が集録されているが(8)、七世紀、大宝令制以前の支配システム復原の基礎史料と言えよう。『評制下荷札木簡集成』に収める荷札木簡三三九点のうち、調を明記する木簡は十二点、贄は十六点、養は四点で、こうした税目が省略されることは、八世紀の荷札木簡にも、まま見られることであり、一般的特徴でもあるのだが、評制下の米の付札が多く見つかっている。米を地方から中央に進上することは、令制下でも広い範囲から行われていたので、今後もそうした木簡は増えてゆくだろう。

評制下の荷札木簡について注目したいことの第一は、八世紀の荷札木簡との連続性についてである。

1　次評上部五十戸巷宜部
刀由弥軍布廿斤

168,27,5　031（『飛鳥藤原京』一―一九六・『荷札集成』一九二）

この木簡は、飛鳥池遺跡北地区の南北大溝SD1130より出土したもので、後の隠伎国周吉郡上部里に相当する、次評上部五十戸からの軍布二〇斤（小斤）の貢納を示す(9)。この場合、税目の調を明記していないが、これなどは、次の木簡と比較してみると、ほぼ同じものと考えてよいだろう。

2　隠伎国周吉郡上部里日下部礼師軍布六斤
霊亀三年

172,29,3　031（『木研』一〇―九〇・『木簡選』二一六）

3　隠伎国周吉郡上部郷訓議里蝮王部
乎我志調海藻六斤　天平七年

151,27,4　031（『平城概報』二二―三六）

いずれも周吉郡上部里からの調の付札で、令制下の軍布は大斤により計量されるので、六斤となっていること、評制下の木簡が年記と国名を欠くことを除いて、書式がほぼ同一であることが興味深い。隠伎国の調雑物食料品の付札は、木簡の上部中央に評・郡を書き、双行に里（五十戸）と貢進者・貢進物・量を記載するものが多いのが特徴である。[10] 1から3は、いずれも大きさは全長一五〇ミリから一七〇ミリ程度で、平面形態も上下に切り欠きをもつ〇三一型式である。評制下から郷里制下まで一貫した規制が存在したことは間違いない。評制下の次評の荷札木簡はいずれもこの書式であり、評制下から律令制下への連続性を確認することができるだろう。

もっとも、このようなものばかりでなく、断絶を示すものもある。これが第二の注目点である。

4・辛巳年鴨評加毛五十戸
・矢田部米都御調卅五斤

161,21,4　032（『荷札集成』六八）

これは国名を欠くが、『評制下荷札木簡集成』が指摘するように、賦役令が規定する堅魚の貢納量は「卅五斤」であり、また、矢田部は伊豆に多く確認できるため、後の伊豆国賀茂郡賀茂里に相当する鴨評加毛五十戸からの御調、おそらく調の堅魚の木簡と考えてよいだろう。古く岸俊男が指摘した、辛巳年の元号表記が冒頭にくる令制以前の書式をもっている。[11] これに対して、

5　伊豆国賀茂郡賀茂郷□□里戸主生部犬麻呂口生部千麻呂調荒堅魚十一斤十両 六連一丸 天平五年十月

359,35,5　011（『木研』六―一一）

6　伊豆国賀茂郡賀茂郷題詩里戸主矢田部刀良麻呂口矢田部刀良調荒堅魚十一斤十両「十一連二丸」天平七年十月
408,34,5　031（『木研』一一―一二）

というように、八世紀の伊豆国賀茂郡賀茂郷からの堅魚の木簡は、国・郡・里（郷）・貢進者名の書式となっている。また4が全長一六一ミリであるのに対して、5と6はいずれも三五〇ミリを超えており長大となっており、書式も異なっている。評制下の事例が、まだ十分ではなく、断定的な判断は避けるべきかもしれないが、少なくとも現状では、評制下の木簡と大宝令以降の木簡に大きな差が認められる。5や6のような書式が大宝令を契機として整えられた可能性のあることを示しているだろう。

さらに、第三として、評制下の木簡で特徴的なのは、例えば

7　三枝部赤男鯛
123,21,3　032（『飛鳥藤原京』一―二〇一・『荷札集成』三〇五）

8　五十戸調
125,19,5　033（『荷札集成』三〇二）

というように、かなり多様な書式をもつものが存在することで、これらはいずれも完形品であり、八世紀の典型的な荷札木簡はもとより、第二の年記を冒頭に記す七世紀に典型的な荷札木簡の書式とも異なっている。こうした定型化されていない荷札木簡も見られるところで、今後、こうした事例も増えてゆくと思われるが、全体を見渡してみて、評制下と八世紀の木簡とで、連続するものもあれば、断絶しているものもあり、評制下の荷札木簡が、かなり多様であることは間違いない。

ところで、前稿では、『日本書紀』大化元年七月丙子条に、

高麗・百済・新羅、並遣レ使進レ調、百済調使兼二領任那使一、進二任那調一（略）、又詔二於百済使一曰、明神御宇日本天皇詔旨、始我遠皇祖之世、以二百済国一、為二内官家一、譬如二三絞之綱一、中間以二任那国一、属二賜百済一、後遣二三輪栗隈君東人一、観二察任那国堺一、是故、百済王随レ勅、悉示二其堺一、而調有レ闕、由レ是、却二還其調一、任那所レ出物者、天皇之所二明覧一、夫自今以後、可四具題三国與二所レ出調一（下略）。

とあり、任那の調について、「国與所出調」を題すべきことが見えることから、天皇が実際に見たかどうかは別にして、天皇による視覚的確認を前提として、貢進物の題記が入れられるものであったこと、そうした視覚的確認の名残として、調帳を御覧に擬することが行われ、調庸墨書銘や荷札木簡は、天皇への貢納を表示するためのものと考えたのであるが、この点について、寺崎保広より、①「任那の調」の題記は、個人名までを表記する荷札木簡とは異なる、②令制下に天皇が荷札木簡などをみる儀礼は存在しない、③御覧に擬されるのは調庸帳に限らない、との批判が寄せられた[12]。この他に、市大樹より、④評制下の荷札木簡が多様であり定型化されていないことを重視すべきで、整備された大宝令制の荷札木簡の在り方から、貢進物史料の貢納表示機能を説くのは誤りであるとの批判も寄せられている[13]。

まず前者についてだが、任那の調も律令制下の調も本質に大きな差があるとは考えられず、調とは政治的上位者への物を貢納することによる奉仕である。倭王権と任那、天皇と公民といった相違を無視するわけではないが、本質として問題なのは調という政治的従属関係であり、任那の調の事例からでも、律令制下の調について考えることは十分に可能である。その際、律令制下の典型的な荷札木簡の書式と同じものが七世紀に存在したとは考えていないし、またそれが任那の調の題記内容と同一であったとも考えていない。また、律令制下に天皇が貢進物一点毎の確認をしていたとは到底考えていないし、律令制を遡った段階でも一点一点確認するなどと面倒なことはしていなかったであろ

う。さらに、調庸帳とその他の御覧に擬される帳簿は、当然のことながら性格がそれぞれ異なるものである。寺崎は、中央に進上された段階で貢納物に荷札が付いていることが肝心であり、それが「個別人身支配をめざした律令制の一つの『理念』なのではなかろうか」と述べているが、この点は、まったく同感である。

また、評制下の荷札木簡の多様性からの批判についてだが、前稿の段階では七世紀の荷札木簡の数も少なく全体像が見えなかったので、この批判はこの間の史料の蓄積によるものである。確認しておきたいのは、荷札木簡が付けられる「もの」についてである。もっとも中心的な税である調の場合、賦役令調皆随近条に「凡調、皆随レ近合成、絹絁布両頭及糸綿嚢、具注二国郡里戸主姓名年月日一、各以二国印一々レ之」とあり、正調の繊維製品にはこの規定が適用され、両端に「国郡里戸主姓名年月日」が墨書され、国印が押されるのだが、荷札木簡は主として調雑物に付けられた。調雑物は、鍬・塩・食料品（贄）を内容とし、食料品には多様な品目が規定されていた。母法である唐の律令制に比較して、日本の調制は複雑な構成をもつのが特徴であり、この点を強調して、日本の流通経済の未発達性が論じられたりもしたのだが、別稿で指摘したように、こうした調雑物の貢納は地域が自由に選択できるようなものではなく、なかでも雑物の食料品である贄は、その貢納の歴史的前提が存在し、調雑物を貢納する集団・地域というのは限定されていた。[14]この点は、ここ二十年間の荷札木簡の出土状況をみても変更の必要はなさそうである。すなわち、日本古代の税制の中心はあくまでも正調であり、調雑物の貢納はサブシステムに過ぎない。荷札木簡は、墨書銘が施される「もの」以外に付されるわけで、品目の多様さに目を奪われがちではあるが、当然のことながら万能の史料ではありえない。荷札木簡の書式が整備されたのが大宝令であることは間違いないが、そもそも律令制下においても荷札木簡には書式のバリエーションがあるのである。

中央政府への進上物は多様であり、調だけではなく、庸・贄・中男作物・年料舂米など京進されるものには、荷札がつけられた。調の墨書銘については法的根拠が明確であり、調雑物も賦役令調皆随近条の援用と考えることが可能であるが、調以外には規定が存在しない。庸布にも墨書されることを考えるならば、賦役令調皆随近条が拡大適用されているように考えられるが[15]、結局のところ、中央に進上されるものには荷札を付けるというのが、基本的な慣習となっていたわけである。では、なぜそうした札を付けたのか、それが問題であると考えるのが本稿の立場であり、寺崎説も結論は同様である。この点に何らかの意味を認めるか、認めないかが議論の分岐点となろう。

前稿では、任那の調、秦酒公への「禹豆麻佐」賜姓説話などの事例を通じて、支配関係を具体的に確認する場としての貢納儀礼の存在を推定したのだが、平安時代でも天皇に対して御贄の貢納を報告する「御贄解文奏」がなされるように、支配者たる天皇が貢納を確認することは行われていた[16]。貢納物を積み上げて、それを再分配するという、プリミティブな支配関係は、中国の春秋から戦国にかけての「庭実」の例にも認められる[17]。こうした貢納儀礼の存在を前提とするとき、大化元年七月丙子条の「任那所出物者、天皇之所明覧、夫自今以後、可具題国與所出調」という記述は、任那の調についてのものではあるが、貢進物史料一般の本質を考える上で無視できるものではないだろう。荷札木簡は意味なく付されたのではない。荷札木簡の本質は貢納表示にあった。

以上の点は、勘検のプロセスにも関連するのだが、この点に関連して、前稿では複数の札が付けられた事例を取り上げ、勘検の過程で取り外される札と最後まで残される札が存在したことを論じた。例えば、よく知られた事例では、

9　「上総」朝夷郡健田郷戸主額田部小君戸口矢作部林調鰒六斤□□□　天平十七年十月

10　朝夷郡健田郷戸主額田部小君戸口矢作部林調鰒六斤　卅四条　天平十七年十月

11　矢作部林

というものがある。[18]これらは、いずれも完形の荷札木簡で、同一人についてのものである。型式を異にする点に特徴があり、それぞれに本来、固有の機能があったと想定したわけである。今泉や東野の勘検説と貢納表示説を両立させる解釈として提示したものだが、結局のところ、この二十年間で複数の付札の事例はほとんど増加しなかった。もっとも、複数の荷札木簡が揃うのは例外であり、こうした事例が一気に増加することはありえないと考えたわけであるから、それでも構わないのだが、それにしてもそうした「例外」があまり増えていないのも事実である。そのため、この点についての疑問も提出されているが[19]、おそらく、勘検時の取り外しは、史料的根拠のない一つの想定に過ぎなかったと判断して良いだろう。

そして、この点に関して、友田那々美は、二条大路出土の若狭国からの調塩木簡の平面形態の詳細な分析をもとに、〇五一型式の荷札が途中で抜き取られる勘検用の札ではなく、荷の中に入れられた札であることを論じているが、この想定を支持したい[20]。若狭国からは、同一人名義の調塩の荷札が出土しており、それは〇三一型式と〇五一型式というように型式を異にしており、端部に切り込みをもつか、突端が剣先に成形されているかの相違があるのだが、これは基本的に貢進形態に規定され、荷札の装着方法が選択されたからなのであろう。

また、平川南は、この間、「畦越」・「長非子」などといった古代の稲の「種子札」の存在を明らかにしてきたが[21]、種籾は蒔く時期が肝心であり、その保管は慎重になされていた。平川が紹介するように、昭和四十年代まで品種毎に種籾をこもに包み、品種の名を記した札を二枚作り、俵の中に一枚を入れ、もう一枚を外側に付けるということが行われていた。こうした事例も参考になる。おそらく、荷物の内と外に札が付けられることもあったのであろう。複数の札の出土の事例は、そのようなものとして考えておきたい。ただし、それでも天平十七年の上総国朝夷郡の木簡は、三本が付けられていたわけで、後述するように朝夷郡の鰒の貢納形態を考えると、まだすっきりとは問題が解決したようには思えない。荷の形態と札の在り方など今後深められることを期待したい。

最後にふれておきたいのは、北宋天聖令についてである。周知のように、この間に北宋天聖令が紹介され、研究状況は一変した[22]。本稿に関わるところでは、これまで、仁井田陞『唐令拾遺』が、『六典』巻三と『旧唐書』職官志の「課戸毎丁租粟二石。其調、随郷土所産、綾絹絁各二丈、布加五分之一。輸綾絹絁者、綿三両。輸布者、麻三斤。皆書印焉」という記述から、日本の賦役令調皆随近条に相当する書印規定の存在を想定していたのだが、その内容はよくわからなかった。唐代の調庸墨書銘は、実例がすでに紹介されているが[23]、北宋天聖令には、

a諸税戸、並随二郷土所出一、b紬絁布等、若当戸不レ充二匹端一者、皆随レ近合充、並於布帛両頭、各令三戸人具注二州県郷理戸主姓名及某年月某色税物一受訖、以二本司本印一計レ之。c其許以二零税一納レ銭者、従二別勅[24]一

とあり、ここから書印規定の内実がうかがえる。この場合、戸人に注記させるとある点が興味深いが、おそらく、唐令でも賦役令調皆随近条とほぼ同様の規定が存在したことは間違いないだろう。

そして、唐代にも日本の調雑物や贄に相当する食料品の貢納制度が存在した。唐代では、都水監河渠署に、長上漁師十人、短番漁師百二十人、明資漁師百二十人が規定されており[25]、唐の水部式残巻には「短番一百廿人、出虢州。明資一百二十人、出房州。各分為四番上下、毎番送三十人、並取白丁及雑色人五等以下戸充。並簡善捕者為之。免其課役及雑徭」とあり、日本の場合で言えば品部にあたるものが存在した[26]。こうして献上される食料がどのように運ばれていたのかは判らないが、何らかの荷札が付されていた可能性も考えられるだろう。中国でも荷札木簡が発見される可能性はあると思うが、今後の調査研究の進展に期待したい。

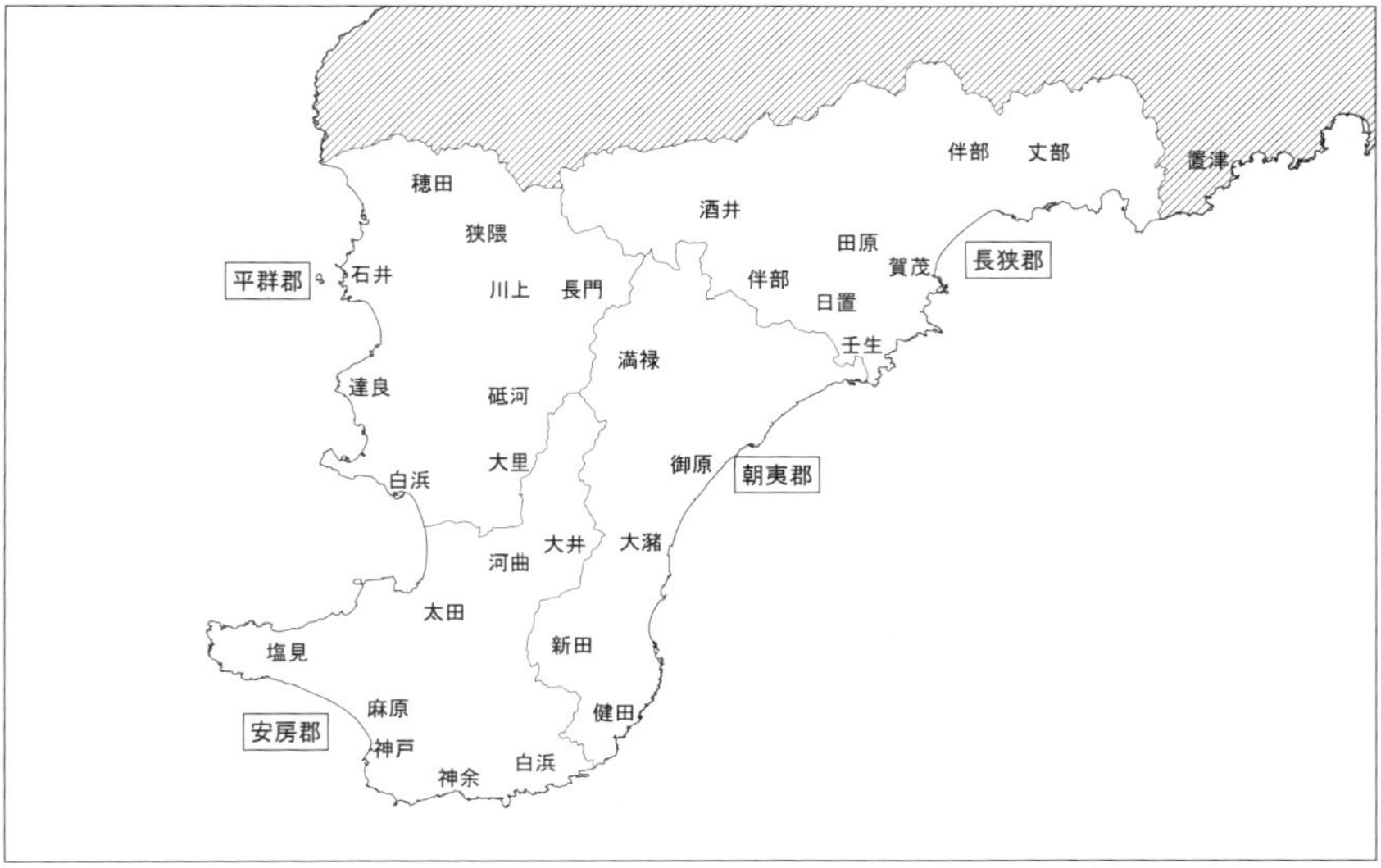

三　天平七年の安房国の調鰒木簡

ここでは荷札木簡の作成、貢納物の調整といった作業がどのようになされたのか、近年までに蓄積された史料をもとに考えてみたい。この場合、木簡の形状や書式の微細な相違が鍵となるのだが、そのためには、同じ時期の木簡の比較が不可欠である。幸いなことに、安房国からは、上総時代も含めて多くの調鰒が進上されていたことが、平城宮出土の木簡より確認できる。安房国から貢納される鰒は、『延喜式』で隠岐鰒とならんで、東鰒と称されたものが相当する。『延喜式』には、東鰒と隠岐鰒の他に、佐渡鰒・阿波鰒・筑紫鰒など地名を冠した鰒がみえるが、[27] これらの鰒は特殊なものとして認識されていたらしい。また、安房の鰒貢納に関しては、『高橋氏文』の理解にも関連し、多くの研究が蓄積されており有益である。[28]

安房国は、養老二年（七一八）五月に、平群・安房・朝夷・長狭の四郡を上総国から割いて設けられたもので、[29] 国府は平群郡に存在した（現南房総市府中）。このうち、安房国安房郡から進上された天平七年の調鰒の木簡が多く見つかっており、比較検討に大変有効である。安房郡は房総半島の突端に位置し、現在の館山市・南房総市の一部にあたる。『和名類聚抄』によると安房郡の郷名には、太田・塩海・麻原・大井・河曲・白浜・神戸・神余がみえる。(30)

以下、現在までに検出された天平七年の安房国から進上された調鰒の木簡を掲示する。

12　安房国安房郡大田郷大屋里戸主大伴部黒秦戸口日下部金麻呂輸鰒調陸斤伍拾玖条天平七年十月

303,27,5　032（『平城京木簡』三―四八八八）

13　安房国安房郡廣湍郷沙田里戸丈部大床調鰒六斤伍拾條天平七年十月

325,23,6　031（『平城概報』二二―三〇）

14　安房国安房郡廣湍郷河曲里丈部牛麻呂輸調鰒陸斤陸拾條天平七年十月

296,31,4　031（『平城概報』二二―三一）

15　安房国安房郡廣湍郷川曲里戸丈部牛麻呂調鰒陸斤陸拾條天平七年十月

284,21,8　031（『平城概報』二二―三一）

16　安房国安房郡利鹿郷岡名里私部金鰒調陸斤伍拾伍條天平七年十月

291,25,3　031（『平城概報』二二―三一）

17　安房国安房郡利鹿郷□□里日下［　　］鰒調陸斤伍拾條天平七年十月

338,26,4　031（『平城概報』二二―三一）

18　安房国安房郡松樹郷小坂里戸大伴部高根輸鰒調陸斤 條伍拾伍條 天平七年十月
313,22,5　031（『平城概報』二二―三一）

19　安房国安房郡松樹郷御井里戸白髪部富□輸鰒調陸□［　　］七年十月
311,27,3　032（『平城概報』二二―三一）

20　安房国安房郡大井郷小野里戸主城部忍麻呂戸城部稲麻呂輸鰒調六斤 六十條 天平七年十月
261,24,5　031（『平城概報』二二―三一）

21　安房国安房郡大井郷小野里戸主矢作部真刀良輸鰒調陸斤 伍拾弐條 天平七年十月
308,25,5　031（『平城概報』二二―三一）

22　安房国安房郡塩海郷賀寶里戸矢田部呰万呂輸鰒調陸斤 伍拾條 天平七年十月
（334）,28,4　039（『平城概報』二二―三一）

23　安房国安房郡塩海郷鹿屋里戸主日下部小床輸鰒調陸斤 伍拾伍條 天平七年十月
320,24,4　032（『平城概報』三三―二七）

24　安房国安房郡塩海郷播羅里若田部宮□〔足カ〕［　　］陸斤陸拾條 天平七年十月
265,24,4　031（『平城概報』二四―二六）

25　安房国安房郡片岡郷長野里戸刑部廣国戸口丸子部麻々呂輸鰒調陸斤 陸拾條 天平七年十月
264,32,6　031（『平城概報』二二―三一）

26　安房国安房郡片岡郷長野里矢田部荒城輸鰒伍拾□〔弐カ〕條　天平七年十月
319,27,4　031（『平城概報』二二―三二）

27　安房国安房郡片岡郷瀧辺里戸卜部黒麻呂輸鰒調陸斤　伍拾伍条　天平七年十月
300,29,7　031（『平城概報』二四―二六）

28　安房国安房郡公余郷長尾里戸主大伴部忍麻呂　大伴部黒秦　鰒調陸斤陸拾弐條　天平七年十月
306,31,4　011（『平城概報』二二―三二）

29　安房国安房郡公余郷長尾里戸主許世部薬鰒調陸斤□　天平七年十月
268,30,3　031（『平城概報』二二―三二）

30　安房国安房郡公余郷賀茂里戸主大伴部辛子戸大伴部廣足輸鰒調陸斤伍拾條　天平七年十月
277,23,4　031（『平城概報』二二―三二）

31　□神屋里戸白髪部百足輸鰒調陸斤参拾壱条上　天平七年十月
(212),26,5　059（『平城概報』三一―二七）

32　□鹿屋里日下部小□支輸鰒調陸斤肆拾壱条　天平七年十月
(275),22,5　019（『平城概報』三一―二七）

この他に、天平七年の安房国からの調鰒木簡と考えられる断簡が一点あるが[31]、上部が欠損しており、貢進郷里が不明なのでここには載せていない。

『和名類聚抄』の郷名、太田・塩海・麻原・大井・河曲・白浜・神戸・神余のうち太田・塩海・大井は、ここに掲げた木簡にも確認できる。白浜郷については天平七年の木簡では確認できないが、天平十七年の木簡で確認できる（33）。また、木簡にみえる広湍郷には広湍郷河曲里（川曲）がみえるので（14・15）、『和名類聚抄』の河曲郷は、のちに広湍郷のあたりで編成されたものであったろう。31と32は上部が欠損しているのだが[32]、32の鹿屋里は、23の安房国安房郡塩海郷鹿屋里に相当するだろう。いずれも日下部による進上である。利鹿郷・松樹郷・片岡郷・公余郷は木簡で確認できるだけであるが、これまでにも指摘されているように、公余郷が神余郷に由来する可能性も考えられるだろう[33]。

以上をふまえて、具体的にみてみたい。まず、二一点の全体を見渡しての印象であるが、形態については、完形品では、〇三一型式が一三点、〇三二型式が三点、〇一一型式が二点であり、天平七年の安房郡からの調鰒木簡には〇三一形式が多い。但し、これは統一されていたわけではなく、片岡郷では〇一一形式と〇三一形式が確認できる。この点は、塩海郷でも同様で〇三一形式と〇三二形式が確認できるとともに、22の〇三九型式は上部左右に切り込みをもち下部欠損であるので、〇三一・〇三二・〇三三の可能性があり、32が上部欠損で下部方形の〇一九型式であるから、〇一一型式もしくは〇三二型式であったと考えられる。全体として、〇三一型式が優勢であるが、〇一一形式と〇三一型式のセットや〇一一形式と〇三二形式のセットの可能性も考えられるところで、現状では何とも決しがたい。これは今後の調査を待つしかないだろう。

安房郡の調鰒の完形品の荷札木簡は、おおよそ全長三〇〇ミリ程度が一般的であるが、これは鰒を細長く切り、それを乾燥させ束ねる、という貢納形態に規定されたものであったろう。そして書式だが、長さにゆとりがあるためか、表裏にわたって記載されることはない。内容は、国＋郡＋郷＋里と貢進者、調・鰒・貢進年月が記載されるのが一般的である。

33　上総国安房郡白浜郷戸主日下部床麻呂戸白髪部嶋輸鰒調陸斤参拾條
天平十七年十月[34]

これは、天平十七年（七四五）の安房郡からの木簡であるが、安房国は天平十三年（七四一）より、再び上総国に併合されたため[35]、安房国衙が停止されていた時のものである。これを天平七年の調鰒の木簡と比較した場合、書式に違いはない。

しかし、同じ天平十七年の安房郡の木簡（33）と朝夷郡の木簡（9・10・11）を比較してみると、33は鰒の條数を大字で書くのに対して、9の朝夷郡のものは小字で記載する[36]。33と9を比較した場合、33は「上総国」と記載するのに対して、9は「上総」のみであり、これらは些細なものではあるが、書式が異なっている[37]。このように、同国からの同年同月の木簡を比較した場合、郡を異にして相違がみられるわけで、これらの荷札木簡が郡内で作成されていることは確実である。

ちなみに天平某年の長狭郡の凡鰒の木簡は、

34　安房国長狭郡置津郷戸主丈部黒秦戸口丈部第輸凡鰒陸斤　専当 国司目正八位下箭口朝臣大足
郡司少領外正八位上丈部〔臣カ〕□□敷　天平□□

（『木研』九―一三）

とあり、これは調庸墨書銘と同一の書式である。この場合は、調庸墨書銘が入れられるのと同様のプロセス、すなわち国司と郡司の勘検を経たものと考えられ、この木簡そのものが郡衙で作成されたことは間違いない。

このように郡を単位とした特徴が認められるのは確かなのだが、子細に比較してみると郷を単位とした相違も認められる。すでに指摘されているように、[38]例えば広湍郷の場合、この郷のみ「調鰒」と表現するのだが、他の郷では「輸鰒調」・「鰒調」と表現している。広湍郷が「調鰒」と表現するのは天平十一年の木簡でも確認できるので、このような表現は広湍郷に特徴的であったのだろう。全体として、郡を単位とする書式の共通性は郡の規制をうかがわせるが、郷を単位とした特徴がみられることは、荷札木簡を書くという作業が郷を単位として行われていることを示していよう。

具体的なプロセスについてだが、この点で注意したいのが荷札木簡の作成プロセスと現物の調整プロセスは基本的に別個のものであるということで、別々のプロセスをへてこれらがある時点で統一され、貢納形態は整えられた。荷札木簡そのものは、以前に指摘したように、上から下までが必ずしも同時に書かれたものではなく、さまざまな書かれ方をしたようで、例えば「安房国朝夷郡健田郷」などの部分を書き溜めて、後に里名と貢納者名が追記されたものがある。[39]おそらく、共通の部分・部分を書き溜めて、個別の必要な事項を書き加えていったのであろう。

安房国の調鰒は、細長い熨斗鰒に成形され、それが条・連と数えられるように、六斤分を束ねたものである。個々の鰒の重量も異なっていたし、束ねられた数は、それぞれ異なっていた。天平七年の事例でも、重量六斤が、五十条・六十条・五十五条・五十二条であったことが確認できる。この情報が「国＋郡＋里＋貢進者名＋税目＋鰒＋六斤」までを書いた木簡に書き込まれ、貢納形態は完成するのだが、鰒を何条か束ねて六斤とする作業と、その情報の書き込みは、おそらく同一の場所で行われたであろう。そこで貢納形態が完成した。

その場合、これらの作業を郷のレベルで行うと仮定すると、郷段階で戸主・戸口などの情報が蓄積されていることが必要である。戸籍・計帳は郷（里）を単位として成巻されるのだが、郷（里）が律令制的個別人身支配に関与した可能性も考えられるだろう。ただし、『唐律疏議』戸婚律里正不覚脱漏条に「里正之任、掌案比戸口、収手実、造籍書」とあるように、唐では里正に手実を収め、籍書を造ることを規定しているのだが、日本の場合、この規定が里長の職掌にみえず、律令を継受するにあたりこの部分が意図的に改変され、手実を収めるのは「京国官司」とされている（戸令造計帳条）。杉本一樹が指摘するように、籍帳を作成するにあたって日本では里長の影が薄い(40)。戸令造戸籍条に引く古記によると、郡には「籍帳之案」が保管されていたが、郷のレベルでこうした情報が蓄積されていたことを示す史料は今のところ見当たらない。

また、例えば、旧九重村大井に比定される大井郷は海岸に接していないのだが、こうした郷の荷札木簡でも他の郡内諸郷と同一の書式であること、すなわち安房郡全体に荷札木簡の書式に関する規制が及ぶことをどう評価するかが問題となるだろう。もとより、この点は、如何ようにも説明は可能だが、個々の郷で作成していたのであれば、もう少しバリエーションがあってもよいようにも思われる。そして、この現象は、郡衙で郷を単位として、郷の人々が作業すると想定することでも説明が可能である。おそらく、その可能性のほうが高いのではないだろうか。

貢納形態が整えられるまでのプロセスを、厳密に復原することは不可能であるが、そもそも郡か郷かの単一モデルで説明することが有効であるとは思えない。木簡の作成という行為だけではなく、鰒の採取、加工、納入、六斤への取りまとめといった現物の動き、貢進郷や貢進者の書き入れなどの有機的な過程総体が問題なのであって、国衙の勘検、郡衙という場の機能、郷を単位とした作業などの有機モデルを考えるべきである。調庸布の場合、製糸から紡織までは郡内で完結し、そこに国衙は関与しないが、調庸墨書銘は郡衙で入れられ、郡司と国司の勘検をへた後に、国司の責任で国印が押捺されることで、貢納形態が整った。調雑物だけが特殊な扱いを受けていたとは考えにくく、基本的に似たようなプロセスをへていたはずで、これらの荷札木簡の最終作成段階は郡衙であったろう。

おわりに

律令租税の収取過程の具体的プロセスを考えると、きわめて常識的なことではあるが、国・郡・里（郷）がそれぞれ有機的に関連し合いながら、それが実現していたことは明白である。里（郷）のレベルで完結していないのは勿論のこと、郡でもそれは完結していない。そもそも国司がそこに積極的に関与しているように、郡という行政機構の独立性を過剰に評価することは慎むべきであろう。

律令税制が多様な女性労働に支えられていたことは間違いないところであり(41)、男丁に課税される律令税制は直接の生産過程を反映しないのは確かであるが、この点は税制システムとしての視点が必要である。律令税制は戸を単位として構想されており(42)、貢進物の貢納形態を調整する過程で、おそらく郡衙に保管されていた「籍帳之案」が重要な意味をもったと考えられるが、こうして実現する個別人身支配が幻であるかどうかは、本質的には、籍帳制度の評価に関わることである。もちろん周知のごとく、籍帳制度は、時代が下るほど精度が低くなるのだが、基本的に「籍帳之設、国家大信」であった(43)。古代の籍帳をめぐっては、これまで便宜的に編成された擬制として斥けられてきたが(44)、史料的価値の低くなった段階の籍帳と、例えば、現存最古の大宝二年籍を同一視するのは乱暴すぎるだろう。律令制のスタート時をピークとして、システムは徐々に弛緩してゆくのだが、現実に、籍帳が機能して天下公民の貢納が実現していたわけである。そのことは、出土した木簡が雄弁に物語っている。さまざまな要因と条件によって木簡は出土するため、荷札木簡の出土量について、年次を追って推移を検討することは困難であるが、ゆくゆくは、そうした分析もある程度可能になるのではないだろうか。仮説的見通しとしては、こうした荷札木簡は次第に付けられなくなってゆくものと思われる。本来、律令制的個別人身支配が幻であるかどうかの判断は、そうした分析を経たのちになされるべきであろう。もっとも石母田の在地首長制論は、実証し得ない万能の革袋としての理論的仮説にすぎないのであって、その枠組みを共有する限り、どのような事実が現れようと崩れることはない[45]。しかし、それはもはや歴史学の範囲を超えたものではなかろうか。

以上のように、ここでは荷札木簡について論じてきたのだが、残る重要な課題は、やはり物実の採取・生産から加工にいたる過程の分析であろう。東村純子が、調庸布の生産過程を復原したが[46]、塩・鉄をはじめとして、調雑物の食料品の採取から加工に至る過程の分析が不可欠である[47]。残念ながら、この点について文献史料が語るものはあまりにも少ない。これら生産部門の復原は多くを考古学に委ねなければならないだろう。今後の考古学の成果に期待したい。

なお、本稿を作成するにあたって、奈良文化財研究所の木簡データベースを利用した。記して感謝申し上げる。

注

（1）今津勝紀「調庸墨書銘と荷札木簡」（『日本史研究』三二三、一九八九年）。なおこの他に関連するものに、「律令調制の構造とその歴史的前提」（『日本史研究』三五五、一九九二年）、「八世紀前半における京畿内の調の変遷をめぐって」（『続日本紀研究』二八二、一九九二年）、「古代専制国家の財政と『郷土所出』主義」（『新しい歴史学のために』二一一、一九九三年）、「贄と中男作物をめぐる一考察」（鳥取女子短期大学北東アジア文化総合研究所『北東アジア文化研究』一、一九九五年）、「書評　鬼頭清明著『古代木簡の基礎的研究』」（『木簡研究』一七、一九九五年）がある。

（2）狩野久『日本の美術　木簡』（一六〇、至文堂、一九七九年）。

（3）今泉隆雄「貢進物付札をめぐる諸問題」（奈良国立文化財研究所学報第卅二冊『研究論集』Ⅳ、一九七八年）。

（4）東野治之「古代税制と荷札木簡」（『日本古代木簡の研究』塙書房、一九八三年）。

（5）石上英一「律令財政史研究の課題」（『日本歴史』三三四、一九七六年）、石上英一「律令国家財政と人民収奪」（『日本経済史を学ぶ』上、古代・中世、一九八二年）。栄原永遠男「律令国家の経済構造」（『奈良時代流通経済史の研究』塙書房、一九九三年）。

（6）代表的なものをあげておく。北条秀樹「文書行政より見たる国司受領化」（『史学雑誌』八四―六、一九七五年）。北条秀樹「平安前期徴税機構の一考察」（『古代史論叢』下巻、吉川弘文館、一九七八年）。俣野好治「律令中央財政機構の特質について」（『史林』六三―六、一九八〇年）。梅村喬『日本古代財政組織の研究』（吉川弘文館、一九八九年）。山里純一『律令地方財政史の研究』（吉川弘文館、一九九一年）。

（7）調庸布の織成についての東村純子の詳細な研究があり、製糸から織成までの過程が復原され、郡衙工房を核とした、製糸と織成の分業による布生産体制が復元されており、有益である（東村純子「古代日本の紡織体制」『史林』八七―五、二〇〇四年）。

（8）以下、『評制下荷札木簡集成』は『荷札集成』、『平城宮発掘調査出土木簡概報』は『平城概報』（同様に『藤原概報』）、『木簡研究』は『木研』、『日本古代木簡選』（岩波書店、一九九〇年）は『木簡選』と略称す。

（9）なお、隠伎国からの軍布については、俣野好治「『軍布』記載木簡について」（『続日本紀研究』三五〇、二〇〇四年）を参照のこと。

（10）隠伎国の木簡の特徴については、佐藤信「古代隠伎国と木簡」（『日本古代の宮都と木簡』吉川弘文館、一九九七年）を参照のこと。

（11）岸俊男「木簡と大宝令」（『日本古代文物の研究』塙書房、一九八八年）。

（12）寺崎保広「木簡論の展望」（『古代日本の都城と木簡』吉川弘文館、二〇〇六年）。

（13）市大樹「飛鳥藤原出土の評制下荷札木簡」（『飛鳥藤原木簡の研究』塙書房、二〇一〇年）。

（14）今津勝紀「律令調制の構造とその歴史的前提」前掲。

(15) なお、その法的根拠に関連して舘野和己が注意を喚起している（舘野和己「律令制の成立と木簡」『木簡研究』二〇、一九九八年）。賦役令調皆随近条は、正調についての規定であり、かつ戸主までの記載を規定しているに過ぎないこと、七世紀の荷札木簡と八世紀の荷札木簡では書式が異なり、「年月日・本属・姓名・物」といった書式が、庶人の申上文書を規定した公式令辞式に近いことから、荷札木簡の書式の淵源として「辞式のような文書の書式」の可能性を指摘している。
(16) 『侍中群要』巻十。
(17) 渡辺信一郎『天空の玉座』（柏書房、一九九六年）。
(18) 『平城宮木簡』一、三三八～三四〇。
(19) 寺崎保広・山中章「荷札木簡」（『日本古代木簡集成』東京大学出版会、二〇〇三年）。吉川真司「税の貢進」（『文字と古代日本　3　流通と文字』吉川弘文館、二〇〇五年）。
(20) 友田那々美「古代荷札木簡の平面形態に関する考察」（『木簡研究』二五、二〇〇三年）。
(21) 平川南「種子札と古代の稲作」（『古代地方木簡の研究』吉川弘文館、二〇〇三年）、同『全集　日本の歴史　第二巻　日本の原像』（小学館、二〇〇八年）。
(22) 大津透「唐日賦役令の構造と特色」（『日唐律令制の財政構造』岩波書店、二〇〇六年）。渡辺信一郎「北宋天聖令による唐開元二十五年賦役令の復原並びに訳注（未定稿）」（『京都府立大学学術報告　人文・社会』第五十七号別冊、二〇〇五年）。
(23) 王炳華「吐魯番出土唐代庸調布研究」（『文物』一九八一―一、一九八一年）。
(24) 『天一閣蔵明鈔本天聖令校證』中華書局、二〇〇六年。
(25) 『六典』巻二三。
(26) 『敦煌社会経済文献真蹟釈録』第二輯―五八二頁。
(27) 東鰒・隠岐鰒（延喜大膳職上宴会雑給条ほか）、佐渡鰒（延喜大膳職上園韓神祭雑給料）、阿波鰒・筑紫鰒（延喜大膳職上釈奠祭別供料）。
(28) 木簡を中心とした代表的な研究をあげておくと、鬼頭清明「安房国の荷札について」（『古代木簡の基礎的研究』塙書房、一九九三年）。佐藤信「古代安房国と木簡」（『日本古代の宮都と木簡』前掲）。狩野久「古代における鰒の収取について」（門脇禎二編『日本古代国家の展開』上、思文閣出版、一九九五年）。川尻秋生「古代安房国の特質」（『古代東国史の基礎的研究』塙書房、二〇〇三年）がある。

(29)『続日本紀』養老二年五月乙未条。

(30) これらの郷の比定地について、『古代地名大辞典』（角川書店、一九九九年）は、太田郷（館山市大戸付近）・塩海郷（館山市塩見）・麻原郷（館山市小原）・大井郷（館山市大井）・河曲（館山市広瀬、『大日本地名辞書』による。なお『国史大辞典』は館山市西川名をあげる）・白浜郷（南房総市白浜町）・神戸（館山市神戸）・神余（館山市神余）とする。

(31)『平城概報』二九―三七。

(32) 31神屋里について『古代地名大辞典』（前掲）は塩海郷鹿屋里とし、奈良文化財研究所木簡データベースでは、「安房国安房郡神餘郷神屋里」とする。

(33) 木簡にみえる公余郷について『古代地名大辞典』（前掲）は、『和名類聚抄』にみえる神余郷に比定する。

(34)『平城宮木簡』一、三三七。

(35)『続日本紀』天平十三年十二月丙戌条。

(36) 条数の記載方法も安房郡では「参拾條」と大字を使用するのに対して、朝夷郡は「卌四條」と記載するように相違がある。

(37) また、朝夷郡の調鰒の荷札木簡は、養老六年と天平五年のものが検出されているが、「三列長四尺五寸束一束」（『平城宮木簡』二―二二四六）・「為壱籠五烈長三尺」（『平城概報』二二―三二）などと長さと荷造り形態を記載するものがある。同じ調ではあるが、これらには特別な意識が作用しているのかも知れない。

(38) 佐藤信「古代安房国と木簡」前掲。

(39) 本文に掲示した9（『平城宮木簡』一、三三八）の事例の他に、朝夷郡健田郷柏原里の卜部神を貢進者とする天平五年の調鰒の荷札木簡は、冒頭の書き出し部分「安房国朝夷郡健田郷」の墨色が異なっており、この部分は別筆もしくは、同筆でも冒頭の郷までを書き溜めたものと考えられる（『平城概報』二二―三二）。

(40) 杉本一樹「戸籍制度と家族」(『日本古代文書の研究』吉川弘文館、二〇〇一年)。
(41) 服藤早苗「古代の女性労働」(『日本女性史』1　原始・古代、東京大学出版会、一九八二年)、義江明子「古代の村の生活と女性」(『日本女性生活史』1、原始・古代、東京大学出版会、一九九〇年)。
(42) 今津勝紀「律令税制と班田制をめぐる覚書」(吉田晶編『日本古代の国家と村落』塙書房、一九九八年)。
(43)『続日本紀』大宝三年七月甲午条。
(44) 今津勝紀「古代の家族と共同体――関口裕子『日本古代家族史の研究』(上・下)によせて――」(宮城学院女子大学『キリスト教文化研究所研究年報』三八、二〇〇五年)。
(45) 今津勝紀「首長制論の再検討」(『歴史評論』六二六、二〇〇二年)。
(46) 東村純子「古代日本の紡織体制」前掲。
(47) この点に関連して、岸本雅敏「律令制下の塩生産」(『考古学研究』一五四、一九九二年)。今津勝紀「律令制収取と地域社会――紀伊国の事例――」(松原弘宣編『古代王権と交流6　瀬戸内海地域における交流の展開』名著出版、一九九五年)。

情報伝達における田領と刀祢

松原弘宣

はじめに

現実の情報・意思は文字と口頭によって伝達されるのであるが、その研究は史料的制約により主に文書の書式や分類という視点でおこなわれてきたといっても過言ではない。しかしながら、古代における文書伝達は特定者への伝達を原則とするもので、情報伝達の一部に過ぎないことに留意すべきである。さらに、こうした文書伝達は伝達の迅速性と伝達内容の正確性や秘匿性では優れているが、情報の空間的な拡大と発信者と受信者との人格的な結合という点では不充分である。古代の情報伝達の特質を解明するには、以上の文書伝達の短所が如何に補われていたのかを明らかにすることが重要である。特に情報の空間的拡大という点では、不特定多数者への情報発信・伝達のなかでも口頭伝達が注目されるのであるが、既存の編纂史料からではその点の解明が困難であった。しかしながら、近年になり告知札[1]・牓示木簡・禁制札[2]などが幾つか出土し、その研究がおこなわれ、筆者も特定の場所に受信者を集め文字と口頭により発信する形態に焦点をあてて論じたところである[3]。こうした諸研究によって、文書伝達の欠点である情報の空間的拡大と人格的結合を確保するため、一定の場所に情報を必要とする人々を集合させ、文書伝達と口頭伝達を併用していたことが明らかになったといえる[4]。なかでも、石川県河北郡津幡町の加茂遺跡出土の嘉祥二（八四九）年の牓示木簡は貴重なもので種々に論じられてきたが、[5] 加茂遺跡の性格の解明とともに、文書と口頭伝達を担った主体と情報伝達システムの解明は未だ不十分であるので、この点を中心に論ずることとする。

一節　加茂遺跡出土の牓示木簡にみえる情報伝達

牓示木簡を出土した加茂遺跡は、現石川県河北郡津幡町加茂・舟橋に存在し、南北に走る道路遺構とそれに直交する東西の大溝、四〇棟以上の掘立柱建物、七基の井戸よりなる。この遺跡で注目されるのはこうした道路と大溝が直交する交通の要衝地において不特定多数者への情報発信である牓示木簡が出土したことである。そこで最初に牓示木簡の釈文を、平川南監修の『発見！　古代のお触れ書き』（大修館書店、二〇〇一年）に従って掲げると以下のようである（なお、□で記した上部の一行は意味より復原したもので、かつ、中央の●は孔の存在を示すものである）。

□《郡》符　深見村□郷駅長幷諸刀祢等

応二奉行一壱拾條之事

一田夫朝以二寅時一下レ田夕以二戌時一還レ私状

一禁三制田夫任レ意喫二魚酒一状

一禁下断不レ労二作溝堰一百姓上状

一以二五月卅日前一可レ申二田殖竟一状

一可レ捜下捉村邑内竄宕為二諸人一被レ疑人上状

一可レ禁下制無二桑原一養蚕百姓上状

一可レ禁下制里邑之内故喫二酔酒一及二戯逸一百姓上状
一可レ塡二勤農業一状　件村里長人申百姓名
□《検》二案内一、被二国去正月廿八日符一併《偁》、勧二催農業一、
□《有》二法條一、而百姓等恣事二逸遊一、不二耕作一喫二
□《酒》魚一、殴乱為レ宗、播殖過レ時還称二不熟一只非二
□《疲》弊耳一、復致二飢饉之苦一、此郡司等不レ治レ
□《田》之期、而豈可●レ然哉、郡宜下承知、並口二示
□《符》事一、早令中勤作上、若不レ遵二符旨一称二倦懈
□《之》由一、加二勘決一者、謹依二符旨一、仰二下田領等一、宜二
□《各》毎レ村（屢）廻愉一、有二懈怠一者、移レ身進レ郡、符
□《旨》国道之裔縻羈進レ之、牓二示路頭一厳加レ禁
□《田》領刀祢有二怨憎隠容一以二其人一為レ罪、背不二
□《寛》有一、符到奉行
大領錦村主　主政八戸史
擬大領錦部連「真手麿」　擬主帳甲臣
少領道公　「夏□《麿》」　副擬主帳宇治
擬少領「勘了」
嘉祥□《二》年□《二》月□《十》□《二》日

『□《二》月十五日請田領丈部浪麿』

この牓示木簡の特徴は、文字部分は墨痕そのものではなく墨の防腐作用で風化が免れて文字痕跡が残ったこと、縦二三・三cm、横六一・三cm、厚さ一・七cmの木簡の中央部に一箇所と下端部中央に二箇所の穿孔があり、かつ、上部の左右と下端部の左に切り込みがあることである。こうした特徴は、本文中の「牓二示路頭一」と「口示」の記載とを考え合わせると、一定期間屋外に掲示されていたことを物語り、九世紀中期の加賀国加賀郡において郡司の命令が一般の人々に対して掲示され、それが口頭でも伝達されていたことが、現物によって確認されたことを示している。

本木簡の読みで論じられているのは次の五点が存在する。（1）事実書き最上部の文字が一〇行にわたって欠損していて、史料の□の部分は意味によって復原したものである。（2）一行目の「深見村□郷駅長并諸刀弥等」の「刀弥」は「刀祢」の誤りで、「□郷」を諸郷と読みうるかどうかが問題で後述するが判断しがたい。（3）事実書きの四行目から五行目の「此郡司等不レ治レ□《田》之期、而豈可●レ然哉」（●は孔であることを示す）について、森公章氏[6]は「此郡司等不治過之甚、而豈可然哉」（此れ、郡司等の不治の過の甚しきにして、豈然るべけん）と読むべきとする。確かに「田」は意味で復原したもので論拠としては薄弱で、「期」は写真版を注意深くみると「甚」と読むことができ、森氏の指摘に従うべきであろう。（4）「国道之裔縻羈進レ之、牓二示路頭一」については、鈴木景二氏[7]のように「国の道の裔（すえ）まで、縻羈（継ぎ継ぎに繋いで）進み」と読むべきである。（5）郡符の発行年次について、『発見！古代のお触れ書き』（前掲）は残画より「二年二月十二日」とするが、藤井一二「加茂遺跡出土『牓示札』の発令と宛先――『嘉祥期御触書八箇条』を中心に――」[8]は、八箇条の禁令に「以五月三十日前可申田殖竟状」とみえ、五月が大の月である嘉祥年は四年のみであることより嘉祥四年と復原する。ただし本郡符は特定の年のことだけを言っているのでないことと、嘉祥四年五月は存在していないことより、直ちに従うことはできない。

本木簡が作製されたのは、「被二国去正月廿八日符一偁」との記載よりして、嘉祥二（八四九）年正月二十八日に加賀国司が「勧二催農業一□《有》二法條一」と一〇箇条に及ぶ勧農に関する国符を発したことにともなうものである。ただ、この勧農令は、関連の太政官符がみられないこと、郡符にその旨が記されていないことより、太政官符によるのではなく加賀国司が独自に発信したものと考えられる。国符の発信理由について鈴木氏は、内容が加賀国の特殊・具体的なものでないことと、単純な文字の書き誤りがあることなどより、加賀国司の着任にともなう儀礼として発せられたものと推定している。しかし、注目されるのは一〇箇条の国符を受けた加賀郡司は、独自の判断で二箇条を削除し、勧農に関する八箇条のみを郡符として発信したことである。削除項目を明らかにすることは困難であるが、正月二十八日の国符は「勧二催農業一、□《有》二法條一、而百姓等恣事二逸遊一、不二耕作一喫二□《酒》魚一、殴乱為レ宗、播殖過レ時還稱二不熟一只非二□《疲》弊耳一、復致二飢饉之苦一、此郡司等不治過之甚而豈可然哉、郡宜下承知、並口二示□《符》事一、早令中勤作上、若不レ遵二符旨一稱二倦懈□《之》由一、加二勘決一者」と記され、飢饉の原因の一つに郡司の不作為があることと、郡司に国符内容を口示・徹底することの二箇条が、郡符に記されなかった項目である。この点よりすると、削除されたのは、飢饉発生は郡司の不作為によることと、郡司は国符を理解し「口示」して勧農に励むことの二箇条の可能性が高い。もしも、この郡符が新任国司の儀礼として発信されたものに過ぎないならば、加賀郡司はそのまま記せばよいにもかかわらず、二項目を削除していることは注目されるであろう。

「嘉祥□《二》年□《二》月□□《十二》日」との日付は、加賀郡司が郡符を発信した日付で、最後の行に見える「□《二》月十五日請田領丈部浪麿」は郡符を受け取った人物と日付を記したもので、田領丈部浪麿が紙の加賀郡符を受取り、それを木簡に転写し、牓示したのが田領丈部浪麿であったことを示す。すなわち、嘉祥二年正月廿八日に加賀国司が全郡に、「郡宜下承知、並口二示□《符》事一、早令中勤作上、若不レ遵二符旨一稱二倦懈□《之》由一、加二勘決一者」との国符を発し、その国符をうけた加賀郡司が国符に従って郡符を作成し、「深見村□郷駅長幷諸刀祢等」を宛所として発した郡符と考えられる。この牓示木簡の最大の問題は、「郡符　深見村□郷駅長幷諸刀祢等」における「□郷」の理解であり、それについては以下の四つの見解が存在している。（A）『発見！　古代のお触れ書き』説は、□の文字は「諸」「数」の可能性が高く「深見村内のいくつかの郷」かと述べており、深見村内の諸郷・駅長・諸刀祢へ宛てた加賀郡符と理解し、「深見村」と「諸郷と駅長」との関係は、「村」を広域行政区画とみなし、「深見村」は英多（太）郷と井家郷と深見駅を包括するものと理解するものである。[9]（B）藤井一二氏の見解は、「村」は郷に所属するもので「英太郷深見村」とみなし、郷の下に「深見村」が存在したと考える。[10]（C）鈴木景二氏[11]は加賀郡司→深見村（駅長）、加賀郡司→諸郷（諸刀祢）と、宛所を平行して記したものであり、深見村駅長ならび諸郷の刀祢を宛所としたものと考える。（D）金田章裕氏[12]は「深見村」は「郷や駅より上」でもなく、また、「行政区画」でもなかったとし、「深見村」は、英多（太）・井家郷[13]を包括するものでなく、両郷の戸を含む深見駅の一帯の地域と考えている。すなわち、戸令の規定に村規定が見えないことより、「深見村」との表記は行政区画を示すものでないと考えるのである。

加賀郡符の宛所という点より諸見解をみると、（A）・（D）説は基本的には深見村が英多（太）郷と井家郷と深見駅を包括すると考え、（D）説は村記載は行政区画を示すものではなく概念の異なるものが併存したとする。それに対し、（B）説は英太郷内を対象とすると限定的に理解し、（C）説は深見村は駅長にかかるもので、駅長と諸郷を宛所と考えている。ただ、（C）説のような場合は「深見駅長幷諸刀祢等」とすべきであり、「□郷」の意味が不明になり、（B）説では「深見村」を最初に記した理由が理解しにくい。（D）説は宛所の最初に「深見村」が記されたことの意味を整合的に理解しようとしたものである。

この宛所で注意すべきことは、郡符を発信するよう命じられたのは誰であったのかということで、（A）説は「郡符す。深見村の□郷・駅長ならびに有力者達は、『壱拾条（十条）』の命令を施行しなさい」（一六頁）と述べている。この表現によると、「深見村の諸郷・駅長・諸刀祢」を宛所とすると理解しているようであるが、この点は正確ではない。つまり、牓示木簡は「駅長・刀祢」と対応するのを「諸郷」と記して、「諸郷長」とはしていないのである。さらに、郡符本文でも「件村里長人」「田領」「刀祢」「毎村」との語句は見えるが「郷長」は全く見えず、郡符は郷長を対象としていないのである。とすると、「□郷」は郷長という官職を示すのでなく領域を示すもので、深見村に存在する二郷内に存在する駅長と諸刀祢に発せられた郡符と考えるのが最も自然である。ただ、何故に令規定上の行政単位ではない「深見村」と記されたのかについては言及しておく必要があろう。平川南氏[14]は「『村』表記の特質は、①地点・領域表示である。この特質を利用し、国―郡―里という律令行政機構を補完し、新たな行政単位として『村』の機能を活用・昇華したのが、（中略）内国における要衝地『深見村』の例」と述べ、村が行政単位へ昇華した段階のものとする。これに対し、金田氏は、行政区画とは無関係で、領域を示す言葉として使用されたと考えている。つまり、村表記が行政単位として利用されたことを示すのか、そうでないと考えるかであり、まずは村記載が行政単位を示すことがあるかどうかが問題となる。この点で注目されるのは、長岡京出土の伊予国越智郡関連の荷札にみえる「村」で、「朝倉村」記載は領域表示というより行政単位を記したと考えられ、平川氏のように考えることは可能であり、大村である深見村の□郷（二郷）の駅長と諸刀祢を宛所としたと考えられるのである。

以上のように村記載には二つの郷を内包するような大村を示す可能性が高く、牓示木簡の宛所の深見村は内部に二つの郷を持つ大村であったため、「深見村の□郷」内に存在する駅長（深見駅長）と諸刀祢等に発信した郡符と考えるのである。このように考えれば、「深見村□郷駅長并諸刀祢等」の□は「諸」と復原しても問題はなく、実際は深見村の二郷内にある深見駅長と諸刀祢が宛所と考えられるのである。

次に問題となるのは、この加賀郡符が実際に郡内へ伝達され、それを各地で発信したのは宛所の刀祢ではなく「田領」であったことである。牓示木簡には「牓二示路頭一巌加レ禁□《田》領刀祢有二怨憎隠容一以二其人一為レ罪、背不二□《寛》有一、符到奉行」と記し、郡符を「牓二示路頭一」することを田領に命じ、田領・刀祢が「怨憎隠容」する時は科罰するだけでなく、懈怠者を加賀郡家まで連行することを命じている。こうしたことは、行政文書の宛所は深見駅長と諸刀祢とするが、実際に郡符が伝えられ、その牓示が命じられたのは田領であり、そして、郡符内容の執行が命じられたのは田領と刀祢であった。つまり、紙の郡符が伝達され、それを在地で掲示することが命じられたのは田領であり、田領は郡司に直結する存在であったと考えられるのに対し、刀祢は郡符内容の執行を田領とともに命じられる存在であったのである。

二節　加茂遺跡の性格について

加茂遺跡の性格について、『発見！　古代のお触れ書き』は「陸路と水路の交わる交通の要衝に位置する官衙（役所）遺跡」であると述べ、一般集落でも、寺院址でも、豪族の居館跡でもなく、交通の要衝に位置する官衙遺跡であるとする。ただ、その後の発掘調査で牓示木簡を出土した大溝を中心とする加茂遺跡の北側約二〇〇メートル弱のところに仏殿を主とする寺院跡が存在し、これとの関係をも踏まえて考える必要がある。両地域の間には旧舟橋川が流れ、空間的には区画されているようにもみえるが、密接な関係にあったことは間違いない。北側の第一二調査区までの調査概要報告[15]によると、その中心的遺構は第五調査区で発見された礎石瓦葺建物（仏堂の東側建物）で、同遺構からは軒丸瓦・平瓦・鬼瓦と鴟尾の尾部が、同遺構の区画溝からは油煙痕を持つ土器と瓦塔片が出土し、北側の大溝からは油煙痕をもつ無台坏、鉢類の土器、墨書土器などが多く、「鴨寺」銘墨書土器が四点と「馬部寺」銘土器が一点出土している。さらに、「鴨寺」銘墨書土器は九世紀代の鉢とみられ、また、多く出土する油煙痕付着坏の時期が八世紀末から十世紀前半であること、瓦塔片は九世紀中葉～後半とすることなどよりして[16]、礎石瓦葺の仏堂の時期は、八世紀後半以後に建立されたと考えられる。なお、「馬部寺」は鴨寺の別称ではなく、交流のあった寺からの搬入土器と考えられているが今後の検討課題である。いずれにしてもこうした鴨寺については、能登道に関連したものとの考え[17]も存在するが、仏堂のみの形態ではなかったかと考えられていること[18]も注目されよう。さらに、同遺構の西一〇〇メートルの地点には大型の掘立柱建物と多くの墨書土器を出土した第九調査区が存在し、墨書の「曹」「中家」「寺」も注目されるが、いずれにしても発掘調査の進展が待たれるところである。

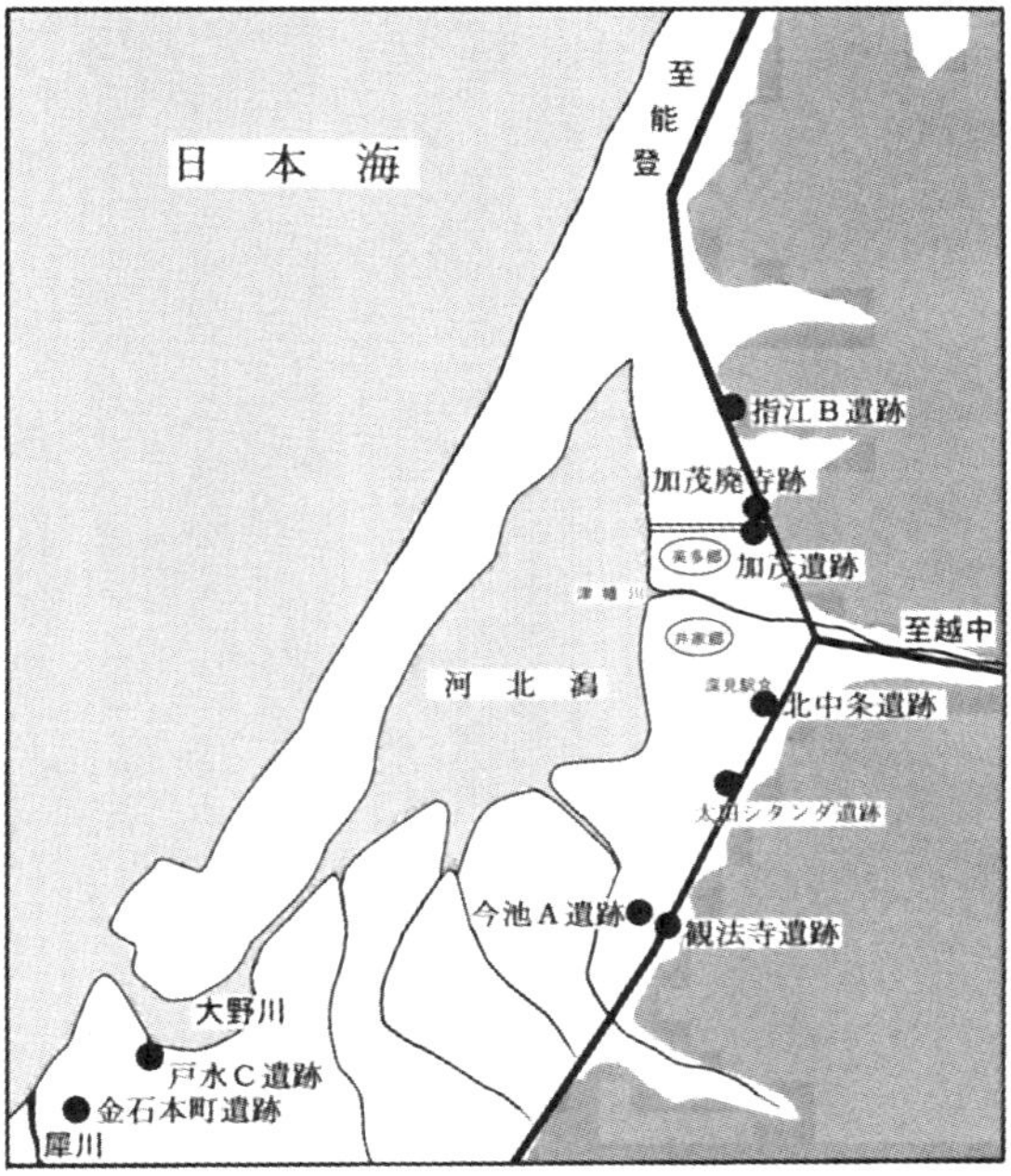

図　加茂遺跡の立地場所

　以上のように、北側の地域は鴨寺を中心とした地域であることは間違いないが、両遺跡が存在する場所が能登国・越中国へ至る陸路北陸道に接し、かつ、大溝を下ると河北潟を経由して日本海へ出ることのできる交通の要衝地に位置したことは図「加茂遺跡の立地場所」に示したとおりである。さらに、南側の加茂遺跡の性格については官衙的性格を持ったものと指摘されていて、官衙遺跡であることは間違いないが、可能性の最も高いのは如何なる性格の役所であるかが問題であるので、この点について検討する。無論、現時点で明らかにされている遺構・遺物よりこの問題に決着をつけることは困難であるが、現時点で最も蓋然性の高い考えは何かを仮説として提示することは重要なことと考える次第である。

遺跡の性格を明らかにするとき重要なことは、出土遺構・遺物だけでなく出土文字資料の検討であり、加茂・加茂廃寺遺跡より出土した木簡には牓示木簡以外として次の九点が存在している。①「免□黒□□×」〈91〉×23×4㎜、039形式）と読みうる荷札木簡、②習書木簡、③上下に二体の人物が描かれた木簡、④身分証明木簡、⑤文書木簡、⑥「[□□]家郷品治部□□良英太若岡麿『麿』」[19]との文書木簡、⑦「英太卅」・「閏十月使便県」・「道　道　道」との三点[20]である。これらの木簡の出土場所は、牓示木簡と①・④は加茂遺跡の大溝、②・③は北陸道の東側、⑤は北陸道の西側側溝、⑥は加茂廃寺遺跡の旧河道、⑦の三点は加茂廃寺の大溝で、①〜⑤が加茂遺跡、⑥・⑦が加茂廃寺地域より出土したものである。なお、墨書土器の中で注目されるのは、人名を記したもの以外では、「英多」「中家」「西家」「□郷」「大寺」「鴨寺」「馬部寺」などがあげられよう。

①の木簡が付け札であることは上部左右に切り込みが存在することより明らかで、黒は玄米のことと考えられ、本遺跡周辺に米を主とする物資を集積するか、納入する倉庫的な施設が存在したと考えられる。同遺跡が水路と陸路という交通形態の転換場所であることよりすると、一時的に諸物資を集積する施設が存在した可能性が高いことを示すものである。ついで、②の習書木簡は「文書　文書文書生書」（210×37×7㎜）とみえるもので、「文書」・「文書生」という記載よりすると、同遺跡周辺に記録者である書生が存在した可能性を物語るものである。また、③の木簡は二体の人物画を画いたもので、円面硯と多くの転用硯の出土とともに注目される。なお、地方の郡家以下のレベルにおける書生としては、田領とともに郡司の下にいた「郡書生」[21]が存在しており、それとの関連が推定されるであろう。

また、⑥の木簡は長さ三四三㎜、幅四〇㎜、厚さ八㎜の文書木簡であるが、上述したように「〔　〕家郷」は井家郷で、「英太若岡麿」の「英太」は英多郷であるとすると、周辺に加賀郡内の各郷の人物へ文書を発する機能が存在したともみられ、②の書生と関連する。さらに、井家郷と英多郷が続けて記されていることはこの二郷の結びつきの強さを物語っている。また、⑦の三点の木簡では、「英太」「県」記載が注目され、何れも「県」（アガタ）に関連する可能性を示しているが、詳細は不明であるといわざるをえない。

④の木簡の釈文は、「・往還人〔　　〕丸羽咋郷長官路□《（作か）》〔　　〕不可召遂《（遂か）》　・道公〔　　〕乙兄羽咋□丸『二月廿四日』『保長羽咋男□《（伎か）》丸』」（181×29×4㎜）と、表面に二行と裏面に四行で割書されている。この木簡について平川南氏[22]は、「能登国羽咋郷の人が、道路を修繕するために関を越えるので、拘束しないで欲しい」ことを表面に記し、裏面には通行人の名前を記したものと解し、簡便な過所と考えている。しかしながら、既に論じた[23]ように、本木簡の記載は公式令の過所の書式とは全く別物であるだけでなく、過所の基本である関名も記されていなく、過所そのものとは考えにくい。記載内容の証明に保長の署名が用いられていることに注目すると、戸令五家条で五保内の人物の交通実態を承知することを五保の義務としたこととの関連が想定され、この木簡は保長が交通者の身分を証明した身分証明木簡でないかと考えたところである。こうした想定は交通者に対する検察は関所においてのみおこなわれるのでなく、人々が集まる橋や津（交通手段の転換場所）においてもおこなわれた[24]ことと関連し、そうした検察に対し身分証明をするために発行されたものと考えられるのである。

加茂遺跡の性格を考える時に最も注目される木簡が⑤の文書木簡（480×33×5㎜、011形式）であり、その釈文はつぎのようなものである。

・謹啓　丈部置万呂　□□　献上人給雑魚十五隻
□□(百姓か)消息後日参向而語奉　无礼状具注以解
・　「勘了」□□□七月十日　潟嶋造□主

『発見！　古代のお触れ書き』によると、この文書木簡については、ⓐ北陸道西側溝の肩部より六つの断片でまとまって出土したこと、ⓑ表面からの刃物による切断痕跡が確認できることより切り込みを入れ割ってから廃棄されたものと考えられること、ⓒ良好な共伴遺物がないことより正確ではないが改修された側溝より出土したことから九世紀前半から後半までと考えられることが知られる。以上の知見よりすると、本木簡は潟嶋造□主が丈部置万呂宛てに出した文書木簡で、この文書を受け取った丈部置万呂が読んだ後に「勘了」と記して廃棄したもので、丈部置万呂が加茂遺跡のいずれかに存在していたとみられる。さらに、この文書木簡の形式は私的な文書形式である啓式によっているが、文書の書き出しが「謹啓」で、最後は「以解」と結んでいることが注目され、上申文書の性格が強いものである。また、木簡の内容は、潟嶋造□主が何らかの理由で丈部置万呂に雑魚類一五隻を献上したことと、「百姓消息、後日参向而語奉」と記し、百姓の消息は後日に参上して「語奉」ることを潟嶋造□主が知らせたものである。[25] そして、本木簡には「勘了」と記され、かつ表面より刃物を入れ切断されたことよりすると、雑魚類一五隻を受け「勘了」した段階と、後に潟嶋造□主が来て「百姓消息」の報告を受けた段階が認められる。さらに、潟嶋造□主と丈部置万呂との関係は、役所間にみられる明確な上下関係にあったとはいえないにしても、それに近い関係が想定される。

以上よりして、この文書木簡が出土した加茂遺跡に丈部置万呂が居住したことは間違いなく、丈部置万呂が如何なる立場の人物かを考えることで、加茂遺跡の性格を明らかにすることができる。すなわち、本文書木簡の「丈部置万呂」を考えるとき、同じ加茂遺跡より出土した牓示木簡にみえる「田領丈部浪磨」が注目されるのである。両者の具体的な関係は不明であるが、両者とも九世紀中頃という比較的近い時期の人物で、同族であったことは間違いなく、丈部氏がこの地の田領であったことも事実である。加賀郡司からの郡符の掲示とその遂行を命じられたのが田領で、かつ、掲示場所が加茂遺跡であったことよりすると、津幡町の加茂遺跡を統括していたのは田領丈部氏であったと考えられるのである。なお、墨書土器では、人名を記したものが多いことは共通であるが、加茂遺跡出土では「英多」「□郷」という郷名、「鴨」「大寺」という寺院名、「中家」「西家」という施設名が注目され、加茂廃寺遺跡では「英多」「東」「正月」「鴨寺」「馬部寺」「里人」「中家」などが注目されるが、加茂廃寺遺跡に寺関係の墨書が多い以外は両者で際だった差異はない。

次に出土土器の特徴について概観しておくと、須恵器と土師器が存在するが、坏・椀・皿という食膳具、長頸瓶・短頸瓶・甕などの貯蔵具、長胴甕と鍋という煮炊具と、円面硯と多くの転用硯が出土したことがあげられる。加茂廃寺遺跡より出土した土器の特徴は、上述したように多くが油煙痕跡を持ち、完形品の比率が非常に高いという特徴があるのに対し、加茂遺跡にはそうした特徴はみえず、須恵器と土師器が存在するが、坏・椀・皿という食膳具、長頸瓶・短頸瓶・甕などの貯蔵具、長胴甕と鍋という煮炊具と、円面硯と多くの転用硯が出土したことがあげられる。

以上のように食膳具・貯蔵具・煮炊具などが出土していることよりすると、加茂遺跡に郡の政務をおこなう郡家本体が存在したとは考えられず、むしろ居館との性格が想定しうるのである。しかし、金属製品として心葉形金具と三点の巡方（帯金具）とともに和銅銀銭が出土し大陸との関係を窺わせ、一般的な集落とは考えにくい。また、検出された建物配置は、いわゆる品字やコ字形を採ってはいないことも特徴であり、かつ、倉庫として北陸道の西側には二×二間の総柱倉庫がすくなくとも七棟存し、道路の東側には三×三間以上の倉庫が一棟確認できるが、それらは規格性を有していないことが注目され、いずれにしても単純な豪族居住区とは考えにくい。また、南の津幡町北中条遺跡からは「刑部公万呂[26]」と記された文書木簡とともに「大田」「否刀自」・「深見駅」との墨書土器が出土[27]していて、周辺に深見駅家の存在が想定される。

以上の諸点より加茂遺跡の性格を推論すると、仏堂を主とする地域と官衙的な居住区よりなり、儀礼や政務を主とする加賀郡家の郡庁でも、深見駅家でも、また単純な豪族居館でもないと考えられる。ただ田領丈部浪麿が受け取って掲示した牓示木簡と潟嶋造□主から丈部置万呂宛の「啓」で始まる木簡や「書生」木簡が出土していることよりすると、郡雑任であった田領丈部氏に関する施設と考えるのが最も蓋然性の高い推定といえるのである。こうした加賀郡の郡雑任としては、後述するように畝田・寺中遺跡より出土した木簡に「田領横江臣」が見えることも注目される。

さらに、こうした推定より情報伝達という視点でいえば、九世紀中期の加賀国内で郡司が郡符を作成して情報を発信・伝達する際には、その命令文書は郷長ではなく田領へ発信・伝達し、その牓示と執行を命ずる形態であり、八世紀代の郡符の宛所が郷長であったこととは異なっていることが指摘できるのである。

三節　牓示と田領・刀祢

嘉祥二年の牓示木簡によって、加茂遺跡が存在する加賀郡における九世紀代の郡領として、大領錦村主・擬大領錦部連「真手麿」・少領道公「夏□」・擬少領、主政・主帳として主政八戸史・擬主帳甲臣・副擬主帳宇治の存在したことが確認できた。道公氏が八世紀から越前国加賀郡少領であったことは、『続日本紀』天平宝字五年二月戊午条で知られていたが、大領錦村主氏、擬大領錦部連の存在は未知であったもので、この地域に「錦織」に関する工人集団である「錦部」を管掌した氏族の後裔が郡領であったことは注目される。かかる錦部村主・錦部連・道公氏という郡領の統治下にあった深見村の加茂遺跡に居住し、郡雑任として活動していたのが田領丈部氏であった。そして、丈部氏が大化前代に大王に近侍し、宮廷の警護や内廷での雑使とともに大王の命令を地方に伝達する使者の任などに当たっていた(28)とするならば、すくなくとも加賀国の田領には新興氏族ではなく大化前代からの系譜を引く地方豪族が任命されていたと考えられる。いずれにしても、この田領丈部氏は、加賀郡司が発給した郡符を受け牓示し、その遂行にあたるだけでなく、同地に存在した収納施設などの管理や勧農にもあたっていたように、多様な機能を持っていたと考えられる。そこで、郡雑任である田領について検討を加えた後に、田領と同様な役割を果たした刀祢についても検討し、それらと牓示との関係を解明したい。

Ⅰ 田 領

現存する田領についての史料には、上掲した賀茂遺跡出土の牓示木簡の「田領丈部浪麿」以外に、以下に記した七史料が存在しているので、それらの関係部分を掲げて検討することとする。

(1) 天平神護二年十月二十日足羽郡少領阿須波束麻呂解(29)

一東大寺栗川庄所田堺未レ勘事

右、部下野田郷百姓車持姉売辞状云、寺家庄所使取二己口分田捌段一、不レ令レ佃愁者、仍勒二班田一時、書生委文土麻呂・田領別竹山二人充レ使、令レ勘二虚実一、發二遣所レ在二口分一、斯土麻呂等申云、正認二東西之畍一、彼此相違者、仍未レ与二判断一、此過

以前二條事、注顕申送如件、謹解

天平神護二年十月廿日足羽郡少領外従八位下阿須波臣「束麻呂」

（2）神奈川県綾瀬市早川字新堀淵の宮久保遺跡出土木簡（250×22×9㎜[30]）

・鎌倉郷鎌倉里□□（軽部か）□寸稲天平五年九月

・田令軽部麻呂郡稲長軽部真国

（3）石川県金沢市畝田西三丁目の畝田・寺中遺跡出土木簡（〈278〉×42×3㎜[31]）

・符　田行笠□等　横江臣床嶋□
西岡□（部か）物□

・口相宮田行率召持来今□（船か）以付
田領横江臣「□」

（4）新潟県延命寺遺跡出土木簡（486×49×6㎜[32]）

・物部郷□□里戸主物部多理丸　□（戸か）
物部鳥丸野田村奈良田三段又申家田六
□人伊神郷人酒君大嶋田直米二石一斗

（5）奈良県高取町薩摩遺跡出土木簡（215×41×9㎜[33]）

・　田沽人多理丸戸人　物部比呂
天平七年三月廿一日相知田領神田喜美万□（呂か）

・田□□（領卿か）前□申此池作了故神

・癸（発か）応之　波板里長檜前主寸本為
□□□遅卿二柱可為□

（6）承和十二年十二月五日の紀伊国那賀郡司解（『平安遺文』一巻七九号文書）

四名の「刀禰」と「郷長堅田連石成、田領丈部忌寸」

（7）貞観三年二月二十五日の紀伊国名草郡の売券（『平安遺文』一巻一三〇号文書）

一二名の「当里刀禰」と「郷長紀酒人忌寸『吉主』、田領紀直『枚成』」

まず、(3)・(5)を除き何れも紀年が記されていて、(6)・(7)が九世紀代の田領で、他の史料は何れも八世紀代のものである。九世紀代の田領史料はいずれも土地売券の在判部にみえるもので、(6)は承和十二(七四五)年の紀伊国那賀郡司解の在判部にみえ、「保證刀禰」と郷長とともに「田領丈部忌寸」と記され、この署名について郡司の署名と国判が続いている。また、(7)は貞観三(八六一)年の紀伊国名草郡の土地売券に「当里刀禰」「郷長」とともに田領紀直『枚成』とみえるものである。

この二史料によって、九世紀中期以後の紀伊国では、刀祢・郷長・田領が別の存在として認識されていたことを物語り、それらは性格と機能を異にする存在であったと考えられる。いうまでもなく郷長は令規定の里長で、戸令為里条の「検校戸口、課殖農桑、禁察非違、催駆賦役」を職掌とする律令行政組織に規定されたものである。刀祢については後に詳論するが、九世紀中期の段階においては「保証刀禰」と記される名称にその性格がよく表されていると考えられる。田領について(6)の紀伊国那賀郡司解を検討すると、この土地売買は、山前郷長が売買の事実を確認したうえで郡司への申請をおこない、その申請に基づいて郡司は田領を派遣調査し、その報告が郡司におこなわれた後に、郡司が覆勘し、売買両人と證人の署名を得て郡司署名を加署した三通の文書を作成し国衙へ送り国司判を得て正式に認められるのである。小林昌二氏[34]は、売買両人と證人の後に郷長が署名し、郡判の前に田領丈部忌寸が加署し、田領と郡判の間「上件常地券文、郡勘知実」と見えることに注目し、土地売買に対し刀祢と郷長の署名をうけた後に、郷長が郡司へ解文で申請し、それに対し郡司が田領を派遣し事実確認をおこなったという経緯を示すとし、田領は土地の領有を掌握することが主任務であったと指摘している。この見解を基礎にして考えると、刀祢は在地の郷長にならぶ存在であるのに対し、田領は郡司の下に直結する存在であったということになろう。更に言えば、田領の調査報告を受け郡司解の案文を作成するのは郡書生とみられるが、田領もそれに密接にかかわったと考えられるのである。

いずれにしても田領が土地領有にかかわっていたことは、八世紀中期の史料（1）の「田領別竹山」の性格よりも確認できる。すなわち、田領別竹山は天平神護二年九月十九日の「足羽郡司解」（『大日本古文書』五巻五四三頁、以下『大日本古文書』五―五四三のように略記する）にみえる「別鷹山」のことで、越前国足羽郡少領阿須波束麻呂の下で活動し東大寺領を侵害した人物である。[35] このように、田領は郡司に直結した存在で主に土地の領有などを把握していたと考えられており、田領が土地領有に関与したことは間違いないが、（2）～（5）の木簡にみえる田領はそれだけの機能を有した存在ではないことを物語っている。

（2）木簡は、神奈川県綾瀬市早川字新堀淵の宮久保遺跡より出土した完形品で、頭部をやや山形状に削り、下端を両側より削り尖らせた形状であるので、文書木簡ではなく荷札の一種であろう（おそらくは米であろうと考えられる）。「天平五（七三三）年九月」の紀年を示し、鎌倉郡鎌倉郷鎌倉里の軽部□寸の稲について、「田令軽部麻呂郡稲長軽部真国」が何らかの役割を果たしたものであろう。木簡の内容については諸説あり断案がない状況であるが、[36] すくなくとも、軽部□寸の稲に対し、同じ軽部氏である田令と郡稲長が何らかの役割を果たしたことは間違いない。「田令」は「郡稲長」より上位もしくは少なくとも並列で記されていることよりして、鎌倉郡にかかわる郡雑任で、出挙稲か田租にかかわったことが知られる。すなわち、田領が郡司の下で土地領有以外の出挙稲か田租徴収に関与していた可能性を示すものである。

ついで、（4）木簡は天平七（七三八）年三月二十一日の日付をもつほぼ完形の文書木簡で、「相知田領」と記されているのが注目される。本木簡の内容については別に考える必要があるが、越後国頸城郡内[37]における賃租に関する文書木簡であることは間違いないであろう。ただ、表面の「戸主物部多□□□　物部鳥丸」と裏面の「田沽人多理丸戸人物部比呂」との関係が問題で、「物部多□□□」を『木簡研究』のように「多理丸口」と断定できるであろうか。

仮にそのように考えると、この文書を記したのは裏面に「天平七年三月廿一日相知田領神田喜美万□」とみえる田領神田喜美万呂で、表面の「戸主物部多□□□」を宛所とするもので、物部郷の物部鳥丸と伊神郷の酒君大嶋に賃租したことを確認したものであろうか。このように田領は賃租にも関与していたとみられるのであるが、としたとき注目されるのは田領を公田賃租経営者とする鎌田元一説[38]である。というのはここに記された賃租は公田賃祖でないことは明白であるが、賃租に田領が関与していたことは確実であるといえるからである。

次に、(3)の八世紀中期と考えられる[39]符木簡は、書き出しが「符　田行笠□等」であり、裏面の最後に「田領横江臣『□』」と記されている。下端部に欠損があることより断定しにくいが、最後の『□』の部分が自署とすると、田領横江臣から田行笠□等に対して発信された符であることが知られる。ただ、宛所の「田行笠□等」を如何に考えるか、それと割書の人名との関係、裏面を如何に理解するか問題もあるが、「田行」は裏面にも「□相宮田行」とみえ、□相宮の田行と考えられることよりすると、「田行」は職名の可能性が高い。すなわち、□相宮の「田行」である「笠□等」に割書の横江臣床嶋と西岡部物□が加賀郡家を召喚するよう命じたと考えられるのである。おそらくは、加賀郡司の命令により、「田領横江臣『□』」が、「□相宮」の「田行である笠□等」に対し、「用意して持ってきた船」をもって、横江臣床嶋と西岡部物□が加賀郡家へ出頭することを命じたものとするのは憶測にすぎるであろうか。いずれにしても、本木簡により加賀郡に田領横江臣がいたことが確認でき、『日本霊異記』下巻一六話にみえる越前国加賀郡大野郷の横江臣成人と母成刀自女の存在も考え併せると、この地域に横江臣氏が分布していたことが知られ、「田領横江臣『□』」は加賀郡司の配下にいた郡雑任であり、郡司に代わって郡符を発信した可能性を示している。さらに、承和十二年十二月五日の紀伊国那賀郡司解で論じたように田領が郡司解案の作成に強く関与していたこともこの推定の傍証となるのではないか。また、この符木簡が八世紀中期のものとの推定が正確であるとすると、郷長や保長という律令行政組織ではない「□相宮田行」などへの郡司の命令は、既に八世紀中期より田領がおこなっていたことを示すものである。

（5）の木簡は奈良県高取町薩摩遺跡出土で、ため池に設置された木樋から南側に離れた場所より出土したもので遺構との関連は定かでないものである。釈読について和田萃・鶴見泰寿氏は「田領の卿の前に……申す。此の池作り了んぬ。故に神発れ応ふ。波多里長檜前主寸（村主）本なす。……と□遅卿の二柱、……たるべし」と解している。本木簡で注意しなければならないのは作成時期で、「波多里長檜前主寸」という里記載であることと、「前に申す」という古い表記であることが注目される。「前」「申」「卿」がならんで記された木簡は、「卿等前恐々謹解寵命□　・卿尓受給請欲止申[40]」と「麻呂卿等前朋謹申[41]」と本木簡のみで、大宝令以前に遡る可能性もあり、遅くとも八世紀初頭以前と考えることができる。

以上の（3）～（5）の木簡より知られることは、田領が多様な機能を有していたことと、田領の存在が七世紀末に遡りうる可能性が否定できないことであろう。後者の点で注目されるのは、古く欽明・敏達朝に児島屯倉の田令葛城山田直瑞子と白猪屯倉の副田令白猪史胆津が屯倉の管理をおこなっていたこととの関連である。大化前代における屯倉の「田令」との関係はさておいても、『続日本紀』大宝元年四月戊午条の「罷㆓田領㆒委㆓国司巡行㆒」との関係は注目される。すなわち、田領は大宝元（七〇一）年に廃止され、その任務であった国内巡行は国司に委ねられたのであるから、大宝令施行直前まで田領は後の国司の権限である部内巡行を有して存続していたのである。この点について、黛弘道氏[42]は「改新後において屯倉が廃止されたかどうかは明らかでないが、多分（少なくともその大部分が）存続させられたであろうこと、従ってその管理者である田領も引き続き任命されたであろうこと、大宝に至って田領が廃され、屯倉の管理権は国司に移されたであろう」と指摘している。問題は大化から大宝元年までの田領の性格であり、黛氏が指摘するように屯倉の管理者であったと考えるのか、系譜上では屯倉の管理者に位置づけられるも公田賃租経営者とする鎌田元一説[43]に依るべきかである。この両説の違いは、大宝元年に廃止された田領を大化前代における屯倉の田令の系譜を引いた屯司と同様な存在とできるか否かであるが、基本的にはそれほどの違いはない。直接的な史料はないが、田領は戸令国守巡行条で規定する勧農権を保持していただけでなく、（2）木簡でみられたように正税の管理にも関与しており、さらに、薩摩遺跡出土の「田領」木簡が、波多里長檜前主寸が田領卿の前に申すという形式を取っていたことより、大宝直前の田領は里長の上位にいて用水施設をも統括する立場にいたと推定できる。こうしたことよりすると、大宝以前の田領は屯倉の田令の系譜を引く存在というだけのものではなく、初期国宰が任国内の土地支配・正税管理・勧農をおこなうために、田令の系譜を引く氏族を「田領」に任命したものとみるべきであり、公田賃租の実施のためというのは限定的に過ぎるであろう。大宝令の施行により律令国司制度が成立すると田領が廃止されたことや、木簡に見られる田領の性格をも併せて考えると、大宝令直前の田領は、土地の領有と売買に関与する郡雑任であるとの通説的な見解[44]だけでなく、田租・出挙・勧農・文書の作成と発信などにも関わっており、国宰に直結した存在と考えられるのである。それが国司制が成立すると、田領の機能は国司に包摂されたために廃止されたと考えられるのである。しかしながら、評制下で上述したような機能を有していた田領は、木簡（2）・（4）よりして、遅くとも天平年間前半には大宝以前と同様の機能を有した郡雑任として復活したと考えられる。こうしたとき、木簡（3）の田領が郡符の発信した可能性と、加茂遺跡の牓示木簡によって知られたように田領には郡符を地域内へ伝達することと、郡符内容の執行も命じられていることは極めて注目され、かかる機能を田領が有していたと考えられるのである。

Ⅱ　刀祢

上述した牓示木簡では宛所として「諸刀祢」と記されるが、加賀郡符本文では「仰二下田領等一、宜二各毎レ村屢廻愉一、有二懈怠一者、移レ身進レ郡、符旨国道之裔縻羈進レ之、牓二示路頭一嚴加レ禁田領刀祢有二怨憎隠容一以二其人一為レ罪」とみえている。さらに、符本文の末尾には「□《二》月十五日請田領丈部浪麿」とみえて、この郡符を受信し、郡符を牓示したのは田領丈部浪麿であったことが知られる。すなわち、加賀郡符の宛所としては「諸刀祢」と記されるが、現実に郡符を受信し牓示したのは田領で、加賀郡司—田領—駅長・刀祢という関係にあったことが推定される。こうした一次史料としての「刀祢」を考える際に注目されるのは、嘉祥三年の紀年を持つ鹿児島県京田遺跡出土の次のような告知札である。(45)

・告知諸田刀□《祢》等　　勘取□田二段　九条三里一曾□□　（第一面）

・右件水田□□□□子□□□□□□□□　（第二面）

・　　嘉祥三年三月十四日　　大領薩麻公　（第三面）

・　　　　　　　　　　擬小領　（第四面）

釈読不能な部分があり正確な内容は不明であるが、虎尾達哉氏(46)は、郡司が「□田」（水田）二段を「すでに勘え取ったこと」乃至「これから勘え取ること」を諸田の刀祢に告げたものであるという。そして、かかる内容を諸刀祢に告知したのは刀祢が田地の所有権の移転などについて把握していたことによるとする。こうした指摘よりすると、九世紀中期の地方における刀祢は、郡司の下で田領とともに土地所有や勧農に一定の権限を有した存在であるといえるのであるが、刀祢と田領とが如何なる関係にあったのかは必ずしも明確ではない。同一の史料に田領と刀祢がみえる上述の承和十二年十二月五日付紀伊国那賀郡司解と貞観三年二月二十五日の紀伊国名草郡の売券よりすると、刀祢は在地の郷長にならぶ存在であるのに対し、田領は郡司の下に直結する存在であったことは述べたところであるが、こうした見解は刀祢を検討することによっても首肯できるかどうかを主に考えたい。

最初に刀祢の語義より考えると、『西宮記』巻一の七日節会には「百官主典已上称二刀禰一事」とみえ、『大嘗会儀式具釈』巻七[47]は「内辯、宣召二刀禰一」について「刀禰とは、諸の長上の官を云ふ。百官主典以上は皆、長上の官なり。故に、李部王記には、百官主典以上称二刀禰一と注す」と述べ、この見解の論拠が『李部王記』であるとする。また、『西宮記』巻五の九月九日宴には「大節大夫称二刀禰一」とみえ神祇関係の大夫を刀祢と称しており、この点は『続日本後紀』承和七年九月二十三日条の「仍召二集諸祝刀祢等一」より確認できる[48]。すなわち、「刀祢」との言葉の語源よりすると、刀祢との言葉には、百官の長上官を示す場合とそれ以外の場合が存在し、その性格より大別すると、（Ａ）官人の総称、（Ｂ）祭祀関係者、（Ｃ）その他になり、（Ａ）では中央官人と地方官人に細分できる。

（Ａ）の官人の総称する例では、『続日本後紀』承和七年五月九日条の太上天皇の誄に関する記事に「近習臣権中納言藤原朝臣良房等以下、於二殿下一擧レ哀、右大臣藤原朝臣三守率二公卿百官及刀祢等一、於二會昌門前庭一、擧哀三日、毎日三度」とみえることや、『延喜式』式部の正月七日の叙位儀式で「置二庭中案一、先レ是省率二四位已下刀祢等一列二立門外一」より中央官人を総称したことが知られる。さらに、天平五年の越前国郡稲帳の「元日刀祢郡司及軍毅并参拾弐人」（『大日本古文書』一―四六五）、天平八年の薩摩国正税帳「元日拝朝庭刀祢国司以下少毅以上、惣陸拾捌人」（『大日本古文書』二―一三）、天平十年の駿河国正税帳「元日拝朝刀祢拾壱人」（『大日本古文書』二―一一七）などで地方官人を総称したことが確認できる。（Ｂ）祭祀関係者については、『延喜式』の広瀬大忌祭・龍田風神にみえる「倭国乃六御県能刀祢男女」により確認できる。問題は（Ｃ）の例であり、官人の総称というのではない例とは、加茂遺跡と京田遺跡より出土した木簡にみえる非長上官としての刀祢であり、こうした刀祢は如何なる存在でいつ頃から登場したのであろうか。

かかる下級の非長上官としての刀祢の初見は、天平宝字六年六月二十一日の桧皮葺工請工食解（『大日本古文書』五―二四〇）の「村刀祢大伴虫麻呂」である。この解文は「津国手嶋郡上秦郷」の倉古万呂と「山背国乙容郡小野郷」の鳥部足嶋が石山寺の鐘楼に檜皮を葺いた功食料を造石山寺所へ両者に代わり申請したもので、申請者の大伴虫麻呂の肩書きが「村刀祢」であった㊾。ついで登場するのは次の神護景雲四年八月十一日の高椅春人解（『寧楽遺文』中巻、五八五頁）にみえる「諸刀祢」である。

坂合部浜足解　申請料事

右人、於病伏而不レ得二参向一、望請、諸刀祢等所レ請如レ件、仍注レ状以解

景雲四年八月十一日専請高椅春人

「以即同日、充新銭四百廿四文附経師　物部白麻呂　丸部豊成

案主上馬養　味酒広成　上毛乃真依」

この解文は坂合部浜足が病のための「請料」を、高椅春人が「専請」し、それにより同日に新銭四百廿四文が経師に附されたことを示すものである。かかる理解によると、解文の「諸刀祢」は、小林昌二氏㊿が指摘するように他の経師をも含んでいたと考えるべきである。さらに、こうした経師の供給源が散位寮の散位であること(51)と、散位頭を「トネ」とする古訓に注目するならば、この解文で経師を「刀祢」と記したのは、かれら経師が「散位」であったことに起因する可能性を示し、八世紀中期においては散位である非長上官に就任するとき、彼らを刀祢と称したと考えられるのである。こうした刀祢の初見は、藤原京右京七条一坊西北坪より出土した「四坊刀祢□」（奈良文化財研究所『飛鳥藤原京木簡』二―三四六九）との木簡で、八世紀初頭以前より存在したことが知られる。さらに、かかる刀祢が都城だけではなく地方にも存在したことは、平城京左京二条二坊十・十一坪二条条間路北側溝より出土した「・阿波国名

方郡佐濃郷 阿曇部古万呂 同部佐婆 ・ 刀祢」（『木簡研究』二〇、三三頁）との木簡によって確認できる。[52] 以上のように、非長上官としての刀祢は九世紀代になってから登場したのではなく、八世紀初頭より存在していたと考えられるのである。しかし、八世紀末になると、次の三史料にみえるように、土地の売買などの保証人[53]としても登場するようになるのである。

①延暦七年十二月二十三日の大和国添上郡司解（『平安遺文』一巻五号文書）

家地の売買に際し、郷長の署名に続き「刀禰」としての署名が見えるもので、左大舎人正七位上若桜部朝臣広門、右大舎人正七位下大春日朝臣清嗣、右兵衛自七位上江野臣老麻呂、右大舎人従八位上大春日朝臣難波麻呂である。

②延暦十二年四月十七日の播磨国坂越神戸両郷解（『平安遺文』一巻九号文書）

播磨国赤穂郡の土地領有に際して、坂越郷の「刀禰」として外従八位下川内入鹿・若湯坐倉足・川内夫凡君がみえる。

③延暦十九年六月二十一日の山城国紀伊郡司解案（『平安遺文』一巻一八号文書）

家地の売買に際し、売買人についで「刀禰」として正七位下末使主山依・従八位上秦忌寸白麻呂・従八位上内蔵秦忌寸広足・外大初位下末使主広成がみえる。

このように刀祢が在地において土地売買の保証人とみえる初見は延暦七（七八八）年であるが、かかる性格は「倭国乃六御県能刀祢」のように在地の祭祀に関わった存在であったことに起因するとみられる。上述の藤原京右京七条一坊出土木簡の「四坊刀祢□」より、八世紀初頭から非長上官の刀祢は成立していたと考えられるが、この推定が可能か否かを確認する必要があり、この点で注目されるのが『類聚三代格』に所収されている次の貞観十年三月十日の太政官符である。

太政官符

禁㆓制材木短狭㆒及定㆓不如法材車荷㆒事

右太政官去貞観七年九月十五日下㆓諸国㆒符偁、歩板簀子榲榑等長短厚薄、去延暦十五年二月十七日初立㆓制法㆒、於㆑是年月遷改久忘㆓格意㆒、仍弘仁四年十月廿九日、天長八年八月三日、嘉祥三年七月廿七日、（中略）其車荷者量㆓材長短㆒、先有㆓制法㆒、今挙㆓不法㆒、既責㆓軽薄㆒、運載之法何応㆓一同㆒、仍須㆓榲榑卌二材、歩板八枚、簀子十枚、以㆑此為㆑定、復㆑舊之後、改従㆓恒例㆒、不㆑得㆔因㆑此便令㆓濫吹㆒、長官相承厳加㆓督察㆒、牓㆓示山口㆒、分明令㆑知者、被㆓大納言正三位兼行左近衛大将藤原朝臣氏宗宣㆒偁、如㆑聞先定車荷煩□㆓人愁㆒、宜㆔更下知榲榑廿材、歩板七枚、簀子九枚、一丈二□柱九根、以㆑此各為㆓一両車之荷㆒、若賃車之徒、猶不㆓改正㆒者、當所刀祢、随㆑見得㆓登時決笞㆒、刀祢等不㆑加㆓勘糺㆒、科㆓違格之罪㆒、自余一如㆓先符㆒

すなわち、貞観七年九月十五日の太政官符を引用し、歩板・簀子・榲榑の「長短厚薄」の規格は延暦十五年二月十七日に最初に「制法」が立てられて以来何度も太政官符として出された経緯を述べ、貞観七年九月十五日にも材木の規格と運搬量を定めて、それを「山口」に牓示することを命じたことが記されている。ただ、『日本三代実録』貞観七年九月十五日条では「長官相承、厳加㆓督察㆒、示㆓山口及津頭㆒分明令㆑知」とみえ、牓示場所は「山口及津頭」であったことが知られる。そして、貞観十年三月十日には、「榲榑廿材、歩板七枚、簀子九枚、一丈二□柱九根」を一車両の積載量とし、それに従わない「賃車之徒」に対しては、当所刀祢が決笞することを命じたのである。すなわち、こうしたことを牓示する場所は「山口及津頭」で、そこに常駐し材木の規格や運搬を統制していた人々を刀祢と称したのである。本太政官符では牓示したのが当所刀祢であったと明示していないが、材木積載量の不正を取り締まるのは刀祢であったことよりして、牓示したのも刀祢であったと考えられるのである。このように、材木の切り出し場所や運送する津において牓示することが既に八世紀代に存在していたことは、次の天平宝字六年七月二十三日の造石山寺所解（『大日本古文書』五―二五六）によって知ることができる。

造石山院所解　申自㆓宇治㆒進上桴工事
合桴工二人　土師石国　民鎰万呂
右人等偁〔款〕云、自㆓勢多椅㆒間㆑迄㆓宇治椅㆒、漕㆓榑一千材㆒之功食料、充㆓米一十俵㆒、此国懸文所㆑載、但他色材准㆑是、
共㆓彼功食㆒無㆑堪㆑咸者、今院与㆓件人等㆒〔共〕不㆑得㆓商量㆒、仍倶㆑状、即附㆓嶋足等㆒、申送如㆑件
七月廿三日下
一自㆓宇治㆒進上文一紙、又返事自㆓彼京㆒於㆓宇治所㆒仰遣

本文書は、造石山院所が勢多橋の材木を宇治まで運漕するため宇治司所の桴工土師石国・民鎰万呂とで結んだ契約に関する事柄を造東大寺司へ提出した解文で、契約は宇治司所より提出するので、返事は宇治司所へ連絡して欲しい旨を記したものである。[54] 本文書で注目されるのは、「自㆓勢多椅㆒間㆑迄㆓宇治椅㆒、漕㆓榑一千材㆒之功食料、充㆓米一十俵㆒、此国懸文所㆑載」との記載で、勢多橋から宇治橋まで榑一千材を運漕する功食料は米一〇俵であることを、「国懸文」として勢多津に牓示されていたことである。以上のように津に牓示札を掲示した主体が誰であったのかは明記されていないが、かかる津に非長上官が派遣されていた可能性は極めて高い。つまり、水陸両交通の交点には造東大寺司が「〇〇所」「庄所」「〇〇宅」を設置し、そこに派遣されていたのが「領」であったこと[55]が注目される。そして、こうした領に任命されたものの多くは散位であったことより、彼ら「領」などを「刀祢」と総称するようになったのではないだろうか。さらに、こうした「〇〇所」「庄所」「〇〇宅」の前身が大化前代の屯倉ではないかと想定できること[56]も非長上官である刀祢が八世紀初頭に存在したことと矛盾しない。また、後に津を管理するものを刀祢と称したことは、『天延二年記』[57]の天延二年閏十月条によっても知ることができる。すなわち、検非違使の「津廻」に際しての記

録に「先廻二山崎津一、次着二政所一、勘二刀禰令レ進過状一、便宿二此所二」、「着二淀津政所一、勘二刀禰令レ進過状一、便加二教諭二」とみえ、平安京の主要津には「津政所」が設置され、そこには津刀禰が常駐して津の管理・維持にあたっていたことが知られるのである。(58)

以上の検討よりして、田領も刀祢もいずれも律令行政機構に職掌を明示された官人ではないことが特徴であり、もともとは屯倉の「田領」と現業部門である所の「領」を前身とするもので、田領が大宝令直前までの地方において国宰の機能の一部を有していたのに対し、刀祢は「坊刀祢」のように都城の交通要衝地に設置された「諸所」で活動した存在であったのではないか。そしてこうした非律令的な官人が、大宝令の制定・施行にともない律令制組織の枠外（非長上官）に、刀祢として八世紀初頭より存在したのではないかと考える。すなわち、刀祢の本源的存在は、屯倉の田領の下に存した諸現業部門であった「所」に設置された「領」であり、大宝令の施行にともない主に都城の非律令行政官人として「坊刀祢」・「津刀祢」・「村刀祢」として活動し、土地売買においては「保証刀禰」と称されるようになったと考えられるのである。

おわりに

石川県津幡町の加茂遺跡出土の牓示木簡によって、不特定多数者への情報伝達手段として文書を記して掲示する方法が京・畿内だけでなく、広範な地域でおこなわれていたことが明らかにできたと考える。そして、かかる情報伝達には告知札や牓示札などを掲示する高札場が存在したと想定され、かかる場所では文字伝達だけでなく口頭伝達もおこなわれたと考えた。さらに、地方で牓示札を立てたのは地方官の指示の下ではあるが郡雑任の田領であり、京畿内では交通の要衝地の刀祢であった。こうした都市における刀祢が情報伝達をおこなったことは、『今昔物語』巻三一の六の「賀茂祭日、一条大路立札見物翁語」においても見られる。[59]すなわち、十世紀前半の賀茂祭の日に「西ノ八条ノ刀禰」が「一条ト東ノ洞院トニ、暁ヨリ札立タリケリ、其ノ札ニ書タル様、『此ハ翁ノ物見ムズル所也、人不可立ズ』」という物語により、都市の刀祢が情報発信に熟知していたことが知られる。この『今昔物語』の説話は、立て札に一般庶民が権威を感じていたことを示し、かかることは公権力が一定の場所に高札を立てて命令を伝達することが日常的であったことを物語るのである。さらに、この老人が「刀禰」であったことも注目され、京畿内で告知札・牓示札を立て、情報を伝達機能を果たしていたのが刀祢であったことと符合するのである。

かつて論じたように、太政官符にみえる牓示がみえるようになるのが延暦元（七八二）年以後であることを残された課題としたが、[60]それは、律令行政組織の枠外にいた田領―刀祢が八世紀末より情報の発信・伝達ということに関与するようになっていったことを物語るのではないか。そして、そのことはこの時期になり、一般公民による広範な都鄙間交通の強制が終わり、地方豪族による都鄙間交通の独占への方向性が始まったことに起因しているのである。つまり、非律令的な刀祢や田領という階層が現実の民衆ともっとも身近なところで活動しはじめ、彼らこそが古代における情報の直接の発信・伝達者となり、その存在が注目されるようになっていったのである。そして、このことは律令制的支配の外皮がはがれ、大化前代からの地方豪族の非律令的性格が復権したことを物語っているのではないだろうか。

注

（1）　清水みき「告知札」（『月刊考古学ジャーナル』三三九、一九九一年）、佐藤信「告知札と闌遺物」（『日本古代の宮都と木簡』

吉川弘文館、一九九七年）、高島英之「牓示木簡」（『古代出土文字資料の研究』東京堂出版、二〇〇〇年）などがある。

（2）禁制札には兵庫県袴狭遺跡出土禁制木簡（『木簡研究』一四号七九頁、『木簡研究』二二号二四八頁）、兵庫県深田遺跡出土木簡（『木簡研究』九号六二頁）、大阪府長原遺跡出土制止木簡（『木簡研究』一八号六一頁）などが存在する。

（3）拙稿「古代の情報伝達――不特定多数者への情報発信形態――」（『愛媛大学法文学部論集人文学科編』二一、二〇〇六年）と「日本古代の石碑」（『資料学の方法探る』五、二〇〇六年）で論じ、それらは拙著『日本古代の交通と情報伝達』（汲古書院、二〇〇九年）に収めた。

（4）古市晃「律令制下における勅命の口頭伝達」（吉田晶編『日本古代の国家と村落』塙書房、一九九八年）、鐘江宏之「口頭伝達の諸相」（『歴史評論』五七四、一九九八年）、大平聡「音声言語と文書行政」（『歴史評論』六〇九、二〇〇一年）・「日本古代の文書行政と音声言語」（『古代東アジアの情報伝達』汲古書院、二〇〇八年）。

（5）平川南編『発見！　古代のお触れ書き』大修館書店、二〇〇一年。鈴木景二「加賀郡牓示札と在地社会」『歴史評論』六四三、二〇〇三年。森公章「木簡から見た郡符と田領」『地方木簡と郡家の機構』同成社、二〇〇九年。

（6）「木簡から見た郡符と田領」『地方木簡と郡家の機構』同成社、二〇〇九年。

（7）鈴木景二「加賀郡牓示札と在地社会」『歴史評論』六四三、二〇〇三年。

（8）『砺波山村地域研究所研究紀要』第一八、二〇〇一年。

（9）平川南「古代における里と村」（『国立歴史民俗博物館研究報告』一〇八集、二〇〇三年）・『古代地方木簡の研究』（吉川弘文館、二〇〇三年）。平川南監修『発見！　古代のお触れ書き』大修館書店、二〇〇一年。

（10）「大伴池主・家持と『深見村』――万葉集と加茂遺跡木簡を中心に――」『越の万葉集』笠間書院、二〇〇三年。

（11）注（7）に同じ。

（12）「古代の郡・郷と村についての覚え書き――『加賀郡牓示札』をめぐって――」『日本歴史』六六八、二〇〇四年。

（13）『和名類聚抄』によると、加賀郡には大桑・大野・芹田・井家・英多・玉戈・駅家・田上の八郷が存在する。

（14）平川南「古代における里と村」（前掲）。

(15) 津幡町教育委員会『加茂・加茂廃寺遺跡』二〇〇七年。
(16) 吉岡康暢「『鴨寺』小考」『加茂・加茂廃寺遺跡』二〇〇七年。
(17) 小島芳孝「境界と官道の祭祀——古代能登における検出事例」『古代の信仰と社会』六一書房、二〇〇六年。
(18) 注（16）に同じ。
(19) 「加茂遺跡（1）」『木簡研究』二八（二〇〇八年）号、一六一頁。
(20) 「加茂遺跡（2）」『木簡研究』二八（二〇〇八年）号、一六三頁。
(21) 西山良平「〈郡雑任〉の機能と性格」『日本史研究』二三四、一九八二年。
(22) 『発見！　古代のお触れ書き』大修館書店、二〇〇一年。
(23) 拙稿「水上交通の検察システム」『古代国家と瀬戸内海交通』吉川弘文館、二〇〇四年。
(24) 舘野和己『日本古代の交通と社会』塙書房、一九九八年。
(25) 森田喜久男「出土文字資料からみた北加賀の古代」『市史かなざわ』三、一九九七年。
(26) 『木簡研究』二四—一〇八。
(27) 戸谷邦隆「津幡町北中条遺跡」『北加賀の古代遺跡』四七、二〇〇四年。
(28) 佐伯有清「丈部氏および丈部の研究」『日本古代氏族の研究』吉川弘文館、一九八五年。
(29) 『大日本古文書』五巻、五五三頁。
(30) 木簡学会編『日本古代木簡選』（岩波書店、一九九〇年）、『木簡研究』六、一九八四年、六〇頁。
(31) 『木簡研究』二五、二〇〇三年、一四五頁。
(32) 『木簡研究』三〇、二〇〇八年、一三五頁。
(33) 橿原考古学研究所のホームページ掲載の写真版と関連記事。二〇〇九年度木簡学会報告。
(34) 小林昌二「刀禰論」『日本古代の村落と農民支配』塙書房、二〇〇〇年。
(35) 小口雅史「律令制下寺院経済の管理統制機構——東大寺領北陸庄園を中心として——」『史学論叢』九、一九八〇年。

(36) 神奈川地域史研究会『シンポジウム宮久保木簡と古代の相模』（有隣堂、一九八四年）所収の諸研究。
(37) 『和名類聚抄』に越後国頸城郡に物部郷が見えることによる。
(38) 「公田賃租制の成立」『律令公民制の研究』塙書房、二〇〇一年。
(39) 本郡符木簡には紀年がみえないが、畝田・寺中遺跡からは天平勝宝四（七五二）年の紀年を記した出挙関係木簡、「津司」と天平二（七三〇）年の紀年をもつ墨書土器が出土し、須恵器編年で想定していた年代に、天平二年と天平勝宝四年という実年代を与え、同遺跡が八世紀全体に機能していたことを明らかにしたことによる。
(40) 奈良国立文化財研究所『藤原宮木簡』一―八号、『日本古代木簡選』岩波書店、一九九〇年。
(41) 奈良国立文化財研究所『飛鳥藤原宮発掘調査出土木簡概報』一七号三〇頁。
(42) 「国司制の成立」『律令国家成立史の研究』吉川弘文館、一九八二年。
(43) 注（38）に同じ。
(44) 西山良平「〈郡雑任〉の機能と性格」『日本史研究』二三四、一九八三年。小林昌二注（34）論文。
(45) 『木簡研究』二四、一五五頁。
(46) 「鹿児島県京田遺跡出土出土の『田刀□』について」『鹿大史学』四九、二〇〇二年。
(47) 新註皇学叢書第七巻、広文庫刊行会、一九二八年。
(48) こうした神祇関係の刀祢は『延喜式』神祇八祝詞の「倭国乃六御県能刀祢」に起源があると考えられる。
(49) ただし、「村刀祢」ではなく、「材刀祢」ではないかと推測することも不可能ではないが、今は通説に従って「村刀祢」と考えておく。
(50) 注（34）論文。
(51) 山田英夫「散位について」『日本古代史論集』下巻、吉川弘文館、一九六二年
(52) 拙稿「都城出土の阿波国関係木簡」『観音寺遺跡Ⅰ』徳島県教育委員会、二〇〇二年。
(53) 秋宗康子「保証刀禰について」『史林』四四―四、一九六一年。

（54）拙著『日本古代水上交通史の研究』吉川弘文館、一九八五年。
（55）注（54）、『古代国家と瀬戸内海交通』吉川弘文館、二〇〇四年。
（56）拙稿「『所』と『領』」『律令制社会の成立と展開』吉川弘文館、一九八九年。
（57）『大日本史料』第一編一五巻。『続群書類従』第二九輯下に所収される『親信卿記』の天延二年部分にもみえるが、文意より『大日本史料』の校訂に従う。
（58）拙著『日本古代水上交通史の研究』吉川弘文館、一九八五年。
（59）拙稿「牓示考」『日本古代の交通と情報伝達』汲古書院、二〇〇九年。
（60）注（59）に同じ。

〈付記〉

「刀祢」と「刀禰」の使い分けについては、九世紀の土地売買券と儀式書では「刀禰」とみえるが、木簡と正倉院文書では「刀祢」と表記されているので、原則として「刀祢」を使用した。

石刻文書としての広開土王碑文

李　成　市

はじめに

広開土王碑文に関する研究は、十九世紀末の碑石発見以来、一世紀以上の研究史を有するが、その立碑目的については長い間、議論の対象とはならなかった。というのも、碑文中には、「碑を立て勲績を銘記し以て後世に示す」とあって、その直後には三九六年から四一〇年に至る八年八条の武勲が記されているために、これらの武勲記事の集積こそが広開土王の「勲績」を称える内容であり、それらをもって当然のように顕彰碑としみなされてきたからである。広開土王碑研究の当初より、碑文への関心は武勲記事に集中し、碑文研究もこの武勲記事を中心になされてきたと言ってよい。また、そのような解釈から広開土王碑を墓誌、墓碑とみなす考え方も広く見られる。

しかしながら、碑文全体からみれば、武勲記事の後に続く墓守人に関わる記事は、碑文全体の三分の一を超える分量を占めている。しかも碑文の最末尾一行には、

又た制す。墓守人は、今自り以後、更相《たがい》に轉賣するを得ず。富足の者有りと雖も、亦た擅に買うを得ず。其れ令に違きて賣る者有らば、之を刑す。買う人は制令もて墓を守らしむ。

と墓守人に関わる禁令が記されている。それゆえ、碑文は広開土王の「勲功や業績を賛美するだけでなく、その最終

的な目的は、王陵の墓守人や烟戸の所属を確定し、その売買を禁止する布告文の性格をもっていた」ことが一部には注目されていた[1]。さらに、このような法令の布告という一面に留意しつつ、広開土王碑が「石刻文書」としての性格をもつ「法令宣布の媒体」との規定もなされている[2]。

本稿は、立碑目的を明確にすることが広開土王碑文の内容理解を深化させる上で不可欠であるという立場から、広開土王碑の石刻文書としての性格を碑文に即して具体的に提示することによって、改めて法令宣布の媒体としての碑文の性格を鮮明にさせ、情報伝達という視点から広開土王碑文を再検討することを課題とする。

一　碑文の内容と文章構造

広開土王碑には、広開土王の生年や没年はない。ただ碑文には広開土王が十八歳で即位し、永楽大王と号して「永楽」年号を用いいつつ武勲記事冒頭の永楽五年を乙未年としているので、王の即位年は辛卯年（三九一）となる。また碑文には王が三十九歳で薨じたと記していることから、その年は永楽二十二年、すなわち壬子年（四一二）となる。しかしながら、碑文は王の薨じた年月日を記さず、ただ

甲寅（四一四）の年、九月廿九日乙酉を以て山陵に遷就す。是に於て碑を立て勳績を銘記し、以て後世に示す。

とあって広開土王の亡骸を陵墓に遷し、碑を建立した年月日のみを記している。死去から埋葬までに二年間の空白があることからみると、この期間に足かけ三年の殯礼があったと推定される[3]。このように広開土王碑が王の生没年を記さず、ただ埋葬し立碑した年月日のみを記す点は、碑の性格を検討する上で留意すべき特徴である。

碑は陵墓の傍らに建立したと推察されるものの、広開土王陵墓の所在は明確になっておらず、碑から三六〇メート

ル西南に位置する太王陵であるのか、東北方約二〇〇〇メートル離れた丘陵に位置する将軍塚であるのか、という王陵の比定論争は今なお継続中である。この点については立碑目的とも関わるので、陵墓の比定については後に述べることにしたい。

碑石四面に一七七五文字が刻された碑文の構成については、かつて次のように指摘したことがある。すなわち、序論と二つの内容からなる本論とで構成されており、まず序論として、始祖・鄒牟王による建国創業の由来から十七世孫の広開土王にいたる高句麗王家の世系を略述している。次いで、本論の第一には、広開土王一代の武勲を年代記的に八年八条にして列挙し、本論の第二には、広開土王陵の守墓人三三〇家の内訳と彼らに関する禁令と罰則を著録している、というものである。

このように碑文の内容を、大きくは三段落で構成されていると見なしたのであるが、本稿では、この本論第二の部分を、さらに二分割して検討することにしたい。つまり、第三面の八行目十六文字目の「守墓人烟戸」（第三面八行目から、第四面五行目四字まで）から始まる三三〇家の守墓人烟戸のリストからなる部分と、第四面五行五字目から始まる広開土王の「教言」以降の最後の部分（後に掲げる）との間を区分し、本論を三つの構成に分けて捉えることにする。その根拠については後述する。

ここで言う本論とは、あくまでも作業仮説上の名称であるが、碑文の序論最後（第一面六行目）には、「是に於いて碑を立て勳績を銘記し、以て後世に示す」とあって、碑石は広開土王の勲績を後世に示すために立てたと明記している。すると、本論こそは、この碑文が主張すべき「勳績」部分に該当し、広開土王碑の立碑目的とは、第一面七行目以下の本論で展開される「勳績」にあることは自明となる。

ただし留意すべきは、碑文に記された広開土王の「勳績」とは、従来、本論第一の部分、つまりは八年八条の武勲記事のみを対象とし、それに続く本論第二の部分は勲績の対象として特段の関心が払われてこなかった点である。これは前述のとおり、広開土王の「勲績」が八年八条の武勲を中心に検討されてきたことに関わる。しかし軽視できないのは、碑文全体の文章構成からみると、序論の最後に「其の辞に曰く」とあって、二字の空白を残して改行し、一面七行目第一字より碑石第四面の末尾に至るまで本論が続いている事実である。

すでに、本論が三つの内容で構成されていることを指摘したが、このような構成からなる本論の文章は、第四面末尾の「之」字に至まで一字の空白もなく、碑石には文字が埋め尽くされ余白を残さず終了している。つまり、本論の直前に二字の空白を残して改行した後に、第一面七行目第一字から第四面の末尾までに改行がなされずに文章が終わっているのであれば、こうした刻字の形式は、碑文の言う「勲績」の内容がおよぶ範囲を自ずと規定したと考えてみる必要がある(4)。

というのも、視覚的にも文章構成上においても、第一面六行目下端の二文字の空白前後に大きな形式上の断絶があることは明白であり、その後半の文章全体が「其辞」を受けた内容と見なすのが穏当だからである。当該部分こそは、三つの内容からなる本論に相当するのであって、碑文の文章構成上、この本論の総体を広開土王碑の「勲績」とみなさなければならない。しかしながら、これまで本論は、武勲記事のみを対象とし守墓人に関する規定部分を含めて本論全体がトータルに「勲績」の対象とされることはむしろ稀であった。

その理由の一つは、暗黙の内に広開土王碑を墓主である広開土王の武勲を頌揚して後世にその事跡を示すために立てられた墓碑とみて疑わず、漠然と「墓碑」、あるいは「墓誌」とみなしてきたことによる。つまり碑文にみえる八年八条の武勲をそのような墓碑や墓誌の文脈で読みとろうとしてきた背景がある。

しかしながら、かつて指摘したように、広開土王碑は碑石の形状からも、その内容、形式などからも、そもそも墓碑や墓誌ではありえない[5]。

広開土王碑の立碑目的については、このような形状の碑を立てることになった経緯にまず注目すべきであって、それは碑文中の次のような記述が参考にされなければならない。

上祖・先王自り以來、墓の上に石碑を安んぜず、守墓人の烟戸をして差錯せしむるに致れり。唯だ國岡上廣開土境好太王のみ、盡く祖・先王の爲に、墓の上に碑を立て、其の烟戸を銘し、差錯せしめざりき。

すなわち、高句麗では古来、王陵の傍らに守墓人に集落をつくらせ、かれらを労役集団として王陵およびその附属施設の清掃・管理に代々にわたって従事させていたが[6]、この祖王・先王たちの各陵墓における守墓人の集落が相互に錯綜してしまったので、広開土王は、石碑を歴代王陵の傍らに立てることを創案した、というのである。

広開土王碑の立碑目的を考える際に、碑文中の上記の内容は、とりわけ重視すべきである。なぜなら、広開土王は王都に存在していた歴代（祖王・先王）王陵の全ての傍らに碑石を立て、王陵付近に各々集落を形成していた守墓人たちがどこから徴発されたかを碑石に刻し、守墓役制の錯乱を抑止したと明記しているからである。

従来、このような碑石が一点も現存しないことから、碑文中の当該記事の真偽をめぐって議論があった[7]。しかし、そのような詮索そのものには全く意味がない。碑文中にあるとおり「碑」を歴代王陵の上《ほとり》に立てなければ、架空の言辞を弄して法令を宣布したことになり、広開土王碑文そのものに効力がなくなるからである。

すぐ後に述べるように、広開土王碑には各王陵の守墓人の源泉となるべき三三〇家の守墓人の出身地が明記されているが、これらの墓守人もまた、広開土王が立てたという歴代王陵の碑との関係で、広開土王碑の立碑目的を考えるべきなのである。

すでに本論全体が「勳績」に相当することを強調したが、それにもかかわらず、従来、本論は武勲関係記事と守墓人関係記事とに二分して、両者の関連づけを試みることなく考察されてきた。言い換えると、両者の関係づけが十分に認識されないまま、武勲記事のみが「勳績」の対象として論じられ、本論が勲績とさらに別個（墓守人関係記事）の二つの内容からなるような錯覚を与えてきたのである。しかしながら、いわゆる武勲記事は、決して武勲のみに意味があるわけではない。

まずもって、本論全体の中で、武勲記事が占めている位置を見極める必要がある。麗々しく述べられた八年八条の武勲記事とは、第三面八行目の「凡所攻破城六十四、村一千四百」の十三文字によって総括されるべき内容なのである。逆に言えば、八年八条の武勲記事は、この句に収斂される限りをもって意味をなすのであって、単に広開土王の生涯の武勲を全て列挙したわけではない[8]。

すでに私見を述べたことがあるが、武勲記事の最後に総括された六十四城とは、ただ広開土王一代に獲得した城の総数という意味にとどまるものではなく、各地域から徴発された守墓人出身地に関わるのであって、事実、それらの多くは、武勲記事に記された六十四城の中に見いだすことができる[9]。それゆえ、武勲記事は、後に続く守墓人関係記事にそのまま連動しているのである。

このことを裏づけるように、碑文中に記された守墓人に関わる規定によれば、高句麗では「祖王・先王」以来、「舊民」（高句麗人）をもって守墓役に当たらせてきたものの、広開土王は「舊民」が疲弊することを恐れ、広開土王が「躬《みず》から巡りて略来せし所の韓・穢」からのみ守墓人を徴発せよという広開土王の「教言」のあったことを掲げている。八年八条の武勲記事には、必ず各条ごとに広開土王が「躬から率いた」か、あるいは「教《めいじ》て遣わした」かのいずれかの戦闘の形式が記されており、それらこそが墓守人に関わる「教言」中の「躬から巡りて略来せし所の韓・穢」の由来を明示せんがための前提文なのである。

ただし、この「教言」に従いつつも、外来者だけでは、高句麗の「法」を周知させることは困難と判断し、必要最小限の三分の一を高句麗人でまかなうことにして、残り三分の二にあたる二二〇戸は広開土王が略来してきた「韓・穢」を充当すると明記している。その上で、二二〇戸全てについても出身地をもらさず碑文に列記しているのであって、それらのほとんどが武勲記事末尾で総括された六十四城の中から徴発された者たちなのである[10]。

要するに、武勲記事はそれ自体で意味をなすのではなく、先ず守墓役制の整備と強化という課題があって、そこに徴発された守墓人にどのような来歴があったかを説明する部分に該当する。武勲記事は、広開土王が攻め破った「城六十四、村一千四百」で総括されるかぎりで意味をなすのであり、広開土王の「教言」に示されているように、王自身が「躬から巡りて略来」した墓守人の由来が広開土王の軍事的活動によって維持、拡大された高句麗王を中心とした秩序構造に根拠することを明示する役割を果たしつつ、広開土王一代の外征と守墓人の関係を必然化させるための記事である。

したがって、今一度くりかえせば、本論前半部分を占める武勲記事は、あくまで本論後半の守墓人烟戸に関わる規定の前提として要請される部分であって、決して広開土王の武勲を讃えることのみを目的とした記事ではない。武勲という王一代の戦闘の歴史が語られるのは、守墓人烟戸に関わって広開土王が創出した制度と規範を強化せんがためであり、それに密接に関わる過去が選び取られて記されているのである。

そうすると、本論＝勲績とは、本論の全体が一体として守墓役体制に関わることになる。広開土王碑の立碑目的とは、つまるところ守墓役体制に関わる勲績の顕揚とならざるをえない。

二　守墓人烟戸と守墓役体制

前節で、本論の後半部分をさらに二分して、守墓人烟戸の三三〇家のリスト部分と、第四面五行五字目から始まる広開土王の「教言」部分以下とに分けることを指摘した。つまり、武勲記事は、「凡所攻破城六十四、村一千四百」の一三文字によって総括され、それを受けて、まず武勲によってもたらされた守墓人烟戸の三三〇家のリストが次に掲げられ、そのようなリストを前提に、「本論」第三の部分が展開される。すなわち、

國岡上廣開土境好太王存時、①教言「祖王先王但教取遠近舊民、守墓洒掃、吾慮舊民轉當羸劣、若吾萬年之後安守墓者、但取吾躬巡所略來韓穢、令備洒掃」言教如此。

②是以如教、令韓穢二百廿家、慮其不知法、則復取舊民一百十家、合新舊守墓戸、國烟卅、看烟三百、合三百卅家。自上祖・先王以來、墓上不安石碑、致使守墓人烟戸差錯。唯國岡上廣開土境好太王、盡爲祖先王墓上立碑、銘其烟戸、不令差錯。

③又制「守墓人自今以後、不得更相轉、雖有富足之者、亦不得擅買、其有違令賣者刑之、買人制令守墓之」。

とあって、広開土王が①墓守人について、自らが略来してきた韓穢の民で組織する基本方針を述べた「教言」部分と、②その「教言」に従いながらも、墓守人の三分の一に当たる一一〇家の旧民を加え、各王陵に墓守人を記した石碑を立て、守墓役体制の整備と強化策が施行されたこと、それらの制度の整備を踏まえて、③守墓人に関する禁令が下されたという内容からなる。

私はかつて当該記事を重視して、広開土王碑は、高句麗に伝統的に継続されていた国家的な徙民策による守墓役体

制に基づきつつ、改めて制度の強化という思惑と目的をもって刻まれたとし、それゆえ、碑を高句麗人の独自の制度である守墓役体制に関わる法令宣布の媒体であるとみなした[11]。ただ振り返ってみれば、かつての自説は、必ずしも墓守人烟戸との関わりで立碑目的について明確に規定するものではなかった。前節で強調したように、本論の内容は全体として広開土王の守墓役体制に関わる勲績を後世に示すためのものであり、したがって、この部分も、そのような文脈で捉えなければならない。つまり、墓守人リストとそれに続く本論第三（上掲①②③）の部分をも含めて勲績としてトータルに捉える必要がある。

ところで、その守墓役体制とは、碑文に即してみれば次のとおりである。高句麗では、「祖王・先王」以来、守墓人は、「舊民」を用いてきたが、「舊民」の疲弊を防ぎ、守墓役体制を未来永劫にわたって万全を期すために、広開土王自信が略来してきた「韓・穢」の民を用いるようにと王命があった。しかし、墓守人の三分の一には高句麗法を知る「舊民」を加え、さらに、広開土王は「祖王・先王」の王陵の上に石碑を立て、守墓人烟戸の混乱を抑止するなど守墓役体制の制度化を図った上で、守墓人の売買を禁じる制令を下した。

このような守墓役体制の整備と強化の過程が広開土王の勲績とされたのであり、したがって、広開土王碑の立碑目的とは、そうした守墓役体制の整備に偉大な貢献のあった広開土王の功徳を称える頌徳碑となるであろう。

以上は、碑文全体の構成に沿って捉えれば、無理なくたどれる穏当な理解ではなかろうか。では、何故こうした解釈がなされなかったのであろうか。

自説を批判的に振り返れば、まず最大の要因は、三三〇家を漠然と広開土王陵の守墓人と想定したことによる。また多くの論者もそのように解釈してきた。しかし、こうした理解では三三〇家の墓守人リストと「祖王・先王」の王陵に立碑したことが結びつかず、守墓役体制の整備がなぜ広開土王の勲績になるのかについて一貫した説明に欠くところがある。問題は、碑文に記された三三〇家の墓守人と、「祖王・先王」たちの王陵との関係である。

ところで、二千人以上とも推定される膨大な守墓人三三〇家の内訳は、碑文には「國烟卅」、「看烟三百」とある。「國烟」と「看烟」の解釈については諸説あるが、まず問題とすべきは、アプリオリに「國烟卅」、「看烟三百」の総和である三三〇家を広開土王の陵墓の墓守人とはみなせないことである。

すでに、浜田耕作氏がいち早く指摘しているように、墓守人烟戸が広開土王の単独の墓守人とするには多すぎる。そこで浜田氏は「國烟」三〇と「看烟」三〇〇を、「國烟」が一〇と「看烟」が一〇〇からなる三つの集団に分けて、「これらが故国原王、故国譲王、好太王の三王墓あたりの守墓人烟戸となるとき、その数はけっして多きにすぎることはなくなり、また、「国」字に由来した国烟の理解もいっそう首肯されるのではなかろうか」と、守墓人烟戸に関する根本的な疑問を呈したことがある。[12]

浜田氏が故国原王、故国譲王、広開土王の三王に注目したのは、「國烟」と関係づけながら、これらの王がいずれも諡号に「國」字が付された王たちだからであった。ただし、この着想に従えば、諡号に「國」字を付した高句麗王は上記の三王にとどまらない。国内城時代（二〇九～四二七）の歴代王のなかには、小獣林王を含めて、故国原王から広開土王までの四人が指摘されているので、[13]「國烟」と諡号とを結びつけるのであれば、四王の陵墓を対象としなければならない。[14]

しかしながら、「國」字を含む諡号に注目するのであれば、その諡号の由来は国内城（丸都）に葬られたことにあるのであるから、[15]二〇九年に国内城に遷都して以来の高句麗王の系譜を参照すべきであろう。つまり、『三国史記』が伝える第九代の故国川王から広開土王までの一一人の王たち（丸都・国内王系）がそれに該当する。[16]

いずれにしても、碑文に守墓人烟戸として載録された「國烟」三〇と「看烟」三〇〇が守墓すべき王陵とは、広開土王陵を単独で対象としたのではなく、国内城に葬られた国内王系の王たちの陵墓をも含めて再検討すべきことになる[17]。その際に難問となるのは、対象とすべき諸王陵に、「國烟」三〇、「看烟」三〇〇のうち各々何戸が分割されて配当されていたかという問題である。

そもそも、各王陵に総数で三三〇家の墓守人が配置されたとすると、「國烟」と「看烟」とは相互に如何なる関係にあったのかを明らかにしなければならない。これについて朴時亨氏は、「國烟」が主たる王陵守護の職務を遂行し、「看烟」は「國烟」のこの職務を各方面で保障する任務を担当したとみなした。こうした「國烟」と「看烟」の解釈の前提に、「國烟」と「看烟」の数が一対一〇になっていることから、「国烟一戸と看烟一〇戸を合わせてある一つの集合体を成して王陵守護の負担を負うもの」と推定した[18]。また武田幸男氏も同様に、陵墓が造営された現地において国烟が看烟一〇を率いて守墓するという労働編成がとられたのであろうと推定している[19]。両氏は共に、全く明言していないが、碑文が記す三三〇家の守墓人は、三〇の集合体をなしており、それらが総体として広開土王陵の守墓役に従事していたと想定したのである。

もはや、そのような考え方には従いがたいものの、「國烟」と「看烟」の関係については否定するには及ばないであろう。つまり、「國烟」一と「看烟」一〇からなる最も基礎的な単位である一一家の守墓人烟戸の集合体が基本単位となり、各王陵の墓守人として割り当てられたと推測される。

しかしながら、こうした仮説に基づいて、たとえば一王陵につき一一家とするには、いくつかの問題がある。第一に、一一家を一王陵に対する守墓人烟戸のユニットとすれば、必然的に三〇の王陵が対象となる。そこで生じるのは、三〇の王陵が具体的に高句麗歴代諸王の数とどのように整合的に結びつくのかという問題である。もし、三〇の王陵を対象としたとすると、広開土王が一七代目の王であることを記す碑文とは齟齬をきたすことになる。

第二に問題となるのは、碑文に記されているように、広開土王の「教言」には当初、守墓人は広開土王が新たに略来してきた「韓・穢」の民だけにするようにと教令が出されたが、彼らだけでは高句麗の法が理解できないことを考慮して、「韓・穢」の二二〇家に対して、「舊民」を三分の一にあたる一一〇家加えて、「新舊守墓戸」三三〇家となしたとある点である。

あえて広開土王の教令に違えて改定してまで「舊民」を加えたにも拘わらず、単純な机上の計算からすると、無造作に「國烟」一、「看烟」一〇を一つの集団としたのであれば、三〇のうち二〇（全体の三分の二）の集団は、法を知らない守墓人集団となり、これでは施策の根幹を否定することになってしまう。[20]

そこで、以上の難問を克服するために、まず前者の問題からとりあげることにしたい。墓守人を配当すべき「祖王・先王」たちについては、『三国史記』高句麗本紀や王歴によれば、国内城時代の高句麗王は、故国川王から広開土王に至る一一人の王たちが伝わるが、故国川王が後世になって加上された王であることがすでに明らかにされている。[21]つまり、国内城時代の高句麗王は、実際には一〇人の王たちであった。

こうした前提に立って、改めて「國烟」三と「看烟」三〇を合わせて、三三家で一王陵の守墓人集団（一〇集団）を編成していたと想定してみたい。これであれば、一王陵につき三三戸のうち、どの集団にも三分の一にあたる一一家の「舊民」が配合されることになるであろうし、また何よりも全体で一〇の集団であれば、三世紀初頭に高句麗が国内城に遷都して以来、この地で即位し没した諸王は、山上王から広開土王まで一〇人となるので、それらの王陵が該当することになる。[22]

一王陵に対する守墓人烟戸を三三家とするには、その規模の妥当性が問題となるが、その際に参考となるのは、『三国史記』が伝える守墓人の規模である。すなわち、巻一四、高句麗本紀には、二世紀末のこととして、

（新大王）十五（一七九）年秋九月、國相荅夫卒す、年百十三歳。王自ら臨みて慟き、朝を罷むこと七日。乃ち禮を以て質山に葬り、守墓二十家を置く。

とある。そのまま同時代の事実と認定するには慎重であらねばならないが、二〇戸を国相の守墓人烟戸として設けたと記しており、墓守人烟戸の規模を伝えるものとして軽視できない。また、七世紀の新羅の事例ではあるが、『三国史記』巻三、新羅本紀には、

（文武王）四（六六四）年二月。有司に命じ民を諸王の陵園に徙すこと、各二十戸。

とあり、やはり諸王陵の守墓人として二〇戸を設けていたことを知る。さらに、中国の事例では、漢の高祖が陳渉のために、三〇家の守冢（墓守）をおいたことが記されている。一方、古代日本の陵戸の制度を事例は、『延喜諸陵寮式』によれば、天皇の諸陵は五戸より一〇戸であったとされる。以上の事例に見られる陵戸の規模を勘案しても五世紀初頭の高句麗の王陵に三三家規模の守墓人烟戸を想定するのは決して無理はない(23)。

上述のように、碑文に記された三三〇の墓守人烟戸とは、国内城に葬られた山上王より広開土王までの一〇代の王陵に配された墓守人だったのであり、そのような王陵に対する守墓役の未来永劫の護持をめざして、体制の整備と強化に努め法令を定めた広開土王の事跡が碑文において勲績として称えられているとみることができる。

三　立碑目的と文章構造の由来

本稿では広開土王碑文の本論を三区分し、それらが八年八条の武勲記事と、その武勲によってもたらされた守墓人烟戸の三三〇家のリストを記し、守墓役体制の王命に基づく施策と、それを維持する法令からなることを論じてきた。

こうした構成からなる本論は全体として、守墓人烟戸に関わる内容で一貫しており、総じて守墓役体制の整備と強化が広開土王の勲績として讃えられているのであり、広開土王碑の立碑目的は、このような広開土王の功徳を讃える頌徳碑であることを述べてきた。

ところで、本論第三の部分は、①広開土王の「教言」部分と、②「教言」にしたがって新旧三三〇家の守墓戸に基づく守墓役体制と各王陵に立碑した経緯、③守墓人の売買に関する禁令などからなっているが、当該部分は王命を意味する「教」字を連ねており、王の意志（教）が法制化していく過程をみることができる。

このような構文を碑石に類例を求めれば、たとば、摩滅部分が多くその解読は困難であり内容の把握は必ずしも容易ではないものの「中原高句麗碑」（五世紀前半）にも確認され、六世紀の新羅碑には、「迎日冷水碑」（五〇三年）、「蔚珍鳳坪碑」（五二四年）、「丹陽赤城碑」（五四五年＋α）に共通してみられる特徴である。それらは広開土王碑文の当該部分に由来することを何度か指摘したことがある。[24]

たとえば、冷水新羅碑を示せば次の通りである。[25]

A　斯羅喙斯夫智王・乃智王、此二王教用、「珍而麻村節居利爲證尒、令其得財」教耳。

B　①癸未年九月廿五日、沙喙至都盧葛文王・斯徳智阿干支・子宿智居伐干支・喙尒夫智壹干支・只心智居伐干支・
本彼頭腹智干支・斯彼暮斯智干支。

②此七王等共論用「前世二王教爲證尒、取財物盡令節居利得之」教耳。

③別教「節居利若先死後令其弟兒斯奴得此財」教耳。

④別教「末鄒・斯申支、此二人後莫更噵此財、若更噵者教其重罪耳」。

C　①典事人沙喙壹夫智奈麻・到盧弗・須仇休・喙耽須道使心訾公・喙沙夫・那斯利・沙喙蘇那支。

②此七人䟦踪所白了事、煞牛祓誥故記。

D　村主臾支干支・須支壹今智、此二人世中了事、故記。

すなわち、碑文の内容は、新羅の近郊にある「珍而麻村」で発生した財物をめぐる紛争に対して新羅高官が関係者に裁定を下したもので、碑文はAからDの四つの内容に分けられる。まず新羅の斯夫智王と乃智王の二人が教によって財物が珍而麻村の節居利に帰せしめることを記した上で、次に癸未年九月二五日に、至都盧・葛文王を始めとする新羅の高官七人（七王）が「共論」し、以前に示された「二王」の「教」を拠り所にして、新たな「教」（別教）をもって、財物の帰属が節居利にあることを命じる。さらに節居利の死後には、弟の子供（斯奴）に財物を帰すことを命じて、財物を争っている末雛と斯申支の二人が財物の帰属をめぐり再論すれば重罪に処すことを記している。このような裁定の後に七人の典事人によって牛を犠牲とした祓いの儀礼を挙行して天に告げたこと、二人の当該地の首長がこの調停に立ち会ったことを刻んでいる。みられるように、「教」を重ねることによって、財物紛争に対する裁定の次第を明示し、告知内容に強制力を負荷させている。

こうした点を参照しながら広開土王碑文に即してみれば、上記のとおり、当該部分は、①「教言」部分と、②「教言」にしたがって、施行された守墓役制の再編と強化に関わる施策の経緯、③それらを前提に出された広開土王の「制令」とからなる。ここには、広開土王の命令（「教」）が、いわば守墓役体制として法制化されていく過程とみることができる。

あえて、推断すれば、この部分こそは高句麗の石刻文書とも言うべき内容を伝えているのではないだろうか。上掲の六世紀の新羅碑は共通して法令の宣布に関わり、実際に個別具体的な法令の名称までもが刻されている[26]。六世紀の新羅碑の場合、「教」の主体は、王個人ではなかったが、法令が宣布される経緯と正当性が「教」字を重ねることによって明示されている点で共通している。その意味で石刻文書とみなしうる。本稿で作業仮説として当該部分を本論第三としたのも、石刻文書としての性格に改めて注目するためであった。

かつて、井上秀雄氏は広開土王碑について、碑文の最終目的が守墓人の所属を確定し、その売買を禁止する布告文の性格をもっており、「このような特殊な用途をもつ金石文が高句麗独自のものか、中国からの伝来によるものか注目される」と指摘したことがある。[27]これまで井上氏のこうした問いに正面から応えた先論を知らぬが、ここで参照すべきは、後漢時代の石碑に、漢代の公文書をそのまま刻している事例である。[28]すなわち乙瑛碑（孔廟置守廟百石卒史碑）であって、その内容の概略は次のとおりである。

魯国の相・乙瑛が孔子廟を管理する下級の役人（百石卒史）を常置させること、および定期的な祭祀を行いその経費をどうするかについて提言して、その請願を受けて司徒らが太常に諮問し、司徒らは、その答申に基づき皇帝に上言して制可を得たというものであって、以上の部分が詔書そのものとなっている。つまり、上述の過程は、決定事項のみが詔書ではなく、決定に至るまでの審議の段階の文書を含めて全体として詔書を構成しているのである。[29]この碑石の目的は、孔子廟管理が皇帝によって保証されたことを明示すると共に、それに貢献した者の功徳を讃える詔書の形式を利用した頌徳碑、[30]あるいは顕彰碑[31]であるとの指摘がある。

既述のように広開土王碑の本論第三の部分は、広開土王の守墓役体制に対する整備と強化策が立案、策定されていく過程を、広開土王の王命（教、制）を連ねながら述べている。すなわち、①広開土王の「教言」部分と、②「教」にしたがって施行された守墓役体制と各王陵に立碑した経緯、③広開土王による「制令」部分までが、全体として広開土王による守墓役体制整備に関する施策の段階的な経緯を含めて王命を構成していることになるであろう。

つまり、当該部分は、守墓役体制が法制化される過程と見なすことができ、その内容は守墓役体制の整備に関わる審議の段階（「韓・穢」に「舊民」を加えて墓守人を構成するよう改定した経緯）をふくめて全体として王命を構成していると言える。[32]そのような意味で、広開土王碑は高句麗の公文書がそのまま碑石に刻まれている石刻文書とみなせるであろう。また、こうした点にこそ、乙瑛碑との類似性を認めることが出来るのではなかろうか。

すでに多くの指摘があるように、後漢時代には石刻が急激に増大する。そのような文化状況が高句麗に伝播し高句麗の選択的な受容によって、広開土王碑にみられるような独自の碑石形態と碑文の構成を生みだしたのではあるまいか。これまでに判明している事実によれば、高句麗は、略字や用字法の中に、漢代において必ずしも一般的ではないものを含めて漢代に源流をもつ漢字文化を受容しており、[33]それらは新羅や百済、倭にまで影響を及ぼしている。そうした漢字文化の伝播と受容のプロセスから見るとき、文書碑もまた高句麗に受容されたとしても不思議ではなかろう。

上述のように、中原高句麗碑を始め、六世紀の新羅碑には、例外なく「教」字を重ねて、王命や、王権の意志決定、それに基づく制度の実施などが宣布されている。それらの解読はいまだ十分には果たされていないが、今後は文書碑としての書式の観点を導入することによって新たな解釈の手がかりとなり得るのではないかと思う。いずれにしても、広開土王碑が守墓役体制の整備を法制化の過程を示す公文書を碑石に刻み、その実現に貢献した広開土王の勲績を称える頌徳碑ないしは顕彰碑として再検討されるべきことを提起したい。

ところで、広開土王碑を守墓役に関する王命を文書形式のままに刻した頌徳碑とすると、碑石は墓碑のように墓の傍らにある必然性はなくなる。これまで広開土王陵の比定は、碑石と太王陵、将軍塚との距離のみが問題とされてきたものの、最近になり太王陵の陵園区域に関わる発掘調査によって、太王陵の南側に南門が検出された。[34]これによって、その近さだけをもって結びつけられてきた太王陵と広開土王碑との関係づけは困難になり、太王陵を広開土王陵と推定する根拠はほとんど失われた。[35]

そもそも、将軍塚は西南に墓室を開口しており、広開土王碑は第一面を東南に向けて陵墓の参道を想定すると、碑はちょうどその参道に向かう位置に立っている。別な表現を用いれば、碑の第一面に向かって立ち、直角に右に振り向けば、一直線上に墓室が開口された将軍塚を眺めることができる。(36) また将軍塚は、その構造や将軍塚周辺から蒐集された瓦の編年からも、集安地域における最も新しい時期の古墳であることが明らかにされている。(37) 集安時代の王陵の守墓役体制の整備と強化に努めた広開土王の王陵を望む象徴的空間に立てられたのであろう。

広開土王碑が王陵（将軍塚）から二〇〇〇メートルを隔てた位置にあるのも、広開土王碑が王自身の勲績を称えるだけでなく、守墓役体制に関する石刻文書であったからであり、なによりも、各王陵に配置された三三〇家の墓守人たちを刻した諸碑のいわば原簿として、それらを統括すべき内容を備えていたからにちがいない。

おそらくは広開土王自らが発案し指揮したであろう国内城から平壌への遷都は、子の長寿王によって十数年後の四二七年に実現される。そうしてみると、守墓役体制の整備は、遷都を控えた広開土王にとって遷都前に完了させておくべき切実な施策であったはずである。そのことを誰よりも知る立場にあった長寿王が広開土王の勲績を称えて立碑したのが広開土王碑であったと推測される。六メートルを超す巨碑は、国内城時代における高句麗王家の威信を「萬年之後」まで保持、継続させていくための法令伝達の装置でもあった。

おわりに

本稿で明らかにした点は以下の通りである。広開土王碑の序文に続く本論の構成は、まず八年八条の武勲記事と、次いで、その武勲によってもたらされた守墓人烟戸の三三〇戸のリストと、最後に、守墓役体制の整備と強化に関する「教言」と墓守人の売買を禁じる「制令」からなる。これらは全体として、国内城時代の王陵の守墓人烟戸に関わる内容で一貫しており、そうした守墓役体制の創出が広開土王の勲績として讃えられているのである。それゆえ、広開土王碑の立碑目的は、単に広開土王の一生を総合的に評価顕彰するものではなく、守墓役制の整備と強化に努め、その体制を盤石なものとした広開土王の個別具体的な功績に注目し、それを通して功徳を讃える頌徳碑[38]とみることができる。

そこで広開土王の勲績とされる守墓役体制の成立過程を碑文に即してみれば、次のようになっている。すなわち、①高句麗では、祖王・先王以来、守墓人は「舊民」のみを用いてきたが、広開土王は自ら戦闘によって略来してきた「韓・穢」の民を用いることを命じた。②しかし、彼らが高句麗の法を知らないことを考慮し、「舊民」の三分の一をそこへ加えることにした。さらに広開土王は、祖王・先王の王陵に石碑を立て、守墓人烟戸の混乱を抑止し、それらを踏まえて、③守墓人の売買を禁止する制令を布告したのである。

ここにおいて成立した守墓役体制における守墓人三三〇家とは、王陵守護の職務を直接に遂行した「國烟」三家と、その職務を各方面で保障する任務を担当した「看烟」三〇とを併せて三三家が一王陵の守墓人烟戸集団として、一〇の王陵の守墓役に就いたものと推定される。ここでの一〇の王陵とは、具体的には、三世紀初頭に高句麗が国内城に移ってから、この地で王となった山上王から広開土王までの一〇代の王陵が該当したとみられる。

以上の経緯と内実をもって高句麗の守墓役体制が再編、強化され新たな体制を創出したのであるが、その施策の過程について広開土王碑文は、①広開土王の「教言」と、②「教言」に基づいて整備された守墓役の編成にかかわる施策、③広開土王の「制令」とからなっている。これらの叙述は、王命を意味する「教」字がくり返し重ねられ、王の意志が法制化していく過程をみてとることができる。[39]

このような叙述方法は、後漢代の公文書をそのまま刻している乙瑛碑を参照するならば、広開土王碑もまた同様に、文書形式のありかたから、石刻文書とも言うべき内容を備えているといえる。後漢時代には石刻が急激に増大しているが、それらに対する高句麗の選択的な受容が広開土王碑にみられる独自の碑石形態と碑文構成を生みだしたと考えられる。

注

（1）井上秀雄「古代朝鮮金石文としての好太王碑」（『書道研究』一―一、一九八七年六月）五六頁。
（2）武田幸男「新領域の城―戸支配」（『高句麗史と東アジア』岩波書店、一八八九年）五四、五五頁。なお不十分ではあるが、広開土王碑文が石刻文書であり、法令宣布の媒体としての性格を備えている点を私見に基づいて述べたことがある。李成市「表象としての広開土王碑文」（『思想』八四二、一九九四年年八月）参照。
（3）広開土王の時代から約百年後の高句麗ではあるが、『隋書』高麗伝によれば、「死者殯於屋内、經三年擇吉日而葬、居父母及夫之喪、服皆三年、兄弟三月」とある。
（4）稲葉蓉子「広開土王碑の文章構成の検討」（未発表）。
（5）李成市「表象としての広開土王碑文」（前掲誌）。
（6）武田幸男「新領域の城―戸支配」（前掲書）四〇頁。
（7）朴時亨（全浩天訳）『広開土王陵碑』（そしえて、一九八五年、〔社会科学院出版社、平壌、一九六六年〕）二六五頁。
（8）李成市「表象としての広開土王碑文」（前掲誌）四〇頁。
（9）確かに守墓人烟戸には、沙水城、豆比鴨岑韓、求底韓、炅古城、客賢韓、巴奴城、牟水城、須鄒城、農賣城、味城、就咨城、比利城など、武勲記事には見られない城が実在する。しかしながら、武田幸男「新領域の城―戸支配」（前掲書、四四～五四頁）に指摘されているように、それらの一部には、高句麗が従前の「城」を解体し、新たに徴発単位として改編されたものがあったという解釈に従う。

(10) 武田幸男「新領域の城―戸支配」（前掲書）四四～五四頁。

(11) 李成市「表象としての広開土王碑文」（前掲誌）三九頁。

(12) 浜田耕作「好太王碑文の一、二の問題」（『歴史公論』八―四、一九八二年四月）一一〇頁。

(13) 武田幸男「好太王の時代」（読売テレビ放送編『好太王碑と集安の壁画古墳』木耳社、一九八八年、三五頁）参照。ただし、『三国史記』によれば、第九代の高句麗王・故国川王もまた「国」の謚号をもつ王であるが、武田幸男氏は、故国川王が国内城遷都以前の王であり、国祖王と共に、「およそ四世紀末から五世紀初頭にかけて、つまり広開土王代のころに架空の二王が加上されたと推定できる」と指摘している。武田幸男「高句麗王系成立の諸段階」（『高句麗史と東アジア』（前掲書、二八七頁）、同「丸都・国内城の史的位置」（前掲書、四二四頁）参照。

(14) 門田誠一「高句麗王陵域における広開土王碑の相対的位置――『墓上立碑』の再吟味を通して」（『古代東アジア地域相の考古学的研究』学生社、二〇〇六年、三一六頁）は、「謚号あるいは葬地に「国」字を含み、なおかつ実在した王の系譜は国内城を築いた故国原王に始まり広開土王にいたるのであって、国内城に王都が置かれていた時期のすべての王陵について、「墓守人・烟戸」条はこれらを対象とし、実行力の発現を期待されたものと考える」と述べており、ややもってまわった表現ではあるが、結果的には国内城時代の故国原王から広開土王までの四代の王陵を対象に守墓人を設定したと考えているようである。

(15) 武田幸男「高句麗王系成立の諸段階」（前掲書、二八七頁）。

(16) 武田幸男「高句麗王系成立の諸段階」（前掲書、二八七頁）。

(17) すでに金賢淑「広開土王碑を通してみた高句麗墓守人の社会的性格」（『韓国史研究』六五、一九八九年、ソウル）は、広開土王碑文に記される墓守人が広開土王陵を対象としたものではなく、集安（国内城）所在の全王陵に対する守墓役に関する内容と見ているが、具体的な王陵数や墓守人戸数についての検討はない。

(18) 朴時亨『広開土王陵碑』（前掲書）二六一、二六二頁。

（19）武田幸男「丸都・国内城の史的位置」（前掲書）四二二頁。
（20）もちろん、計算上、一一戸を一つのユニットする三〇の集団に、三ないし四戸の旧民を個別に配合することは可能である。しかし、その全体数の規模と整合性から配合比が異なる方式はとりがたいと思われる。
（21）武田幸男「高句麗王系成立の諸段階」（前掲書）二八七、三〇二頁。ただし、故国川王が「実在せず、後代の王系整備の際に加上された」としながらも、それが加上された時期の下限は、広開土王時代、およそ五世紀初頭と推定している。
（22）広開土王碑文中に記されている「諸王・先王」の諸王陵のほとりに立てられたという各碑には、三三家の守墓戸が記されていたことになる。私見によれば、国内城時代の一〇王の守墓役体制再編の歴史的な背景として、この頃には平壌への遷都（実現は四二七年）が既定の方針となっており、それにともなって守墓役体制の整備が王室にとって急務の課題となっていたことが大きな要因として推測される。なお、韓国学界では山上王による国内城遷都（新国の建設）を認めない説もあるが、本稿では、山上王による国内城遷都（伊夷模の新国建設）を前提にしている。国内城への遷都と高句麗王系については、武田幸男「高句麗王系成立の諸段階」（前掲書、二九五～二九八頁）参照。
（23）狩野行雄「広開土王碑文にみえる守墓役とその対象墓について」（『歴史民俗』四、（早稲田大学第二文学部歴史・民俗専修）、二〇〇六年十二月）。
（24）李成市『東アジア文化圏の形成』（山川出版社、二〇〇〇年）、李成市「漢字受容と文字文化からみた楽浪地域文化」（早稲田大学アジア地域文化エンハンシング研究センター編『アジア地域文化学の構築』雄山閣、二〇〇六年三月）。
（25）冷水碑については、韓国古代史研究会編『韓国古代史研究』（三、迎日冷水里新羅碑特集号、ソウル、一九九〇年八月）、深津行徳「迎日冷水里新羅碑について」（『韓』一一六、一九九〇年十一月）参照。
（26）李成市「蔚珍鳳坪新羅碑の基礎的研究」（『古代東アジアの民族と国家』岩波書店、一九九八年）、木村誠「朝鮮における古代国家の形成」（『新版　古代の日本』二、角川書店、一九九二年）。
（27）井上秀雄「古代朝鮮金石文としての好太王碑」（前掲誌）五六頁。
（28）永田英正編『漢代石刻集成』（同朋出版、一九九四年）本文篇七九―八二頁、図版・釈文編一一四～一一五頁。

(29) 大庭脩「漢代の制詔の形態」(『秦漢法制史の研究』創文社、一八八二年)二一一頁。
(30) 冨谷至『木簡・竹簡の語る中国古代——書記の文化史』(岩波書店、二〇〇三年)三〇頁。
(31) 角谷常子「秦漢時代の石刻資料」(『古代文化』四九—九、一九九一年九月)五頁。
(32) この過程を述べるに際して碑文は、「是を以て教の如く」と記している。広開土王の王命を前提とした審議による改定の過程とみなしたい。
(33) 李成市「東アジアからみた高句麗の文明史的位相」(早稲田大学アジア地域文化エンハンシング研究センター編『アジア地域文化学の発展』雄山閣、二〇〇六年十一月)。
(34) 吉林省文物考古研究所・集安市博物館編著『集安高句麗王陵——一九九〇~二〇〇三年集安高句麗王陵調査報告』(文物出版社、二〇〇〇年、北京)二五四~二五七頁。
(35) 中国学界では、太王陵から「太王陵」銘の塼や「辛卯年好太王□造鈴」との銘文のある銅鈴が出土した(注(33)報告書〔二七二頁〕を参照)ことから、太王陵を、広開土王陵と見なしている。「太王」、「好太王」はともに高句麗王の美称であって普通名詞であるので、それをもって広開土王と同一視することはできない。
(36) 永島暉臣慎「集安の高句麗遺跡」(読売テレビ放送編『好太王碑と集安の壁画古墳』前掲)二〇一頁。
(37) 田村晃一「高句麗の積石塚の年代と被葬者をめぐる問題について」(『青山史学』八、一九八四年)、東潮「高句麗の王陵と王権——陵園制・戦争・支配形態」(西谷正編『韓半島考古学論叢』すずさわ書店、二〇〇二年)。
(38) 墓碑の理解については角谷常子「碑の誕生以前」(藤田勝久・松原弘宣編『古代東アジアの情報伝達』(汲古書院、二〇〇八年)参照。
(39) 以上のような政策決定の過程自体は広開土王時代となり、それゆえ広開土王の勲績とされる。ただし碑文の法令宣布の主体は立碑者である長寿王となろう。

あとがき

本書『東アジア出土資料と情報伝達』は、二〇〇八年に公刊した『古代東アジアの情報伝達』（汲古書院）に続くもので、愛媛大学「資料学」研究会の活動が基礎となっている。本研究会は、二〇〇一年から二〇一一年にかけて、例会活動と「情報伝達」をキーワードとするシンポジュウムや公開研究会を開催し、その成果は、『資料学の方法を探る』を発行し公表してきたところである。

前著を公刊した二〇〇八年四月以後における本研究会が開催したシンポジュウムに限って紹介しておくと次のようである。

平成二十年度　：古代東アジアの出土資料と社会
平成二十一年度：古代東アジアの出土資料と交通論
平成二十二年度：東アジアの交通遺跡と出土資料

以前は、シンポのテーマと書名にも「情報伝達」を付したが、それ以後のシンポと書名には、「出土資料」と「交通」をかかげた。「交通」は「情報伝達」を言い換えたものであり、「出土資料」は新たな資料論を構築したいという私たちの思いの表れである。いずれにしても、私たちのささやかなシンポや研究会には日本国内だけではなく、中国、台湾、韓国の研究者にも参加していただき、本書の刊行を迎えることができた。これは種々の研究助成によるだけでなく、古代東アジア社会を「情報の発信、伝達、受容、管理、廃棄」という視点から解明し、新たな資料論を考えようとする私たちの思いへの共感があったのではないかと勝手に思っている。情報伝達については一定の成果を得ることができたが、新たな資料論の構築については手つかずのままであると言わざるをえない。研究会としてこの点について議論をしたわけではないが、個人的には出土文字資料の史料批判を如何なる視点でおこなうかという点を中心すべきでないかと考えている。さらに、愛媛大学の資料学「研究会」と新潟大学人文学部の研究プロジェクトとの数年に及ぶ恒常的な共同研究を契機として、両大学の学部間学術交流協定が締結されたことも特筆されるであろう。

本書は、これまでのシンポジウムや公開研究会での講演・報告者、コメンテーターの方々を中心に、論文を執筆していただいたものである。その内容は、第一部「古代中国の出土資料と情報伝達」、第二部「古代日本、韓国の情報伝達」よりなり、前書と本書の諸論文によって、古代東アジア社会の情報伝達の全体像は知ることができるのではないかと考える。ただ、この十年間の研究会で報告していただいたが掲載できなかった論文もあり、いずれかの時にそれらをも含めて出土資料論としてまとめることができたらと思う。

学術書の刊行が困難な状況で、前書に続き、今回も本書の刊行をお引き受け頂いた汲古書院のご厚意にお礼申し上げたい。

二〇一一年二月

松　原　弘　宣

執筆者一覧（執筆順）

藤田　勝久	（ふじた　かつひさ）	1950年生	愛媛大学法文学部
胡　　平生	（こ　へいせい）	1945年生	中国文化遺産研究院
佐々木正治	（ささき　まさはる）	1973年生	愛媛大学東アジア古代鉄文化研究センター
角谷　常子	（すみや　つねこ）	1958年生	奈良大学文学部
安部聡一郎	（あべ　そういちろう）	1975年生	金沢大学歴史言語文化学系
邢　　義田	（けい　ぎでん）	1947年生	中央研究院歴史語言研究所
廣瀬　薫雄	（ひろせ　くにお）	1975年生	復旦大学出土文献与古文字研究中心
王　　子今	（おう　しきん）	1950年生	人民大学国学院
菅野　恵美	（かんの　えみ）	1973年生	学習院大学東洋文化研究所客員研究員
金　　秉駿	（きむ　びょんじゅん）	1962年生	ソウル大学校東洋史学科
小宮　秀陵	（こみや　ひでたか）	1981年生	ソウル大学校国史学科博士課程
佐藤　　信	（さとう　まこと）	1952年生	東京大学大学院人文社会系研究科
舘野　和己	（たての　かずみ）	1950年生	奈良女子大学文学部
市　　大樹	（いち　ひろき）	1971年生	大阪大学文学部
今津　勝紀	（いまづ　かつのり）	1963年生	岡山大学文学部
松原　弘宣	（まつばら　ひろのぶ）	1946年生	愛媛大学名誉教授
李　　成市	（い　そんし）	1952年生	早稲田大学文学学術院

東アジア出土資料と情報伝達

二〇一一年五月二十五日　発行

編　者　藤田勝久
　　　　松原弘宣
発行者　石坂叡志
整版印刷　富士リプロ㈱

発行所　汲古書院
〒102-0072　東京都千代田区飯田橋二-五-四
電　話　〇三（三二六五）九七六四
FAX　〇三（三二二二）一八四五

ISBN978-4-7629-2896-3　C3022

KYUKO-SHOIN, Co., Ltd. Tokyo.

古代東アジアの情報伝達

●情報発信と受容の視点から、出土文字資料の新たな「資料論」を構築する！

藤田勝久
松原弘宣　編

【本書】より　そもそも文字を記すということは、発信者（記録者）が時空を越えて意思・情報を発信・伝達する目的でおこなう行為であり、受信者はそれを理解（受容）した後に、それを保管なり廃棄することを不可避とする。……出土文字資料は、発信から廃棄に至る全ての経緯の痕跡を留めていることが最大の特徴で、文字の本来的機能を示していることが知られる。

本書の内容は、第一部「古代中国の情報伝達」、第二部「古代日本の情報伝達」で構成している。それぞれ最初の藤田勝久と松原弘宣の論文は、いわば総論にあたるものである。その基本的な考えは、古代中国の制度と情報伝達のあり方が原型となり、その後の中国社会や、古代東アジアの朝鮮と日本への影響に関連するとみなしている。ここでいう「古代東アジア」とは、直接的な交流史を扱うものではなく、情報伝達の原理や社会を比較するときのフィールドとして設定している。そのため、古代中国や日本における出土資料研究を共通の認識として、さらに進んで国家・社会の特質の検討を目的としている。こうしたソフト面に注目する試みは、公的な文書行政という側面だけではなく、習俗や風土の異なる地域社会に情報が受容されるモデルとして、その接点が見いだせると考える。

【内容目次】

▼A5判上製／302頁／定価7350円　08年4月刊
ISBN978-4-7629-2841-3　C3022

●出土文字資料の分析から、古代中国社会の原型を理解する！

中国古代国家と社会システム
—長江流域出土資料の研究—

藤田勝久著

【あとがき】より

本書は、中国文明の原型となる秦漢時代について、とくに統一国家の成立と地域社会の実態を考察したものである。それと同時に、長江流域の出土資料を整理して、漢簡とあわせた中国古代の資料学を構築する基礎にしたいと考えた。主な対象としたのは、戦国時代の包山楚簡と睡虎地秦簡、秦代の里耶秦簡、漢代の張家山漢簡「津関令」である。とりあげた資料は、暦、紀年資料、系譜、文書の処理をする簡牘、符券、付札（楬）、壁書と扁書、交通に関する伝と致、告地策、地名里程簡、書籍、書信と名謁などである。その内容は、二〇〇三年以降に発表した論文を基礎にしているが、細部の解釈をのぞいて大きな論点は変更していない。里耶秦簡は、当初に『文物』に公表された資料をもとに分析し、のちに『里耶発掘報告』によって再論したため重複もみられるが、あえて部分的な整理にとどめている。また本書では、歴史学以外の分野や、日本古代の木簡研究との比較を意識しており、他分野の方にも分かるように概略を述べたところがある。

【内容目次】

▼A5判上製／580頁／定価13650円　汲古叢書85
ISBN978-4-7629-2584-9　C3322　09年9月刊

●「出土文字資料」を用いて日本の古代交通の歴史を明らかにする！

日本古代の交通と情報伝達

松原弘宣 著

本書は、早くから日本の古代国家と交通との関わりについて研究してきた著者による、古代交通史関係の最後の研究書である。これまでの、主として水上交通を検討対象とした論考を更に発展させ、水上交通を含む水陸両交通の実態と特徴を、豊富な図・表を用いて具体的に明らかにすると共に、律令制度の交通理念とその支配制度の実態は如何なる関係にあったのかを詳細に考察したものである。

近年の古代史研究を考える上で無視することのできない出土文字資料—発信から廃棄に至る全ての経緯の痕跡を留める—にもとづく、日本古代交通史研究の最新成果。

【内容目次】

▼A5判上製／570頁／定価11550円　09年10月刊
ISBN978-4-7629-4205-1　C3021